THE WISDOM OF PROPERTY
INSURANCE MARKETING

财产保险
营销智慧

孙智/著

长江出版社

图书在版编目（CIP）数据

财产保险营销智慧/孙智著.—武汉：长江出版社，2016.5

ISBN 978-7-5492-4306-8

Ⅰ.①财⋯　Ⅱ.①孙⋯　Ⅲ.①财产保险—市场营销学—
研究—中国　Ⅳ.①F842.65

中国版本图书馆CIP数据核字（2016）第111899号

财产保险营销智慧	孙智 著

责任编辑：李恒

出版发行：长江出版社

地　　址：武汉市解放大道1863号　　　　　　　邮　　编：430010

网　　址：http://www.cjpress.com.cn

电　　话：（027）82926557（总编室）

　　　　　（027）82926806（市场营销部）

经　　销：各地新华书店

印　　刷：宜昌雅江印务股份有限公司

规　　格：787mm×1092mm　　　1/16　　22.75印张　　408千字

版　　次：2016年5月第1版　　　　　　2016年5月第1次印刷

ISBN 978-7-5492-4306-8

定　　价：60.00元

致　谢

感谢全国保险专业学位研究生教育指导委员会鼎力推荐此书。

感谢全国10位大学资深教授联名倾情推荐此书。他们为中国的保险理论研究和保险人才培养做出了创造性的贡献，在此，我向他们致以崇高的敬意！并向他们表示衷心的感谢！他们是(以姓氏笔画为序)：

王　稳　经济学博士，心理学博士后，对外经济贸易大学保险学院教授、
　　　　博士生导师。

王绪瑾　教授，北京工商大学风险管理与保险学系主任。

刘冬姣　经济学博士，教授，博士生导师，中南财经政法大学金融学院副
　　　　院长，湖北省政协常委，武汉市政府参事。

江生忠　南开大学教授、博士生导师，中国保险学会副会长。

陈　滔　理学博士，德国杜伊斯堡–埃森大学博士后，教授，博士生导师，
　　　　西南财经大学保险学院执行院长。

郑　伟　经济学博士，教授，北京大学经济学院风险管理与保险学系主
　　　　任，北京大学中国保险与社会保障研究中心秘书长。

郝演苏　教授，博士生导师，全国保险专业学位研究生教育指导委员会秘
　　　　书长，中央财经大学中国保险市场研究中心主任。

徐文虎　教授，复旦大学保险研究所所长。

魏　丽　教授，博士生导师，中国人民大学财政金融学院保险系主任。

魏华林　教授，博士生导师，武汉大学保险经济研究所所长。

孙　智

2016年5月27日

保险者宣言

中国人民财产保险股份有限公司湖北省分公司专家　孙　智

我们是保险者，保障人们的安全与幸福是我们神圣的使命。

我们用真情、真善、真诚、真知武装自己，用它们去唤醒处于风险中的人们，用保险架起人和人之间互助与互爱的桥梁。

诚信是我们的品质，是我们的行为之本。我们以诚信铺平前进的道路，以诚信走进人们的心灵。

我们以崇高而神圣的精神面对千家万户，推销团结、互助、诚信、安全的保险精神。上帝无法让人们免遭风险，我们却能使遭受风险的人们重新获得安宁与幸福，我们人生的价值也由此得到升华。

我们敢于挑战，因为挑战能最大限度地激发生命的潜力。在挑战中锤炼自我，在挑战中拥抱欢乐，我们是搏击暴雨和雷电的雄鹰。

我们歌颂失败。我们抛弃懒惰、冷漠、忧郁、抱怨、叹息、自卑、嫉妒、自傲。我们燃烧激情，充满自信，以大海般的情怀容纳一切，溶化人生与事业的酸甜苦辣。踏着失败的阶梯，我们走向成功与辉煌。

我们热爱自己的团队，它是我们美好的家园，是我们人生的舞台，是生命永恒的绿洲。我们愿为它付出真情、汗水和智慧。

我们锲而不舍，自强不息，追求卓越，追求成功，追求美好梦想的实现。

我们坚信，只要我们持之以恒，人们会认识保险，接受保险，人成为保险的人，家庭成为保险的家庭，企业成为保险的企业，社会成为保险的社会，生命、幸福和财富，一切都在保险之中。

朋友们！让我们团结起来，行动，快行动，再行动，朝着我们的目标前进！

2003年7月3日
在中国人保财险宜昌市分公司
营销竞赛活动大会上的演讲

目录

导　言

　　保险业是一个弘扬人道主义精神的行业，而保险营销是保险业弘扬人道主义精神的重要表现方式。保险营销的目的，从保险公司的角度看，是为了获取更多的客户和保险费；从社会的角度上讲，就是唤醒人们的风险防范意识，使人们能接受保险保障，当人们遭受灾害事故时，能通过保险的经济补偿，帮助人们消除或减轻灾害事故所带来的损失或痛苦。日本朝日生命保险公司经理藤川博士说："我认为自己从事的生命保险工作是在为人类出售幸福。"对这个观点加以发挥，可以说，我们从事财产保险的营销，就是在出售仁爱、幸福、安宁和财富。每当遭受灾害事故损失的客户在获得保险赔偿而感谢我们时，我们会从内心深处感到无比的欣慰。如果不是我们当初的极力营销，客户就不会购买保险，客户的经济利益就会遭受重大损失，也许会破产，也许会使家庭陷入贫困。所以，保险营销是天使般的职业，保险营销人员就是天使，保险营销人员的行动就是天使的行动，伟大、崇高而神圣。既然是天使，仅具有爱心是不够的，还必须具有天使般的能力，也就是必须具有良好的职业素质，这样才能使我们更好地为客户提供服务。所以说，培训和强化职业素质，使众多的单位、家庭和个人购买保险，得到保险保障，这是我们保险营销人员终身的修炼、使命和追求。

　　营销对于一个生产或经营单位来讲，十分重要。国外有专家分析，一个企业经营失败的原因40％在于营销不佳，22％在于竞争失败，8％是由于存货过多所致，而竞争失败与存货过多也是因为营销不佳。由此来看，决定企业成败的因素70％在于营销，做好营销工作是企业成功的重要条件，而营销人员又是公司营销中的重中之重。营销是由一系列因素共同在发挥作用，它们构成营销因素的组合。包括：保险产品、售后服务、定价策略、广告推动、人员营销、公共关系等。美国加州大学的丹肯博士曾对美国400家公司的经营者进行调查，以弄清营销组合中最重要的因素是什么，调查显示，实现营销目标或取得良好营销业绩的最重要的因素是营销人员。

营销是保险公司所有经营活动的基础。在竞争激烈的保险市场中，营销已经成为决定保险公司经营成功或者失败的关键点，是保险公司所有经营活动的瓶颈。营销人员是根据公司经营目标，向客户销售保险产品并为客户提供相关服务的人员。从保险公司的角度上讲，他是公司的代表，但在大多数客户的眼中，保险营销人员就是保险公司。我们可以说，营销人员是保险公司最重要的生产要素，是保险公司经营的核心力量，是保险公司与客户的主要接触点，是联系保险公司与客户的最直接、最有效的纽带。我们应充分认识营销人员在保险公司经营活动中的重要地位。

保险营销的定义

学术界习惯将个人销售产品或服务的行为称为推销，认为企业或组织的销售活动才是营销。其实，不只是企业或组织存在营销活动，个人也存在营销活动。美国市场学权威菲利普·柯特勒博士等专家所撰写的《营销管理》一书中关于营销的定义就是很好的证明。他们给营销的定义是："营销是个人和集体通过创造，提供出售，并自由地同别人交换产品和价值，以获得其所需所欲之物的一种社会和管理过程。"在这个定义中，将进行营销的主体定为个人和集体。由此可见，不仅集体的销售行为称为营销，个人的销售行为也是营销。营，有谋求、经营之意，体现的是一种智慧性活动。保险是一种知识性产品，在当今市场竞争十分激烈、保险销售活动更为复杂的情况下，其销售的过程需要充分体现谋略和智慧。因此，我们不将个人销售行为称为推销，而定为营销，用营销人员取代推销员的称谓，这样更能体现时代的变化和保险这一知识性产品的销售特点。

那么，什么是保险营销人员的营销呢？我认为，是营销人员寻访客户并根据客户的保险需求，在公司赋予的职责范围内，为客户创造性地提供所需的保险产品和服务，实现客户价值、公司价值和个人价值的过程。营销人员的营销，是公司所有的营销手段或措施取得成功的最终和最重要的环节，没有营销人员的工作，其他手段或措施可能是白费力气；没有营销人员的营销，保险产品就难以销售出去，也就难以获得更多的客户和承担风险损失的保险费。所以，加强对保险营销人员营销的研究，为他们的营销活动提供更多的理论与技术支持，提高营销人员的销售能力，是我们保险业发展的首要问题，应引起保险业的高度重视。

保险营销的过程

营销人员的营销过程，就是寻访客户，并观察、了解、激发和满足特别选定的目标客户保险需求的过程。营销人员的基本营销过程包括以下内容：寻找客户、确定客户、准备资料、登门拜访、深度了解、唤起需求、设计保障、保障推荐、完成承保、合同管理（合同变更、分期收费等）、关系管理、理赔服务，等等。由此可见，保险营销是一个过程。我们与客户进行沟通，挖掘客户的保险需求，激发客户购买保险的欲望，与客户共同设计保险保障，促使他们采取购买行动，签发保险单。保险单的签定不是营销的结束，而是保险单约定服务的开始，在规定的保险期内，我们还要完成或履行保险单所规定的各种事项。例如：维护与巩固保险单、办理保险单的变更批改手续（如增加保险金额或减少保险金额），以及协助客户办理保险索赔，这些可以说是营销工作的继续或完善。在保险单所规定的保险期即将结束时，我们又开始续保营销。

从以上描述中，我们可以了解到营销人员的主要工作过程和内容。我们也可以看出，保险营销的过程是一个不断循环的过程，是一个知识传递的过程，是一个保险产品的交易过程，是一个服务客户的过程，是客户保险保障不断完善的过程。

通过以上分析，我们简要地将营销人员的营销归纳为以下六个步骤。

第一，寻客识客。营销程序的第一步是寻找和识别客户，这是非常关键的一步，是营销工作的基础。可以说，营销人员的很多精力和时间是在寻找和识别客户。主要是弄清楚谁是客户、客户需要什么保险、哪些客户有能力购买保险，我们寻找的客户越多，可供我们销售的资源机会就会越多。

第二，实施准备。营销人员应尽可能多地了解客户的情况，并有针对性地进行营销的准备。这包括拜访谁、如何拜访、使用哪些宣传资料、熟悉有关保险知识和相关知识、保险保障如何设计、如何对客户展开说服工作等，以及为实施营销所做的一切准备工作。

第三，客户沟通。向客户介绍保险保障产品，争取客户注意，引起客户的兴趣，激发客户购买的欲望，从产品的特征、优势和利益方面予以讲解。特征描述的是保险产品的保障功能，优势描述的重点是我们与竞争对手相比的优点，利益描述的重点是保险带给客户的经济利益和服务，以及给社会带来的作用。同时，听取客户对保险保障设计的意见并进行完善。

第四，排除障碍。我们在向客户实施营销时，很有可能会出现一些影响销售的障碍，如竞争的影响、客户提出的异议或者表现出的抵触情绪。我们要想办法消除这些障碍，达到我们的营销目的。特别是对客户的异议或抵触情绪，我们应弄清原因，有针对性地采取积极的方法，进行解释、纠正或处理，或者因势利导，将客户异议或抵触情绪消除。异议或抵触情绪的处理是我们进行有效沟通的重要工作。

第五，达成交易。就是客户购买我们的保险产品，交付保险费，这是我们营销所追求的结果。如果不能与客户达成保险交易，我们前期的营销工作就没有实质性的效果。所以，我们不能总把工作停留在拜访和沟通层面，而应抓住时机提升到成交环节。我们可以采取以下方法：一是询问客户选择哪个保险保障方案，二是要求客户填写投保单，三是委婉地告诉客户不购买保险的不利后果，四是可以用价格优惠或者满足客户某个需要促使成交。

第六，跟进维护。如果我们想让客户感到满意，并能使客户长期购买我们的保险产品，对客户的跟进和维护是非常关键的。在客户购买保险之后，我们必须做好三项工作：一是客户关系管理。经常拜访客户，密切与客户的感情。二是售后服务。它包括理赔服务、保险咨询、保险单的维护。三是持续营销。主要是完成续保和向客户进行新的保险产品的销售。

保险营销的特征

保险产品作为一种特殊的服务产品，有其独有的特征。它在生产和使用过程中，也有与其他物质商品不一样的方式和方法，这些因素决定了保险营销的特殊性，保险营销的特征主要表现在以下方面。

一、无形性。保险产品没有物质产品那种让人容易感知的形态，是抽象的，是一种非实物形态的服务产品，它的表现形式是一份提供风险损失补偿的契约，以及围绕这份契约所产生的服务过程和行为，这使得保险产品的营销不同于那些可以物理识别、接触和比较的物质产品的营销。物质类的产品有具体形态，其品质、外观、颜色、样式、设计、性能等因素都能让人看得见，摸得着，可品尝，可试用，感觉得到。保险产品就不一样，客户一般很难形象地或直观地理解它，在购买时无法试用，不能体验，判定保险产品性能和品质的难度很大。这就需要我们与客户加强沟通，深入细致地向客户宣传保险知识，为客户当好"保险顾问"，通过各种手段，把保险产品有形化，也就是让客户真正地能感受和理解保险产品。如何让客户能形象地理解保险呢？最好的方式就是我们在营销过程中，借助于"物证"，使客户对保险的无形性有一个形象的了解。这些"物证"包括：良好的办公环境和设备；各种传递给客户的保险文本；运用相关引证，如客户的表扬、保险赔案、新闻媒体的正面报道、权威专家的评价、灾害事故案例等。另外，还有我们营销人员在营销和服务中的外表、言谈、行为表现，等等。正因为这些因素，我们可以说，客户购买的是我们的服务行动，而不仅仅是一张保险单。

二、知识性。保险是无形的风险保障产品，它是由文字和数据等知识性符号组成的，保险产品或业务处理过程几乎都是用观念、文字和数据等形式来表现的。知识是保险营销和保险生产的要素，它就如同生产物质产品的原材料。加拿大经济学家努阿拉·贝克按照知识工人所占比例对产业进行了划分，将保险业定为中等知识产业。保险营销是把一种无形的知识性或者说是一种观念性商品让人们理解和接受，由于受知识性和专业性强的影响，客户在理解保险知识上一般比较困难。而且，人们是否愿意接受保险，还有一个思想观念问题，而改变人们的观念是十分艰难的一项工作。生产保险产品与生产物质产品不同，保险产品的生产不需要大量的机器设备和物质材料，主要的生产要素是人、人的观念、知识和技术，保险知识与技术成为主要工具或内容。在保险营销中，无论是与客户的沟通，还是保险保障设计，以及业务处理，都是以知识为基础。我们在保险营销中，通过向客户介绍保险的作用、保险产品的内容，以及如何进行保险索赔等方面的知识，最后促使客户购买保险。所以，保险营销实际是一个知识的传播过程。我们营销的是保险知识，是知识性产品，保险营销也可以称为知识营销。保险的知识性也决定了我们必须具有良好的保险专业知识和广博的相关知识，并运用于保险营销行动之中，充分体现出保险的知识性。那么，对知识的管理与使用就成为保险营销的重要组成部分，我们的保险知识越丰富，销售保险产品的能力就越强。

三、同步性。一般性物质产品的销售是这样一个过程，即生产厂家生产出产品，转给批发商，批发商转给零售商，零售商的售货员再卖给客户，生产和销售是分别完成的。保险产品则不同，保险公司印制出保险单，但不意味着保险产品已生产出来了，它只是一份保险合同格式，在未签发之前，它不是一个要素齐全的保险产品。只有当营销人员向客户实施营销，保险单上的被保险人、保险财产、保险金额、保险费等要素填写完整，被保险人交付保险费，拿到有效保险单时，保险这个产品才真正被生产出来，保险产品的生产和销售才算完成。由此可见，作为服务业的保险公司，它的营销与生产联结比物质制造业更为紧密，保险产品的生产和销售是同时进行的，保险产品的生产过程就是营销过程。正是这种保险产品生产与销售的同步性，使得保险的营销环节比物质产品的营销更为重要。

四、共同性。既然保险营销就是保险产品的生产，那么，保险客户的高度介入与物资商品生产是有区别的，物质商品企业的生产和管理人员在生产过程中一般不需要与客户直接沟通，而保险产品的生产是在营销人员与客户的互动过程中完成的，客户是保险营销的对象，是保险产品的最终接受者，也是保险产品的生产者。从营销的角度，他们具体表现为投保人或投保决策人、被保险人，他们参与保险产品的生产过程，没有他们的参与，保险营销的目标就难以实现。保险公司与客户共同协商，达成一致，签订保险合同。在这个过程中，我们首先要与客户进行沟通，使客户能同意购买保险，然后在客户提供生产保险产品的各种信息的前提下，与客户一道商讨如何设计保险保障。如，与客户一道确定保险产品组合、保险财产、保险金额等内容，确定保险费多少，等等。这些销售工作完成了，保险产品也就生产出来了。所以，德国著名保险管理学者法尼说，保险是"销售在生产之前"。客户直接参与保险产品的生产过程，如果客户的保险意识强，保险知识丰富，能积极投入生产保险产品的活动之中，我们营销的效率会更高，效果会更好。保险营销是一个需要与客户高度接触、共同配合的作业，比较难以控制，因为客户是保险产品生产的重要角色，也是服务过程中的一个参与者，他会按照自己的主观意识行事，有时会扰乱我们的思维和设想的过程。特别是在市场竞争十分激烈的情况下，客户选择保险公司和产品的范围更大，甚至能主导保险产品和服务的生产，我们对客户意愿稍有违背，客户就可能离我们而去。如，客户投保时要填写投保单，他能否正确、真实地填写，都可能影响保险产品的生产；我们为客户设计了最佳保险产品组合，但客户却不同意，要求按照他的意愿修改。客户作为保险产品的共同生产者，只有在掌握了保险知识，有与我们接近的保险认知背景，并在与我们进行良好的双向沟通的前提下，才能产生高标准的保险保障服务，这也是我们强化客户培训和客户沟通的重要原因。

五、差异性。保险产品的设计，如保险单条款的内容和保险费率确定一般是由政府监管机构审批或监管，有的是由行业协会统一编制，保险公司、营销人员或客户都不能擅自制定保险产品。从这个角度来看，某一种保险产品似乎没有差异性。但是，由于以下情况的存在，会使营销存在差异性。一是客户因素。由于客户直接参与保险服务的运行过程，客户保险需求和本身素质，如知识水平、对保险的认知程度等主观因素的不同，也将给保险保障的质量和效能带来差异。由于客户客观上的保险需求等因素的不同，所需要的产品——保险单也就不一样，有的需要汽车保险，有的需要财产保险，有的只需要基本保险产品，有的还需要增加几个附加保险产品，这样就使购买的产品和产品组合不一样；有的保险产品组合一样，但保险金额等其他要素往往又有区别；两个客户有相同的汽车，保险意识强的客户，可能会选择保障充足的保险金额或赔偿限额，而另一个保险意识薄弱的客户，可能保险金额或赔偿限额会定得很低。二是营销人员因素。保险服务基本上是由营销人员表现出来的一系列行为或言论，由于营销人员的自身素质不同（如文化程度、心理状态、专业技术、职业精神等因素的不同），导致对客户提供的保险保障和服务也就不同，就是提供同样内容的保险保障和服务，但由于营销人员的素质不一样，也会导致客户享受的服务会有不同的水准。所以，在营销中，保险产品和服务不是统一的，而是有差异的，并且是变化的。这种差异性为我们营销创新和在竞争中创造差异优势奠定了基础。

六、不定性。保险是一种风险保障产品，就全社会所有单位和个人而言，风险损失率是一定的，风险事故肯定会发生，就像交通事故一样，每天总是在不断发生。但是，对于某一个企业或家庭来讲，风险发生具有不确定性，灾害发生在谁的头上，谁也无法预料。保险经营的是风险，而风险可能发生，也可能不发生，这是风险的特点，这种不确定性，就使客户享受保险产品功能的表现形式不一样。有的客户在保险期间不发生事故，他享受的是一种保证，是风险准备金的虚拟，通俗地讲，相当于用少量的保险费支出换来了一笔与财产价值相当的现金储备。有的客户发生了事故，得到保险公司的经济补偿，享受到保险的补偿功能。但是，不是所有的客户都认识保险的这种作用。有的人认为，只有发生保险赔偿才算享受到保险产品的保障作用，没有赔偿就认为没有享受保险的作用，认为是白交钱，没必要买保险。由于风险发生的不确定性，人们购买保险也就具有不确定性。保险产品虽然是人们安全保障的需要，但它不像大米、衣服等商品，人们离开了就无法生活，仿佛不是一种刚性需求，以至于有人认为保险不是必须购买的产品，除非是法定保险，对于其他保险，他们可以买，也可以不买。不买，风险不一定会必然发生；也可以推迟或暂缓购买，甚至靠自保或贷款来解决灾害损失补偿。因此，要想让客户接受保险产品，我们营销人员必须努力工作，去培养客户的保险意识，发掘并激活客户对保险的潜在需求，使客户能主动地购买保险产品。

七、模仿性。由于保险产品和服务的无形性，使得保险产品与服务几乎没有专利或知识产权的保护，我们创新的产品、服务、技术等成果，极容易被竞争者模仿，这就导致我们今天向市场推出一个新产品，明天竞争者很可能在市场上销售同样的产品；我们刚刚采用的营销或服务手段，竞争者在瞬间就学会，甚至很快就能超过我们，并且这种抄袭或模仿不会有法律上的风险。如，我们花了几天时间为客户设计保险保障方案，竞争对手可以马上对客户说，我们可以按照这个方案承保。他甚至还可以对我们的方案略做改动，成为他的方案，比我们的方案更完善。我们向客户报出的保险价格为3‰，竞争者可以马上对客户说，我们只收2.5‰的保险费。正因为这样，保险业成为竞争最为激烈的行业，保险营销成为竞争最为激烈的职业。由于保险营销的模仿性极强，在这种情况下，我们如何战胜竞争对手呢？那就是，不断提高自身素质，奠定创新的基础，然后，在营销创新上下功夫，特别要注重不可模仿性优势的开发和运用。

八、一体性。在客户的心中，保险营销人员就是保险服务产品的重要组成部分，也是保险公司的一分子。为什么？在客户看来，保险服务是由营销人员提供的，营销人员就是保险公司的代表，营销人员与保险产品、服务和保险公司是一体的。服务的过程是客户同服务提供者——营销人员交际互动的过程，这就使得营销人员的服务言行对保险产品的保障效果和客户对服务的满意度有极大的影响。保险服务的好坏不仅取决于营销人员的素质，也取决于营销人员与客户关系的密切程度。作为营销人员的营销，是自身素质与保险产品生产和销售的高度统一，它需要营销人员根据客户的需求，发挥自身知识、技术水平，去生产保险产品或者进行保险服务。例如，对保险保障产品进行组装和定价，为客户提供咨询和保险索赔服务，这个生产和服务过程实际是销售过程，营销人员的个人营销思想、知识与技术、行为等因素都融入到保险产品和服务之中。所以，营销人员的个人营销思想、知识与技术、行为在保险营销中更为重要，有了高素质的营销人员，也就有了生产优质的保险产品和服务的基础。做一个高素质的、受客户尊重的营销人员，是营销人员取得良好业绩的基础。同时，客户对保险公司的认识也是通过营销人员的言行来形成的，营销人员素质高、服务好，客户对他身后的保险公司的信赖程度就高，这也是我们强调营销人员个人素质重要性的原因。

正因为保险营销的以上特征，使得保险营销在与众多行业的营销相比之中，更显现出它的特殊性，成为营销职业中的高难度职业，其营销方法是营销中的"高难度"动作，具有极强的挑战性。

案 例

营销是保险公司作用于社会和客户的起点，是保险公司发展的驱动力，是保险公司所有经营活动的核心基础，是决定保险公司经营成功或失败的关键点。可以说，没有营销就没有保险公司。笔者根据自己从事保险工作的实践，结合自己对营销管理的研究，以及邻近行业的营销管理经验，经过反复地思考，完成了《保险公司营销管理诊断提纲》，通过微信平台发出，受到业界的好评和传播。提纲从策略计划、团队管理、环境营造、市场调研、营销渠道、宣传推广、促销工具、客户服务、实施监控等9个方面列出诊断清单，便于保险公司管理者对营销管理进行科学、系统和全面地思考。

保险公司营销管理诊断提纲

策略计划

1.是否坚持以客户为中心的营销理念？

2.是否了解和分析国家经济、区域市场等环境？如何抢抓机遇和化解风险？

3.上级公司关于营销的文件和指示是否认真学习、传达并执行？

4.市场保险费容量有多大？公司业务发展空间在哪里？

5.公司是否制定有短期、中期和长期的业务发展规划？

6.是否对年度营销方案进行了精细化安排？

7.营销策略是否符合市场情况和公司发展需要？

8.是否确定了总保险费和各产品线保险费、利润和市场份额等目标？

9.保险费目标是否层层分解并落实到团队和每一个营销人员？

10.今年有哪些重点营销工作项目？谁负责？

11.是否有新产品、新渠道、新客户群开发计划？

12.以哪些客户群为营销目标？是否研究并制定针对性的营销方案？

13.定价策略是否牢固坚持利润导向？

14.是否了解竞争对手的目标和营销策略？如何创造与竞争者不同的差异优势？

15.营销费用政策和产品价格政策是否根据市场竞争和公司盈利需要进行差异化安排？

团队管理

16.公司是否强化全员营销的理念?

17.公司有多少营销团队? 布局是否有利于扩大营销?

18.营销团队和营销人员配备是否符合经营与发展要求?

19.是否对营销管理人员和营销人员的岗位有工作描述?

20.营销团队是否坚持晨夕会制度?

21.营销团队经营状况如何? 如何提高营销产能?

22.管理者是否有将营销人员当客户的理念?

23.营销人员招聘是否有规范的操作规程? 是否坚持培训后上岗?

24.公司有多少营销人员? 是否进行素质评估?

25.是否有对营销人员进行培训的计划? 实施效果如何?

26.公司是否有营销人员职业规划?

27.是否经常对营销人员进行励志教育,不断调动他们的工作激情?

28.公司职场是否张贴有各种教育、励志的语录?

29.是否有完善的营销团队和营销个人的营销业绩考核制度?

30.营销人员报酬是否合理并有激励作用?

31.是否有从经济、物质、精神上激励营销人员的措施?

32.营销人员对公司的满意度如何? 怎样提高?

33.营销人员流失的原因是什么? 如何稳定?

34.当营销人员有困难时,公司管理者是否给予支持和帮助?

35.公司是否有生病问候、生日祝福等营销人员关爱制度?

36.公司管理者是否经常与营销人员交流和沟通,了解情况和解决营销中的问题?

37.是否要求营销人员每天填交《当日工作清单》?

38.是否要求营销人员撰写《营销备忘录》?

环境营造

39.是否开展营销文化建设?

40.是否经常与当地党政主要负责人保持联系、争取支持?

41.每月是否编写公司《理赔服务简报》送给当地党政主要领导和有关

部门领导？

42.是否与政府各部门保持密切关系，围绕政府社会管理寻求和创造保险发展机会？

43.政府有哪些政策和法律能对保险发展将产生推动作用？如何把握发展机遇？

44.是否与政府保险监管、公安、工商、税务、审计等管理部门保持良好的沟通关系？

45.行业自律是否有效？是否遵守行业自律？与竞争者关系如何改善？

46.与上级公司或下级公司沟通怎样？如何提高工作效率？

47.是否与新闻媒体有良好的沟通关系？

48.公司管理者和员工有多少人参加企业家协会、慈善协会、文艺类协会等各类社团活动？

49.公司是否积极参与社会体育、文化、捐献等社会活动？

50.公司环境是否整洁、美观？

市场调研

51.是否有部门负责市场调研工作？是否有定期的市场监控调研报告？

52.是否广泛寻求获取客户信息的渠道？

53.是否建有客户信息数据库？是否不断更新和充实？

54.如何让客户信息数据库在营销中发挥积极作用？

55.是否对客户群进行了分类？各客户群适合营销什么产品？如何组织开发？

56.竞争者的策略和手段是什么？如何应对？

57.与竞争者相比，公司优点和弱点是什么？如何优化？

58.公司管理者是否不定期地召开营销人员座谈会，听取他们关于市场的信息和建议？

59.公司业务发展速度与市场和竞争者相比是什么状态？如何提高？

60.公司总保险费市场份额是多少？各产品市场份额是多少？如何提高市场份额？

61.针对竞争和客户需求，我们的措施是否有效？

62.保险产品设计是否符合客户需求？如何改进？

63.市场是否有开发新产品的需求？

营销渠道

64.是否设有营销渠道管理部门对营销渠道进行开发和管理？

65.是否建立了营销渠道会议沟通制度，不断开展培训和业务督导？

66.哪些保险中介可以为公司提供营销服务？

67.是否通过银行、旅行社、汽车销商、设备营销商、租赁公司、房地产公司、运输公司、互联网等经济单位进行营销？

68.是否通过区域市场的社团、协会等组织进行营销？

69.是否在集团公司内部或与外部公司开展交叉营销？

70.是否以合同形式确定与营销渠道的合作关系？

71.是否考虑在大型超市设立保险营销平台？

72.是否向重点营销渠道派遣公司营销代表？

73.是否聘请社会权威人士担任公司营销顾问？

74.公司是否要求营销人员将律师、咨询师、工程师、医生、记者等人士聘为自己的营销顾问？

75.对各类营销渠道的报酬及产品价格政策是否合理？

76.对渠道是否有经济奖励、荣誉称号和旅行等激励措施？

77.是否为营销渠道提供必要的宣传和提供营销用的宣传资料？

78.是否建有电话、互联网营销平台？如何提高营销业绩？

宣传推广

79.公司是否围绕营销目标制定了宣传工作方案并在费用上进行预算？执行效果如何？

80.是否在报纸上登载或夹带保险广告？

81.是否通过电视、广播等大众视声媒体开展广告宣传？

82.是否通过互联网开展品牌和产品宣传？

83.是否经常在媒体上对公司理赔、承保等活动进行新闻宣传？

84.是否对重要客户进行保险知识培训？

85.是否向主要客户寄送保险报刊等保险宣传资料？

86.是否通过电子邮件、手机短信等形式进行广告宣传？

87.宣传工作是否与产品营销相配置？

88.宣传内容是否通俗、简单、易懂？

促销工具

89.是否印有供营销使用的公司宣传册？

90.是否收集有供营销使用的政府和权威人士关于保险的文稿或讲话？

91.是否有包括产品名称、保障功能、价格等内容的产品目录手册供营销人员使用？

92.是否有介绍某一产品的说明书或宣传单？

93.是否有供客户使用的保险索赔告知书？

94.是否有供营销沟通使用的赔案案例汇编？

95.是否有针对与客户沟通的营销话术？是否不断完善和丰富？

96.是否有客户疑问解答题库？是否不断完善并发给营销人员学习？

97.是否有《保险建议书》、《保险投标书》等商务文本的样本供营销人员参考使用？

98.是否免费为营销人员印制名片？

99.是否有供客户使用的手提袋、保险单包装袋？

100.是否有供营销使用的保险电视宣传片或电脑幻灯片？

客户服务

101.是否强化全员服务的理念？

102.是否制定了完善的客户服务措施和项目？执行怎样？

103.营销人员是否熟悉服务项目并能为客户提供服务？

104.管理者是否经常与重点客户保持联系，联络感情？

105.是否制定有加强客户忠诚度的客户奖励方案？

106.是否对贡献大的客户有奖励制度？

107.公司是否有客户服务小礼品？

108.公司是否有客户服务时效规定？

109.出保险单、查勘现场、赔款支付等过程是否快捷？

110.公司是否设有大堂经理？对上门客户服务怎样？

111.是否向购买保险的大客户发放保险服务手册？

112.职场是否有客户投保和索赔流程图？

113.是否根据需要开展客户满意度调查？针对客户反映的问题或建议如何处理？

114.最近客户反映最多的问题是什么？如何解决？

115.客户投诉处理是否让客户满意？

116.客户对营销、理赔服务是否满意？如何改进？

117.是否为客户提供索赔帮助？

118.有多少赔案客户还未完善索赔手续？催办没有？

119.是否为高风险客户或大客户提供必要的风险检验服务？

120.是否经常给客户发送风险管理提示短信？

121.是否成立客户俱乐部并开展有利于客户的活动？

122.公司是否有标准的服务用语并对员工进行培训？

实施监控

123.上级公司下达的各项考核指标状况如何？怎样改善？

124.营销目标实现情况如何？如何优化？

125.公司有多少团体客户和个人客户？保险费占比各是多少？

126.各产品营销价格折扣是多少？如何降低折扣？

127.公司经营综合成本率是多少？怎样降低？

128.保险费利润率是多少？如何提高？

129.营销费用成本是多少？如何降低？

130.保险单转保率是多少？如何提高？

131.保险单续保率是多少？如何提高？

132.客户流失率是多少？客户流失的原因和去向？如何减少流失率？

133.公司业务结构怎样？如何扩大优质业务占比？

134.公司全员人均保险费是多少？如何提高？

135.营销费用开支是否符合保险监管和公司要求？

136.再保险是如何安排的？如何扩大承保能力、化解公司承保风险？

137.对承保质量管控是否有规定？执行怎样？

138.按规定需要进行风险评估的承保项目是否认真进行了风险评估？

139.出单员或核保员业务技能如何？是否能发挥风险守门员、政策传导员、产品教导员、客户服务员、信息传递员的作用？

140.营销人员是否遵守营销管理规定？

141.是否有违规承保的行为？

142.公司后台部门对营销支持程度如何？配合是否协调？怎样改进？

143.理赔部门是否及时反馈对营销有益的客户信息？怎样改进？

保险营销人员的职业素质

保险营销人员的职业素质是营销人员营销能力的综合体现，主要表现在职业精神和职业能力两个方面，它是决定营销成败的核心基础。

保险服务是依靠保险公司员工即时提供，所以员工自然就成为产品本身关键的一部分，而作为提供营销服务的营销人员，更是这个关键的重点，因为客户选不选择某家保险公司，购不购买某种保险产品，对服务的满意程度如何，绝大部分取决于营销人员的表现。所以，对营销人员来讲，营销就是"营销自我"，我们要想做好保险营销，首先是要修炼自己的职业素质，把自己打造成深受客户喜爱的"精品"。那么，营销人员需要什么样的素质才能适应保险营销的需要，才能成为保险服务中最充满生机和创造力的部分而赢得客户呢？我认为主要是职业精神和职业能力。

世界保险营销精英的故事

世界上没有天生的营销人员，只有在艰难的环境下，通过不断努力奋斗而获得成功的营销人员。为了说明这一点，我从国际上著名的保险营销人员中选择了四个成功的典型，从他们传奇般的经历中，让我们了解他们的奋斗、磨难和成功的风采，了解一个成功的保险营销人员所具备的职业素质，从而激发我们做好保险营销的信心和智慧。

一、推销之神——原一平

1930年，原一平去报考一家人寿保险公司的推销员。他个子矮小，只有1.45米，身体瘦弱，体重仅52公斤，年龄25岁。用他自己的话描述，就是"个子又小又瘦，横看竖看，实在不是个好货色"。但血气方刚的原一平还是勇敢而自信地参加选拔考试。主考官说："原一平，你不是干得了这种困难工作的人。"原一平在心里说："什么话！我偏偏要做给你看！"就这样，原一平成为这家人寿保险公司的见习职员，他必须每月达到1万日元的保险费收入（约相当于现在的652元人民币），才能成为公司的正式推销员。

因自己天生条件不如他人，他只能从早到晚拼命地工作，来弥补天生条件给他带来的影响，以赢得成功。同时，以成功来回答那个小瞧他的考官。在开始的日子里，由于没有钱，他睡过公园的长椅，一天只吃一餐也是常有的事。他说："不过，就我而言，那都不是什么大不了的事。我只靠固执之念忍耐到底。肚肠大爷闹空城计，那种滋味，老实说也真够受，只差没有流下眼泪。躺在公园的长椅上，仰望星空，有时我也会突然泪流满面。"当年底，他的保险费业绩达16.8万日元，由见习职员成为正式保险推销员，迈出了成功的第一步。

他多少次面对失败，他克服自卑，体格瘦小的他不能像身材魁伟的人那样赢得客户好印象，所以，他除学好保险技术外，还练就了充满魅力的微笑，一共40多种微笑。他微笑的魅力所在，就是婴儿般的笑容。凭着这样天真无邪的微笑，以及他乐于吃苦、顽强奋斗的精神，在30岁时，他创下了全日本第一的拓展业绩，从1949年起，连续17年，一直是美国百万美元推销员俱乐部的会员。这个俱乐部的会员，是从每年销售额达到百万美元以上的优秀推销员中，根据地位、教养、学历、业绩、持续率、阅历、爱好等情况，通过资格审查等方法选拔出来的。原一平后来被推选为美国百万美元推销员俱乐部的终身会员。由此可见，评价一个成功的营销人员，不只是单看其辉煌的业绩，不是完全"以保险费来论英雄"，还要看他是否具有其他良好的素质。这种素质往往给他的营销和服务产生良好的影响，而这往往被一些从事保险营销的人所忽视。

二、世界首席推销员——齐藤竹之助

齐藤竹之助是在陷入经济困境而走投无路的情况下才去从事保险营销。1951年夏天，57岁的齐藤到当时朝日生命保险公司总部去拜访担任总经理的同学行方孝吉。干什么呢？向同学借钱。当时他欠别人的债达320

万日元，大约相当于现在的20多万人民币。行方孝吉没有借钱给他，只是劝他从事生命保险营销。就这样，他被迫开始生命保险的营销生涯。

他进入保险公司后，首先就确定了奋斗的目标。他工作的保险公司大约有两万名推销员，他发誓，一定要在其中名列前茅，就是要成为公司的首席推销员。目标的确定，为他的成功奠定了精神基础。他认为，要想实现自己的目标，首先应在学习上下功夫。他阅读了能找得到的国内外有关介绍成功营销人员的书籍，用心学习，以成功者的事迹和经验训练自己。对他影响最大的就是美国"生命保险推销大王"弗兰克·贝德格。齐藤竹之助把贝德格的《我是如何在销售外交上获得成功的》一书带在身边，只要一有空，就专心致志地反复阅读，乘车途中的时间也不放过，而且发誓要与贝德格争个高低。这种学习方法，使他树立起做好保险营销的信心，并掌握了营销的技能。

作为一个刚踏进保险业大门的新手，他的第一笔业务就遇到竞争，对手是号称生命保险界"日本第一"的老手。面对强大的对手，他没有后退，而是利用夜晚的时间制定了一份详细的营销方案。方案细到什么程度呢？就是客户无论从哪一点提出质问，他都能从中找到合理的答案。第二天，他带上方案，再次拜访客户。然后他连续几天去客户那里打听情况。为了鼓励自己，他反复背诵贝德格的一段话："不论是多么困难的推销，只要以诚意和热忱相待，就必定成功……"当拥有2000万日元保险费的合同成交时，齐藤为自己第一次保险营销成功、为战胜强大的竞争对手而泪流满面。

五年之后，62岁的齐藤成为公司的"首席推销员"，成为公司两万名推销员中的佼佼者，还清了所有借款，生活也富裕起来。他没有就此停步，又瞄准更高的目标——不仅是公司的第一，而且要成为全日本的第一。当时日本有85万名推销员，经过顽强奋斗，1959年，66岁的齐藤成为日本"首席推销员"。齐藤此时虽然在走向衰老，但他仍然保持青春般的激情，向着世界保险营销的更高境界攀登。1965年，72岁的老齐藤成为世界"首席生命保险推销员"。年老的齐藤有一段感人肺腑的话，他说："一般的人，岁数一过中年，身体和精神便逐渐趋向衰退，但是没有必要因此而认为'现在开始干已经迟了'，这句话对于我们人类来说是不存在的。'只要干，就能成功'。不管到了多大年纪，只要有干劲，无论什么事情，都没有做不成的。只要有干的信心，什么'身体与精神上的衰退'都会变得无影无踪。相反会使你恢复活力，返老还童。今年，我74岁，可是从未考虑过要败给年轻人。我坚信，至少还能像现在这样大干30年，人，只要胸怀目标，就能永葆青春。人们经常夸我气色很好，在我身上看不到老年人的衰弱，如同年轻人一样肤色红润，精神十足。还有人打听我是哪儿来的这种精神和干劲，实际上，这是我一直积极、紧张工作的缘故。即将退休的人们，已经退休的却过着不如意生活的人们，我要对你们大声疾呼：'只要干，就能成功！'正是第二人生，才是你完成光辉灿烂人生的时期，让我们共同努力吧！靠坚定信念而焕发斗志，动脑筋，想办法，不断创新，顽强地使推销获得成功，就一定能成为优秀的推销员。我就是这样做才有今天的。"

三、推销大王——乔·坎多尔弗

乔·坎多尔弗是美国人，童年在苦难中度过。12岁母亲因癌症去世，中学毕业时，父亲也离开人间。坎多尔弗被亲戚抚养，父母留下的财产被叔叔占有。他忍受痛苦，努力学习，完成大学学业；热爱体育运动，当过棒球队员，后来成为数学老师。

当教师，月收入仅238美元，家庭生活十分困难。这时，一家人寿保险公司希望他向大学生营销各种保险，并答应每月付给他450美元薪酬，条件是在三个月内出售10份保险单或赚取10万美元的保险费收入。他在妻子的鼓励下开始保险营销。

他从学习入手，读懂并背熟了长达22页的保险说明书，还和妻子日夜不停地排练有关保险的每一句台词，开始了他的保险营销生涯。

首先，他制定了自己的工作计划，从时间上进行了安排，即每周工作7天，每天工作18小时。他说："我要创造出惊人的奇迹，我愿意做公司让我做的一切，决不做任何修正，决不为图省事而不做什么。"第一天，他成功地约见了7个客户，认为保险营销工作很简单。但是，他很快就发现，7个客户一笔业务也未做，自己却为此事耗去了16个小时。为了惩罚自己，他决定停食一天。由此可见，坎多尔弗是一个能够严格约束自己行为的人。

他起初的营销过程十分艰难。他在回忆这段时光时说："有一些夜晚，我患了难以忍受的思乡病，想老婆，想我那年幼的孩子。最糟糕的是当我劳累十七八个小时而又一无所获地回到又小又孤独的房子时，我难过得要死。每当这时，我就将自己锁在屋里，跪在地上求上帝保佑。我这样做对吗？我做的牺牲太多了吧？我向我的家庭要求的东西太多了吧？每天早晨，我5点钟起床，6点钟做完弥撒，就开始一天的工作，直到深夜10点。一天我只吃一顿饭（工作后吃）。如果一天工作进展不好，这一顿饭也就省了。在我二十几岁的时候，我的基本生活规则就是一天吃一顿饭，如果没有事干就继续停食。"

这就是坎多尔弗刚踏上保险营销之路的写照。他在从事保险营销的第一年，就获得了35000美元的薪酬收入，相当于他当教师12年的收入。

他特别珍惜时间，也懂得如何最大限度地利用时间，这也是他成功的重要因素。他说："我早上要比多数推销人员起得早。他们7点起床，我5点起床。我将每周的工作日增加为6天，每天工作10小时。同时，如果我每天再额外工作2小时的话，则我每周就额外工作24小时。根据一天8小时计算，我一周就额外工作了3天，或者一年按50周计算，我就额外工作了150天！因此，除了勤奋工作，利用时间和开发时间之外，没有其他办法可想，这对任何人都将是如此。"他连吃饭的时间都不耽误。如果他与某人共同进餐，这个人可能就是一位客户，也可能是一位能帮助他发展业务的人；如果单独一人吃饭，他不是在与客户通电话，就是在阅读与营销有关的资料。他说，我最大的愿望是不吃饭，不睡觉。对我来说，一顿饭的时间若超过15分钟至20分钟，就是浪费。

功夫不负有心人，1976年，他的保险费销售额达10亿美元。他说："我成功的秘密相当简单，为了达到目的，我可以比别人更努力、更吃苦，而多数人不愿意这样做。"

四、财富过亿元的营销明星——莱门提·史东

莱门提·史东生于美国一个贫困家庭，童年时父亲去世，与母亲相依为命。母亲是一家健康意外伤亡保险公司的保险推销员。

史东小时候靠卖报补贴家用。初中升高中的时候，母亲说服史东利用假期为保险公司销售保险。他第一次销售保险时有些害怕，毕竟他是一

个未成年的孩子。他想想当年卖报时的勇气和胆量，对自己说："当你尝试去做一件对你只有益而无害的事时，你就应该勇敢地去尝试，而且应该说干就干。"在这种理念的引导下，他毅然走进了一栋办公大楼。他跑遍每间办公室，劝说人们购买意外伤亡保险，终于争取到两位客户投保。从此，他一发而不可收，只要有空闲，就去销售保险，有时一天能获得十几个客户投保，收入也相当可观。就在这时，他遭到了校长的批评和责难，一气之下退学了。

从此，史东开始一心一意从事保险营销。在刚满20岁那年，他只身一人到芝加哥，在那里开办了一家"联合保险代理公司"，公司人员就他一个。公司一开张，生意就十分红火，业务范围也逐步扩大，有一天他居然能获得120个客户。随着公司规模的扩大，他开始招兵买马，增加人员。应聘人员有外地的。他想，我为何不让应征者在当地帮助销售保险呢？于是，他在各州征聘营销人员。到1930年，在他代理公司工作的营销人员已有1000多人。为了加强管理，他任命了各州公司的负责人；为了更好地管理这些负责人，他又任命了区域负责人。而此时，史东还不到30岁。

正当史东的保险代理公司生意兴旺的时候，美国全国经济不景气，人们无力投保，保险业遭受重创。史东公司的许多人失去了信心。为了鼓励大家，史东向他们讲述自己从事保险营销的亲身经历，并传授两条战胜困难的经验：第一，在遇到麻烦或处于困境时，如果能够用决心和乐观的态度来对待，你就有利益可得。第二，营销能否成功，关键就要看营销人员的态度是乐观向上的还是悲观失望的，而不依赖于市场的好坏。史东还以身示范，去纽约销售保险。然而，公司许多人还是被困难吓倒，1000多人只剩下200人。这些人是史东的忠实追随者，掌握了史东传授的营销技巧，而且也是不怕困难的人，"积极的工作态度"成为他们的精神。他们所销售的保险费收入比1000多人销售时的还要多。到了1939年，史东已成为年轻的百万富翁。

不甘于为别人代理的史东决定成立自己的保险公司，他买下的公司后来成为美国混合保险公司。刚买下的公司开始并不大，但在史东的管理下，公司规模不断发展，经营范围越来越广，不仅遍及全美，而且发展到海外。到1990年，公司的年保险费达2.13亿美元，拥有5000名保险营销人员。这些营销人员受史东"积极的工作态度"的影响，都有出色的表现，其中，有20多人成为百万富翁。

史东一生从事保险营销，他既注重于保险营销的实践，也注重不断地总结营销的经验，向人们传播营销的信念和成功营销的方法。为了广泛传播自己的营销思想和信念，他与人合写了一本《以积极的精神态度获得成功》的书。1962年，他又出版了《永不失败的成功之道》。为了在更大范围传播自己的信念，他还创办了杂志——《无限制成功》。在20世纪60—70年代，史东成了美国最富有的人之一，拥有4亿美元的资产。

保险营销人员的职业精神

职业精神就是营销人员所具有的与职业相关的理念、态度、品性等基本精神要素合成的能量。营销人员通过诚信、自信、激情、勇敢、坚毅、宽容、乐观、友善、正直、耐心、谦虚、仁义、自律、舍得等各种精神因素的修炼，形成优秀的品格，这种品格表现在保险营销上，就形成职业精神。良好的职业精神能形成强大的动力，营销人员只要具备这种精神，就能取得巨大的成功，这一点，可以从以上四位具有国际影响力的保险营销巨匠成功的事实中得到印证。原一平、齐藤竹之助、乔·坎多尔弗、莱门提·史东之所以能在保险营销上创造出辉煌的业绩，在于他们有无比崇高的职业精神。有了崇高的职业精神，就会产生强烈的职业责任感和使命感，产生销售的激情，并不断地把这种职业精神传播给客户，使客户被这种精神魅力所感动，营销成功就有了坚实的基础。一个营销人员，如果缺乏内在的、良好的职业精神，他会认为营销之路困难重重，行动迷茫，甚至会半途而废。所以，作为一名营销人员，必须具备良好的职业精神，对自身进行精神化管理，是营销人员的必修课。一个成功的保险营销人员必须具备七个方面的职业精神。

一、自信精神。美国作家爱默生说："自信是成功的第一秘诀。"自信是对自我能力和价值的肯定，就是相信自己，相信自己的思想和看法是正确的，相信自己的理想和目标能够实现。自信表现在一个人的身上会显示出勇敢、坦诚、乐观、豁达、谦虚、热情、强烈追求成功的欲望等特征。自信是营销人员最大和最基本的财富，成功和财富永远属于自信的人。自信是催生理想的春雨，自信是驱使人们追求远大目标的强大精神动力，自信是鼓励人们战胜困难的战鼓，自信是挑战的号角，自信能焕发出高昂的斗志。保险营销需要生气勃勃的"营销斗士"，而作为"营销斗士"，首先要自信，因为，战胜困难、不断创新、实现奋斗目标都需要靠自信来推动。

　　自信，能使人在强大的对象面前不会表现出灰心丧气的心理和情绪。自信是一种信念，没有这个信念，你做事就缺乏斗志。有一些营销人员认为干保险营销是求人，甚至认为低贱，有一种自卑感。美国汽车营销大王乔·吉拉德有一段名言，能坚定我们从事营销的信心。他说："推销员是这个世界发展的动力，我认为，我们每一个推销员都应该以自己的职业而感到光荣，我总是这样想。从35岁那年开始，我已经卖出了12000多辆新汽车，其中包括各种型号的轿车和卡车。你知道吗？我一个人就为这个社会创造了许多就业机会，因为要制造这些汽车，就要生产和出售许多钢材和其他各种材料，要开动这些汽车，就要有高速公路和加油站，还要有汽车修理店，如此等等。仅通用汽车公司及其所属的几千家供应商，就从我们的交易中赚到了几百万美金。了解了这些道理，也许你就会知道推销员是了不起的无名英雄，推销员推动了商品，也推动了这个世界。如果我们不把货物从架子上和仓库里搬运出来卖给顾客，那么整个美国的经济体系就要停止运转，一切都完蛋了。要知道，没有我们这些推销员，就没有工厂和商店，就没有老板和经理，就没有工人和工程师，也就没有你现在这样美好的生活。"从吉拉德富有自豪感的话语中，我们可以感受到作为一名营销人员的自豪与光荣。可以说，在市场经济环境下，社会与经济的发展是靠营销来推动的，没有营销，就没有现代社会的进步与繁荣。当客户遭遇灾害事故损失而获得保险赔偿时，我们更能体会到保险营销职业的意义。是保险营销人员给人们送去平安和幸福，我们向客户销售保险就是销售平安和幸福，是保险营销人员推动了保险业的发展。随着经济的发展和社会财富的日益增多，风险种类不断增加，风险损失逐步增大，保险的作用显得越来越重要，人们的保险需求在逐渐增加，营销人员的责任就更加重大，我们应该为自己是一名保险营销人员而感到光荣和自豪。所以，我们要有强烈的自信心和责任感，激情饱满地、泰然自若地去进行营销，不要以自卑的心态去营销。只有我们信心百倍地去营销，才会获得客户对我们的信任。

有的营销人员缺乏自信，认为自己处处不如别人，人际关系没别人广，后台没别人硬，业务没别人熟，所以肯定比别人差。这种不自信心理，从精神上打垮了自己，于是，把工作变成仅仅维持生存的基本手段，面对困难和挑战，往往会退缩和放弃，工作懒散，精神颓废，不愿去接触人，不愿意参加社会活动，并且以"我又不想当官"、"我也不想发财"、"做人要低调"来掩饰自己的不自信或消极情绪。其实，营销人员最需要自己给自己鼓气，要学会培养自信。一是自我暗示。首先要战胜自卑感和心理恐惧，从精神上激励自己，相信自己能行，自己永远是强者。我们面对困难时，要有这种心态：我都能解决，都能对付，都能完成任务！这种感觉就是自信。要相信自己能干好保险营销工作。特别是在刚踏入保险营销行业时，或面对社会地位高的客户，或周围有许多比自己强的成功者的时候，你不妨像"推销之神"原一平那样，用一句"什么话！我偏偏要做给你看"来激励自己，也可以从众多成功人士的坎坷经历中探求一个人从卑微和困境中走向辉煌的奋斗史，从而激励自己，增强自信心。二是不断提高自身素质。一方面要努力学习，丰富自己的知识和技能，使自己更自信；一方面要努力总结实践经验，自信是在不断获取经验和逐步做到胸有成竹的过程中建立起来的。但是，我们在职业生涯中，一定要注意把握自信的尺度，自信而不自狂，骄傲而不自傲，骨傲而不气傲，自我而不自私，得意而不忘形，失意而不失志，执着而不固执，谦卑而不自卑，高调做事，低调做人。那种狂妄自大、目中无人的表现不是自信，而是营销人员的大忌。将自信融入在谦谦君子之风中，我们就会拥有内在的、强大的精神能量。

二、诚信精神。诚信，是为人的法则。在保险经营原则中，诚信是最大原则，也是进行保险营销的法则。一个成功的营销人员，首先必须是一个真诚的人，这一点在保险这个服务行业十分重要，这是客户信赖我们的首要条件。因为客户购买的保险是一个承诺，承诺将来能否兑现，谁也无法估计。所以，保险营销的是什么？是营销人员的诚信。我们应加强人格、道德方面的修养，做一个真诚的人，用真诚的人格魅力，去打动客户，去换得客户的信任。客户对我们越信赖，我们所营销的保险产品也就越能被客户所接受。

我们对客户应该有发自内心的爱，它是诚信之源，不是虚伪的，是真情的流露。天然去雕饰，自然的诚意会产生巨大的力量。美国自我激励专家奥格·曼狄诺认为爱是一切成功的最大秘密，他说："我该怎样面对遇到的每一个人呢？只有一种办法，我要在心里默默地为他祝福。这无言的爱会闪现在我的眼神里，流露在我的眉宇间，让我嘴角挂上微笑，在我的声音里响起共鸣。在这无声的爱意里，他的心扉向我敞开了。他不再拒绝我推销的货物。"对客户有了真诚的爱，这种爱就会表现出诚信的行动，也必然会产生好的结果。

待人和蔼，以诚相待，这是诚信在服务态度上的表现。居高临下，盛气凌人，咄咄逼人，诚信就会失去外在的表现形式。特别是当一个有权力的人把我们推荐给客户时，我们更不能"拿大屁股压人"，强迫客户意志，这样会引起客户反感。即使是客户同意购买保险产品，他也会提出一些让我们为难的事，如果我们不能满足客户的需求，就会影响客户关系的稳定。不要以为我们是保险专业人士，客户是个"保险盲"，我们就可以"乱弹琴"。我们要真诚地倾听客户意见，把握客户的内心世界，多站在客户的立场上考虑问题，有针对性地、耐心地、诚实地回答客户的问题。美国米利肯公司在经营策略上有一项举措，就是举办"如何站在客户的角度看问题"培训班。我们要以客户"保险顾问"的角色开展营销，正确地、客观地向客户传递保险信息，履行保险法规和保险条款所规定的告知义务，其诚信精神就有了实实在在的表现，客户也会被我们的真诚所打动。如，我们在强调保险作用的同时，也可以告诫客户"防灾防损比保险更重要"、"保险不是万能的"等。履行承诺，这是诚信的实质表现。答应客户的事情就一定要做到，做不到的事情不要轻易承诺，更不能向客户做虚假承诺。我们有的营销人员为了使客户能购买保险，随意向客户许一些无法兑现的承诺，靠说谎、故弄玄虚、隐瞒实情来欺骗客户。这样可能暂时能争取客户，但一旦客户发现受骗上当，我们就会永远失去客户，失去客户信赖，公司的声誉也会受到极坏的影响。

三、激情精神。激情是强烈的、具有爆发性的情感，也是最富有感染力和最能激发人的潜能的情感。对于追求真理、有正义感、积极向上的人来讲，激情就是最有价值的情感。有激情的人一般充满自信，有积极的心态，有战胜一切困难的勇气，对未来充满理想和追求，有远大的目标，并且会围绕理想和目标的实现去努力工作。作为一名营销人员，在我们还未开始行动之前，应根据自己的精神、意志、能力和其他条件，确定能鼓舞和激励自己奋斗的目标，这是成功的基础。我们不仅仅是想获得经济利益，更应追求精神层面的成功。我们是公司、家庭和社会的一分子，无论对公司，还是对家庭和社会，都应尽到最大的责任。从公司的角度来讲，我们是依靠公司生存和发展的，应有为公司而奋斗的激情。从个人经济利益的角度，我们工作的目的是为了自我，如，为了使家庭过上富裕的生活、为未来生活或下一代积聚财富、为成家准备资金、为改善住房条件而工作，等等。从个人精神的角度，我们从事保险营销是为了履行一种社会责任，是出于对工作的爱好，是为追求成功的满足，是想通过工作广交朋友，与社会保持密切的联系，等等。从社会的角度来讲，我们的目标就是要让社会上广大的没有保险保障的人或单位拥有保险保障，这种目标虽然很难实现，但它可以作为我们追求的信仰。这些经济和精神的因素，是激励我们奋斗的强劲动力，是我们激情的源泉。它们能使我们强烈地感受到自己是在从事有价值的工作，从而去努力奋斗，享受工作的快乐。

保险营销是最需要激情的职业。在保险市场上，需要有旺盛的激情、有强烈的意愿为客户服务的营销人员。我们要靠激情去说服客户接受我们的观念、知识和产品，在使客户拥有保险保障的同时，也在丰富自己的人生。营销人员的工作绝大多数不是在办公室完成，而是相对独立地在广阔的市场进行，采取"挨家挨户"的销售方式，每时每刻，每争取一个新的客户，都在面对不同程度的挑战。在没有管理者直接监控的情况下，如果没有激扬的精神、发自内在的工作激情，没有积极的工作态度，很容易产生消极、懒惰和工作上的茫然。日本著名保险营销专家原一平说："外务员从另一个角度而言也是技术家。但是，就热爱自己的工作且倾注热忱而言，纯粹是个艺术家。它会促使买方产生热忱，兴起莫大的兴趣。热忱的力量，足以胜过一切。"所以，一名成功的保险营销者，总是在激情高扬地追求目标。那些在强大精神的指引下营销的人，将是营销的大赢家。

保险营销是一项压力很大的工作，需要用激情去缓解或消除压力，永远不疲倦的工作态度对于营销人员来说是十分重要的。营销人员要不断增强、调节自己的工作激情，不要让消极心态支配我们的思想和工作，使精神始终保持一个良好的状态。有正确的人生观，以良好的心态去看世界，有一种积极的生活态度，这样才能充满激情。高尔基有句名言："工作快乐，人生便是天堂；工作痛苦，人生便是地狱。"我在中国人保财险宜昌市分公司担任总经理期间，在员工中极力推行的"激情工作法"，从六个方面要求员工对工作激情进行自我管理：一是追求挑战性目标，二是自信地开展工作，三是保持乐观的精神，四是困难面前不低头，五是真诚地融入团队，六是不断吸收新知识。通过"激情工作法"，在公司建立起以精神化为驱动力的管理，使员工保持乐观的情绪，具有积极向上的敬业精神，不是消极、被动地工作，或者是在某种压迫下工作，而是以饱满的热情，自觉地、主动地、积极地、快乐地工作，也就是我们常说的"不用扬鞭自奋蹄"。一个有激情的营销人员，应该自强不息，永不满足，设定目标，并为之锲而不舍地奋斗，当目标实现之后，不是贪恋成功而停止不前，而是又创新的目标，鼓足更大的勇气，开始新的追求，永远在创新；有较强的自律，不需要别人驱使，自己就会制定目标和行动计划，并努力去实现。做一个有激情的人，就应该是一个心灵永远年轻的人，永远保持年轻人的心态，拥有美好的梦想，朝气蓬勃，充满活力，热爱生活，对世界万物充满热爱和兴趣，这样，客户才能被我们的激情所感动。这些性格特征，我们可以从齐藤竹之助先生的奋斗史中充分感受到。

遗憾的是，我们现在许多营销人员的激情受到社会上一些消极思想或现象的影响，如，受"唯年龄论"思想的影响，有的认为保险营销是年轻人的职业，到了四十多岁，认为自己没提升做官，客户也不多，奋斗的激情就开始逐渐熄灭，抱着"做一天和尚撞一天钟"的思想。这种"唯年龄论"的思想使很多人的理想得不到实现，使经过长期锻炼而拥有经验和知识积累的人不能展示自己的才华。人失去了激情，等于就失去了信心和勇气，结果是失败。世界首席保险推销员齐藤竹之助57岁开始干保险营销，74岁还在奋斗。他说，不管到了多大年纪，只要有干劲，无论什么事情，都没有做不成的。只要胸怀目标，就能永葆青春。从他的身上看不到衰老。他的成功就是激情在起作用。如果我们总是在看社会或公司的负面，总在抱怨不公平，经常与一些牢骚满腹、消极悲观的人在一起，这样很容易使人变得冷漠和忧郁，是很难有激情的。不要把自我价值局限于用职业成就来衡量，认为地位上升和保险费收入增加才是实行了人生价值，职位下降或者完不成保险费任务就灰心丧气，人生完全以职业成就为中心，忽视了人生价值的多元性，忽视用广泛的情趣和爱好来排解心中的压力和抑郁。试想，如果我们整天以冷漠而忧郁的精神状态去面对客户，客户会被我们的精神状态所传染，也会感到冷漠和忧郁。我想，任何人都不愿面对那张冷漠和忧郁的面孔。客户更愿意与有激情的人打交道，如果客户认为你是一个有激情的人，你营销成功的可能性就会更大。所以，缺乏激情的、只能给人带来不快的精神状态应该去掉，我们要永远用熊熊燃烧的激情之火去照亮人生的道路，向客户营销我们的激情，用激情去点燃客户购买保险的欲望。

四、挑战精神。如果说战争是与死亡相伴，那么保险营销就是与失败共生。可以说，我们保险营销人员一生面对的失败远远多于成功，并且越是业绩突出的营销人员，他失败的次数越是更多。一个营销人员，一个客户都不去拜访，他就没有失败，但更不会有成功，零失败等于零业绩。而另一个营销人员今天拜访了四个新客户，只成交了一个，虽然经历了三次失败，但毕竟获得一次成功。有不少营销人员因害怕失败而不敢去拜访客户，不敢为自己确定具有挑战性的目标，这只会导致更大的失败。有的拜访了几个客户，没有成功，就灰心丧气，这完全没有必要。美国西点军校有一句名言是这样说的："畏惧失败就是毁灭进步！"

保险营销是最具挑战性的职业，我们时时刻刻在面对困难与失败挑战。如，找不到新的客户，完成保险费目标压力大；与几个保险公司的营销人员同时竞争一个客户，自己的老客户遭到恶性竞争；客户不满意我们的产品、价格或者服务；客户提出我们无法解决的问题；收保险费太少而影响个人收入；面对挑剔的、苛刻的各种各样的客户，等等。面对这一切，我们营销人员需要具备稳定的情绪，始终保持乐观向上的精神风貌，具有坚韧不拔的毅力，具有必胜的信念和胆识，不向困难和失败低头，有一股百折不挠、越挫越勇的精神，具有应对困难和承担失败的抗打击、抗挫折的能力，承受一般人不能承受的痛苦或不幸，把困难和失败看成是人生的体验，看成是营销的试验，看成是对自己意志的考验。不要将失败全部归结于客观原因，归结于他人或客户，去抱怨、去自暴自弃，应该从自身去找原因，去寻找战胜失败、摆脱困境的方法。可以说，无论是人生的困难和失败，还是在营销中的困难和失败，我们都应勇敢和坦然面对，永不放弃自己的信念和目标，想办法振作精神，想办法战胜失败或困难。正因为人生中的困境和挫折，我们的人生才更有意义；正因为我们营销之路曲折坎坷，我们收获哪怕微小，也令我们满足。记住：敢于挑战、敢于向失败挑战，并且坚持不懈、持之以恒地挑战，就能取得人生的成功。

　　失败是成功之母，失败是通向成功的阶梯。美国享誉全球的创新管理大师、畅销书《追求卓越》的作者汤姆·彼得斯说，失败是荣誉的奖章。美国硅谷一位评论家迈克尔·马隆说："失败是硅谷第一优势。"大家知道，硅谷是世界高科技的圣地，而它之所以拥有如此美名和财富，主要是失败铸就。美国强生公司的信条之一，就是"你必须愿意接受失败"。本田汽车公司创始人本田宗一郎也指出："很多人梦想成功。我认为，只有在经历不断的失败和内省之后才能达到成功。确切地说，只有在经历了99次所谓的失败后，才有一次成功的机会。"保险营销也是在困难中成大事的职业，我们在前面介绍过世界首席推销员——齐藤竹之助，他毕业于日本庆应大学经济系，担任过三井物产公司（与住友、三菱齐名）的参事，即使是退休后，还担任过美国驻日本某商会顾问、中央卫生福利事业公司常务理事。遗憾的是他在人生暮年却陷入经济困境。但他并没有被失败的困境所压垮，57岁的他竟然不计较自己曾是一名高级管理者的身份，毅然选择做一名普通的保险推销员，重新获得人生的巨大成功。美国自我激励专家奥格·曼狄诺告诫人们："我绝不考虑失败，我的字典里不再有放弃、不可能、办不到、没法子、成问题、失败、行不通、没希望、退缩……这类愚蠢的字眼。我要尽量避免绝望，一旦受到它的威胁，立即想方设法向它挑战。"在日本的富士山下，有一所举世无双的鼓气学校，日本人称它是"地狱"，学校的座右铭是"100升汗水和泪水"，该学校不教育学生学习工作方法和技能，而是进行严酷的精神训练、体能训练和团队合作训练。如在大街上高呼："我是最优秀分子，我能胜！我能胜！"在教室里高呼："我能干，我力大，我年轻，我能胜！我能胜！我能胜！"组织学生分小组进行野外长途行军，一人在行军中丢失，全组不及格。通过训练，培养人们战胜失败的勇气，培养人们的团队意识。1965年，日本经济不景气，家电业厂商大幅裁员，日本夏普公司本着"同舟共济，五百年修"的指导思想，毅然决定不裁员，把一些部门的人员调到营业部，承担挽救营销不振的重任，成立了推销敢死队。推销敢死队重在培训工作激情、培训战胜失败或困难的勇气。正是这种不屈不挠的精神，才使推销敢死队历尽磨难，大获成功。

美国一位权威人士研究过2.5万多个被认为是"失败者"的人，研究结果发现，失败有30个原因，它们是：不幸的遗传性缺陷，欠缺人生的目标，欠缺上进心，教育不足，自我训练不足，疾病，幼年时代的坏影响，明日复明日，欠缺忍耐力，排他性格，纵欲过度，好赌，欠缺决断力，恐怖心理，选错配偶，过度用心，选错朋友，迷信和偏见，选错工作，集中力不够，有浪费习惯，欠缺热情，狭窄的心，不节制，欠缺协作精神，不经努力得到权力，吹牛说谎，利己主义和虚荣心，纯粹臆测的私人成见，资金不足。保险营销失败的原因很多，有外在的，如经济环境、市场竞争、客户拒绝等；也有内在的，如，不相信自己，不相信产品，不了解所销的产品，为人不诚实，没有工作目标和计划，光说不做，懒惰，被拒绝打败，营销技能差，没有掌握客户的需求规律，未能遵守规则，不能与同事和客户友好相处，过于贪婪，未能兑现对客户的承诺，未能与客户建立长期合作关系，总是推诿失误或错误，缺乏坚持，没有积极的工作态度等。我们可以对照一下自己，是否存在上述原因，如果存在，就应采取消除或避免措施，这样才能使我们的事业和人生获得更大的成功。20世纪80年代中期，美国某保险公司曾聘用了5000名营销人员并对他们进行了培训，每人培训费高达3万美元。但第一年就有一半人辞职，四年后只剩下500人。什么原因呢？原来，这些营销人员在营销过程中，一次又一次地被客户拒绝，在困难面前缺乏乐观的情绪，从此就失去从事营销工作的耐心和勇气，最终不得不放弃。后来这家公司请了宾夕法尼亚大学心理学家马丁·塞里格曼提供指导。这家公司用智商选拔员工，而塞里格曼则用乐观的程度去选择员工。他选择的员工中，有一组是公司智商考试未通过的，但他们是"超级乐观主义者"。跟踪调查结果，这一组在所有人中工作任务完成得最好。第一年他们的销售额比"一般悲观主义者"高出21％，第二年高出57％。后来这家保险公司把"乐观测试"作为录用营销人员的一个重要条件。由此可见，具有战胜困难的乐观精神对一个营销人员是非常重要的，乐观不仅是一种性格，更是一种能力。

五、学习精神。保险是知识型产业，而它的生产几乎全部是靠人的知识来完成的，我们保险营销人员最重要的营销工具是什么？是我们大脑中的思想、知识。我们营销的是什么？生产保险产品的知识性材料。所以说，知识是我们的营销工具，是我们的营销材料，也是我们营销的产品。我们的思想、知识、创造能力、思辨能力都来自于大脑。如何使我们的大脑更强大？学习是重要途径。保险营销人员的学习精神十分重要，学习不仅能使我们拥有远大的抱负，具有强烈的自我实现意识和责任感，而且能提高我们的销售能力，可以说，营销人员的知识有多宽，市场就有多宽，事业就有多宽。美国研究人员通过多个全国性测试得出结论：营销人员的失败，15％源自缺乏培训——有关产品及销售技能的培训；20％源自口头及书面沟通能力差；15％源自老板或管理层较差或有问题；50％源自态度。从这个结果中我们可以看出，口头及书面沟通能力差、态度或者说是职业精神素质差，归根结底，还是缺乏学习、培训，可以说，一个营销人员的失败，85％是学习、培训问题。如此可见学习的重要。

对于保险营销人员来讲，学历高低并不重要，重要的是你有没有刻苦学习的精神。我十分反对"唯文凭论"，文凭与能力是不能划等号的，文凭与人生的成就也不能划等号，文凭只能证明某个人的学习经历，但不能证明他所创造的价值。人生八十年，在学校专门受教育的时间是短暂的，所学的知识也是有限的，大量的鲜活实用的知识只有通过社会实践才能得以拥有和发展。社会是一所最好的大学，公司也是一所大学，我们的许多能力和知识都是在这两所大学里取得的，并且这种学习所产生的不仅仅是能力和知识，更重要的是丰硕的成果。当今，人类已进入知识经济时代，知识在快速发展和更新，我们为之服务的客户也在不断朝着知识化的方向转变，如果我们不努力学习，就会与我们生存的环境不相适应，就不能与客户进行有效的沟通。保险营销已进入"知识营销"时代，由产品竞争、价格竞争、服务竞争转向知识与技术的竞争，这种竞争在呼唤知识化的高素质营销人员。所以，不断地学习，更新思想，更新技术，更新适应市场营销的能力，是我们营销人员的重要工作。

营销人员的学习除参加公司组织的培训外，主要是以自学为主，培养一种良好的学习习惯。一是树立做"学者型的保险营销专家"的目标。保险是知识性行业，我们要把"学者型的保险营销专家"作为职业追求的目标，以我们的言行向社会和客户证明保险业的知识性和技术性。二是要向书本学习。多读一些有利于提高营销能力的书籍。每天读一小时的书，按每天8小时工作制计算，1周相当于学习了1天；一年相当学习了45个工作日，即一个半月的时间，长期坚持必有收获。三是提倡"行动学习法"。简单地说，就是在工作中学习。这种方法的好处是：学习目的明确，学习能产生实际作用，自己能得到实际的经济收益。向实践学习，人类的知识都是在实践中产生的。要不断总结、分析营销中的成功与失败，最好的方式是通过"营销日记"、"营销笔记"或"营销札记"等方式，将营销中的有意义的活动和心得体会记录下来。俗话说得好：处处留心皆学问。积累多了，素质也就随之提高，经验也就更加丰富。我们不能浪费自己用心血和汗水换来的宝贵的营销实践活动。遗憾的是，我们现在不少营销人员不爱总结、研究，只注重营销的过程，理由是"我们又不是学者，费这个心干什么"？以至于干了很多年的保险营销，其营销能力还是在原来的低水平上停止不前。四是向客户学习。从某些方面来讲，客户永远是提高我们营销能力的好老师。他们对承保财产和风险的了解往往比我们更专业，具有我们所不具备的特殊知识，对于营销人员来讲，客户是一部永远读不完的书，我们要像尊师一样尊重客户，向他们学习。另外，客户时时刻刻在向我们提问，我们必须做出让客户满意的回答。我们所做的一切，是在完成老师布置的考卷，并争取让客户打一个满意的高分。如果回答满意，客户会用购买我们的保险来奖励我们；如果回答不满意，他们会离我们而去。客户就像严厉的考官，时刻在考问我们，我们必须学习好，才能有满意的答卷。五是向竞争对手学习。向竞争对手学习，是提高我们能力的重要方法，是我们战胜竞争对手的前提。可以说，竞争对手是我们最好的陪练员，学习他们，打败他们，我们就能赢得客户。

六、爱司精神。热爱公司是我们努力工作的强大精神动力。只有热爱公司的营销人员，才能创造出热爱公司的客户。我们很难想象一个不热爱公司的人会有一个什么样的工作态度、工作行为和工作结果。

我们要热爱自己的公司，是公司为我们提供了生存和发展的平台，使我们感受到在一个庞大的群体中的力量感、安全感和幸福感，是公司在不断地引导、培训和激励我们去挑战一个个目标，让我们实现一个人无法完成的事业，从而获得人生的成功。首先是了解自己的公司，包括它的历史、现在和未来，这样会使我们对公司产生一种归属感，提高对公司的忠诚度。保险产品是为客户承担风险的，风险由谁来承担？是保险公司。由此我们可以说，保险营销实际上营销的是保险公司，是一个公司的品牌和实力。所以，我们应像了解自己一样熟悉自己的公司，在与其他公司的比较中认识自己公司的优势，这样不但能增加我们对公司的热爱以及自信、骄傲与自豪感，还能使我们很好地去向客户销售自己的公司。同时，我们要熟悉公司的经营管理过程，当客户认为我们的保险费过高时，我们可以将公司保险费率制定的依据和服务过程向客户介绍，让客户觉得这个费率是合理的；当客户认为保险理赔速度慢、手续复杂时，我们可以介绍公司理赔为什么要这些程序和单证。这样就可以消除客户的疑虑或不满，增强客户对我们的理解或认同。我们工作的绝大多数时间在公司以外的环境，在外界的影响下，有时难免忽略公司的存在，在思想、情感、行为上也游离于公司之外。所以，我们应学习、认同和遵循公司企业文化。所谓企业文化，是指一个企业在长期发展中形成的协调企业的组织管理和人际关系的管理思想和方式，它包括文化观念、行为方式、价值准则和道德规范等。营销人员应树立集体主义精神，树立以公司为家的思想，把自己看成是这个大家庭的成员，与公司荣辱共存。特别是当我们在一个品牌好的公司工作时，更应忠实于公司。有的保险公司喜欢相互抢挖营销人才，有的许以高额佣金。一个营销人员，他在品牌好的公司年收保险费100万元，佣金比例为10%，收入10万元。而另一家新开张的保险公司许以20%的佣金，这个营销人员来到这个公司，由于公司形象欠佳，客户不愿意在这家公司购买保险，这个营销人员一年的保险费收入不到30万元，个人佣金比例虽高，但收入只有6万元，同时客户也会减少，这就是我们在不同的保险公司从事营销的区别。

要热爱自己的同事。市场如战场，我们在与竞争对手竞争时，在拓展市场时，不是仅靠一个人的力量能取胜的，而是需要靠大家齐心协力，靠团队的力量去实现，所以说，在保险公司，只有完美的团队，没有完美的个人。公司无数个营销人员在市场上传播保险，对强化客户保险意识、宣传公司品牌、促进客户购买保险产品将起到巨大的作用。这种联动效应会惠及公司每一位营销人员。一个人所争取的客户是有限的，仅用一个人所收取的保险费来承担客户的损失赔偿是不可能的，只有靠我们大家共同的客户、共同的保险费，才能充分体现大数法则，分散风险，才有能力为客户提供经济补偿，从而保证公司经营上的稳定。保险公司不是卖早点的摊子，一个人一个小店面，各干各的问题不大。保险公司需要分支公司与分支公司抱成团，部门与部门抱成团，员工与员工抱成团，形成强大的实力，形成品牌优势。这一点是保险经营的大数法则和保险的互助精神所决定的。现在社会竞争激烈，人们生存的压力很大，我们要为自己、也要为同事营造愉快舒畅的工作环境。成员之间要相互支持、相互联系、相互竞赛、相互作用、相互欣赏、相互鼓励、相互关爱，而不是相互诋毁、相互嫉妒、相互拆台。要像足球赛场上一样，当一个队员把球踢进门时，其他队员便给予亲兄弟般的热情鼓励；当一个队员把大家拼命运动到最好位置的球一脚射在门外，其他队员并不责怪他，而是安慰和鼓励他，拍拍他的肩膀，抚摸一下他的脑袋。只有在这个环境下，我们才能在工作中表现出更大的激情、积极性和创造性。

七、敬业精神。营销人员要具有崇高的敬业精神，这是一种最优秀的品质，是做好保险营销的基本要求，而支撑敬业精神，甚至支撑我们所有职业精神的是对保险的信仰，这个信仰就是来自对保险的热爱。在前面我已经说过，保险业是一个弘扬人道主义精神的行业，而保险营销是保险业弘扬人道主义精神的重要表现形式。保险营销是天使一样的职业，让更多的企业和家庭得到保险保障，是我们从事保险职业的天职。持有这种崇高的职业定位和追求，我们就有了崇高的灵魂，就会产生一种使命感，拥有创造卓越业绩的精神能量，不但业绩突出，个人收入也自然上升。所以，我们要热爱保险营销这个职业，热爱保险营销就能使我们焕发出冲天的干劲；不热爱保险营销，我们就没有激情，就不会聚精会神地去努力工作。我们千家万户、千言万语、千方百计地营销确实很辛苦，社会上也有一些人不理解，我们自己也认为老是在求客户，给客户说好话，仿佛没有做人的尊严；有时碰到脾气不好的客户，还会受很多委屈；客户在索赔上不如意，营销人员将会承受更多的抱怨；有时对一个客户拜访几十次，最后得到的还是拒绝。但是，我们想过没有，在我们眼里，所有的客户都是处在遭受风险损害的可能之中，我们作为有仁义之心的人，作为一个职业保险人，有责任去唤醒他们的风险防范意识，使他们能接受保险保障。我们见过传道士，他们为信仰而传道，忍辱负重，不为金钱，不为地位，不为名誉，他们只为一种信仰而生存，甚至付出生命。我们做保险营销的就要做一个"保险的传道士"，视保险为信仰，心怀仁爱，传保险于千家万户，让众多的人对保险产生信仰，让众多的人得到保险保障，当他们遭受灾害事故时，帮助他们消除或减轻灾害事故所带来的损失或痛苦。可是有人认为，从事保险营销就是"打工挣钱、养家糊口"，认为营销就是为了赚钱，这是对工作价值的一个低层次的理解。持有这种认识的人，缺乏对保险营销工作崇高意义和目的的领悟和认识，忽视了平凡的工作中所蕴藏的伟大，其销售业绩一般不会好。

保险营销是最有挑战性的职业，是一个能够让人充分展现激情、奋斗、智慧和成就的职业，也是充分实现个人价值的职业。这个职业，不计较年龄、性别、学历、资历等条件，不需投入资金、设备、厂房等财富，只要投入我们的激情、智慧和劳动，就有可能做好保险营销，就可以获得丰厚的回报，因为保险营销一般是按业绩的某一比例计提佣金或手续费，我们的保险费收入越高，个人收入就越多。曾担任美国总统的罗斯福有一句名言，即，不做总统，就做广告人。这句话是他对曾做过美国宣传部部长的广告人拉斯克尔说的。广告与营销相关，所以国际营销界也产生了另一句相似的话，即，不做总统，就做营销人。这句话，充分说明营销人的地位和价值。成功的保险营销人员的薪酬往往比大公司的高级职员、比一个县长或省长都高。我们现在不少保险公司称营销人员为客户经理。所谓客户经理，就是客户的保险经理，他在以客户为中心的理念指导下，负责为客户的保险进行筹划和安排，在使客户获得最佳的保险保障的同时，为公司获取保险费和为个人获得收益。他虽然是保险公司的一员，但他也是为客户管理保险的经理。我们每个从事保险营销的人员，都应把做客户的保险经理作为终身追求。可是，有的营销人员把做官作为人生唯一的追求，如果不当官，就觉得一生就没有希望，以一种消极的态度工作，其实大可不必。我们一生不一定要追求做一个大官，我们可以争取做一个能人。因为追求做官不是自己能决定的，况且做官的人数有限，但追求做一个能人，是不受指标、年龄或职位限制的，可以成为个人终身的奋斗目标。这样，我们的眼光会看得更远，我们就会产生无穷的乐趣，我们的工作态度将会更加积极。我们今年可能有10个客户，明年可能有20个，后年可能有30个。到了60岁的时候，我们可能有400个客户，甚至更多，我们就是管理400多个客户的经理。如果我们身体健康，还愿意工作，我们可以干到70岁，就像齐藤竹之助一样，74岁还是"首席生命保险推销员"，还在为客户服务。这种成就感和荣誉感，不仅是拥有经济上的收益，而且还有精神上的满足，远远比当保险公司的经理长久。所以我们要破除"唯官论"的思想，立志做"终身保险营销员"，终身为客户服务。

案 例

2004年8月17日开始，中国人保财险总公司在南京举办了3期财险营销培训班，每期一百多人，在培训班上，我介绍三峡工程保险营销的做法。我当时任中国人保财险宜昌市分公司副总经理。后来在武汉大学为保险公司开办的两期基层公司经理培训班上进行了讲述。本人有幸参与了三峡工程保险服务的全过程，我总结出三峡工程保险的"八大营销模式"，它们包括目标营销、品牌营销、知识营销、服务营销、差异营销、关系营销、文化营销、激情营销等八项内容。我当时讲的题目是《三峡工程的保险营销》。在本书中，我将它们作为案例，编辑在本书中，供读者参考。

三峡工程保险营销模式——激情营销

激情营销简单地讲，就是用激情来进行保险营销。营销是靠人来进行的，作为营销无形的保险产品，其营销的成功，关键在人；而对人来讲，关键在营销人员的激情。一个营销人员可能有较高的业务技能，也可能有很好的人际关系，但是如果没有激情，他是难以取得营销成果的。没有激情，就无法感动客户；没有激情，就没有营销上的创新；没有激情，就没有营销的动力；没有激情，就没有战胜失败的勇气。

在三峡工程保险营销中，我们追求激情营销，以我们的激情去感动客户。如客户拜访，在三峡工程建设初期，工地条件十分艰苦，连续几年大年初一的早晨，我驱车100多里，冒着严寒到三峡工程工地给因施工不能回家过年的建设单位和施工单位的有关人员拜年。我认为，这送去的不仅仅是一声问候，而且是中国人保财险服务三峡工程的真情。虽是一桩小事，但客户们至今难忘。

原来三峡工程保险合同中，没有投保"清除残骸费用"，客户的损失得不到足额的经济赔偿。1999年初冬的一天，我又找到中国三峡总公司负责保险的领导做工作，他答应我报一个方案给他们研究。为了抓紧时间，我连夜赶回在三峡工程工地的公司，途中不幸发生了车祸。躺在医院的病床上，我一边输液，一边用颤抖的手起草方案至深夜11点多钟。第二天，得知我受伤住院的消息，中国长江三峡集团公司负责保险的领导迅速赶到医院。当我把方案交给他时，他感动了，回到公司迅速研究，一天时间就完成了保单制作、逐级报批和保险费划账的工作。客户风趣地说，我们这上上下下都在为你孙智忙。新服务项目终于启动，收取保险费178万元。其实，从1997年开始，我就曾多次要客户增保这个保险项目，但都没有成效，没有想到一次意外却带来意外的收获。同事们感叹地说，这是一张"生命保单"。在住院期间，中国三峡总公司一位负责保险理赔的领导来看望我，他拉着我的手说："你受苦了，有什么事需要我帮助解决的？"当时，中国三峡总公司提出的27笔永久性船闸塌方赔案正在处理之中，因为客户没有及时报案，使理赔十分困难，客户要求赔偿916万元。双方就此多次协商，但还是有不一致的看法。这时，我从公文包里拿出理赔说明书，对他说，我们的赔款金额经过了认真审核，是实事求是的，也是符合保险合同的，您德高望重，能否做做工作，早日把赔款划到承包商手中。没过两天，客户终于同意了我们的方案，916万元的索赔金额最后以315万元赔出。

在三峡工程建设中，灾害事故是难免的，一旦发生，我和同事们都是及时赶到现场。我们承保的三峡工程项目发生的所有事故，都是由我带领同事们完成查勘定损工作。有时要登上150米的高空，有时要钻进百米深的地下；有多少次，我们是在暴风雨中查勘事故现场，在酷热难当的骄阳下确定损失。有一次夜晚突降暴雨，三峡工程船闸地下输水洞挡水设施被急流冲毁，我们夜晚10点10分接到通知，10点20分赶到现场，当时输水洞中水深湍急，稍有不慎就会被洪水冲走。我蹚水在前面摸索前进，由于道路不清，掉进水坑中，客户和同事赶紧把我从泥水中拉起来，此时我浑身湿透，左手受伤，但仍然咬紧牙关，坚持将灾情查看结束，回到公司，已是深夜12点钟。

为水利水电工程服务，其工作条件是十分艰苦的。刚进三峡工程工地的一段时间里，公司没有住的地方，我和同事们挤在一户农民家里，阴暗、潮湿，老鼠、小偷还经常来光顾。一台用了10年的普通桑塔纳轿车经常"住院"。有一段时间，连续4个多月没有车用，我和同事们一道挤公汽上下班，近百里路要转几次车。没有地方吃饭，我就与同事们一起轮流当"厨师"。客户分管保险的人员到工地，不愿到餐馆吃饭，坚持要尝一尝我们的手艺。公司的办公条件很简陋，所有员工挤在一个不到70平方米的房间里。我的办公室也不足5平方米，但是，我和我的同事们仍然在努力工作。客户说，你们这个公司就像一个大家庭，团结，热情，有事业心。客户们没事时，也爱到我们办公室去坐一坐。

这些行为凝聚着我们为三峡工程服务的激情，赢得了客户的信赖和支持。可以说，我们如果没有激情，就难以完成三峡工程保险营销这一挑战性的工作，在三峡工程保险营销上也将一事无成。

保险营销人员的职业能力

什么是保险营销人员的职业能力？就是从事保险营销所必须具备的综合知识和技能。它包括两个方面：一是必须具备的专业知识和技能，一是与营销工作相关或对营销有辅助作用的知识和技能。我们的营销人员不仅应是保险的专才，还应努力成为符合保险营销需要的通才。有的人说："做保险要什么技能啊？把人际关系搞好就行了。"这句话很片面，保险营销是需要依靠人际关系，但单靠人际关系是不行的，因为客户购买的是知识性很强的保险产品和服务，你不具备良好的素质，就不能很好地承担为客户服务的重任。所以，有一句话说得好："关系领进门，技术和服务是后盾。"

保险营销人员的职业能力是保险营销或生产保险费中最重要的原材料，是我们为客户提供技术服务的基础，是我们在营销中替代价格竞争和费用竞争的知识资本。保险技术与物质产品的技术不同，物质产品技术的载体一般是物质（如自动化或高级的设备），通过物质产品本身来体现它的技术含量，而保险技术的载体主要是人，通过人的语言或文字表达、人的活动来实现保险的技术含量。保险是知识性服务业，它销售的是观念性的知识型产品。从知识性这个角度来讲，我们销售的是保险知识，客户购买的也是保险知识，这就对营销人员的职业能力提出了更高的要求。营销人员不仅是保险公司的代表，更应是客户的"保险经理"。现在不少保险公司称营销人员为"客户经理"，这是在以客户为中心的理念指导下，对营销人员的职责定位。那么，要当好"客户经理"，真正承担起为客户管理保险事务的职责，营销人员除具备职业精神外，还应具备良好的职业能力，从能力上能胜任保险营销服务。职业能力本身就是一种力量，我们若具有高超的职业能力，就能对客户产生强大的影响力，在客户中建立起信赖感和权威性，在客户的心目中树立起"学者型的保险营销专家"形象。只有训练有素的营销人员，才能解答客户提出的疑难问题，才能与客户进行深层次的交流，才有能力为客户妥善安排保险计划，才能为客户提供专业化的服务。而要做到这一点，学习是重要手段。日本著名的保险营销明星恒利，每天花3到4小时销售保险，其余的5小时则耗在自己进修与营销研究上。他说："就我而言，学习的时间比营销的时间还要长。但是，这么做的结果，工作效率不但未减，反见上升。营销人员必须拥有相当多的学习时间。只要学习的时间多，实际营销的时间虽然缩短，工作效率却只增无减。"所以，保险营销人员要想方设法增加"头脑保险知识库存"，满足向客户销售保险知识的需要，通过不断地学习和实践，努力打造自己的五种基本能力。

一、运用保险知识的能力。一名成功的保险营销人员，应该是一位保险专家。他应具备以下专业知识：一是保险产品知识。熟悉保险条款的内容，并能正确地理解，能正确回答客户对产品提出的问题。二是保险保障设计技能。具有为客户进行保险保障设计的技能，能熟练地为客户选择保险产品，进行保险产品的组合，为客户设计符合其风险保障需要的保险保障方案。三是承保实务。熟悉签定保险单的实务，帮助客户完成购买事项。四是理赔规程。熟悉保险索赔或理赔实务，能协助或帮助客户进行保险索赔。五是保险基础知识。具备丰富的保险理论知识，并运用这些知识为营销服务，满足客户对保险知识的需要。在保险知识上，我们不可能成为保险的全能手，我们可以选择两到三个险种把它们弄通弄懂，作为自己的专业基础，形成专业优势，再触类旁通，了解和熟悉其他保险产品和保险专业知识。

要想成为一名成功的营销人员，就应想办法丰富自己的保险知识，使之成为营销和服务的利器。我曾见过哑巴卖刀，他用一块砖作垫板，把一根铁丝放在上面，然后用刀去砍，铁丝被砍断了，但刀口完好无损。哑巴不用说话，他在用事实证明刀的质量。保险营销不同于哑巴卖刀，没有哑巴卖刀这么简单和直观，它难以用物证和实证来向客户表现，它需要我们具备丰富的保险知识，然后去向客户传播或销售这些知识，让客户了解保险的作用和如何使用保险，从而以高超的专业技术服务赢得客户，达到说服客户购买保险的目的。同时，良好的专业知识能给我们带来信心，当我们对自己的专业知识拥有信心的时候，客户也会被我们的信心所感染，会对我们充满信赖。当客户的询问得不到我们的回答时，他对我们的信赖就会动摇；当客户认为我们应该能回答的简单问题而我们回答错了时，客户就会怀疑我们的专业能力，从而影响营销的实施。另外，向客户深入地传播保险知识，也可以减少保险理赔中的矛盾。理赔中，保险公司与客户的许多矛盾是因为营销时向客户的宣传解释没讲清楚造成的。所以，保险知识是我们从事保险营销的基础，是我们保险营销的核心卖点，我们必须下功夫去学习和研究。

二、运用相关知识的能力。保险营销的是一种观念性的商品，保险产品从形式上看就是一份保险单，有的保险单少则几千字，多则上万字，但它们涉的知识面却十分广，加上保险业涉及社会各行各业，营销工作必然要与社会各行业、各阶层人物打交道，因此，营销人员仅具备保险专业知识是远远不够的，还必须具备广博的与保险营销有关的背景知识，这些知识主要包括：一是营销经验。主要是学习保险行业、其他行业的营销经验，特别是营销大师们的个人经验，这是我们应该常学习的，并且要将所学的内容对应自己的实践进行领会、消化。二是承保对象知识。了解和掌握与客户经营和承保标的有关的知识。如，承保化工企业，就应对化工企业生产流程、设备构造和风险管理特点有所了解。三是相关知识。包括政治、经济、法律、社会、地质、气象、财务等方面的知识。四是风险评估知识。能帮助客户认识风险，具有从风险评估中发现保险商机的能力，并能为客户提出风险管理建议，而不仅仅是强调保险在风险管理中的作用。只有这样，才能更好地进行保险营销，才能与客户有共同的语言，更有利于沟通。特别是在与社会名流打交道或进行复杂的营销过程时，具有良好知识结构的营销人员的成功机遇较大。一个对承保企业的财产和生产过程缺乏起码常识的人，是很难为客户设计完善的保险保障方案和为客户提供良好服务的。我们为一个企业提供财产一切险并附加机器设备损坏险，仅有保险产品知识是不可能高质量完成营销工作的，还要具有企业财务知识，能查清它的固定资产和原材料、成品等存货情况，固定资产的原值是多少，净值是多少，重置价值是多少；企业经营状况怎样，存在一些什么风险；固定资产的价值折旧状况；设备使用年限过长，承保机器设备损坏险合不合适。如果我们进行汽车保险的营销，要懂得道路交通安全法规，能为客户处理交通事故提供咨询服务，还要掌握一些车辆常见故障的判断、维修及保养知识，丰富服务客户的内容。所以，我们在了解相关知识方面，要在广博上下功夫，提倡跨界学习，学习保险之外的知识。可以说，知识面越宽，服务能力就越强，客户就越多。

三、运用人文知识的能力。我们这里所讲的人文知识，是除保险知识和与保险相关的知识之外的人文知识，它包括哲学、文学艺术、历史、文化、宗教、伦理、行为、心理等学科。有的人可能会问："我们搞保险营销的人，学这些有什么用？"其实，我们营销工作与人文知识密切相关。保险知识和与之相关的知识具有工具价值，人文知识具有精神价值，在营销中，两者缺一不可。人文知识是帮助我们认识社会、认识人类、认识人的心灵和精神世界、认识自我的武器；人文知识能让我们懂得和谐相处，无论是与同事还是与客户；它能让我们了解客户的文化背景，如信仰、宗教等，使我们有针对性地与客户交流；它让我们懂得企业和人的生存不仅仅是利益的追逐，还有精神的东西；它可以开阔我们的思路和眼界，培养我们创造性的思维能力；它能唤醒我们心中的真善美，并让我们用人文知识中的真善美去唤醒客户；它能培养我们的良好人格和精神，从而赢得客户的尊重。如伦理学的教育，它关注的是人如何认识自我、爱的意义、人性上的弱点、人际关系，以及人的生态问题，等等，它能使我们懂得如何成为一个完美的、丰富的和高尚的人。总之，保险知识和相关知识是我们营销的知识工具，而人文知识是我们与客户心灵沟通的精神力量，对我们的营销工作起到润滑剂的作用。

所以，作为一名与社会各行各业、各个阶层打交道的保险营销人员，人文知识的学习与教育十分重要。美国的大学自1829年耶鲁大学提出"通识教育"以来，在大学开展通识教育，通识教育被定义为主修和副修专业教育之外提高学生智能、情感和社会化等方面发展的教育，是进行"非职业的、非专业的教育"，主要以人文知识为主。如，哈佛大学的核心课程包括外国文化、历史研究、文学与艺术、道德思维、数量思维、科学与社会分析等领域，不论什么专业都要学习这些课程；麻省理工学院的要求则是核心科学课程、人文、艺术与社会科学课程等，由此可见人文知识的重要。所以，我们从事与社会各个阶层打交道的保险营销工作，在主修保险专业知识和相关知识的前提下，更应注重人文知识的学习，可以根据自己的需要来安排自修课程并按计划自修。

四、运用交际沟通的能力。高超的交际和沟通能力可以说是营销人员的重要能力之一，这种能力要能突破人际隔阂、文化差异、知识差异、社会地位的差异，否则，就难以胜任保险营销工作。美国普林斯顿大学曾对一万份人事档案进行分析，结果显示：智能、专业技术、经验只占成功因素的25%，其余75%决定于良好的人际沟通。美国学者对中西部城市的500家企业的253位人事主考官进行问卷调查，有90%的人表示沟通技巧是不可或缺的，由此可见沟通的重要。

作为一名营销人员，不仅要敢于与他人交际，善于与人交际，而且还要乐于与各种各样的人交际。不仅有较强的沟通能力，而且乐于与他人交流与沟通，成为解决客户问题的专家，做一个使客户满意的人。要想获得高超的交际和沟通能力，除具有激情、丰富的知识和喜欢交友的愿望外，还要做一个有趣味的人，或者说，做一个幽默的人。居里夫人说过，人生既要过得有用，又要过得有趣，要做一个有趣而开朗的人。一个严谨的科学家都提倡做有趣的人，我们天天与人打交道的营销人员更应该如此。幽默或趣味是一种生活态度，它能给人以轻松愉快的生活；它是一种工作态度，能使人不为工作的辛苦而烦恼；它更是一种交际与沟通的方式，特别是在与客户的交往过程中，做一个幽默或有趣味的人，就能赢得客户的好感，客户就愿意与你交流，并成为朋友。因为，绝大多数人是不愿意与毫无趣味、不懂幽默的人交往的。我们如果把生活与工作看成最快乐的事，多读一点有趣的书，多与有趣的人交往，多做一些有趣的事，广泛地培养自己的爱好或情趣，就能从本质上成为一个有趣的人。这是我们赢得客户的最快乐、最廉价的本钱。一个成功的营销人员，要让客户在你这里买到的不仅是保险单，还要包括"乐趣"；要让客户与你打交道觉得愉快，而不是沉闷；要让客户与你相处感到轻松，而不是压力；要使保险营销成为有趣味的活动，而不是乏味的交易。

礼貌，它是约定俗成的人际交往的方式，是交际和沟通的重要表现形式，也是营销人员获得客户信赖和好感的基本素质。礼貌看起来是小事，但它深层次的反映是一种文化，如果我们不尊重这种文化，可能会导致营销的失败。娴熟地使用礼貌这种文化形式，就能让客户在文化上认同我们，从而获得营销的成功。营销人员应彬彬有礼，尊重客户的习惯、风俗。礼貌要符合传统、规范和当地习俗。与客户交往要面带笑容，服务充满敬意，耐心处理客户提出的问题，不厌其烦，准确地回答客户提出的问题，以客户愉悦为目标。礼貌看似简单，又好像都是细小的形式，但要做好却不容易。它需要我们有很好的内心修炼，才能使礼貌表现得从容自如、得心应手。

五、运用自我管理的能力。自我管理能力是指营销人员依靠主观能动性按照社会目标、公司要求、自我良好的愿景或追求，有意识、有目的地对自己的思想、言论、行为进行转化控制的能力。一是自我反省管理。无论是做人，还是做营销人员，我们都要能正确地认识自己，评估自己，不断反省自己，找出长处，不断加强；发现不足，不断改进；发现差错，不断纠正，总之，不断自我完善。二是自我言行管理。谨言慎行，说话不能随随便便，做事不能胡作非为，要考虑言行的不利后果。三是自我时间管理。人生短暂，时间就是金钱，我们要管理好有限的时间，充分利用好时间，用时间计划好自己的工作、学习和生活。四是自我情绪管理。控制好自己的情绪，宠辱不惊，淡定从容。五是健康自我管理。建立良好的生活习惯，经常开展体育活动，培养良好的兴趣。六是自我形象管理。一个好的商店，必须把商店装饰得对客户具有吸引力。一个好的保险公司，必须把自己的营销人员塑造得更具魅力。因为，客户上门到保险公司购买保险较少，大量业务靠营销人员上门销售，加上保险产品是无形的，保险产品在很大程度上取决于人对它的展示。一个营销人员的外在形象，是引起客户注意的第一印象，是客户对保险视觉信息的重要组成部分。在客户的眼中，营销人员的外在形象就像保险公司的装修一样重要，它是服务品质的表现，从一个侧面反映出保险公司的形象。因此，营销人员必须具备管理自己外在形象的能力，通过自身形象的管理，努力把自己的外在形象塑造得符合保险公司这一知识产业和知识服务业的特点，通过良好的言行、健壮的体格、优雅的气质、得体的着装，给人以稳重、诚实、和蔼的感觉。这不是为了显示自己，而是为了在与客户交往的过程中不为外在形象担忧，能给客户带来一种美感，形成良好印象，成为"形象营销"的重要组成部分，使形象成为支撑无形的保险产品的元素，使自己的外在形象对客户具有魅力，从而促进营销的成功。

外在形象重点是服装。俗话说："佛靠金装，人靠衣装。"庙里的佛像如果不镀金，就是一堆泥土，谁也不会去朝拜。保险营销人员如果不穿出得体的衣服，恐怕不会有人对你产生好的印象。很多人对初次见面的人，印象几乎全放在服装。合适的服装能改变人的气质，也能让人充满自信。齐藤竹之助非常注意服装的穿着，有时一天之内要换好几次服装。服装的要求不是要求穿高档服装，而是要符合职业特点，要与人的体形、职业、气质相称，要适合于出入的场所和接触的客户。如，我们到一个工程工地上去拜访客户，就不要西装革履，应穿一般的休闲装，免得与穿工作服的客户形成反差，从而产生隔阂。虽然外在形象看起来是外在形式表现，但实质上它发自于内心，是一个人修养的外溢，所以，营销人员还应加强内心的修炼，使自己的品性、气质更为完美。

案例

　　我在三峡工程的保险营销中，注重专业知识、相关知识及人文知识的学习，提出走知识保险、技术保险和文化保险之路，提升了我们三峡工程保险营销的品质和能力，对营销起到积极的作用。下面通过一段文字描述，我们可以看到职业技术的重要作用。

三峡工程保险营销模式——知识营销

　　知识营销就是通过向客户传播保险知识及其相关知识而获得营销的成功。加拿大经济学家努阿拉·贝克按照知识工人所占比例对产业进行了划分，将保险业定为中等知识产业。可以说，知识是营销的支柱，在保险营销中更是如此。保险的营销就是知识的营销，因为保险是知识化的产品。目前市场竞争激烈，中介公司的介入，客户保险意识的觉醒，以及客户对管理的理性思考，使保险营销步入知识营销的时代。三峡工程云集全国水电工程建设精英，硕士、博士、教授级高工多，他们注重保险在管理风险中的运行和作用，更注重对保险理论与技术的研究，所以，我们始终把知识营销作为重点。

1. 做客户的保险顾问

　　做客户的保险顾问，就是做客户的保险经理。这不仅是我们对角色的转换和对个人职业生涯的重新规划，而且是我们服务观念的转变，也是我们真诚为客户服务的重要体现。做客户的保险顾问，我们才能与客户融为一体，客户也才能真正信任我们。不能只是站在自己的立场上去思考问题，同时，也应站在客户的立场上思考，客观、公正地去说服客户，这是我们建立诚信的重要基础。

　　在三峡工程服务中，我们对客户做到有问必答、有求必应。尽管客户聘有世界著名的保险顾问公司为其服务，但我们还是积极、主动地为客户提供保险咨询。三峡工程保险起步于1993年，由于当时人们对工程保险比较陌生，运行当中的问题在所难免。1998年，我向中国长江三峡集团公司提交了《关于三峡工程保险的报告》的"万言书"，不仅总结了三峡工程保险的成绩，更多的是对存在的问题进行分析，并提出整改意见。客户给予高度重视，并逐步予以改正。三峡工程保险管理体系复杂，涉及面广，保险初期没有相应的管理办法，使保险运行效率低，容易产生矛盾。因此，我就向客户提出其内部应制定一个保险管理制度，并为客户起草了长达3万多字的《三峡工程保险管理手册》，成为客户制定保险管理制度的重要参考依据。

2000年，三峡工程左岸电站机组安装工程投保，当时由于受其他因素的影响，客户希望我们除法定分保以外，其余全部向国外再保险公司分出。这样做，我们实际上就成了一个出单公司。为了说服客户，我向客户提出以下几个观点：一是全额向国外分出，可能会在国际上给三峡工程带来负面影响。因为三峡工程的风险一直备受世人关注，国外有一些不同的声音，如果全额分出，可能会成为一个新闻，即中国三峡工程风险巨大，中国实力最强的三家保险公司联手也无力承担，风险全部向国外保险市场转嫁，这样将会有损于三峡工程的形象。二是全额分出，直接承保公司承担风险责任太低，会影响服务质量。三是国际分保将增加国家外汇支出。四是民族保险业的发展，需要三峡工程这样有影响力的项目予以支持。客户考虑我们的意见，最后只要求50%向国外分保。这就是推销一个观念，解决一个问题。

三峡工程部分竣工项目转财产保险，客户准备招标。以往的招标是由经纪公司编制保险方案，保险公司处于被动接受地位。我向客户建议，能不能在招标之前，由各家保险公司先拿一个保险建议书，然后综合这些建议书中的优点制定保险方案，再进行保险招标。客户聘用的经纪公司是世界著名的，但并不是说为客户编制保险保障方案的那个人是世界水平最高的，所以，要充分发挥各家保险公司的创造能力和技术水平。客户采纳了我们的建议，不仅使客户在综合各家保险公司方案之后得到更为完善的保险保障方案，而且也使我们由被动接受方案转为主动制定方案，体现出人保财险的水平与能力。

2. 用知识开拓市场

保险知识有多宽，市场就有多宽。我们现在有许多险种销售不出去，有两个重要的制约因素，一是营销人员素质问题，不懂不会，从而不愿意销售某种产品或解决不了营销中出现的问题，这是制约业务发展的主要问题。第二是客户不知道或不明白与购买保险有关的知识，不愿购买或坚持错误的选择，使保险产品无法售出。所以，我们在三峡工程保险中，从单纯的销售保险单转向销售保险知识，用保险知识培植客户和市场，用保险知识唤起客户购买保险的欲望，说服客户消除偏见或转变他们的观点，解决营销工作中的矛盾。知识营销给我们带来无限商机。

1997年12月2日，三峡工程泄洪大坝工程保险单签定，由于当时使用的是《水利水电站建筑安装工程保险》条款，条款的第一部分"保险工程与财产范围"内规定施工设备为特约保险财产，客户误认为在工程保险单中的保险财产包括施工设备，致使客户在以工程造价为保险金额的保险单中，要求我们承担十几亿元的施工设备的保险责任。也就是说，在没有收取施工设备保险费的情况下，我们要承担施工设备损失的赔偿。当时保险合同已签定，其他保险公司对此类保险合同已经认可，但我还是向客户提出修改意见。12月19日至20日，客户选择了一家宾馆，从有关部门召集十几位人员与我们召开座谈会，我与一位同事参加。这些领导和专家在一起进行了一天半的研究准备，意在以充分的理由来说服我。在最后半天的座谈会上，我面对十几位级别比我高、职称比我高的领导和专家，反复陈述正确的观点，分析问题产生的原因，抓住工程保险金额中不包括施工设备价值的核心问题进行说服。在座谈会上，客户中有的朋友说，保险合同你们的领导已签了字，双方签字仪式都举行了，你为何不认可？有的说，某保险公司的保险单中也包括施工设备，没有提出异议，你如果再坚持，我们要考虑把业务给这一家保险公司。面对巨大的压力，我对客户说，三峡工程举世瞩目，三峡工程保险也不例外，我们的保险合同要经得起科学的检验，您们这么信任我们人保，我作为一个职业保险工作者，有责任把正确的保险做法告诉大家，这是对三峡工程的负责，结果会上没有达成统一意见。会后，我又用书面形式再次向客户说明我的观点。客户终于明白了道理，将施工设备另行与我们签定了保险单。这份保险单是我们根据施工设备的风险特点进行设计的。客户的财产不仅得到了规范有效的保险保障，而且我们已累计收取施工设备保险费达1500多万元，建立了三峡工程二期工程的大型施工设备保险保障制度。而那一家保险公司也跟着"沾光"，他们保险单中的施工设备也另行签发保单并收了保险费。

中国长江三峡集团公司响应国家开发西部的战略，开发金沙江水电资源。2003年2月20日，我随同中国三峡总公司第一批到金沙江溪洛渡工程工地的人员对溪洛渡工程进行了3天的考察，回来后，在我们办的《三峡工程风险管理与保险》报纸上发表了《挥师西进，人保紧跟》的文章，表达我们跟踪服务的决心和愿望，发挥舆论的导向作用。并撰写了近万字的《金沙江溪洛渡工程保险服务书》，这实际上是为客户提供的一份咨询报告，主要包括以下内容：风险识别与评价、应用保险的必要性、保险险种体系、保险费预测、保险运作体系、投保管理、风险管理、保险索赔管理、服务计划等。其中三个主要观点得到客户采纳：一是准备工程项目多，并且投资金额不大，如果一个项目一个项目地办理投保，工作量大，操作复杂，所以，对前期所有准备工程纳入一张保险单下承保，减少客户投保管理的工作量；二是使用三峡工程成功的保险经验，并引入在三峡工程服务的保险公司，使溪洛渡工程的保险服务有一个较高的起点；三是准备期使用人保财险一家保险公司。2003年11月10日，溪洛渡工程由人保财险独家承保，到目前为止，签单保险费达1436万元。

3. 用知识提升营销质量

在市场竞争中，一些不好的做法严重影响保险营销的质量，如使用低于损失率的费率、高额的保险费返还、违规或高额支付手续费等。这些手段虽然能对获得客户起到一定的作用，但利用这些手段毕竟是有限的，还会导致营销质量的下降，如果普遍采用这些方式，将会导致保险行业的衰落。有的保险单签定了，由于在保险营销时没有向客户讲清保险条款的内容，没有用一种正确的保险知识来引导客户，给后来的保险理赔带来矛盾，最终导致客户关系的中断，产生始乱终弃的现象。用知识营销可以较好地解决这些问题。因为，营销知识可以使客户明白保险的道理，并正确履行保险合同中的权利与义务。在保险营销中，用知识资本来促进保险营销，用知识资本替代金钱资本，不仅不受限制，降低营销成本，还能提高保险单的质量，增加了客户对保险单的理解，从而使我们的营销质量大大提高。

我们在三峡工程保险营销中，始终把营销质量作为重点，加大知识资本在营销中的投入，在使用承保申请书、保险服务书、承保前的风险评估报告、保险建议书、保险条款解释、保险手册等文本的过程中，注重保险知识的传播，用正确、规范的保险知识影响客户的行为，而不是靠手续费、返还和无休止的降价来招揽业务。

当客户提出异议或不理解时，我们及时地以书面形式系统地、清楚地阐明道理。营销商务文本的写作与运用，是我们在三峡工程实施知识营销的一大特色。它与口头传播相比，能系统而全面地传播保险知识，方便客户的传阅，增加了传播知识的可储存性。客户会认为你工作认真，有专业水平，值得信赖。这不但提高了我们的沟通能力和解决实际问题的能力，而且也成为我们积累的技术成果，为今后的工作带来很大的便利。如工程保险中保额增加而增收保险费的例子。我们向客户提出对增加的保额应办理批单，并加收保险费，客户不理解。我们就以书面的形式提出申请，讲明要变更的理由。申请书递给客户后，先后有几个部门审核，8个人签字，上至副总经理，下至办事员。可以说，如果不是用书面申请书的方式，是很难进入办理通道的，也就难以办成。或许有的人认为营销商务文本写作是务虚，而保险费优惠、返还等手段是务实，那么这种务实只会使保险营销质量越来越低，保险行业形象越来越差。

4.用知识创造良好的认知环境

在我国，保险业起步晚，人们对保险的认识十分有限。我们保险营销工作往往是针对客户中购买保险的决策者而展开的。有的决策者因担心公司其他人员的议论或指责，有的怕公司人员认为他在购买保险过程中拿了什么好处，有的客户认为交了保险费不见得会发生赔偿风险，会被指责为白交钱。这种认知环境，严重影响客户购买保险的决策。所以，用保险知识创造良好的认知环境，是我们整个保险业的使命。也可以说，中国保险市场需要一场解决保险认知问题的革命。只有这样，我们的保险业才能得到良好发展。

在三峡工程保险营销中，我们把用保险知识创造良好的认知环境作为一项重要工作，这是有针对性的。因为，在客户单位的人员中，存在以下几种影响保险保障制度建立的声音：一是我们搞了多年的水电工程，从来没有保险，认为没有必要保险；二是把交的保险费拿出来，建立一个基金，我们自己来对事故进行补偿。为了解决这些问题，我们采取以下方式来宣传保险知识：第一，组织保险知识竞赛。在客户的报纸上开办保险知识讲座，然后通过报纸发保险知识竞赛题，对参与竞赛的人给予奖励。第二，组织保险研讨会和保险讲座。我们先后多次举办保险法、工程保险、设备保险、雇主责任险和风险管理与保险高级学术讲座等活动。参会人员是三峡工程的建设者，多的有120人，少的有十几人。第三，创办《三峡工程风险管理与保险》报，每期1000份，目前已出20期，每期近3万字的内容，免费送给三峡工程建设者。每一份报纸，我们都要送到客户的高层管理人员手中，并在客户办公楼的大厅接待桌上放上四五百份，有时不到半天全部拿完。通过以上保险知识的传播，为客户的保险购买行为创造了良好的认知环境，推动了保险营销。

职业精神与职业能力的综合作用

综上所述，保险营销人员的职业素质包括两个方面：一是自信、诚信、激情、挑战、学习、爱司、敬业等因素构成为职业精神；二是保险知识、相关知识、人文知识、交际沟通、形象管理等因素构成的职业能力。保险营销人员素质的好与差，直接对从事保险营销和满足客户的需要有很大影响。保险营销是一门精深的学问，也是开拓性很强的、十分艰辛的劳动，又表现出极强的独立性，营销人员没有良好的职业精神和职业能力是难以胜任的。

成功的保险营销来自于营销人员良好的职业精神和高超的职业能力，良好的职业精神和高超的职业能力是作为一个职业保险营销人员必需具备的素质，是做好保险营销的最基本的准备。在物质产品的营销中，客户一般比较容易评价产品的好坏，如电视机，客户可以通过图像、声音来直观地评判，但对保险产品，不可感知程度增大，在没有实物产品作为证物的情况下，客户仅凭语言文字来评价保险产品和保险公司，难度很大，评价也很模糊。客户看到的是活生生的营销人员，只能从营销人员的职业精神和职业能力所形成的可信任特征中，来获得对保险公司和保险服务的印象，来考察和辨别保险公司和保险服务的优劣。营销人员的职业精神、职业能力共同塑造出营销人员的职业素质，成为保险公司和服务品质的无形载体，是客户最现实、最直接的感受，这种感受有时将超越所营销的保险产品和保险公司本身的作用，直接关系到营销的成败。这样，营销人员就是保险产品和公司的重要组成部分，就是公司和产品的代表或化身，从某种意义上讲，营销人员就是公司品牌精神的代言人。我们在为客户提供服务时，也在展示公司形象，传播公司理念，弘扬公司文化。从表面上看，我们营销的是公司品牌和产品，但实质上我们营销的是我们个人的知识、技术、文化、魅力、诚信，等等。可以说，在很多情况下，保险公司的品牌形象是通过营销人员得以直观地具体地反映，不像制造业，主要靠现代化的车间、设备和产品来体现。营销人员的个人素质越优秀，公司的品牌形象就越好，给客户感觉就越清晰。我们的素质应符合客户心目中的保险专业人员应有的标准，符合我们所代表的保险公司的形象。如果营销人员的职业素质能让客户感到满意，下一步的、深层次的销售活动就更能顺利展开并让客户接受。如，客户希望他所选择的保险公司对客户很有责任感，这一感觉可以通过我们营销人员真诚的服务精神得到强化；客户希望他所选择的保险公司专业水平高，这一感受可以通过我们在营销时的专业化技术服务得到加强。注重个人品牌在营销中的作用，就是提倡精英营销，有了精英营销，对客户也就有吸引力，就能产生营销的精品。

营销人员从事营销中的最大资本和财富，在营销过程中最大的投资，也可以说是最有效的投资，就是职业精神和职业能力。保险产品和服务方式是不可能有版权或专利权的，极容易被竞争者模仿，这就使我们营销人员面对着特殊挑战应该思考：怎样使公司和我们在市场上形成独特的良好形象？怎样使我们拥有与众不同的声誉？怎样使与竞争对手一样的保险产品和价格，而我们的对客户更具有吸引力？解决这个问题，靠的是我们的职业精神和职业能力。保险服务的非实体性意味着保险服务的不可储存性，但是，保险营销人员的职业精神和职业能力是可以储存或积累的，我们的职业精神和职业能力锤炼得越优秀，越具有独特的个性色彩，不可模仿性就越强，与竞争对手的差异优势就越大，从而形成我们的"版权"或"专利"，使竞争者难以模仿。现在市场竞争激烈，在保险产品和价格几乎一致的情况下，客户面对无数个营销人员的营销，他在比较营销人员的素质之后，才做出购买谁的保险产品的决定。解决保险营销中的复杂问题，靠的也是营销人员出色的职业精神和职业能力，它们是我们在市场竞争中的强大优势，它们能唤起客户对营销人员的好感和信赖，在客户中产生良好的口碑，良好的口碑就会成为我们拓展市场的最有力的宣传。这样，职业精神和职业能力就成为"非价格"竞争的利器，可以减少经济上的投入，降低营销成本，与手续费、价格优惠、业务费用等投入相比，显得更经济、更高雅、更持久、更具魅力，是可以重复使用的一种投资。只有素质优秀的营销人员，才能创造一流的营销业绩。但是，我们现在有些人虽然是营销人员，可那只是他表面的身份，他真正的身份还是得取决于他的职业精神和职业能力是否符合营销人员的标准。所以，营销人员应强化职业素质，有目的地培养自己的职业精神和职业能力，把自己修炼成事业心强、诚实可信、办事公道、意志坚定、独立性强、知识丰富、勇于开拓、善于鼓动、乐于交际的营销人员。但是，营销人员的职业素质不是短时间能形成的，它的形成是一种很艰难的过程，可以说是百炼才能成钢。

职业精神与职业能力两者缺一不可而又紧密相连，它们相互配合才能发挥最大的作用。如果说职业精神是情商、职业能力是智商的话，一个优秀的保险营销人员应该是情商与智商的完美结合。只有良好职业精神而没有良好的职业能力，会出现"心有余而力不足"的问题，为客户提供优质的服务就是一句空话，尽管你不停地去拜访客户，态度与精神都好，也很难让客户满意，因为客户需要的是我们用专业能力去为他们解决保险保障问题。良好的职业能力是我们自信、充满激情、敢于挑战困难的基础。没有良好的职业能力，我们就会显得不自信，缺乏激情，不敢去处理复杂的问题。只有良好的职业能力而不具备强烈的职业精神，就如同一台好的机器缺乏驱动的燃料。现实中有这种情况，有的营销人员业务很熟，可就是没有营销的激情，营销业绩自然就差。在国外，许多企业十分重视营销人员的选拔与培训，建立营销人员的评价体系，对营销人员的精力、进取心、创造性、魄力、交际能力、敏感性、切合实际的思想、积极性以及自我修养等方面进行综合评价，判定他是不是一个优秀的营销人员，这些也是我们自我进行评价的内容，并不是单纯以保险费业绩去评价。

保险营销人员自我管理

保险营销对营销人员的依赖性极大，除培训外，日常管理是提高营销人员素质和公司销售能力的重要举措。管理营销人员不可能像管理车间工人一样，在一个车间或厂房中集中进行现场管理，营销人员的"车间"就是广阔的市场。他们奔走在千家万户，保险公司对营销人员的非现场管理难度较大。我常调侃地说，我们的营销人员就像"自由的猎人"，扛上猎枪在山上悠然地转悠，悠然地去，悠然地回。这种调侃实际上是说我们对营销人员的管理不够，营销人员的自我管理不够。保险营销人员的工作特征决定了其自我管理的重要性。鉴于营销人员作业面的广泛性和独立性，自我管理就成为营销人员管理的重要方式。

案 例

1986年，我开始对营销人员自我管理进行研究，于1990年以"自我管理诊断提纲"的形式为营销人员提供指导，后来还制作成桌牌，发给管辖公司的每一位营销人员，放在办公桌上，经常能阅看。用自我管理诊断提纲的形式，建立起一个科学的保险营销人员自我管理诊断系统，让营销人员时时刻刻进行自我诊断，通过自我管理，让他们形成自觉地谋划工作、自觉地展开工作、自觉地约束言行的良好职业习惯，从而达到总结经验、解决问题、提高工作效率和工作能力的目的。

保险营销人员自我管理诊断提纲

精神自励

1.你的营销与服务理念是什么？

2.你有积极的人生座右铭和个人愿景吗？

3.你认识和热爱自己的公司吗？

4.你理解营销人员就是公司品牌的代表这句话吗？

5.你是否热爱保险营销？

6.你是否有自信的奋斗激情？

7.你是否具有挑战困难和失败的勇气和能力？

8.你在被负面情绪所困扰时，是否积极采取正确方法去化解？

9.你的家庭经营得是否和谐、幸福？

目标管理

10.你是否有积极的人生目标？

11.你对自己有没有充满进取的职业规划？

12.你想在一个阶段内通过营销保险获得多少个人收入?

13.你是否有日、周、月、半年、全年营销目标?

14.你准备采取哪些措施实现设定的目标?

15.你在公司业绩考核处于什么位次?如何提高?

16.你的目标达成情况如何?如何确保目标实现?

17.你能否有效地控制你的工作和生活时间?

18.你有每周、每天的工作安排时间表吗?

19.你是否有客户营销拜访计划?

20.你今天做了什么工作?结果如何?明天打算干什么?

学习研究

21.你有足够的知识和能力去解决客户提出的问题吗?

22.你是否经常阅读业务及与业务有关的书籍?

23.你是否坚持写工作日记或备忘录?

24.你知道公司有多少可营销的保险产品?

25.你对营销的保险产品是否熟悉?

26.你是否能针对客户讲清保险的作用?

27.你根据实践和需要撰写和积累了营销话术吗?

28.你对客户在保险上经常容易产生的异议是如何解答的?

29.你能为客户起草专业的保险建议书吗?

30.你掌握了多少风险管理知识?

31.你准备了多少保险赔偿的故事?这些故事对营销有什么作用?

32.你向客户学到了什么?

33.你向竞争对手学到了什么?

客户信息

34.你是否愿意并寻求机会参与社会上各种有益的活动?

35.你是否熟悉市场环境?并积极从中寻找客户?

36.你人际关系网中有哪些人可以成为你的客户?有哪些人能为你推荐

客户？

37.你是否留心每一个能获得客户的机会？

38.你了解客户的基本情况吗？

39.你掌握的新增客户有多少？他们适合购买什么产品？哪些最有希望购买保险？

40.你有多少续保客户？他们有购买新产品的可能吗？

41.你是否建有客户档案并不断丰富和完善？

42.你是否经常翻阅、分析和完善客户档案？

43.你是否经常从客户档案中获取营销机会？

营销实施

44.你选择哪些渠道和客户进行营销？

45.你是否坚持经常拜访渠道和客户？

46.你是否有足够的勇气去争取陌生的客户？

47.你在拜访客户前是否有充分的准备？

48.你对实施营销的客户了解多少？

49.你向团体型客户递交过承保申请书或建议书吗？

50.你应该如何帮助客户发现、挖掘、分析保险需求？

51.你是否能站在客户的立场上为其设计保险方案？

52.你是否能全面而真实地向客户说明保险保障设计的内容？

53.你在与客户沟通中是否能真诚倾听？

54.你对众多客户经常拒绝的理由有说服的准备吗？

55.你是否了解竞争对手的优势和弱点？如何战胜他们？

56.你是否到一个企业或单位利用产说会形式营销个人类分散型产品？

57.你是否在业务签单成交后用手机短信向客户表达感谢之情？

客户服务

58.你是否经常通过手机短信、微信、电子邮件等方式与客户联系？并宣传保险知识？

59.你是否经常登门拜访老客户，关心他们的风险状况和寻求新的保险资源？

60.你有多少优质客户？如何维系和扩大营销？

61.你有多少问题客户？如何将他们变为优质客户？

62.你的客户是否稳定？如何排除不稳定因素？

63.你的客户流失了多少？什么原因？如何使他们回归？

64.你是否真诚、平等、和气地对待每一位客户？

65.你是否在得知客户发生保险事故后能迅速给予关心和帮助？

66.你是否积极配合客户做好保险索赔？

67.你是否提前通知客户续保？

68.你是否了解公司运行环节？如何协调它们为营销服务？

69.你对客户的承诺兑现了吗？

70.你在保险服务之外还为客户提供了哪些有益的服务？

内部整合

71.你是否具有良好的团队合作精神？与同事合作、沟通、交流、互助做得怎样？

72.你熟悉公司运营管理流程吗？与涉及客户服务的部门人员是否保持良好的沟通？

73.你在与客户洽谈前，是否将承保方案和报价报公司相关部门审批？

74.你是否经常与分管领导沟通，寻求工作上的指导和帮助？

75.你与核保出单岗是否经常沟通，了解承保产品、价格和费用政策？

76.你是否将客户反映的你解决不了的问题及时向公司有关人员反映？

77.你在营销中发现的公司经营中的问题是否及时向领导反馈？

78.你客户与公司其他部门在沟通上发生矛盾时，你是否能及时给予协调化解？

言行自律

79.你是否不折不扣地执行公司的工作要求？

80.你是否遵守法规和公司的各项管理规定？

81.你是否按要求参加公司会议和培训？

82.你是否能正确地维护公司利益？

83.你在承保时是否想过承保风险会给公司带来什么结果？

84.你是否注重自己的着装、言谈和举止？

85.你个性中最大的弱点是什么？准备如何调整？

86.你在向客户营销时是否坚持诚信原则？

87.你在与客户打交道中守时吗？

88.你是否能正确对待公司管理人员的批评？

保险营销人员的营销理念

营销理念是我们从事保险营销的思想灵魂，它对我们的保险营销活动起着根本性的导向作用。树立正确的营销理念，不断创新和丰富我们的营销理念，用崇高的理念去引领我们的营销行动，才能使我们的营销取得良好的成绩。

诚信理念

诚信是做人的基本品格，也是做一个保险人的基本理念。保险合同是承诺对客户未来不确定的损失进行赔偿的合同，这种承诺必须建立在诚信的基础之上，诚信是执行合同的保证，所以，保险经营的首要原则就是——最大诚信原则，这也是我们保险营销的核心原则。客户与我们建立保险关系，获得对未来发生风险损失赔偿的承诺，是以我们和公司的诚信为前提条件的。保险营销就是营销诚信，诚信是我们最为宝贵的财产，是我们赢得客户的最基本的手段，"以诚换诚"法在保险营销中能取得最好的效果。我们如何表现我们的诚信呢？就是要把诚信贯穿于我们的思想、行为和言论之中。一是要将营销的出发点建立在客户的立场上，以"客户保险顾问"的身份来思考，我们的诚信就有了正确的立足点；二是我们要以真诚可信的态度对待客户，应该抱着尊重、理解、关心客户的态度去与客户沟通，具有落落大方、和蔼可亲、真诚待人的气质；三是精熟的专业知识，这样才能保证明白告知客户正确的保险知识，我们越专业，客户对我们就越信赖；四是老老实实地向客户提供满意的保险服务，讲真话，永远不要说谎，实事求是，言行一致，提高服务的可靠性、责任感、保障度和满意度。有研究表明，可靠性是客户评价服务的首要标准。我们保险公司的客户也不例外。我们经常会听到客户说：你们赔不赔得起呀？你们到时候能兑现吗？可靠性就是诚信的表现，是诚信服务的核心，我们在服务中的诚信就是要客户感到可靠。在营销服务中遵循诚信理念，就能树立起良好的口碑并产生好的宣传效果，鼓舞我们的激情和信心，强化我们的竞争力，从而创造良好的承保条件，减少营销的成本，包括经济成本和人力成本，争取更多的新客户，巩固和维护与老客户的关系。没有诚信，经常违背或不能兑现对客户的诺言，或者经常犯不讲诚信的错误的营销人员，将会失去客户对他的信任，在这种情况下，再好的保险产品，再诱人的促销手段，再低廉的保险费，也难以使客户与他达成保险交易。所以，我们对待客户要诚实厚道、真情实意，承诺那些可以实现的服务，承诺应明确、可行，确保兑现，不要采用欺骗和引诱的手段进行营销。如，向客户承诺做不到的事情，对保险产品做虚假的说明，重要的事项不告知客户，将客户的保密信息擅自外泄，等等。

服务理念

在现在的保险市场上，客户的保险需求变得越来越新奇，对服务标准的要求在不断提高，服务自然就成为营销的精髓和基础。现代营销是客户导向营销，以客户为中心，一切为了客户，想客户之所想，是我们服务的出发点。保险产品是无形的，客户一般从我们的服务态度、服务技术、服务过程（服务客户的程序、日程、活动等）去感受保险产品的存在，实实在在地感受到保险的意义。客户的期望就是好的质量、值得信赖、价格公道的服务，给客户一个良好的服务形象和塑造好这个形象是保险营销上的一个重要因素。满意度高的客户，所收取的保险费也高于同类客户的水平，这就是良好的服务对营销带来的贡献。因此，我们的营销，不是为了多收保险费、多拿佣金，而是为了解决客户的风险管理问题，要把为客户服务放在第一位，树立服务的理念，这样才能被客户接受。在服务中，不要把精力放在如何为客户降低保险费或给客户额外的利益上，而要把注意力放在如何为客户提供服务上，重视营销中服务的灵活性和适应性，正确认识客户的保险需求，能比竞争对手提供更多的客户真正需要的服务。对客户要心存敬畏，要从单一的产品营销转向服务营销；从传统的经济补偿这一核心服务扩散出多种多样的服务；从大处着想，从小处行动；提倡"体贴入微"的服务，消除客户使用保险的复杂性，让客户感到可靠、方便、轻松、实惠、满意；即使是对客户别出心裁的服务要求，我们也不要表现出不屑一顾或指责，应认真予以满足或解释清楚；要追求"无失误"服务，使每一次服务都能使客户满意，减少服务补救的成本，一般来讲，服务补救成本因为客户的期望很高而使我们付出更大的代价。对客户的服务承诺一定要兑现，有的营销人员在营销时为了让客户购买保险，承诺可以提供这样或那样的服务，可在客户购买后就不兑现了，光说不做，客户就有上当受骗的感觉。有的营销人员是客户不发生保险事故，就没有任何服务，使客户感受不到保险的存在。所以，我们要通过围绕客户的期望开展服务，为公司树立良好的形象，为公司赢得良好的客户口碑，为自己赢得客户的信赖，提升客户满意度和忠诚度，减少其他经济投入，以服务竞争削弱、甚至取代价格的竞争，达到增加客户和保险费收入的目的。对于保险公司来说，当市场上的保险产品和价格比较一致的情况下，最主要的差异因素是客户服务，它关系到公司的竞争力，关系到公司的生存问题。有问卷调查显示，40%的人把低劣的服务列入客户流失的主要原因，而只有8%的人把价格列入客户流失的原因。我们要记住一个重要的问题：一个对我们服务不满意的客户将会被竞争对手获得，优质的服务是留住客户的重要手段。优质的服务能对客户产生强烈的吸引力，不只是我们去找客户，而且是客户主动来找我们，围着我们转。

引导理念

保险营销的本质是引导，即用正确的方式和内容引导客户去做我们希望他们做的事。保险营销是最需要对客户进行引导的，营销人员面对的最大挑战，也是如何引导客户拥有正确的保险意识、掌握更多的保险知识和采取积极的购买行为。因为保险产品具有无形性，这种无形性使保险产品向客户展示和与客户沟通有较大的困难。另外，客户虽然客观上存在保险需求，但这种需求是潜在的、不确定的、或模糊的，他们一般不可能向我们明示保险需求。客户在购买保险之前，对保险这种知识性产品并不了解，很难做出正确的理解或描述，有时受某些不良观念或思想的影响，会对保险产生错误的理解或期望，有的人认为不买保险照样经营或生活。人们每天要吃饭，所以他必须去买大米，而人们对保险的需求不像对大米的需求那样具有必须性。另外，客户在购买保险产品时，我们不可能像商场一样，把商品直观地陈列出来让客户去观赏、试用和挑选。那么在这种情况下，我们不仅是一个营销者，更应是一个保险"传道士"，要从简单地向客户销售保险产品转换成销售保险理念，建立客户对保险的信仰。我们应主动引导客户，去培育客户的保险意识，唤醒客户模糊的、潜在的保险需求，并使其购买保险产品。用保险知识引导客户投保，是消除保险公司与客户之间保险知识差距的重要工作，专业化的引导能消除客户的不信任感，对营销能产生良好效果。一个成功的营销人员，应该是引导和创造客户的高手。只有高明的营销人员，才能培训出更多合格和忠诚的客户。这项工作是十分艰难的，因为客户不是一按电钮就可以发动的机器，他需要我们像开凿水渠一样，把他引向目的地。我们要掌握引导客户的科学方法与途径，通过了解客户的需求和期望，采取适宜的技术和方法，激发客户的保险欲望和需求，引导客户购买保险。引导客户，不是把我们的观念、想法强加给客户，而是通过我们对客户耐心细致的沟通和交流，树立客户的保险意识，培养客户谋划保险保障的能力，使其积极、主动地投入到保险服务的生产之中。千万不要忘记我们销售的是什么，是保险知识，是专业化的服务，这是我们销售的本质性产品。现在有一种误区，往往认为某一笔业务的成交，是给客户送了一件礼品，是回扣、价格优惠、宴请等。那么，我们来做一个设想，我给你1000元，你给我10万元保险费，你愿意给吗？肯定不愿意。客户之所以愿意支付10万元的保险费，是因为它换来的是上亿元的风险保障，而提供这些风险保障的正是信誉可靠和经济实力强大的保险公司。没有这一点，谁愿意把钱交给我们？我们一定要透过现象看本质，这个本质就是良好的保险服务，它才是我们的立身之本。要加大营销中的技术含量、知识含量和文化含量。靠降低保险费、给客户不正当的经济利益、过分乞求的方式去引导客户购买保险，靠利用人性的弱点争取客户购买保险，采取低俗甚至违规违法的行为来诱导客户投保，这不是引导，这是勾引，即使是赢得了客户，这些客户也将给我们带来很多问题，有的可能会成为我们矛盾的焦点。他们会向我们提出过分的要求，对保险费斤斤计较，对保险索赔要求赔偿不应该赔偿的损失，不正当或不合理要求会越来越多，稍有不慎，就会过分地批评或诋毁我们。这种不正当诱导客户的方法具有破坏性、腐蚀性，其结果是使我们本来很好的保险服务得不到实施或欣赏，害己、害公司、害客户、害行业。其实，一个真正的客户到底需要什么？他需要的是：适合需求的保险保障，方便的保险手续，良好的风险管理，周全、快捷、合理的理赔服务，特殊的贵宾待遇。所以，我们不能一味顺从甚至纵容客户的不良需求，要正确引导或培育客户，培育出合格和忠实的客户。

竞争理念

在市场经济条件下，市场竞争是客观存在的，而在销售知识型产品的保险市场上，竞争更为激烈。可以说，我们每时每刻都在面临着竞争的挑战。当我们早晨醒来准备去拜访某一客户时，可能会有几家保险公司的人已在客户门口等候；昨天还是你的客户，可今天他已与另一家保险公司签定了保险合同，从此与你没有保险关系，这就是竞争的残酷现实。所以，我们不可能回避竞争，更不要恐惧竞争，要敢于竞争和善于竞争；要以积极的心态、拼搏的精神投入到竞争中去，在精神上赢得竞争的胜利。竞争对我们不只是不利，也有积极有利的一面。为什么呢？竞争对手加强市场拓展，向客户传播保险知识，激活了客户和市场的保险需求，对我们销售有利。另一方面，据心理试验表明：竞争能够使大脑能量输出增强50%或更多。所以，竞争增强了我们销售和创新的动力，竞争对手的冲击会激发我们的斗志和智慧，激活我们的潜能。为了超过竞争对手，我们必须从各个方面提高自己的能力，迫使我们要主动、快速地发展客户，为客户提供更优质的服务，否则将被淘汰。在某种程度上讲，我们能力的提高，我们充满创意的工作，我们生命中燃烧的激情，让我们感到自豪的成就感，可能是因为竞争对手的存在。因此，我们要树立竞争理念，时刻想到竞争，正确对待竞争，时刻为竞争做准备，树立终身拼搏的精神，建立起防御竞争的铜墙铁壁，这是我们做好营销的前提。同时要认清自己和公司的优势与不足，要了解竞争对手的产品和营销方式，只有知己知彼，才能在竞争中取胜。要不断根据市场竞争形势去创新营销理念、策略、方法、技巧等，敢于标新立异，突破传统，永远走在竞争者的前面。在激烈竞争的环境里，尽量避免以降价和高费用为基础的低级竞争。保险的价格竞争是指相互以低保险费率来拓展市场，甚至保险费率低于损失成本，其危害将导致保险公司偿付能力降低或丧失，使保险公司停办此项业务，或者是提高保险费率水平，致使广大客户支付更多的保险费，最终损害的是客户的利益。提倡以可靠和周到的服务为主的非价格竞争，它们包括：最佳的保险产品、可靠的赔偿承诺、优于竞争者的服务项目。同时，还包括精神层面的东西，如公司品牌、我们良好的人品、对朋友的忠诚、丰富的知识、强烈的事业心、对人生的积极态度所形成的魅力，这些都是我们赢得客户的重要条件。有的客户在我们的保险费比其他公司高的情况下，还是选择我们，究其原因，有的是公司品牌能让客户放心，有的是服务使客户满意，有的是看中我们的理赔服务，有的是被我们熟练的技术和良好的说服能力所征服，有的是被我们的人品和事业心所感动。这些事实足以证明非价格竞争因素的力量。所以，我们不能把降低保险费作为唯一的赢得客户和招揽业务的手段，应把非价格的综合优势作为竞争的法宝。

创新理念

美国平面设计大师、画家和制片人安迪·沃荷说："赚钱是艺术，工作是艺术，好的生意是最好的艺术。"营销是赚钱的艺术，也是经营的技术，是艺术和技术相结合的行动。作为技术，它有自身的规律，有规范的标准和模式。作为艺术，它有创新的空间，需要创新的灵感，需要不断地创新。保险营销是最需要创新的职业，怎样使自己在营销中形成独特的风格和形象？怎样使同样的一张保险单比竞争对手更具有吸引力？最有效的办法就是创新。可以说，我们的每一次营销活动都需要创新，创新是我们营销中最宝贵的工具。我们应树立"创新性营销"的观念，做一个具有创新意识、创新激情、创新能力的创新型保险营销专家，使我们能在复杂的竞争和客户保险需求日益多样化的环境中立于不败之地。因为，我们面对的是瞬息万变的市场，面对的是千差万别的客户或客户需求，面对的是竞争对手五花八门的竞争手段，所以，必须能够善于思考，随机应变，去创造性地开展营销活动。成功的营销者都有一颗富有想象力的头脑，能够预测营销过程中将发生的问题，具有创新性的思维能力，有挑战传统的勇气，有进取精神和开拓精神，有强烈的竞争意识，不仅能提出问题，而且能解决问题，把每一次营销活动都看成是施展创新能力和创新激情的机会。成功的营销来自好的营销创意，好的营销创意，会创造出我们的领先优势和特色，会以惊人的力量与速度改变客户的习惯或看法。通过创新，我们在营销中的许多问题，无论大或小，都能得到解决。作为一个营销人员，不可能去创新保险产品、公司营销战略，但是，我们可以突破传统的营销经验或技巧，围绕保险费目标、市场和客户，针对竞争，采用一些有实用性、有创意、有新意的营销观点、方法和技术，在营销技术、保障设计、保险服务、保险技术等方面不断创新，在产品差异化、渠道差异化、人际差异化、素质差异化、服务差异化等方面大做文章，使我们的创新更优于竞争对手，更适应客户的需要。我们不要把创新神秘化，其实，我们在日常营销中就有许多创新。如，我们的客户拓展，这本身就是创新；我们在营销过程中，针对客户构思出富有个性化和说服力的宣传内容去说服客户，这本身就是一种创意。创新的基础是围绕客户的需求，根据公司营销的目标和要求，使创新具有针对性和目的性，而不是毫无目的和效果的标新立异，绝不能为一己私利或谋取不正当利益而去进行所谓的"创新"，这是我们创新应把握的方向。

质量理念

"质量是关键"，质量是判断我们营销工作好坏的最重要凭据，它对客户需求和公司经营直接产生影响，是我们区别于竞争对手的最主要定位工具，是我们建立竞争优势和公司优势的制胜法宝，我们常说的"你有我优"就是这个道理。与制造业相比，保险服务缺乏统一的质量标准，这给我们制造差异化服务创造了条件，但也给客户评判保险服务带来困难。我们营销服务质量的好坏，取决于客户的感受。有时我们自认为营销服务质量是符合公司的规范标准，是高标准服务，但客户却不喜爱或不愿接受，于是，有的专家把服务质量定义为：一种衡量企业服务水平能够满足客户期望程度的工具。从这个定义中，我们可以看出，服务质量是服务满足客户需要的程度。它是客户的主观感受，取决于客户对服务质量的期望同其实际感知的服务质量的对比，如果客户对服务的感知水平符合或高于其期望水平，则客户的满意度就高，从而认为我们具有良好的服务质量，反之则不然。服务质量与客户满意度成正比，服务质量好，客户的满意度就高，忠诚度就强；服务质量差，就无法赢得客户，而且可能造成客户流失。我们在营销质量上的目标是追求有创意的、百分之百的完美服务，减少服务中的过失，以良好的服务赢得客户的肯定和信赖，从而提高市场竞争能力，做出一流的营销业绩。所以，我们要注重服务的每一个细小动作，因为客户最容易因对某一个服务不满意而来否定我们的整个服务。质量是一种综合的评价体系，保险营销的质量包括很多层面。一是保险保障的满足性。我们为客户设计的保险保障的质量，是不是能满足客户的风险管理需求。二是客户需求的响应性。当客户需要我们提供帮助时，我们是不是积极、主动地去做。三是服务行为的安全性。我们为客户服务的过程或环节是否能按技术规范要求或高标准完成，我们的行为、态度、情绪等直接影响客户对服务质量的感知，我们的诚实的态度是否让客户信赖，客户关系是否稳定。四是服务形式的有形性。如，给客户的各种与保险有关的文本，经常性地拜访客户，营销人员的良好形象。五是销售业务的效益性。美国市场学权威菲利普·柯特勒博士在《营销管理》说营销是："满足他人的需求且自己也能盈利。"有的营销人员只管自己把业务做成，忽视承保的质量，致使公司以低价承保过大的风险，业务质量差，公司没有效益。有的营销人员可能会认为，我只是按保险费收入的一定比例提取佣金，公司亏损是公司的事，与本人无关。但我们想过没有，公司亏损，佣金支付就成问题，公司就会放弃一些效益质量很差的客户或者某个产品的销售，我们也就失去提取佣金的机会。高质量的营销，是公司和我们生存的基础。

自律理念

保险营销是一门受到重重管束的职业，一是来自国家保险监管部门和行业协会等管理组织的管理，二是来自公司内部机构和制度的管理，三是来自客户对我们的约束性要求。营销人员的自律就是依据以上因素的影响而进行的自我约束。我们的营销行为既要合法合规，又要面对客户千变万化的需求和市场千奇百怪的竞争，经常处于矛盾之中。另外，营销人员的营销一般不是在公司办公室内完成，往往在脱离公司的外界条件下开展，没有人跟在后面进行监督，基本上是独立和自由的，几乎是在按自己的想法去工作。一位出色的营销人员，自律是十分重要的品质，要拥有对崇高目标强烈追求的使命感和责任感，有超强的自控能力，有顽强的毅力，有高雅的生活情趣，这是我们做好自律的坚实基础。有了这个基础之后，我们还要从以下几个方面去强化自律。一是将理想、目标和计划时刻牢记于心，并不断地催促、监督自己去实现，使之成为习惯。我们可以将自己的重要目标、工作日程安排制作成桌牌放在办公桌上或家里显眼的位置，让它像警示牌一样时刻提醒我们。二是要严格按照国家的法律办事，特别是有关保险方面的法律法规，违法违规的事我们不做。三是遵守公司的各项制度和业务规范，服从公司的领导，不干损害公司利益的事。四是要视客户对我们良好的愿望和要求为行为规范，并认真按这个规范去工作，努力做一个让客户满意的营销人员，要讲究职业道德，我们营销人员的职业道德是指营销人员在营销活动中应遵循的行为规范的总和。五是加强时间管理，许多研究报告表明，最好的营销人员是那些懂得怎样有效地管理时间的人。总之，我们要从以上方面强化自律，形成自我约束的良好习惯，从而使自我更加完美。然而，有的营销人员根本不懂得自我管理，不加强自律，对时间缺乏较好的安排，有时到朋友那里闲聊起来就是半天，宝贵的时间被白白地浪费。有的对工作缺乏计划性，缺乏毅力，工作精力不集中，工作松松垮垮，丧失成功的机会。有的经不住诱惑，不是每晚喝得酩酊大醉，就是通宵达旦地赌博，成天心浮气躁，无所事事，无法沉下心来做事，这都是缺乏自律的表现。营销人员如果不加强自律，就可能使销售业绩低下，稍有不慎，就可能引起客户的责难，造成业务掉保，甚至违法违纪，最终导致事业和人生的失败。不懂得自律的人，即使能偶然成功，但最终还是会失败。所以，自律就是要克制或除掉自我身上影响营销的坏习惯，为成功营销打下坚实的基础。

保险营销人员的营销组合

美国营销专家A.佩恩在他的《服务营销》一书中指出："营销组合是一个确定好的可被营销人员当作一种结构框架的工具。它包含了为出色执行营销战略和给企业市场定位而需要考虑到营销纲要中的各种元素。"由此可见，营销组合是营销人员使用的销售工具，是根据公司营销战略、公司市场定位、销售目标、客户类型而采取的各种措施元素，这些措施元素共同组成一种结构框架而作用于营销。

营销组合元素的特点就是使用者能够控制，能够对它进行开发和实施，不像政治、法律等因素，企业和营销人员无法控制。保险公司把保险产品卖出去，仅靠产品和价格难以实现良好的销售业绩，它必须把各种有利于销售的各种因素合理地、有效地组合在一起，如产品、价格、广告、服务等元素投入进去，使之相互协调，形成整体功效，使整体功效大于其组成元素的功效之和，以最佳的效能作用于保险市场，从而促进业务发展，这就是营销组合。

营销组合，是由哈佛商学院尼尔·博登教授在20世纪40年代后期提出，他列出一个清单，原始清单由12个元素组成，包括：产品计划、价格、品牌、配送渠道、个人销售、广告、促销、包装、展示、服务、卖场控制、寻找事实和分析。这是以物质产品的营销为主的营销组合元素，对服务行业的营销有局限性。保险公司是特殊的服务行业，应该有自己的营销组合元素，我认为它应该包括：公司品牌、保险产品、产品价格、服务项目、人力资源、销售渠道、广告宣传、有形展示、公共关系、客户管理、理赔过程、操作流程等元素。那么，我们作为从事保险产品销售的营销人员，也应有属于我们的营销组合元素，这个营销组合是我们营销人员能够运用的、可以控制的营销元素。营销人员的营销组合与公司的营销组合不完全相同，一个是个人可控元素，一个是公司可控元素，但两者又有联系，公司营销组合是基础，个人营销组合在公司营销组合的作用下发挥作用，个人营销组合是实施公司营销组合的具体的有效手段。

我们在向客户进行营销时，可能会考虑以下元素：如何拜访客户、如何调动自己的人际关系予以支持、向客户推荐什么样的保险产品、如何为客户设计保险保障方案、如何确定合理的保险费、如何与客户沟通、如何为客户服务，等等。我认为，保险营销人员营销组合的基础是以向客户销售保险产品为基础，营销组合的关键元素包括：公司品牌、保障设计、产品价格、客户服务、营销广告、职业素质、客户拜访、人际交往、客户沟通、客户维系、内部协调、有形展示等12个组合元素。我们在销售中，根据销售需要，对以上元素进行配置，使它们发挥出各自的作用，形成合力，作用于市场和客户，产生最大的销售效果。

公司品牌

公司品牌是一种被人们广泛认可而形成的无形资产，所有的公司都在为建立自己的最有价值的品牌形象而奋斗，并用良好的品牌吸引客户。在物质产品营销中，虽然公司品牌也很重要，但产品的品牌则更重要，我们有时甚至只记得某个产品的品牌，却不知道生产这个产品的公司。而保险市场却不同，在保险市场众多不同品牌的保险公司中，不少保险产品的品牌几乎是一样的。所以，在保险市场上，公司名称是首要的品牌，从某种程度上讲，客户"购买"的是保险公司。有调查表明，客户决定购买一项保险产品时，对提供该保险产品的保险公司进行了解和评价是一项重要工作。市场上的保险产品基本上是一致的，保险服务也是购买时难以评估的，在这种情况下，保险公司的品牌成为客户的主要识别标识，强有力的公司品牌有助于客户认识、理解和信任这家公司的保险产品或服务。对有的客户来讲，品牌好的保险公司不仅仅是一个名称，可能意味着实力强大、诚信和专业的服务。从保险市场的客户反映来看，客户对品牌的追求由产品品牌转到对公司品牌的追求，公司品牌就成为营销的重点。有的客户在保险保障一样的条件下，尽管有的公司保险费较低，但它仍选择价格偏高的、品牌较好的公司，这就是公司品牌的作用，只有品牌好的保险公司才有能力和诚意去履行对客户的赔付承诺，才能让客户买得放心。

我们作为保险营销人员，首先要认识自己的公司优势，充分理解公司的企业文化，找准公司区别于其他公司的不同点或优势，做好公司品牌的销售，不仅要能够向客户清楚地、富有情感地描述自己的公司，而且要成为公司的形象代言人，把公司品牌融化到我们的灵魂和行为之中，通过身体力行地向客户营销公司品牌和服务品牌，来强化公司品牌在客户心中的地位，使我们个人在客户心目中也成为一个能代表公司品牌的品牌，成为公司品牌最重要、最具生机的表现个体，也可以说是品牌的创造者和传播品牌的媒体。这样，就能形成品牌优势，从而建立客户的信任。有了信任，也就有了客户的忠诚，有了客户的忠诚，我们就能取得营销的成功，并长期维系客户关系，这就是品牌营销的魅力。

案 例

三峡工程是世界级的工程建设品牌，它的风险管理，需要一个品牌与之相适应的保险公司为其提供保险服务。我们在服务三峡工程的过程中，加强品牌的建设与宣传，把品牌营销作为营销策略的重点，不断提高我们营销的吸引力和服务水平。通过我们的努力，在三峡工程保险市场锻炼我们的品牌，使之与三峡工程相匹配，起到良好的成效。

三峡工程保险营销模式——品牌营销

品牌营销就是通过各种方式，让保险公司的品牌在客户心目中占据强有力的地位，构成客户的信仰，从而赢得更多客户。在当今保险市场，当客户面临不断增加和日益多样化的选择时，保险市场的竞争不只是产品和价格的竞争，还有理念和观念的竞争。客户购买保险的倾向变得更加受制于对品牌的信仰，购买保险的动机更注重品牌的卓越性。客户购买的不仅仅是保险单，还包括这张保险单所代表或带来的一切。能在市场中取胜并赢得客户的保险公司，必定是市场地位和信誉最佳的。在这种背景下，品牌及其价值的作用显得十分重要，并成为营销成功的决定性因素。所以，我们在三峡工程保险营销中，从单纯的销售保险单转向营销品牌，不断地传播中国人保财险公司的品牌精神，用实际行动塑造公司品牌，丰富品牌内涵，使中国人保财险在三峡工程保险市场上始终保持主承保商的地位。

1. 保险营销的是公司品牌

在目前保险市场上，各保险公司的许多保险条款几乎是一样的，不一样的是公司具有丰富内涵的品牌。同时，保险营销也是集体营销，集体就是公司品牌，没有公司这个后盾，我们的保险单也就销售不出去。我们在销售某一产品时，其实是在销售公司品牌。一个具有良好品牌的公司，就能建立起客户信任，有了客户信任，也就有了客户的忠诚，有了客户忠诚，我们就能取得营销的成功，并长期维系客户关系，这就是品牌营销的魅力。

三峡工程是世界级工程，它不仅需要一份保障科学、合理的保险单，更重要的是，它需要强有力的保险公司来为其提供保险保障。客户希望知道为它服务的是什么样的保险公司，在保险市场上具有怎样的实力、地位和特点。如果我们能将公司理念、品牌优势进行定位和传播，我们的营销能力就更强大。我们在保险营销中，反复向客户宣传公司"以客户为中心"的经营理念，宣传一流的工程需要一流的保险公司提供服务的观念，不断宣传中国人保财险的八大优势，即：品牌优势、资金优势、合作优势、网络优势、人才优势、产品优势、客户优势、技术优势。这八大优势共同形成中国人保财险的品牌价值，成为我们进行保险营销的强大推动力。如果说，我们与其他保险公司相比，在三峡工程保险市场上保险单是一致的话，那么不一致的就是我们的品牌。我们通过反复宣传，增添了客户对人保财险的了解和信赖，为保险营销创造了良好条件。在三峡工程保险中，许多重大项目都由我们独家承保或担任首席承保人，品牌是重要因素之一。

2. 保险营销的是个人品牌

保险公司是服务性行业，它经营的是无形的观念性产品，产品的生产和销售是一体的。我们在向客户销售某一保险产品时，同时也是在生产这一保险产品。我们为客户制定保险方案时，就是在销售这个方案。与生产物质产品和销售物质产品相比，保险公司对从业人员的依赖性更大。从表面上看，我们营销的是公司品牌和产品，但实质上我们营销的是我们个人的知识、技术、文化、魅力、诚信等等。可以说，在很多情况下，保险公司的品牌形象是通过营销人员得以直观的具体的反映，不是像制造业，主要靠产品来体现。保险营销人员的个人素质越优秀，公司的品牌形象就越好，给客户感觉就越清晰。从某种意义上讲，营销人员是公司品牌精神的代言人。注重个人品牌在营销中的作用，就是提倡精英营销；有了精英营销，对客户也就有吸引力，就能产生营销的精品。

三峡工程建设者人员素质高，对保险营销服务的标准也很高。如何使我们的人员素质能满足服务三峡工程的需要，成为我们注重员工素质培养的动因。我们报经政府主管部门批准，成立了三峡工程保险研究会，营造研究保险理论与技术的氛围；创办保险夜校，每周星期四晚上对员工进行培训；推行险种技术带头人计划，让员工专有侧重；鼓励员工自学，鼓励员工参与保险专业资格证书考试。同时，要求大家在工作中把塑造公司形象放在首位，要求公司的骨干力量把"学者型的实干家"作为一种追求。通过以上努力，员工队伍素质大有提高，工作成效更为显著，得到客户、上级公司的认可。中国三峡工程劳动竞赛委员会和中国长江三峡集团公司将中国人保财险三峡坝区支公司评为"先进集体"，这是客户对我们服务的肯定。另外，三峡坝区支公司党支部也被中国保监会批准为"先进基层党支部"，成为中国人保财险在世界级的三峡工程保险市场的品牌。

3.三峡工程保险品牌的价值

把三峡工程保险做成品牌是我们与客户的共同心愿。经过我们与客户的多年努力，三峡工程保险品牌已初步形成。我们与客户对双方合作所产生的三峡工程保险品牌十分珍惜。这不仅使双方的合作进一步加强，而且也在保险市场上产生了良好的示范性影响，对我们保险营销起到积极的推动作用。

三峡工程保险具有较大的品牌价值，其品牌价值主要表现在以下方面：第一，经济价值。首先是三峡工程保险保障制度的建立，以及以中国三峡总公司为代表的三峡工程参建单位所获得的巨大保险保障价值。另一方面，我们在服务三峡工程中也获得了良好收益，它包括保险经营上的盈余，也包括承保世界级工程给中国人保财险所带来的市场拉动作用和广告效应。对于被保险人和保险人来说，"双赢"是三峡工程保险品牌经济价值的最完美体现。第二，技术价值。三峡工程保险经过十多年的锻造，从保险保障、保险管理、保险服务、保险理论与技术、保险合作等方面都取得了良好的成果，达到了较高的水平，在国内外工程建设保险市场起到了示范或启示作用。国内外有不少工程建设单位和保险公司到三峡工程考察学习三峡工程保险。同时，也为我们拓展市场起到了技术上的支持作用。第三，文化价值。三峡工程保险的运行，体现和彰显了保险文化和风险管理文化的精神。三峡工程保险在运行过程中，通过保险招投标、保险与风险管理研讨会、保险培训、创办保险宣传报和发放保险资料、风险检验、保险合作与交流、新闻媒体对三峡工程保险的宣传等活动，使三峡工程保险品牌的文化价值不仅强化了广大三峡工程建设者的保险意识和风险管理意识，而且对我国保险市场和工程建设行业产生了极大的冲击力和影响力。人们通过三峡工程保险，看到中国长江三峡集团公司对三峡工程风险管理的重视，看到了保险的必要性，看到了风险管理的重要性。这对推动我国工程保险的发展，促进我国工程建设保险制度的建立，提高全民保险意识和风险管理意识有着极为重要的意义。

保障设计

保障设计就是为客户进行保险保障规划，制定符合其风险损失补偿需求的保险单。我们称保险单为保险产品。我认为，保险营销成功的根本原因，在于保险产品本身能最好地满足客户的保险需求。如果保险产品本身有缺陷，不符合客户的需求，即使是拜访客户次数再多、各种诱惑再多，客户也不会购买；即使购买，保险关系也不可能太长久，客户会有上当受骗之感。

保障设计是通过保险产品、保险财产或项目、保险金额、保险费率、免赔额、保险期限等元素的组织来完成。保险保障设计的核心是保险产品的选择和组合，我们在实际工作中所说的险种、保险单或保险条款，都有保险产品的意思。保险产品一般由基本产品（或称基本保险）、附加产品（或称附加保险）等组成。为了使保险保障更为完善，为了体现保障设计的创新性和竞争性，我们应该把附加服务价值作为保障设计的重要组成部分，这样，就使得保险保障设计成为一个满足客户保险保障需求的价值综合体。我们可以用一个图示来表示它们的关系，在一个圆的中间是基本保险产品，我们习惯称主险种，它的外围是附加产品，附加产品的外围是附加服务价值。作为营销人员，我们不能制定保险产品，这项权力在保险公司，受国家保险监管机构的监管。我们只能根据客户的风险管理需要或保险需求，有针对性地为客户设计保险产品组合，合理设计保险单中的其他各种要素，以及设计附加服务项目，向客户提供他能够接受、又优于竞争对手的保险保障（附：保险保障方案构成图）。

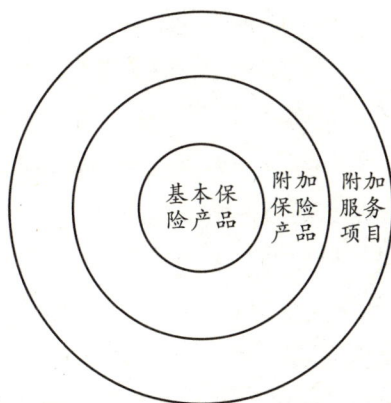

基本保险产品　附加保险产品　附加服务项目

　　寻求产品的最佳组合是我们营销组合的追求。保障设计要求符合客户需求，具有市场竞争力，不违背国家法律、保险监管部门的规定和社会公共道德标准，能为公司和保险营销人员带来收益。产品组合的类型有以下几种：一是"捆绑组合"型，也就是"一揽子保险"，即，对客户的保险财产在不同的环境状态下的风险用一张综合性保险单承保，或者将两种或两种以上不同的保险单组合在一起设计一个总的保险保障方案。应尽量扩大产品组合宽度，多使用几个主险产品。二是"套餐组合"型，在基本保险产品基础上，增加若干个附加产品，加大产品组合深度。三是"单一"型，只向客户提供单一的某一基本保险产品。如，汽车拥有者只购买"交强险"。四是"特别约定"型，在保险单特别约定栏里，通过特别约定的方式，对保险产品或保险合同进行修改，为客户增加新的保险保障或服务，或者通过限制性条件明确双方权利和义务，这是我们对保险产品或保险合同进行微调的"调节器"。总之，保障设计涉及我们卖给客户的是什么的问题，产品不符合客户需求，营销也就成了"无的放矢"。

产品价格

保险产品的价格就是客户购买保险保障所支付的保险费率或保险费的标准，是客户为获得保险单所规定的保险保障而向保险公司支付的经济代价，也可以说是保险公司为承担保险赔偿责任而向客户收取的费用，是调节客户之间合理、公平分摊风险损失的重要杠杆之一。产品定价很重要，它关系到保险公司收入和经营的稳定，事关客户的利益，也为客户提供了对产品质量的评价标准。价格在保险营销组合中是一个中枢，保险产品、保险金额、风险程度、公司经营、营销投入、服务安排、竞争状态等许多因素都会作用于价格，它们相互影响、相互制约，使价格或高或低。如，客户除保险保障外，还要增加若干服务项目，那定价肯定会高一些。

保险营销人员不能制定保险费率的标准，它是公司制定的，有的保险费率甚至是国家保险监管部门要求严格实施的。但是，我们可以根据客户经济实力、风险因素、公司规定的保险费率优惠的条件和竞争状况，帮助客户确定合理的保险费支付金额。从这一点看，营销中的保险价格是具有多样性和多变性的。保险产品是无形的，其定价决策就特别重要。价格对于客户来讲是非常敏感的事情，我们所开的价格是向客户发出的，客户通过价格得到保险保障程度的信号，通过价格的高低来判断保险保障的优劣，并以此来做出是否购买保险产品的决定。特别是当保险市场上的保险产品和服务差异性不大的情况下，价格成为竞争的主要手段。同时价格也是营销组合中最容易模仿的要素。你报价2‰，竞争对手可以立马报出2‰的价格，甚至在你的基础上报出更低的价格。价格超过一定的上限后，客户会流失到价格更便宜的竞争者手中；价格低于一定的下限后，可以从价格更高的竞争者手中夺得客户。但有一个事实要注意：看起来，价格越低，销售量越高，保险费也就越多，但达到一定的最高点后，保险费收入开始下降，因为增加的销售量不能弥补价格下降造成保险费减少的影响，还会给保险公司带来经营上的亏损。举例说明，汽车保险，在保险金额不变的情况下，每台汽车保险费5000元时，签发汽车保险1000台，保险费500万元；如果将每台汽车保险费降到3000元，可能会带来承保台数的增加，使承保汽车达3000台，保险费900万元；假设每台汽车保险费降到1000元时，承保汽车增到5000台，保险费降到500万元。由此可见，价格下降会刺激承保台数和保险费的增加，但下降到一定幅度时，台数可能增加，保险费却在减少，而承担的风险在增加，同时，随意的、不计成本的低价格也会造成公司经营亏损，损害公司或个人在客户心目中的定位和形象。所以，我们一般不要把低价格作为促销手段，过低的定价有很大的危害性。另外，保险市场有一个规律：一个客户的价格下降后，是很难再上调的。所以，一般不要轻易使用低价策略。

客户服务

服务是最好的促销方式，是营销制胜的筹码。我们营销的产品不只是一张形式上的保险单，还包括与保险单有关联的一切服务行为，但我们往往只注重保险单的保障功能而忽视服务。我们要做好客户服务，首先要弄清保险核心服务与客户服务的区别。保险保障本身，也就是我们向客户销售的保险单上关于赔偿责任的规定，这是公司为客户提供的核心服务。我们营销人员的服务就是为支持和完善公司的核心服务而提供的附加服务。对于一个保险公司来讲，客户服务通常包括回答客户询问、接受投保申请、签发保险单、投诉处理、24小时服务电话、对灾害损失进行查勘定损、为客户提供风险管理服务，等等。对于我们营销人员来说，客户服务是指营销人员有能力使用的、针对客户需要和满意而实施的行动。保险单中所提出的损失赔偿的核心服务是要收费的，而客户服务一般来说不收费。良好的客户服务是我们赢得客户满意、建立客户关系的必要手段。因为服务对于客户来讲就是一种体验，我们要通过诚实、周到的服务，让客户在这种体验中感到快乐、轻松、值得。我们要从一个被动的保险产品的销售者，转变成积极地为客户解决问题而获得更多保险单的客户服务者，通过围绕保险产品所产生的一系列服务，提高保险保障的效用，从而对保险营销产生积极的影响。

在市场经济条件下，整个市场经济运作的中心就是服务消费者，消费者就是上帝。有的客户对价格等因素并不在意，而对服务的要求非常高。所以，我们应加大对客户的服务力度，为客户提供诚实、热情、耐心、周到的服务，把帮助客户处理与保险有关的事务作为工作的重点，要针对不同的客户需求设计服务项目和计划，为客户提供全过程、高附加值的服务，减少服务差错，提高服务效率。对客户的询问要立即答复，对客户的服务要求要立刻行动。尤其是保险事故后的保险索赔服务，这是我们为客户服务的重中之重，这个服务做不好，其他的服务将会被全盘否定。在保险公司的经营中，保险公司用于灾害损失赔付的成本相当高，几乎是占总成本的60%以上，有的甚至是更高，这一点从保险公司的赔款金额可以看出，但对客户评价服务质量的影响不大，客户认为这是我们应该按保险合同赔偿给他的，而保险公司为服务所支付的成本相当低，但对客户的影响力却很大。在工作中有这样的例子，有时对一个企业赔偿上百万元，但因与客户索赔数额有差距，客户对我们有意见；或者，我们给客户赔了不少钱，但因理赔时间拖得太长，最后导致客户对我们工作的全盘否定。有时，我们在服务上为客户做一点小事，客户会认为我们的服务很好，由此可见服务的重要。我们的服务会形成"口碑广告"，对营销产生影响。这个广告不用我们花钱，由客户自发四处传播。良好的"口碑广告"对我们的营销将产生积极作用，不良的"口碑广告"将会对营销产生破坏作用。有人说，现在保险业的竞争是服务的竞争。当保险市场产品和价格比较趋同时，我们就要强化服务，把服务打造成是赢得客户的"口碑广告"和"吸铁石"。

营销广告

美国小百科全书对广告的解释是："广告是一种销售形式，它推动人们去购买商品、劳务或接受某种观点。"我认为，广告是一种很好的保险销售方式和客户沟通方式。国外保险公司十分重视广告传播，有的保险公司专门设有广告部，专门研究和开展对客户的宣传工作。俄国著名诗人马雅可夫斯基曾经说过："没有广告，任何事情就不能前进一步。"

　　保险营销人员的营销，一般都是"一对一"的营销，这种营销方式使我们的营销更贴近客户。但是，这种营销传播方式由于受营销人员的数量、营销人员的活动时间和接触对象的影响，在传播影响面和效率上有一定的局限。在"一对一"的营销传播上，如何开展"一对众"的传播，为"一对一"营销打基础，是我们营销人员应当努力去做的工作。有的营销人员可能会说："我一个营销人员做什么广告，做广告是公司的事情。"其实不然，作为一个营销人员，也应注意对广告的运用，在广告的运用上来自两方面，一是借助公司的广告宣传，一是自己开展广告宣传。这里面包含借势和造势，前者是借势，凭借公司广告宣传的攻势，极力拓展业务。但公司广告是面向公众的，不可能针对某一个客户，所以营销人员应利用自己可以控制的广告形式开展服务于营销的宣传工作，这类广告是营销人员针对适当的客户的一种高度个人媒体，其目的是促进保险产品的销售，这是自己为营销造势。通过广告，拉近与客户的距离，培养客户的保险意识，增加客户对保险的了解，引导和说服客户购买保险，提高客户购买保险的主动性，增强竞争力，节省营销成本，提高营销的效率，从而取得良好的营销业绩。营销人员可以采用以下广告形式：给客户的书信、发送电子邮件、手机短信、微信、电话交流、向客户发送宣传资料、客户会议演讲、针对某类客户的广告信，以及保险赔偿案例宣传单，等等。我们应根据营销需要、客户特性、竞争状况等因素选择行之有效的广告形式。

职业素质

　　在公司的营销组合元素中，营销人员是一个重要元素，而我们营销人员的营销组合元素中，职业素质是我们自己完全能控制的元素，它与公司品牌、产品和价格不同，是我们在客户面前展示的自我魅力。客户在选择保险公司和保险产品的同时，也在选择为他服务的营销人员，而这种选择，往往是通过审视我们的职业素质之后做出的决定。提供保险服务的营销人员的个人职业素质，会形成保险产品的价格杠杆，这就是在保险市场上，同样的保险产品在不同的营销人员那里出售所产生的价格是不一样的原因。

作为销售无形的保险产品的营销人员，我们营销的首要产品就是自己，只要成功地营销自己，我们的营销就成功了一半。我们每个营销人员要学会"自我营销法"，向客户去展示我们良好的职业素质，在客户的认同、赞赏中实现营销目标。可以说，我们营销的过程，也是一个营销自己的过程，就是营销自己的职业素质的过程，通过加大职业素质的投入，赢得客户对我们的信任和赞扬，从而取得营销的成功。我们的职业素质越好，对客户的吸引力就越大，因为客户需要我们拥有良好的素质来为他们服务。在保险产品、价格和服务因素几乎一致的保险市场上，我们仅仅利用我们的职业素质，就可以使我们的与竞争对手产生差异，形成我们的特色优势，并且使竞争对手短时间难以模仿。保险产品、价格的模仿性最强，有时就像拍卖东西竞价一样快，而一个营销人员的良好职业素质没有长期刻苦的修炼是难以形成的，谁想模仿也是一时半会学不到的。所以，对于我们营销人员来讲，职业素质变得越来越重要，它们是我们取代价格竞争的最好武器，是我们个人应着力打造的核心竞争力。我们应通过职业素质的提高和在营销中的运用，使我们个人品牌化，形成独具魅力的特征，实现由产品、价格的竞争转向职业素质的竞争。如果营销人员的职业素质太差，就不可能去很好地实施营销，因为客户是不愿意与素质太差的营销人员打交道的。素质差的营销人员为了获得客户，就可能会采取降价、给客户不正当的经济利益等方式来进行营销，最终结果不会好。

客户拜访

保险营销是一个需要主动与客户密切接触的职业。保险营销不可能坐店等客，客户受保险需求的潜在性和不确定性的影响，一般都是不会主动找保险公司购买保险的。这种现状需要我们走向广阔的市场，跋涉千山万水，走遍千家万户，最大范围地去寻找和接触客户。拜访的方式对争取被动型客户十分有效。能不能获得客户，能不能获得更多的客户，销售业绩能不能提高，首要问题在于客户拜访。所以说，客户拜访是保险营销人员的最基本和最主要的工作。我们在营销时，要深入研究客户的保险需求，弄清客户与保险有关的各种信息，这样才能为客户制定合适的保险保障方案，同时，还需要与客户共同研究方案的可行性，并说服客户购买保险。这个过程不是一次就能完成的，有时要经过多次拜访才能成交。日本第一位扬名国际的保险推销大王原一平，为了争取一个公司的总经理投保，费了3年零8个月的时间，拜访客户达71次，终于感动了客户，使这位总经理的家族以及公司成员全部购买他销售的保险产品。由此可见，坚定信念、反复地拜访对营销成功是多么重要。另外，帮助客户进行保险索赔，帮助客户维护保险合同的有效性，加深与客户的友谊，也需要通过客户拜访来完成。

总之，客户拜访是我们增加新客户、稳定老客户和服务客户的基本方法。我们拜访的人越多，反复拜访客户的次数越多，营销成功的比例就越高，客户拜访次数与营销业绩是成正比的，特别是在竞争激烈的保险市场，我们拜访客户的数量、拜访的次数以及拜访的质量如果高于竞争对手的话，我们的竞争优势也就越明显，成功的机会就更大。所以，当要发展更多的客户时，当要巩固老客户的关系时，我们就应该拿出我们的激情去拜访客户。

人际交往

人际交往是人与人相互传递信息、沟通思想和交流感情的联系过程。它是人的基本需要，通过人际交往获得良好的人际关系，会让自己得到安全感和归宿感，既可以得到众力的支持和理解，又可以给自己带来精神上的愉悦和满足，提高心理健康水平。无论是其他行业的营销，还是保险营销，都很注重人际交往或人际关系的运用，人际交往被称为"无形的营销术"。保险营销似乎更看重和依赖于良好的人际关系，因为保险营销的是观念性的保险产品，客户一般不信赖陌生人销售的保险产品，只信赖作为朋友的营销人员销售的保险产品，或者信赖朋友的推荐。据统计，我们许多营销人员的保险费收入，80%是来自于朋友的购买，余下20%是来自于朋友推荐的客户。

美国著名人际关系学大师、心灵导师和成功学大师戴尔·卡耐基在总结许多成功人士的经验后得出结论：一个人的成功，百分之十五靠专业知识，百分之八十五靠人际交往。我们作为营销人员，应在人际交往上下功夫，充分发挥人际关系的作用。良好的人际关系对于增强我们的信誉、创造良好的营销气氛和环境、扩大我们的影响力和增强竞争力等方面将产生积极作用。另外，对于客户来讲，来自朋友、亲戚、同事和熟人的积极推荐，可以为客户接受保险产品铺平道路，因为是熟人介绍的，客户认为值得信赖。所以，我们要像蜘蛛织网一样，去进行人际交往，努力实现人际关系网络最大化和最优化，并将它与我们的保险营销事业结合起来，将人际关系转化成营销能力、营销渠道和说服客户购买保险的帮手，使良好的人际关系成为我们营销的辅助力量。在保险营销中，要最大限度地投入我们的人际优势。当我们缺少客户资源时，我们可以发动人际网络帮助寻找和介绍；当客户在理解和接受保险产品出现怀疑或疑虑时，我们可以发挥人际关系协助我们对客户进行沟通，消除客户的负面情绪，增加客户对我们的信赖感；当我们说服客户购买保险存在困难时，可以请与客户很要好的朋友帮助做说服工作；当我们为客户服务缺乏某种知识和技术时，我们可以请朋友提供知识与技术支持；当我们与客户产生矛盾时，可以借助客户信赖的朋友帮助做沟通工作，帮助解决矛盾，排除障碍，维护良好的客户关系。作为保险公司来讲，一般把建立良好的公共关系和广泛地与代理、经纪公司合作作为营销的促进手段，而我们营销人员就是要充分发挥自身人际关系的力量，使之成为我们强有力的"客户网络"和"营销网络"，增强我们营销的人气，从而使我们在销售上获得更大的成功。

客户沟通

美国黑贝尔斯和威沃尔在《有效沟通》一书中指出："沟通是人们分享信息、思想和情感的任何过程。这种过程不仅包含口头语言和书面语言，也包含形体语言、个人的习气和方式、物质环境——赋予信息含义的任何东西。"从这个定义来看，沟通是一种过程，沟通的内容十分丰富，沟通的方式也是多种多样。保险营销的客户沟通主要是指营销人员为实施营销而与客户交流保险信息和情感的过程。通过沟通的相互作用，增进双方的了解，从而达成共识，实现保险交易。

保险产品是无形的知识性服务。从实践中来看，客户不可能很直观地去感受它，理解上也存在困难。绝大多数客户对保险营销一开始是有抵触情绪的，认为自己很安全，不会发生风险损失，或者怀疑保险公司的赔付承诺。更重要的是，客户在购买保险产品时，他不仅仅是一个购买者，而且是保险产品的生产者，将参与保险服务的过程。客户对保险的认识、理解和掌握程度，直接关系到保险产品的生产效率、质量和双方关系的稳固。因此，保险客户是最需要培训的客户，保险产品是最需要解释的产品，保险营销是最需要沟通的职业，我们在进行保险营销中的许多工作都是属于沟通性质的。甚至可以说，保险营销主要就是客户沟通。通过客户沟通，让客户认识保险的好处和如何使用保险，这是营销人员的挑战性工作。前面讲了营销是否能成功的根本原因是产品，可为什么两个客户拥有同样的保险需求，一个客户购买这种保险产品，而另一个客户又不买呢？排除其他因素，根本原因就是沟通出了问题。我们不与客户沟通，就无法了解客户的保险需求；我们不向客户说明保险的作用，就无法建立客户对保险的信仰；我们不对客户进行深入细致的说服工作，客户就不会接受我们营销的保险产品；我们不向客户讲清楚保险的原理和保险产品知识，客户就不会使用我们的产品；我们不去解决客户存在的异议，就会引发我们与客户的矛盾，从而导致我们营销的失败；我们如果不经常与客户沟通，就难以维持与客户的良好关系。所以，在营销和服务过程中，沟通发挥着极为重要的作用。但是，我们有些营销人员不愿意做客户的"保险老师"，不愿意与客户多沟通，或者只做简单的沟通，忽视沟通在保险营销中的作用，致使营销工作十分被动，销售业绩差，销售效率低，客户关系十分紧张。因此，我们要努力学习沟通技巧，以极大的热情去与客户沟通，请记住这一法则：有效的营销来自有效的沟通。

客户维系

客户维系是指通过各种方式与客户保持稳定、持久的保险关系和情感关系。这种客户关系是一种有价值的关系，有价值的客户关系实际上是互利互惠的关系，其表现为，客户从中得到了价值，这种价值就是保险公司的保险保障或者说是灾害事故损失后的经济补偿，以及其他服务；对于我们营销人员来讲，这种关系不仅是保险费收益，还包括能给我们带来的客户资源、声誉上的良好影响和知识上的帮助。保险营销的主要目标越来越集中于发展与客户的牢固关系上，客户关系直接或间接影响我们营销活动的成败。客户在与我们建立保险关系时，希望成为我们的"关系客户"，想与我们发展持续的亲密的私人关系，希望我们主动联系他们、关心他们，渴望我们的友情，友情也是客户想要获得的价值。这些为我们开展关系营销创造了条件。在保险营销中，客户维系的重要表现形式是关系营销。关系营销就是营造与客户之间的良好关系而使双方长期获得利益，并以此作为营销保险的手段，其最终结果是为自己的营销建立牢固的关系网络。它的重点是吸引和发展那些可能保持长期关系的客户，与客户保持良好的关系，核心目标是创造"优质客户"。"优质客户"的基本标准：客户与我们和保险公司有良好的合作关系，认同保险公司的企业文化，遵守保险单条款中规定的权利与义务，熟悉保险知识并能正确运用，愿意坦诚、友好地与我们沟通，对我们正确的意见或建议愿意接受和采纳，不但能给保险公司带来保险费，从长期的合作来看，还能给保险公司带来利润，能主动、热心地为我们推荐客户，不可能购买竞争对手的产品。由此可见，关系营销不仅是强调我们受益，更注重客户受益和满意。

我们不少营销人员只注重拓展新客户，却忽视老客户的关系维持，只关注获得客户，在获得之后却很少去想办法保留客户，以至于新增的客户无法弥补流失的客户；有的只讲交易，不讲感情，以至于有的客户说："只要一交保险费，不到续保我是看不到你们保险公司的人的。"有的对客户只有几句好听的话，却没有实实在在的行动，这样使注重关系的客户感到失望，对我们的营销工作造成负面影响。所以，我们应通过建立、培育、加强客户关系来强化营销的效率和效果，不断地加大投入我们的服务、关心、友情，去强化与客户的关系，从单一的商业交易转向友谊交往，把生意客户转化成关系客户；不仅是赢得客户的保险费，而且重在赢得客户的心，这是关系营销的魅力所在。通过我们的努力，使客户对我们的服务有持续的、长期的信任和需要，形成我们防御竞争的铜墙铁壁。实践证明，与客户良好的关系有时会超过金钱的力量，能替代价格竞争，减少营销成本，维护客户关系的稳定，能产生良好的促销效果。

内部协调

客户所购买的不仅仅是保险产品本身，也不是只与营销人员打交道，保险服务是靠保险公司系统化营运管理体现出来的，客户购买的是保险公司的整个服务系统，包括核保、理赔、财务等环节的服务。所以，我们营销人员应树立系统观念，协调公司的各个环节，整合各部门在营销和服务中的作用，有时还要争取公司领导的支持与参与，使客户得到有效的服务，从而促进我们的营销。我们把这种调动公司内部系统服务于营销的方法称为内部营销。内部营销的意思是说，营销不只是营销部门或营销人员的事，它应贯穿于保险公司经营的各个方面，而且要有广泛的、整体性的运动。

保险营销仅靠我们营销人员是不行的，只有把公司各有关部门和人员的客户服务功能整合并作用于客户，才能赢得客户，从而战胜竞争对手。我们每个营销人员都应了解：为什么要进行保险营销？我们的营销工作与公司经营有什么意义？我们的工作与公司其他部门和人员有什么联系？这些部门和人员对我们的营销起到什么作用？我们一定要明白一个道理：我们的营销工作离开了内部有关部门和人员的配合协调将一事无成。内部协调事关服务操作的有效性，理赔部门在理赔服务上行动迟延，会使客户产生不满情绪，会对营销产生不利影响，如果保险公司的理赔服务做得非常出色，就会对市场形成广告效应，对营销产生良好的推动作用。可是，我们有的营销人员过分强调独立意识，不注重协调和整合内部营销促进因素，而忘记保险服务的完成是靠一个团队去实现的。所以，我们要学会调动内部积极因素去为营销服务，当客户认为我们的报价偏高时，我们应协调承保部门是否能降价承保，有的还要争取再保险部门的支持；当因理赔服务影响客户续保时，应协调理赔部门与客户沟通，消除障碍。

有形展示

保险产品和服务是无形的，客户也不可能品尝或试货，保险公司也不可能弄一超市把保险产品进行展示，所以，保险营销人员如何向客户传递保险产品、让客户理解保险产品的保障功能，有形展示将起到至关重要的作用。保险营销中的有形展示，是指运用有形的物质设施和有形的交流形式传播保险产品与服务，达到促进销售的目的。从保险营销上看，有形展示包括：公司大楼、服务设施、员工着装、员工行为、服务电话、名片、公司标识、保险单、公司简介、各种营销文本、保险报刊、网上展示、主题展览等，通过展示，形成"看得见"的保险产品和服务。

这里重点讲一下保险营销人员如何对保险产品进行有形展示，也就是把保险产品和与客户沟通的内容文字化和纸质化，让客户看得见。从实践中来看，保险营销必须有赖于营销文本才能完成保险产品的表现和"生产"，通过营销文本，在客户的心中把无形的保险产品"有形化"，从而强化客户对保险的认识。这些营销文本主要包括：承保申请书、产品说明书、保险咨询报告、保险建议书、保险投保单、保险费率说明书、保险问询表、保险保障设计、保险单、保险服务手册等。我们不少营销人员习惯并且只注重于"一张嘴"的营销方式。用口头语言去与客户沟通，这是我们使用的最基本的方式，但不是唯一的方式。我们忽略了一个事实，客户并不是保险专业人士，口头语言从耳边一吹而过，客户无法"抓住"。这就如同一个卖书的人，在客户面前吹嘘所卖的书是如何好，其实，你还不如把书直接给客户看，使客户对书的感觉更直观。我们"卖"保险也是一样，应该把一些有利于客户认识保险的内容制作成营销文本展示给客户，形成"实物形态"的载体，让客户看到保险服务存在的内容和形式。与口头传播相比，营销文本能系统而全面地传播保险知识，增加了传播知识的可储存性，方便客户反复阅读、前后比较分析和相互传阅；加大了营销中的知识含量、技术含量和文化含量；增加了保险公司、营销人员及产品在客户心中的可信度。客户会认为我们的公司和我们个人很正规、工作认真、有专业水平，值得信赖。所以，营销文本是"无声的营销者"，是我们"营销的尖兵"。营销文本不但提高了我们的沟通能力和解决实际问题的能力，提高营销的成功率，而且也成为我们积累的技术成果，在工作中不断完善，为今后的营销带来很大的便利。所以，我们要加强营销文本的使用和管理，把注意力集中于营销文本的制作，制作出装帧精美、内容完善的文本，使之成为强化营销效果的利器。

把客户请到公司来，也是一种重要的展示方式。有的营销人员只是经常到客户那里去，却从不把客户请到公司来看看。有的客户甚至连保险公司在什么地方都不知道，他的心能踏实吗？客户到公司来看一看，坐一坐，身临其境感受我们的办公环境、运行状况等，他就会更深刻地感受到保险公司和保险实实在在的存在。

案 例

我们在服务三峡工程过程中，通过各种文化形态的展示，让客户了解保险、了解我们，并与我们建立起良好的合作文化。

三峡工程保险营销模式——文化营销

保险的竞争也是文化的竞争。文化营销，就是在保险营销活动中加入文化的元素，使保险营销具有人文色彩，具有感染力、吸引力，形成独具魅力的保险营销特色，以此促进保险营销的发展。我们在三峡工程保险营销过程中，注重文化元素的运用，以文化塑造高尚的营销风格，以文化形式表现中国人保财险公司精神的内涵，以优良的文化特色来体现中国人保财险在市场的地位和形象，这些对保险营销起到极大的推动作用。当然，要注意客户之间的文化差异。比如说，大客户与小客户，客户决策者的文化差异，使文化营销与客户文化能有机衔接。

1.注重保险单签定的仪式美

通过保险单签字仪式，借助新闻媒体，可以向社会宣传客户和我们，强化全社会的保险意识；使签字仪式成为合作成功的一个庆典，充分表达保险双方的友谊和合作诚意，升华保险营销的成果和质量。

我们在工作中，对一些大项目的保险单举行签字仪式活动。我们先后在三峡工程工地、中国人保总部、北京中国大饭店等地举行过保险单签字仪式，双方高层领导到会讲话，几十家新闻媒体进行采访报道，使签字仪式成为新闻予以传播。签字仪式一定要事先征得客户同意，然后以策划书的形式周密安排好议程，同时，组织好新闻宣传，特别是新闻通稿，要站在保险双方的立场上报道,把宣传客户的风险管理放在首位,把握好宣传的导向。我们不是宣传中国人保财险"又签大保单",而是宣传"三峡工程再筑保险铜墙铁壁"。

2.注重保险营销文本的形式美

在保险营销过程中,需要运用不少商务性文本。这些文本除在内容上要简明、实用、正确、易读外,在形式上也应体现出美感,让客户想看、爱看,增强客户记忆。

文本的形式美主要包括以下内容:一是版式设计。尽量体现美感和现代感。二是字体使用。标题要用大号字或黑体,正文字体要庄重,字号要适中,重点文字可用黑体或加粗。三是材料。用什么纸张,纸张厚度、质地应选择好。四是封面设计要美观。我们设计的《金沙江溪洛渡水电站施工准备工程保险报价书》的封面就很有特色。封面上下用我们在溪洛渡考察时的照片排成两行,共10幅照片。不但美观,而且让客户知道我们千里迢迢到溪洛渡工程现场考察过,从而使客户对我们产生好的印象。我们在三峡工程保险营销过程中,把保险营销商务文本当作文化产品来精心制作,哪怕是一张纸的承保申请书,我们都要进行美术效果的设计,使客户能从形式美上感受我们工作的认真、品位、档次,感受到中国人保财险的品牌,而这些往往是人们容易忽略的。

3.注重联谊的人情美

我们在与客户的交往中,采用联谊会的形式来密切客户与我们之间的关系,采取有文化内涵、有档次的方式,使保险营销充满人文精神。

中国长江三峡集团公司下属的设备公司,是负责机器设备的采购和大型施工设备管理的一个专业公司。我们几次请该公司主要负责人吃饭,但未答应。1996年中秋节,我们邀请该公司全体人员与我公司全体人员举行中秋节联谊会,该公司领导爽快答应。双方各自编排节目,我们租下一个歌舞厅。中秋节晚上,双方人员各自在家吃罢晚饭,8点半钟晚会开始。双方人员纷纷登场表演,唱歌、跳舞、诗朗诵。晚会结束时,双方领导走上台,与全体人员一起高唱《难忘今宵》。晚会气氛热烈,情深意浓。这种集体联谊,使双方合作达到最佳状态。原来保险都是由财务部门与我们打交道,而后来设备采购部门只要有新设备,马上主动通知我们。保险理赔处理也顺畅多了。快到元旦了,客户说,他们的员工很想与我们再搞一次新年联谊会，我们当然是求之不得，又举办了一次。双方的节目比第一次更精彩。这件事已过了七八年，设备公司也发生了变化，一些朋友见到我就说，当年的合作真让人难忘啊！我在三峡坝区支公司工作期间，每年春节前举办一次客户联谊会，内容包括：开座谈会，宴请客户，举行歌舞晚会，请专业歌舞团表演节目。在歌舞活动中穿插幸运嘉宾奖、幸运保单奖、幸运客户奖的抽奖活动，很受客户欢迎。客户们视每年的联谊会为他们的节日，成为一年合作中的期盼。我们也把联谊会作为聚人气、增友谊、促合作的盛会。

4. 注重公关的品味美

三峡工程是一项世界级特大工程，其建设者也非常注重自己形象，如果采取一些庸俗的办法处理人际关系，是难以有成效的。我们在处理与客户的人际关系时，始终追求一个高品味。

三峡工程进行大江截流，我们制作了工地最大的一幅祝截流成功的广告，每个字有100平方米。截流成功，我写了《三峡工程截流未发生保险索赔》的新闻报道，荣获中华全国新闻工作者协会第二届全国保险好新闻三等奖。经我策划，在《中国保险报》上登载了六期采访中国长江三峡集团公司高管人员的报道，并在专栏上打出中国人保总公司总经理孙希岳向三峡工程建设者致意的文字，宣传三峡工程的风险管理，密切了与客户的关系。我们每年结束，都要编《三峡工程保险服务备忘录》，按时间顺序记录我们为客户服务的重大事项，成为每年春节拜访客户时的礼品，发放给客户中与保险有关的人，使他们能全面地了解我们一年的服务工作。这个备忘录才是最珍贵、最有档次、最具持久力和传播力的礼品。

这里还可以讲一个故事。有一个客户新到一批大型施工设备，有一家保险公司高层管理人员亲自出马，通过权威渠道进行公关，客户也准备在这家保险公司承保。我得到消息后，带着《今日名流》杂志的通讯员去采访客户的负责人，准备在该杂志上发表一个人物专访。这个举措正符合客户追求事业成功和追求人生精神价值实现的愿望。采访完毕后，我告辞出门，客户分管保险的部门负责人问我保险的事谈了没有，我说没有，他非常着急。我将投保单递给他，告诉他，我走后，你把投保单交给那位负责人。当我回到公司时，这位部门负责人打电话告诉我，领导签字，下午来划保险费。第二天那家保险公司去办承保手续的时候，70多万元的保险费已到我们的账上。这就是文化在营销中的魅力，没有语言，但有力量。

综上所述十二个方面的内容，基本编排出保险营销人员可以控制和使用的营销组合元素，它们是我们营销的措施，共同服务于保险营销。保险营销的过程，就是如何将以上元素进行组合并作用于客户的过程。我们要通过创新组合元素和组合方式，寻找出效果好、效率高、成本低的营销组合。我们在进行营销组合时要注意以下问题：

第一，必须有使用这些元素的能力。如果我们在某个元素上缺乏运用能力，也就减少了一门制胜的武器，从而削弱了营销组合的整体力量。如，我们缺乏产品知识，保险保障设计能力太差，就设计不出好的保险保障方案，即使是其他元素的力量发挥再充分，也难以使客户购买保险。我们的写作能力不行，难以用文字系统地向客户陈述内容，说服效果就会差一些。

第二，有针对性地使用组合元素。不是十二个元素全部使用，这就好比配中药，不同的病人，不同的配药。我们应根据客户的保险需求、活动、兴趣、观点、动机、个性、价值观、态度、生活方式等因素，根据市场竞争的因素，以及我们个人使用营销组合元素的能力，创造性地进行营销元素的组合。

第三，协调营销组合元素。营销组合元素之间要相互协调、相互影响和相互支持。首先要决定重点使用哪些元素，在突出重点元素的前提下，同时要考虑这些组合元素之间的关系，使每个元素的作用力达到一致性，各元素相互支持和相互影响，使每个元素的作用得到加强，使各个元素的优势得到整合，形成一个充满力量的有机整体，产生协同效应，以合力作用于客户，达到促进营销目的。所以，我们把这种协调营销组合元素的方法称为"整合营销"。

第四，形成有自己独特风格的营销组合。由于保险营销组合的调配者是营销人员，营销人员的职业素质、营销理念、个性等因素的不同，导致营销组合的元素富有个性化。比如，有的营销人员写作能力强，那么他在营销文本这个元素上表现就会充分一些；有的技术水平差一点，但他有几个在社会上有权威性的亲朋好友，那么他就可以在人际交往上多做文章，也会产生良好的效果。这样，就使营销人员的营销组合极具个性化和针对性，形成丰富多彩的营销风格。

营销目标管理

营销目标管理是保险营销人员根据公司战略、市场环境和个人发展需要确定营销目标并实现目标的过程。良好的营销目标管理能激发营销人员的工作热情，能大大增强营销的有效性，有利于营销人员的良好发展。所有的营销活动应围绕目标去进行规划和实施，无论是保险公司还是营销人员，只是目标管理的范围和严格程度不同，有的目标管理精密、细致，有的目标管理就粗放一点，有的看起来没有进行目标管理，但实际上都有一个目标管理过程。成功的营销和人生并非偶然，它需要去精细地进行目标管理。保险营销人员的营销目标管理，实际是在管理自己的人生和职业规划。但有的保险营销人员以为，营销目标管理是公司管理者的事情，自己只要按公司的要求去办就行了。有的营销人员像"自由的猎人"，没有目的，没有目标，没有方向，扛着猎枪在森林里茫然游荡，全凭运气去获取猎物。这是消极和被动的工作态度，很容易造成工作上的茫然或盲目，最终导致工作上的失败和人生上的消沉。所以，我们要精心策划自己的人生目标、职业目标、营销目标和营销活动等内容，并予以精心管理，增强营销的目的性、计划性，减少盲目性。

奠基目标

美国戴尔·卡耐基说："毫无目标比有坏的目标更坏，没有目标，如大海航行没有方向。"目标是对未来的愿望或期望的最终结果。有成就的人或事业成功的人，几乎在起步奋斗之前就确定了远大的目标。一个成功的保险营销人员，首先是要规划好能激励自己为之努力奋斗的人生目标和职业目标，这就如同高楼大厦的坚实基础。有了这个基础，我们其他的目标才能有更牢固、更持久的支撑。

一、确定人生目标。也可以说是自己的人生愿景。什么是人生目标？我认为人生目标可以说是个人的雄心和远大抱负，是对自己人生价值追求的最高定位，是一个牵引着人去追求、去奋斗的梦想，是对自己的长期规划，是人生的"百年大计"，是我们所有目标的基础，是我们奋斗的原动力和激情之源，是一颗指路的明星，为我们的人生导航。尽管它虚无缥缈，但能给我们带来奋斗的激情和生存的希望，它总让我们感到未来是美好的，总是在不断激发我们追求成功的欲望。这种人生目标就是人的信念。信念可以给弱者以勇气，给气馁者以希望，给强者以更强大的力量；信念是生命航船的舵，导引人们走向希望的目标。为什么许多成功的人历经挫折、坎坷，屡遭失败的打击，却仍然充满激情，自强不息，直到走出一条让人称颂的人生之路，其主要原因就是有积极向上的人生目标，这个目标已成为他的坚定信念，由此可见人生目标的重要。所以，我们目标管理的重点不能只是眼前的产品、客户和销售额，更重要的是明确自己生存的目的，以及在未来一个较长的时间将要完成的使命。我们进行营销目标管理，首先要确定好自己的人生目标。人生应该有美梦，如果我们没有美好的理想，就会失去积极向上的人生目标的支撑，我们的激情、奋斗的精神不可能很好地释放出来，很难有积极的、有作为的人生奋斗。所以，我们可以从家庭、个人、下一代，从经济、事业等方面去展开美好的人生遐想，树立并始终保持必胜的信念，让这些美好的遐想时刻激励我们去奋斗，我们就一定能成为最终的胜利者。

二、确定职业目标。职业目标是在人生目标的基础上制定的，是对自身未来职业发展的挑战性定位。它是实现人生目标的具体表现，与我们的营销工作紧密相联，是我们要经过一定时期的努力而达到的目标，因此它更具有现实性。职业目标的确定要回答一个问题：我们要完成什么？职业目标陈述应该简短，最好只有一句话。它应该反映出我们对职业的基本信念、价值观和发展规划，成为我们行动的最高准则和方向，使我们看到了工作的意义和价值，能够点燃我们挑战自我的激情，使我们能集中注意力和精力为之奋斗。日本的原一平面对主考官"不是干得了这种困难工作的人"的定位，将自己的人生目标定为改变这种偏见，那就是："什么话！我偏偏要做给你看！"然后把这作为奋斗目标激励自己努力奋斗，终于为美国百万美元推销员俱乐部的终身会员，被誉为"推销之神"。齐藤竹之助工作的保险公司大约有两万名推销员，他发誓，一定要在其中名列前茅，这成为他的职业目标。当这个目标实现之后，他又瞄准更高的目标，不仅是公司的第一，而且要成为全日本的第一，最后终于成为日本85万多人中的"首席推销员"，直到实现"世界首席生命保险推销员"的宏伟目标。由此可见职业目标的确定对保险营销人员是多么的重要。所以，我们应以积极的态度选定自己的职业目标，并集中全部的激情、智慧和力量为之奋斗，即使是不成功，也不给自己的人生留下遗憾，因为我们毕竟为之奋斗过。

营销目标

人生目标和职业目标确定好之后，下一步就是具体的行动目标，也就是营销目标。什么是营销目标呢？简单地说，就是我们在某一个阶段的营销工作中想获得的最现实的东西。对于营销人员来讲，营销目标设置不仅有利于提高个人的表现，而且也有助于对整个营销活动的控制，成功的营销人员一般都以其明确的目标设置而取胜。

我们在规划具体营销目标时，要注意以下几点。

一、目标的现实性。无论是外部环境还是自身基础，都有实现目标的可能，要根据自身人际关系、职业素质、个人需要等状况，以及公司及市场情况确定适合自己的目标，特别要注意发挥自身优势去规划目标，不要有不切合实际的空想。同时，要使个人的目标与公司的目标要求能够一致，只有这样，才能在公司的支持下去实现目标。如，最近公司通过各种广告宣传和营销奖励政策推行某一保险产品的销售，我们不去抓住这个机遇，而去销售另一种保险产品，那就是与公司发展目标不相符。

二、目标的衡量性。可以说，目标应是明确的定位，或者说是可以用数据量化。不要用概括性的语言表述目标，如，"我要通过提高保险费收入提高家庭生活水平"，这无法精确地体现目标，要用具体的保险费收入、个人薪酬收入等具体数据目标来表示，使之有一个衡量的标准。

三、目标的具体性。保险费目标，它不是一个笼统的数据，而是分解到某类保险产品收多少，或者是分解到若干个客户。如果只是一个笼统的数据，没有实现这个数据的目标安排，那么这个目标就难以实现。在确定营销目标时，一般应围绕以下路径去计划具体目标，确保目标的落实，主要包括：一是吸引和开发新的客户，二是争取现有客户增加保险财产或购买新的保险产品，三是防止客户流失，四是终止与没有盈利的客户或"问题客户"的关系。

四、目标的挑战性。不要将目标定得太低，那样会使我们的工作变得很平庸，定的目标不费吹灰之力就能达到，不能展示人的极限能力，这样的目标只能涣散人的斗志，使人生变得毫无成就感。我们在制定目标上，要有挑战困难、不怕失败的勇气，设定能催人奋进的目标，这样可以激发我们的潜能。但是，也不要定自己难以实现的目标，那样会使自己因目标没有实现而在精神上遭受打击，让自己遭受失败的痛苦，使自己失去信心和激情。

五、目标的时限性。没有时间限定的目标，就不能称之为目标。一个营销人员说要收500万元的保险费，你是一年完成，还是十年完成呢？没有时间限定，无法考核和评价，与没有定目标没有什么两样。所以，目标一定要规划实现的时间。

具体地讲，营销人员的营销目标主要包括以下项目：

保险费：某一阶段、某一保险产品或某一客户要收取保险费的规划。

业绩在公司的排名：如，争取保险费、保险单数量等排位第一名。

客户数量：使客户积累达到多少，如达到300个。

新增保险单数量：如争取每10天签一笔保险单。

续保率：做好客户关系管理，争取续保率达100%。

客户拜访量：如，每天至少登门拜访5个客户，电话拜访20个客户。

个人报酬：如，争取年收入达20万元。

承保业务赔付率：赔付率控制在公司规定的范围内。

荣誉：争取获得公司的某种荣誉称号。

职业素质：自我培训或自我学习的安排，如在半年时间内自修三本业务书。

目标还可以按时间分：按日、月、季、年来确定目标。如，月拜访100个客户，年保险费收入400万元。

案 例

我们在三峡工程保险营销中，在了解客户的基础上确定目标，通过目标引导去推进营销，使营销工作不盲目，并始终有一个高标准的追求。

三峡工程保险营销模式——目标营销

目标营销是保险公司对营销工作标准和营销结果的追求，是保险公司对客户保险保障程度的定位，反映了保险公司的基本信念、价值观和营销战略。它是做好营销的关键，成为营销过程的源头。可以说，什么样的营销目标，决定什么样的营销行为，也决定什么样的营销结果。

1. 了解客户需求

进行目标营销，首先应了解客户需求。针对一个客户，要调查其保源，要知道我们在为什么样的客户服务，它在保险上有什么样的需求，什么力量驱动客户投保，怎样服务能使客户满意。我们的营销目标既来自于客户，又服务于客户。了解得越多，我们营销目标设计的基础就越牢靠，针对性也就越强，成功的把握就越大。

在三峡工程保险营销初期，我收集了三峡工程中与保险有关的信息进行研究，并撰写了《长江三峡工程——保险的课题与机遇》的调研报告。其中几个关键信息是我们不能忽视的。第一，三峡工程是世界上最大的水利水电工程，备受党和国家政府的高度重视，风险管理问题成为世人关注的焦点。第二，三峡工程投资巨大，动态投资1800亿元人民币，其中枢纽投资约1000亿元，是巨大的工程保险市场。第三，相关保险资源丰富，工程需要近5万人的建设队伍和大量的施工设备。这为开办机动车辆险、雇主责任险、机器设备损坏险提供了资源。第四，在工程预算中按5‰计列保险费，使保险需求有了财务政策上的保证。第五，三峡工程实行自负盈亏、自主经营的管理方式，业主成为风险的承担者，使其保险需求增强。第六，中国长江三峡集团公司直属国务院领导，政治地位高，云集全国的工程建设精英，管理水平高，一流的管理是他们对管理工作的定位。一流的管理不能没有风险管理，而保险是风险管理的重要措施。这些关键信息是我们制定目标营销的基础。

2.构筑客户的保险目标

仅有对客户的了解是不够的，我们必须通过了解客户，帮助客户建立起合理而科学的保险保障目标。这就如同修公路，首先要帮助客户确定修一条什么规格的公路，是高速公路，还是最普通的公路。在这个基础上，我们才能有针对性地制定工程设计和施工方案。构筑客户的保险目标，必须是切合客户实际需要，并且能体现客户对最优保险保障的一种信念和追求。也就是说，通过客户的保险目标建立，使客户树立起先进的保险理念。有了这个目标，我们的营销目标就有了一个良好尺度，使营销围绕实现客户的目标而展开，从而达到最佳境界。如果客户的投保行为仅仅是因为保险营销人员是他的朋友，不投保有碍于情面，或者说不投保便争取不到贷款的话，这种保险目标的确定是被动的，它影响客户保险保障的理性建立和保险公司营销的质量。

在三峡工程保险中，我们不是单纯地推销保险单，而是针对中国三峡总公司这一超级客户的实际需求，制定并不断传播或推销具有较高理念水平的保险目标。我们是这样为客户描述这个目标的，那就是：把保险作为三峡工程风险管理体系的重要组成部分，建立防范与保险相结合的风险管理体系，使三峡工程保险达到科学化、规范化、制度化、国际化水平，成为我国工程保险的典范。这个高水准的目标深化了客户对保险意义和作用的认识，符合客户在风险管理上追求一流的心理愿望，被客户所接受。目标营销调动了客户投保的积极性。客户的决策人员在一些有关保险的会议上，也常常一再宣传以上目标，并用实际行动来诠释这些目标。有了这个坚实的基础，我们的保险营销之路才会越走越宽，越走越远。

3.确定保险公司的营销理念及目标

理念与目标的制定实际上是对工作的定位。有什么样的营销理念和目标就会产生什么样的行动和结果。在为客户构筑保险目标之后，我们应建立起与之相匹配的营销理念和目标，使我们的思想和行为与客户一致。

理念，从另一个层面来讲，就是理想化的观念。在三峡工程保险中，我们提出"服务三峡工程，实行科学管理，大胆探索试验，积极参与竞争，实现良好的政治效益和经济效益"的营销理念。它体现出以客户为中心的理念，将服务放在第一位；体现出对营销的科学管理，以及创新和竞争精神；体现出对营销的社会效益和经济效益的追求。

同时，在以上理念之上，我们制定出"六个一"的目标，即一个最大的份额，一个最优的服务，一个最好的形象，一个科学的体系，一批出色的人才，一本三峡工程保险的书。

以上理念和目标，成为我们营销的最高准则和方向，是对自我的挑战。它使我们看到了工作的意义和价值，点燃了我们工作的激情。这些年来，我们在上级公司的领导下，始终围绕以上挑战性的理念和目标开展工作，在三峡工程保险营销上不断取得成功；我们的业务技能也在工作中逐步提高，市场的竞争力也在不断增强，实现了我们的理念和目标。

营销目标行动计划

目标催生营销活动思路，有了目标之后，我们就要围绕目标谋划营销行动计划，思考实现目标的方法。由于保险营销人员工作平台是广阔的地域性市场，常年是一个人在外奔波，营销活动的自由化程度很高，所以需要有一个周密的计划，这样可以强化营销人员的自我管理，提高工作效率。有的营销人员认为自己似乎并没有制定什么行动计划，但实际上这是一种假象，他们不过是利用多年训练、经验和智慧使营销行动计划变得"约定俗成"、轻松自然而已，他们已经有了"标准的"或"成套的"计划模式可用。可以说，所有的营销目标行动都有计划，只是计划的范围和严格性不尽相同。在营销行业中，我们应尊崇一个很好的理念，就是"计划你的工作和按你的计划工作"。盲目的营销活动肯定没有好的结果，在周密计划的基础上进行的营销行动，就能节省人力、物力和避免时间上的浪费，并产生效率最优的结果。

在制定营销行动计划时，要注意以下问题：一是要分析影响目标实现的各种因素，有针对性地制定行动方案；二是与公司营销行动计划相协调，公司会围绕营销目标推行一系列促销措施，我们的行动应借助公司的支持；三是行动计划与目标一致，所有的行动是为了目标的实现，所以行动计划应围绕目标去制定；四是注重计划的实效性，要考虑它是否能产生良好的效果，是不是适应市场和符合客户的要求；五是有能力去执行，自己制定的计划自己执行不了，这就是给自己出难题、设障碍，所以计划要简单，好操作，不要把计划做成大块文章；六是领先性，这主要是针对竞争对手，体现出快一步、高一筹。

一、齐藤竹之助一天的行动计划示范。让我们从齐藤竹之助的一天的时间计划看成功的保险营销人员的时间安排，我们可以从中受到启发。他是这样描述自己的一天计划的：

"早晨5点钟睁眼后，立刻开始一天的活动。躺在被窝里看书，思考推销方案；6点半钟往顾客家中打电话，最后确定访问时间；7点钟吃早饭，与妻子商谈工作；8点钟到公司去上班；9点钟乘坐最喜爱的凯迪拉克牌汽车出去推销；下午6点钟下班回家；晚上8点钟开始读书、反省、安排新方案；11点钟准时就寝。"

这是齐藤最典型的一天生活。齐藤为什么成功，在于他工作的计划性，计划性促使工作的严谨，严谨促进工作效率的提高。

二、日本生命保险推销员每天标准的行动计划示范。下面介绍日本生命保险公司的推销员每天标准活动计划，我们可以从中受到启发。

上班，朝会：

1.经理、指导所长布置工作，相互联系。

2.熟悉访问准备。

3.学习展业技能、交流经验。

上午去未保家庭：

1.访问、重复访问。

2.扩大已保家庭、特约店（公司代理人）的业务。

开拓行业保险活动：

1.增加企业已保契约比重。

2.调查未投保的人。

3.访问新企业。

午餐

下午访问顾客活动：

1.续保、收费等保全契约活动。

2.已保家庭活动。

3.代理店活动。

回公司综合访问活动，向支公司经理、所长报告：

1.交保费、单据等事务。

2.整理活动结果：记调查卡、访问薄、预定客户基盘扩大薄、新开拓地薄。

3.确定明天访问单位。

4.准备明天访问工作。

下班（回家）

我们每个营销人员也应制定出每天的工作计划。抓住每一天，扎扎实实做好每一天的营销工作，我们就可以做好一月、一年的营销工作。每天的计划没有标准模式，但以下几个环节不能忽视：联系客户、拜访客户、案头整理、学习知识、工作诊断、记录日记、安排明天，等等。我们可以围绕营销目标并通过以上工作项目来计划每天的工作。

执行计划

目标和行动筹划好后，关键在于行动。激动人心的目标和精心制定的行动计划的失败，往往是在执行环节上出问题。一般在执行计划中要注意以下几点。

一、全力执行。计划一旦确定，就应立即调动激情、智慧去努力付诸实施。如果不行动，再好的计划也是空谈；如果实施不力，只是走走过场，工作不到位，也不会有好的效果；如果半途而废，那将是劳民伤财。要用积极的态度去实现计划，驱散消极思想，时刻想到一定能成功，行动要多于思考，把目标和计划时刻清楚地记在心里，按照行动计划去进行，工作效率会得到提高。为了督促目标和行动计划的实施，我们可以向领导、同事和朋友们公布我们的目标和计划，让他们监督。为了防止工作事项遗漏，我们可以买一本记事贴，把近期的工作事项写在上面，贴在办公桌上或墙上，以免忘记。

二、适时修正。我们在制定目标和行动计划时，不能忽视影响它们的一些因素，有些因素也是在不断地发生变化，所以，我们要时刻关注影响目标和行动的因素，不断做出有利的调整。注意检查行动的结果，对出现的问题，要弄清原因是什么，有的可能是工作计划上有问题，有的可能是执行上出问题，有的是不可预料的突发因素造成的，有的是对客户方面预测有偏差。要针对问题不断地进行调整，进行补救，不断总结经验、吸取教训，使一切朝着有利于目标实现的方向发展。

"两单制"管理

对于我们保险营销人员来说，营销目标管理的关键点是客户资源的管理，因为保险费的多少取决于客户，市场竞争实质上是争取客户资源的竞争。为了加强营销人员目标管理，从2006年开始，我在中国人民财产保险股份有限公司宜昌市分公司提出并力推营销人员"两单制"管理方式，即新增客户清单和续保客户清单的管理。要求营销人员列出自己的新增客户清单和续保客户清单，经常翻阅和补充，对照"两单"开展营销及服务工作；公司经理也通过检查"两单"执行情况，管理营销人员的工作。这种"两单制"管理方式，在实践中收到了良好的效果。

一、新增客户清单管理。它是我们营销客户资源的储备，事关营销业绩的增长，它的目的是督促营销人员到市场去搜寻、发现新的客户，然后列成清单，并根据清单所列的客户明细去进行营销工作。它要回答的问题是：有多少个新增客户？新增客户是谁？预计有多少保险费？如何能让客户购买保险产品？在整个市场增长潜力较大时，新客户的增加具有重要意义，增加新客户应放在第一位考虑。新增客户清单上的客户多了，我们就不会感到无事可做，我们成功的机遇就更多，信心就更足。遗憾的是，我们有不少营销人员手头没有新增客户，只是守着几个续保客户，自己的营销业绩增长困难，有时还被竞争对手抢夺或蚕食。认不了几个字的人，我们称为"文盲"，新增客户列不出几个的，那就是个"市场盲"。生产保险费的核心材料——客户都没有，营销就无法进行。所以，我们要尽力去寻找新客户，其储备量要始终保持在100个以上，使自己有开拓不完的客户资源。

二、续保客户清单管理。它事关保险费基数的稳固，它不仅是我们加强续保管理的方法，而且是督促我们加强对已有客户资源管理、维护客户关系的有效措施。在市场增长潜力较弱的情况下，我们应把营销重点放在稳定老客户上，改进和发展老客户的业务，延续保险关系，抵御竞争威胁。在我们的营销过程中，业务量的减少都是因为老客户的业务减少而造成的，减少的原因主要包括：一是客户数量减少，二是保险单数量减少，三是保险财产项目减少，四是保险金额减少，五是保险费率下降。续保客户清单重点要回答以下问题：续保客户是谁？什么时间续保？能不能按时续保？续保客户现在什么地方？有没有竞争对手的介入？与客户关系如何？有没有购买新的保险产品的可能？通过分析，然后针对问题采取措施。因此，我们要不断地检查续保客户清单执行情况，提前做好续保工作，防止客户流失。

三、"两单制"是目标管理的有效方法。"两单制"管理是客户资源管理的关键点和最终体现，也是营销目标管理的有效方法。我们传统的营销目标管理，很多是以保险费目标的计划来进行。总公司把保险费目标下给分公司，分公司下给支公司，支公司下给员工，这个过程全部是用保险费数字来控制，看起来是层层落实了目标，但实际并未落实。为什么？问题出在关键环节，也就是没有把保险费数字与市场和客户对接，没有把保险费数字落实在客户身上。管理层可以用数字来分配目标，但直接面对客户的营销人员必须以一个个具体的客户来实现目标，这是我们生产保险费的关键环节。这个环节出问题，从总公司到支公司管理层的目标管理工作就被减弱，保险费目标的实现就很困难。所以，"两单制"管理是营销人员进行客户目标管理，将保险费目标客户化的重要手段，通过"两单制"管理，把目标变成一个个实实在在的客户。

"两单制"管理是营销人员营销目标管理的基础，是营销人员进行营销目标管理的最简单有效的方式。新增客户清单和续保客户清单在某一个时段合计预测的保险费，就是我们这个时段的营销业绩目标。"两单制"管理看似简单，但它是一个有效的管理工具，具有多种功能，主要包括：客户管理功能、目标管理功能、销售分析功能、信息管理功能、自我监督功能等。因此，我们要不断丰富和完善自己的续保客户清单和新增客户清单，把"两单制"管理作为营销目标管理的工具，作为精细化管理的重要措施，作为我们自我管理的重要方法，成为我们办公桌上和提包里的必备品，经常阅读、检查和琢磨，使我们营销工作的计划性、针对性更强，效率更高。"两单制"管理并不难，但要持之以恒地坚持使用却不容易。

人际交往

我们经常会说，干保险营销靠的就是人际关系。这话虽然有片面性，但也有一定的道理，它从一个侧面反映出人际交往在保险营销中的重要作用。进行人际交往，就是扩大人际关系，就是发展更广的朋友关系。如果我们与客户是朋友关系，那么营销就会变得简单，成功的机会就更大。人际关系是我们营销人员的客户资源和营销渠道，营销人员的人际关系包含着客户关系，人际关系越庞大，客户资源越丰富。保险公司的销售渠道一般是保险中介组织，公司与它们签定合同，确定销售合作关系。我们营销人员也有自己的营销渠道，我们的销售渠道就是人际关系。所以，人际关系是我们获得市场信息、新观念、新点子、新客户和营销力的来源之一。人际交往就是在为我们营销成功积蓄力量。美国销售专家弗里·吉特默说："人际交往是建设人脉资源银行——你在世的每一天都能从银行获得逐年递增的利息及红利。"

人际关系的运用

从保险营销的角度来看，良好的人际关系是我们个人情感与事业的支撑。我们要尽可能地去发展自己的人缘，去发现人际关系中的成员的优势，弄清楚谁能成为我们的客户、谁能给我们带来知识上的支持、谁能为我们提供客户资源信息、谁能为我们引见哪种类型的客户，等等，这样我们才知道在遇到什么样的困难时该找什么样的人帮忙。人际关系的运用主要包括以下方面：

一、向朋友学习。从事保险营销，与各种行业的人打交道，为他们服务，需要我们具有丰富的知识。这与卖普通商品不同，卖普通商品的营销人员不必过多地了解客户的情况，营销人员必须学习、了解客户经营和生产的知识，以便进行保险保障的设计和提供风险管理等服务。但我们毕竟不是万能的，怎么解决这个问题？就是不断向他人学习。在人群中，由于人的经历不同，受教育的专业和程度不同，所从事的专业或职业不同，使得每个人都是一本教科书。人与人之间都在相互影响、相互学习和相互教育。我们从事保险营销工作，整天与各种各样的人打交道，是一个非常难得的学习机会，这是长期坐办公室的人所没有的。所以，我们不能排斥他人，回避自己不懂的东西，要虚心向他人学习，在与他人的交往中，通过思想、情感的交流与讨论，使我们获得大量的知识或信息，获得做人、做事的经验，还能培养交流与沟通的能力。把所学的知识和培养的能力用在工作上，不但能提高工作效率，而且能通过不断的积累和强化，使我们的知识面更广、掌握的程度更深，对营销的促进作用更大。

二、从朋友身上获得精神上的激励。也可以说，人际关系是个人情感、信心、事业的支持和来源。人都害怕孤独，渴望被人接纳、理解，渴望有众多的朋友。有了众多的朋友，我们就不会孤独，我们的事业就会有众多的支持者。我们在成功的时候，有朋友的赞扬，更能鼓舞精神，保持人生最佳状态。我们在失意或失败的时候，朋友们就会出现在我们面前，听我们倾诉，给我们安慰和鼓励，帮助我们想办法解决问题，使我们对未来充满信心，重新高扬事业的风帆。有的朋友做人、做事堪称楷模，对人生充满积极的态度，遇到困难不低头，仿佛永远充满奋斗的激情，与这样的朋友在一起，我们自然会被他所感染，成为一个充满奋斗激情的人。

三、把人际关系发展成营销的重要渠道。朋友是能够向我们提供客户信息的最重要来源，有时甚至是我们的销售"代理人"。在实际工作中，我们的许多客户来源于人际关系，许多朋友、同学、老乡等在帮我们发展或引荐新的客户。这一点在营销中是常用的，而且是最有效的办法。专家研究发现，客户在购买保险时，受广告的影响较小，受朋友、熟人介绍的影响较大。人们在购买保险时，往往心里并不踏实，主要是不容易评估保险服务的质量和价值，在这种状况下，人们很容易受有保险经验的同学、同事、朋友的影响而做出购买保险的决定。因此，我们应营造良好的人际传播网络，充分发挥人际关系成员"口口相传"的力量，为我们争取更多的客户资源。我们可以采取以下方法：一是靠人际关系为我们推荐或引见客户，或给客户写推荐函。二是靠人际关系中成功的或有影响力的个人或组织帮我们说服客户，通过良好的人脉作背景，使我们取得良好的"市场地位"。三是说服对我们的服务满意的客户劝说他的朋友购买我们的保险产品。四是制作一些资料给朋友或客户，让他们帮助传递给其他人。五是请我们的客户到已购买保险的客户那里考察，用看得见、听得到的事实说服客户接受我们。六是请客户帮助我们维护客户关系。如，与客户发生误会，服务中出现差错，想请客户聚会加深感情而担心客户拒绝，或者为增添与客户沟通的友好氛围等等，可以请关系好的客户帮忙沟通或参与。请人际关系中的朋友、客户帮助推荐新客户成功率很高。我们在营销成功后，应把营销过程反馈给推荐人，并表示感谢，有时可支付一定经济报酬或给些礼物，让推荐人享受到帮助他人的快乐和成就感，对客户有激励作用，否则，我们会让推荐人觉得是一个不懂得感恩的人，不但会失去朋友，而且客户也会对我们有不好的看法。

四、实现人际关系与客户关系的统一。对营销人员而言，人际关系与客户关系有时是统一的，有时又是分开的。单纯的人际关系正是我们未来的客户关系的源泉或基础。许多人际关系最终因购买保险而成为客户关系，而有的客户关系因保险合同的终止又转换成单纯的人际关系。客户关系从人际关系开始，这一点要引起我们的高度重视。对于有些朋友，我们不能因他们暂时与我们没有保险上的关系而忽略他们。他今天不是某公司负责保险购买决策的人，说不定明天就是公司的总经理，购买保险的事将由他最后说了算。做保险营销的人交友要着眼于长远。人们对上门营销一般有一种排斥感，有的还在门上贴出"谢绝推销保险"的告示。所以，我们的营销应从建立人际关系入手，先发展人际关系，与他人建立起良好的感情，成为朋友，这样就能减少客户对我们的排斥感，然后再发展成客户关系。美国著名企业家麦科马克曾说："如果其他条件都一样，人们往往宁愿向朋友买东西；如果条件只是大同小异，人们还是喜欢向朋友购买。"如果一个营销人员的人际关系与客户关系越是高度一致，并且能够产生良好的相互作用，那么他的营销业绩也就越是突出，客户关系也就越稳定。

人际交往的基本方法

一个成功的营销人员，有一大半时间是用在进行新的人际交往和维护旧的人际关系上，这种人际交往是建立成功人脉的重要工作。发展人际网络就是让那些有助于我们事业发展的人认识我们。发展人际关系、与人建立良好的友谊需要一定的时间，不是见个面，打个电话就能与他人成为朋友，与他人的友谊需要时间去培养。遗憾的是我们许多营销人员不喜欢交际，其营销业务肯定不会好。那么，我们应该如何去发展人际网络呢？

一、积极参与有益的社会活动。乐于交际是发展人际关系的重要前提。美国营销界有一个基本信条，那就是："营销人员工作效果的大小直接取决于营销人员在市场上亮相次数的多少。"我们不可能坐在办公室、坐在家里销售保险，必须走出去，广泛地接触人群。我们要有自己的人际交往计划，包括：与什么地方的人交往、与哪些人交往、每周花多长时间去进行人际交往、参加哪些社团组织、一年结识多少新朋友、参加哪些有意义的聚会活动、想结交哪些社会名流、应做好哪些交往准备，等等。如何衡量一个营销人员的人脉建立工作？有专家说，每周应获得20名新朋友的联系方式。这是一项有挑战性的工作。所以，我们要加入一些社团组织和类似的民间组织，如，参加同学会、同乡会、汽车俱乐部、钓鱼协会、健身俱乐部、收藏协会等组织的各种活动，参加各种有益的朋友聚会，成为社会的活跃分子，从而扩大人际网络。作为营销人员，人际关系应是多元的，不能只接触某一类层面的人，因为保险渗透社会各种人群，任何人都有保险需求，我们应该广交朋友，多交朋友。

二、建立人际关系档案。我们通过各种渠道得到的交友信息，应整理成文字档案。但是，不能将档案整理完后就束之高阁，而是应经常阅看，从心灵上与这些朋友交流，保持与他们的熟悉程度；发现久未联系的朋友，要通过适当的方式进行联系，使朋友不至于把我们遗忘，使人际关系得到维护。另外，要不断丰富和完善档案内容，因为我们的朋友是逐步积累的，对朋友的了解也不是一次能完成的，是逐步加深的。有些营销人员不注重人际关系档案的建立，只是在大脑里储存一些人际关系信息，或者是仅在手机上存了一个电话号码。不少人把别人递送的名片当垃圾扔掉，这对我们从事保险营销的人来讲，是极不应该的。别人把名片递给你时，就是向你打开了联系的大门。另外，名片是一个人最基本的信息，收入名片夹就是最基础的人际关系档案。

三、重点选择与那些能成就我们事业的人交往。日本生命保险公司要求外勤员把以下人员聘请为自己的协保员，即威信高的人、交际广的人、受群众好评的人、热心为社会和为他人做好事的人、工作上说到做到的人、精力旺盛活动力强的人、交易厂商的事业主等。这实际上就是通过这些人建立营销渠道。我们如果能把以上类型的人员纳入人际关系管理范围，发挥他们的作用，去结识更多的朋友，我们营销能力就会无限壮大。人的精力和时间都是有限的，我们从理念上可以视天下人为朋友，但我们不可能与天下人交朋友，所以，从职业的需要出发，我们只能有选择性地去发展人际关系，尽可能地去发现所能接触的人的优势和影响力，看是否能为我们带来事业上的支持。通俗地讲，就是他们是否能成为我们的客户，是否具有帮助我们销售保险的能力。特别是要注重与人际关系广的人交往，通过他们去认识更多的人，扩大我们的客户资源。客户在购买保险时，一般依赖领导者、社会名流、保险中介机构、专家等有权威的人或组织的推荐、协助或建议。所以，我们要加强与他们的交往，利用他们的影响力实行间接营销。

四、强化自身的能力和修养。我们在想选择能力强、修养好的人作朋友时，他可能也是这种想法。他选择我们做朋友，看中的也是我们的某些优点。人际交往是双向的，我们在寻求他人帮助时，也应有能力为他人提供帮助。所以，我们要丰富自己的知识，提高自身的素质，掌握帮助他人的本领，提高与各种人物沟通的能力，保持诚实、善良的美德，用良好的因素去建立和维护我们的人际关系，使我们的能力和品格形成独特的魅力，成为受人尊敬和欢迎的人，成为朋友圈中具有影响力的人物，这样，我们的朋友就会越来越多。

五、克服交际障碍。在人际交往中，要克服自私、短视、消极避世、偏见、不愿接触陌生人、不讲礼貌、说别人坏话、无所谓等障碍。人际关系的建立应以人与人之间的信任和支持为基础，以帮助他人的行动为快乐和满足。要有包容的胸怀，善于团结那些与自己性格、爱好不合的人。只愿获得而不愿付出，或者认为自己高人一等的人，可以说是不懂得如何进行人际交往的人，这种人很难有良好的人际关系。要乐于主动走出去结交朋友，不要成天坐在办公室和守在家里，那样是不会有收获的。要去花精力和时间去接触陌生人，扩大人际网络。我们也不要刚认识一个朋友，就希望他立即为我们的销售带来帮助，急功近利会让人感觉不好。要经常与人际网络中的成员保持联系，不要等到迫切需要时才临时抱佛脚。

六、把朋友的朋友变成我们的朋友。如果我们只是局限于同有亲密关系的人接触，那么我们将失去与其他人接触的乐趣与收获。扩大人际网络的基本方法就是扩大人际链条，这种方法的基本思想是：与你朋友的朋友成为朋友。这种方法比自己去拓展人际关系要省事，但是要注意：在没有得到朋友的推荐或引见时，不要贸然以朋友的名义去拜访他的朋友；在与朋友的朋友成为好朋友并得到支持之后，在感谢新朋友的同时，更不能忘记感谢老朋友；请有特殊身份或地位的人帮助营销时，切忌采用"强迫营销"，以朋友的名义迫使客户购买保险，这样会显得对朋友或客户不尊重，我们要把朋友推荐的客户当自己的朋友善待；不能因为是有权威的朋友出面帮助办成的业务，我们就可以放松客户服务和客户关系管理，否则，客户一旦遇到竞争对手的营销，就中断与我们的保险关系。

七、经营好家庭。家庭的亲情关系是人际关系的重要部分，它包括家庭成员之间和亲戚之间的关系。它是我们进行社交活动和保险营销的人际根据地。俗话说：打虎亲兄弟，上阵父子兵。齐藤竹之助说："再没有比家庭的温暖更能使人精神振奋了。建立一个充满友爱的家庭，也应当是推销员的必修课目。"我们可以借助家庭成员和亲戚的人际关系发展我们的人际关系，这种人际关系因为有一种亲情的成分而显得更有活力。

客户研究

　　保险营销的目的就是为公司卖出更多的保险产品，通俗地讲，就是卖出更多的保险单，而保险产品的销售是由营销人员和客户共同实现的。客户是我们服务的对象，是保险产品的生产者，是保险服务的享受者，是带动其他客户购买保险的影响者，是我们取之不尽的知识源泉，是我们升华友情的共同体，是我们创新的动力，是我们事业发展的核心基础，是我们生存的重要来源。没有客户，就没有保险营销。所以，保险营销应以客户为中心，培养和运用我们观察客户、研究客户的能力，去寻找客户，了解客户的保险需求，有针对性地进行营销，这是我们获得营销成功的重要保证。遗憾的是，有些营销人员不去寻找客户，不去研究客户需求，仿佛与世隔绝，这是绝对做不好保险营销的。

客户保险需求特征

　　保险需求是引发客户购买保险的驱动力，是我们获取保险费的源泉，也是引领我们实施营销的指南针。我们要做好保险营销工作，就必须研究客户的保险需求，不仅要善于发现客户资源，更要善于挖掘客户的保险需求，针对客户保险需求实施营销，有的放矢，营销就有了成功的基础。从客户普遍存在的需求中研究发现，客户的保险需求具有以下特征。

　　一、客观性。客户的保险需求就其内容来说是客观的，它是人们对人身伤害、财产或利益损失需要经济补偿保障的特殊等待状态，是一种客观存在的状态。因为，保险需求的客观条件是因为风险的客观存在，风险的客观存在是不以人的意志为转移的，风险的客观性决定了保险需求的客观性。我们常说的"有风险就有保险"，就是强调风险与保险的密切关系。保险需求的客观性表现在不管人们是否意识到，它都存在着。保险需求的客观性意味着，在一定的现实条件下，客户必然产生一定的保险需求，并导致为满足这些需求而采取购买保险的行动。有的客户认为可用其他措施替代保险需求，如自保、找他人借贷等，不一定非要购买保险，对保险的特殊作用认识不到。如果人们没有明确地意识到保险的需求，那是因为我们的营销宣传做得不好，没有唤醒客户的风险意识和保险意识。因此，我们在营销中要设法去探究客户存在的风险，掌握保险需求的客观性规律，通过风险客观存在的事例，去唤起客户潜在的保险需求。另外，我们对客户保险需求的评估也要客观。保险需求有理想的保险需求（保险需求的饱和界限），它是客户应该力求达到的最好的保险保障水平。保险需求还有实际需求，它是在满足保险需求的客观因素和客户对保险需求的主观因素的影响下形成的，是经济合理的需求。客户保险需求的满足，一方面受保险业发展水平的限制，另一方面受其物质财富总量和经济状况的限制。所以，保险需求的客观性还要求我们和客户都不能脱离客观实际情况去作某种幻想的保险需求，要与客观条件相适应。

二、多样性。客户保险需求是多种多样的，其原因：一是风险的多样性。风险的种类是很多的，如自然风险中，就有暴雨、暴风、冰冻、大雪、干旱、洪水、地震、冰雹等；在社会风险中，则有火灾、爆炸、偷盗、罢工、不诚信等。二是主体的多样性。不同的单位或个人所面临的风险也不一样，在遭受风险损害时，其损害程度也是不一样的。以上两个主要原因决定了客户的保险需求的多样性。客户保险需求的多样性主要表现在以下几个方面：第一，对保险产品的多种需求。由于客户面临的风险种类和物质财富的多样性，客户的保险需求种类也就不同。例如，有的企业购买了企业财产保险，有的购买雇主责任保险，有的购买汽车保险等；有的客户购买了汽车保险，但他还要购买家庭财产保险等。第二，购买保险的目的不同。客户购买保险的主要目的一般表现在以下几个方面：一是为了生存，二是为了精神上的安宁，三是降低成本，四是稳定所得，五是把灾害事故损失限制到最小可能，六是保持经营增长，七是在公众心目中树立一个对社会负责任的形象。这些需要既有经济上的，又有精神上的。第三，客户保险需求存在差异。即使是购买同一保险产品，但由于客户所遭受风险的程度不同，经济状态、保险财产的状况、地域、文化程度、对保险的认知程度不同，以及客户受社会群体、社会环境等因素影响程度的差异，客户在保险需求的强度和需求的数量等方面表现出很大的差异。同样的客户，都对汽车保险有需求，但对需求的保险产品组合就不一样。同样是企业，经济条件好的可以购买更多适合自己的保险，而经济条件差的可能只购买一种保险产品或不保；风险程度大的企业可能对保险需求更强烈些，而风险程度小的企业保险需求就相对弱一点。总之，从某种程度上看，客户对保险的需求是共同的，但在个体之间又是千差万别的。所以，我们要针对客户保险需求的多样性，去研究保险产品、保险产品的组合、价格策略、沟通方式、服务方式的多样性，以满足客户多样性需求。

三、动态性。客户的保险需求是在一定的环境因素下产生出来的，因素不是单一的，也不是固定的，而是一个多层次的、不断变化着的体系和过程，所以，客户保险需求的产生和发展是在复杂的、众多的客观因素和主观因素所构成的环境的影响下运动的。没有一成不变的保险需求，保险需求是在不断地变化。经济制度的变动、风险种类的变化、广告宣传的诱导、经济水平的起伏、人们观念的变化等因素都是保险需求变化的动因，这些动因又在风险发生的不确定性的规律下起作用。风险发生的不确定性使客户存在一种侥幸心理，认为不参加保险也可以，说不定灾害事故不会降在自己的头上。保险需求的这种不稳定性增加了它的动态性。另外，一种保险需求满足之后，客户便又会追求新的、更高的或更完善的满足保险需求的方式。随着经济社会的发展和科学技术的进步，人们的保险需求也总是在不断地产生、更新或扩大。原有的保险需求满足了，新的保险需求又产生了。保险的产生是为了满足人们的灾害事故经济补偿的需求，作为满足灾害事故经济补偿需求的手段——保险，也是在不断地完善和发展。正是这种动态性，决定了我们在营销上要花费更大的精力去探寻、去掌握客户的保险需求规律。保险需求动态性推动了保险业的发展，也使我们满足保险需求的营销不断地发生变化，它们相互促进，由低层次向高层次发展。所以，我们要时刻关注客户保险需求的动态，有针对性地调整、完善营销服务。

　　四、引导性。由于保险承保的是可能发生、也可能不发生的风险，因此，有的客户存在侥幸心理，认为灾害事故不会发生在自己身上，不需要保险。有的客户采取"逆选择"的方式，为风险大、容易发生损害的财产购买保险，风险小、不易损失的财产就不保险。由于保险价格不像其他物质产品那样容易计算，导致客户产生过低的价格需求，在购买保险时总爱讨价还价。有的客户在索赔时，随意、恶意夸大损害程度，企图获取更多的赔款。这些都是不健康或不合理的保险需求。保险公司经营的目的就是最大程度地满足人们的合理保险需求，不断提高合理保险需求的满足程度。合理保险需求的标准，主要表现在以下几方面：第一，保险需求满足的对象必须合理。不是所有的人或团体的保险需求都能满足的，保险公司在予以满足时，一般对客户都是有选择的条件。如，安全状况极差的企业对火灾保险的需求是不能满足的。这主要是为了保护整体客户的利益不受损害。一个经济条件差的客户虽然有保险的需求，但无钱支付保险费，是无法获得保险保障的。第二，保险需求满足的手段必须合理。作为保险公司来讲，要遵循保险经营的原理，科学经营，依法经营。作为客户来讲，不能采用欺诈或其他不正当的手段购买保险或取得保险赔款。第三，保险需求满足的结果必须合理。满足的结果是要对社会产生良好的影响，如果保险的赔偿只能带来负面影响的话，那么这种保险就没有存在的价值。所以，我们在销售中要坚持正确的保险消费导向，培植优质的客户资源。

寻找客户方法

　　寻找客户就是寻找营销机会。所谓机会，是指一种有利的促进事物发展的契机，一种普遍存在而又具有偶然性的事物发展的有利环节，一种可以认识和捕捉利用的关键性的时机。保险营销不可能"坐店等客"，它是最需要营销人员去主动寻找客户的职业。保险营销之路从寻找客户开始，营销成功的关键是成功地寻找到所需要的客户。寻找客户，寻找更多最有购买保险希望的客户，这是我们保险营销的开端和首要任务。我们营销人员不仅要与现有的客户时刻保持良好的联系，更重要的是要不断地去寻找新客户。

一名成功的营销人员,应了解公司业务发展的方向和要求,善于分析客观环境,具有灵敏的市场嗅觉,具有与众不同的思维方式,具有丰富的想象力,能判断、预测环境的变化和发展趋势,从中发现市场的空间和寻找发展客户的机会,能在细微之处感知和发现客户,去认识客户的保险需求和购买保险的心理,从而去安排自己的营销实施。那么,采取什么方法去寻找客户呢?每个营销人员应根据自己所处的环境、职业素质和营销的保险产品来确定。寻找客户的方法一般有以下几种。

一、无限链条法。建立无限扩大的联系链条,这种方法的基本思路是:通过一个客户帮助介绍几个有保险需求的客户,再通过这些客户又去帮助我们推荐新的客户。前面讲到的日本的齐藤竹之助是成功利用这一方法的高手,他创造的"连锁式无限销售法"就是寻找客户的好方法,这种方法是:首先是依靠一位客户的介绍去结识另外两名客户,与这两名客户之间的关系融洽后,再由这两名客户分别推荐两名客户,依此类推,从最初的第一名客户开始,所有的客户像锁链一样相互联系地发展起来。由此可见,利用客户推荐客户的潜力是很大的。日本一位企业家说:"一个客户的身后至少有二十个潜在客户。"而客户更愿意从那些实际上体验过保险服务的人那里得到推荐。我们不妨自制一份推荐信,让他们在信的开头填上联系人的名字,在信尾签上自己的名字,这样就方便了推荐人,他会认为过程简单而乐意推荐;也让收信人感到慎重和可信,他会尊重朋友的意见,友好地接受我们。也可以让客户通过电话、发短信或微信等方式帮助推荐客户。

二、核心辐射法。依靠能够发挥影响力的核心人物为我们寻找客户,具体做法是:我们说服自己人际关系网中最有影响力的人,让他们担当发挥影响力的核心,为我们推荐客户或提供客户线索。如,结识银行高级管理人员,结识某一行业的主管部门领导。他们由于职业管理的优势,具有大量的客户资源信息,而且自身影响力大,推荐具有权威性。但是,依靠不是依赖,当他们为我们提供客户线索后,我们应自己主动去联系客户,与客户融洽关系,不要想着别人把饭做好了送到你嘴边。

三、环境分析法。从社会环境分析中发现商机。无论是客户还是我们，保险营销的活动不是在真空中进行的，而是受着外部环境的影响。我们要分析环境，避免环境威胁，抓住环境机遇，通过对政治环境、经济环境、法律环境、文化环境、自然环境、技术环境等环境因素的观察和分析，从中发现营销商机。例如，国家颁布的安全法律中有关保险方面的规定，就为我们造就客户资源创造了政策、法律条件，一些原本不愿保险的企业，因为法律的规定而必须购买保险，我们营销的商机就有了。

四、资料检索法。通过查阅各种信息资料，从中发现适合我们营销的客户线索。如，我们在平时阅读书报杂志时，就应注意上面登载的企业活动、人事变动、投资信息、新企业的开业广告、房屋销售、房屋出租、工程招标、工程开工、工程竣工、设备采购、自然灾害、意外事故等信息。我们也可以通过一些电话号码本了解客户的名称、地址、电话。这些信息里面都可能有保险销售的商机。在平时阅读各种资料的过程中，我们要学会用敏锐的眼光去阅读，时刻留意能给我们带来客户资源的信息，养成良好的职业习惯。

五、个人观察法。也称"直觉法"或"视听法"。它要求我们具有良好的职业嗅觉，在看电视、听别人讲话、在街上漫步或乘车的过程中，无意之中发现适合保险营销的信息，进而寻找到新的客户。如，我们在与别人交谈时，听说某人要买一辆汽车，应马上想到：这是一个汽车保险的客户；当我们看到正在拆除的老街时，应该想到，新的工程建设要开始了，可能有一笔工程保险的生意。一个有敏锐观察能力的营销人员，要像猎鹰，要能眼观六路，耳听八方，及时发现和抓住营销机会。

六、地毯寻找法。也称全面出击。这种方法是指：对某一区域、某一行业或某一条街道的客户普遍地进行登门拜访，逐个登记，从中找出需要的客户。这种方法好比对某一行业、或某一区域进行的客户普查，虽然难度大，但便于我们无遗漏地掌握客户信息，成功的机率也要高一些，因为这种方法所获得的客户数量相当大，并且是和客户面对面地交流。比如，为销售餐馆责任保险，我们可以主动拜访工作区域内的所有餐馆。

七、委托代理法。这就是通过营销助手的帮助。一个人的能力、精力和时间是有限的，靠人际关系中的亲戚、朋友的帮助也是有限的，我们可以邀请信息灵通人士、保险中介人、行业协会、新闻记者和一些专门的信息中介机构作营销助手，由他们帮助我们寻找客户资源，初步弄清客户的情况，并与客户初步达成购买保险的意向，然后我们再去进行营销拜访。这种方法也称为委托法，这就如同保险公司聘请代理人一样。我们利用他们为我们寻找客户，并由他们与客户进行初步沟通，这样就可以节省我们寻找客户的时间，也可以解决一个人寻找客户的局限性，从而扩大寻找客户的能力，提高工作效率。

八、邮电征求法。通过向客户邮寄资料、打电话、发短信、发微信和上网发邮件等形式寻求客户反馈。这是一种最简单、成本最低的寻找客户的方式。在进行联络之前，我们知道有这么一个单位或个人，但我们不了解他们是否能成为我们进行营销的客户，在这种情况下，我们可以向他们邮寄信件，最好放一张名片在里面，这样便于收件人与我们联系；也可以采用打电话、发短信或微信等形式。以上方式在于探寻客户是否响应我们的邀约、是否愿意与我们见面沟通。如果我们能得到回单或回应，那么就有进一步拜访的机会，很可能将对方发展成最有希望购买保险的客户。这一类成功机会不大，特别是邮寄信件，反馈的比较少，但它们能为我们的进一步登门拜访创造前提性条件。

九、会展获取法。现代社会，各种会展较多，如各种展销会、博览会、交易会、洽谈会，等等。这些活动参加单位和人员多，再也没有其他地方能让我们在短时间内接触众多的客户，这是发展客户、实施营销、拓展人脉的极好机会。注意通过新闻媒体了解这些会展进行的时间、参加的对象和规模，然后做好准备，如宣传资料、名片等，提前到达会展现场，主动与参加会展的人打招呼，递送名片和资料，收集客户的名片和资料，再对这些资料进行分析研究，为下一步电话拜访或登门拜访创造条件。

客户信息来源

日本生命保险公司在挖掘客户资源上做得是比较成功的，它是这样教育它的营销人员如何寻找客户的：亲戚中收入最多的人，兄弟中取得成功的人，同学之中的成功者，市镇中的高收入者，爱好相同的人中的亲密者，电话联系的富贵夫人，被送贺年卡、假期慰问信的人们，孩子们的亲友，经常去购货的商店，电话记录本中的名人。

财产保险营销的客户信息从哪里来呢？我认为以下是财产保险的客户信息的主要来源：

已购买保险的客户

亲戚或亲属

同学或朋友

朋友、亲戚或权威人士推荐的客户

客户推荐的客户

本地的单位或企业

逐户寻访

散发广告信带来的回单

新闻媒体的新闻和广告

商品交易会

房产交易会

工程建设招标

物资采购招标

行业主管部门

各种协会

各种俱乐部

各种商会

银行高级管理人员和客户经理

人寿保险公司营销人员

汽车销售商

房屋销售商

大型设备销售商

财产租赁公司

灾害事故信息

水电气抄表员

电话号码本

工商企业名录

各种年鉴……

客户信息分析

不了解和分析客户与保险有关的信息，我们的保险营销就不可能完成。特别是在处理销售复杂的保险产品时，只有充分了解客户与保险有关的信息，才能很好地去实现我们的销售目标。房地产开发公司可以在没有购买者的参与下建筑一栋商品居住楼，但对居住在这栋楼中的居民的家庭财产保险保障如何设计，我们只有在了解清楚他们的信息，包括姓名、房屋面积、价值、所处的位置等因素之后，才有可能生产出保险产品——保险单。所以，仅发现客户是不够的，还必须深入了解客户。了解客户有一个积累过程，由不知道到知道，由不熟悉到熟悉，由一般性了解到深入的了解。我们在对客户有一个基本的了解之后，然后通过初次拜访和多次拜访，使我们对客户信息的了解更为深入、丰富和准确。这样便于我们对客户进行分析和选择，有针对性地去向优质客户销售，避免向难度大的客户销售而带来消极的结果。

通过了解客户，弄清对营销有帮助作用的客户信息。不同的保险产品或不同的客户，其了解的内容也不一样。客户信息应分两个部分：一部分是购买保险决策者个人的信息，一部分是购买保险决策者所在单位或者家庭的信息。例如，我们对某一公司营销财产保险时，不仅要了解该公司的信息，还要了解决定购买保险的管理者的个人信息，因为绝大多数团体型客户购买保险的行为是由个人决定或完成的。

针对客户购买保险的决策者个人，我们应当了解以下信息，它们包括：姓名、年龄、工作经历、职业、职务、文化水平、居住地点、家庭状况、经济条件、生活方式、性格特点、兴趣与爱好、电话、电子邮箱、在决定购买保险中的作用、最密切的朋友、估计会询问什么问题、怎样的服务会使他满意等。在众多的客户信息中，有几点核心的客户信息是必须要记住的，一是能打通电话，知道客户的电话号码；二是能保证把邮件寄到客户手中，知道客户的单位、地址，以及电子邮箱；三是拜访不至于走错路，知道怎么到客户那里去。遗憾的是，现在有不少营销人员是通过朋友渠道介绍的客户，连客户电话和住处都不知道，在这种状态下的营销，客户关系一般是短暂的。

针对团体型客户（团体型客户是指以企业等组织为被保险人的客户），我们应当了解以下信息：

经营或管理的什么？

谁是公司或单位负责人？

负责人的秘书是谁？

如果是股份公司，哪些人是董事会成员？

这些董事与企业关系如何？

谁掌握购买保险的决定权？

哪些人能够影响客户购买保险的行动？

与保险有关的部门负责人是谁？

内部组织结构是怎样的？

经营或管理状况怎么样？

资产状况如何？

战略发展规划是什么？

是否遭遇过灾害事故？

客户承担风险的能力？

客户风险状况如何？

是否有购买保险的历史？

是否有不良的保险信用记录？

它需要什么保险产品？

估计需要支付多少保险费？

什么因素能促使他们购买保险？

目前与我们竞争的对手是谁？

客户对保险竞争对手的态度如何？

我们的保险产品对客户有什么作用？

客户信息整理

我们通过市场调查、拜访客户，获得大量的客户信息，再对这些信息进行整理和运用，使之服务于保险营销。除充分使用公司提供的客户信息外，我们应建立自己的客户信息资料库，把对保险营销有用的客户信息储存起来，建立客户档案，记录每一个客户的信息。在我们需要的时候，它会发挥积极的作用。美国芝加哥有一名汽车营销人员，他每年销售的汽车比其他营销人员多，为什么呢？他保存着记有2000多名可能买主情况的档案，每天要打50个电话，而且雇了许多人不断地为他提供与销售有关的信息。他的成功归功于他对客户信息的管理。我们保险营销人员如何对收集的客户信息进行管理呢？我认为可以采用以下方法：

一、编制客户清单。在掌握大量客户信息之后，可拟出一份客户名单，然后根据自己所销售的保险产品的特点，以及客户的保险需要、支付保险费的能力、我们与之接近的难度等因素，排列出一些可能成为客户的基本条件，再根据这些条件对掌握的客户进行验证、分析和归类。一是按购买保险的可能性整理，分为四类：营销机会最高的客户、营销机会比较高的客户、营销机会一般的客户、营销机会很小的客户。二是按购买保险产品的种类整理，可分为：财产保险客户、汽车保险客户、雇主责任保险客户、船舶保险客户等。三是按可收保险费多少整理，一般分三类：保险费最高的客户、保险费居中的客户、保险费较少的客户。

二、确定最有希望购买的客户。什么是最有希望购买保险的客户呢？第一，有购买保险的需求。也就是说，客户有财产或经济利益需要得到保险保障。那些没有汽车的人绝对不可能成为我们汽车保险的客户。第二，有购买保险的能力。简单地说，要有支付购买某种保险产品的保险费的能力。一个生产不景气的企业，尽管它有强烈的保险需要，但它无钱购买保险，也就无法成为最有希望购买保险的客户。第三，符合承保的条件。仅靠上述第一、第二两个条件还不行，有的有汽车，也有支付保险费的能力，可汽车上不了牌照，这样的人肯定不能成为我们的客户。还有一种情况，一项工程没有在政府管理部门办理任何审批手续就动工，尽管业主有保险需求，也有交保险费的能力，但不能成为我们的客户。所以在满足以上第一、第二两个条件之后，我们应进一步验证他们符不符合我们的承保条件。第四，有接触的可能。符合以上三个条件的单位或个人，不见得能成为我们的客户，如果我们无法接近这个客户呢？所以说，这个客户一定是我们能够接近，并且能认同我们的。凡是能满足以上四个条件的客户，都可以作为我们的营销对象。

三、客户营销机会评估方法。我们有了丰富的客户资源信息库，就可以对客户进行初步的筛选和评估。我们可以用一个简单的方法来完成客户营销机会的评估工作。用以上最有希望购买保险的客户的条件为评估标准。符合四个条件的为A级，营销机会最高；符合三个条件的为B级，营销机会比较高；符合两个条件的为C级，营销机会一般；符合一个条件的为D级，营销机会很小。根据评估情况，按照客户优先原则，开出自己近一个时期新增客户清单，作为营销拜访的主要对象，这样可以提高我们营销成功的机率。在营销机会最高的客户全部拜访之后，再去拜访下一个级次的客户。同时，应通过我们的努力，促使这些客户转化成营销机会最高的客户。如果我们先拜访营销机会最小的客户，营销不但不会成功，反而浪费时间，还会因失败而影响自己的信心，还可能导致营销机会最高的客户被竞争对手抢走。

客户购买保险的动机与行为

保险需求会引起客户购买保险的动机。客户购买保险的动机就是指客户为了满足某种保险需求而产生的对购买保险的一种欲望、冲动和驱动，是支配客户购买行为发生的原因或条件，是促进他们购买保险的动力。研究客户购买行为发生和发展的规律，必须注重揭示其购买保险的动机。购买保险的动机与保险需求的关系十分密切，保险需求是产生购买保险动机的前提，是产生购买保险动机的根本原因，而购买保险动机则是这些需求的具体表现。例如，火灾是客观存在的，有人需要有保险来为其补偿受灾后的经济损失，这仅仅是心理上的需求，当他得知有适合满足这种需求的保险产品，并准备购买时，这些需求就转化为购买保险的动机，所以，购买保险的动机产生有两个条件。一是内部条件，即客户内在的客观上确实存在的保险需求，对保险有足够认识，有支付保险费的能力；二是外部条件，即社会环境、群体影响、能满足客户的保险需求的保险产品和营销人员的刺激等。两项条件缺一不可。因此，我们要想使客户永远保持一种高涨的购买保险动机，就应想方设法去发现并采取各种措施去唤醒他们潜在的保险需求,然后去创造良好的条件,激发他们的购买保险动机。这种条件包括两个方面。一是通过外界压力,即有形无形地施加于客户身上的一种社会力量。如,宣传法定保险的规定、施于行政力量,以及客户朋友的推荐等手段,给客户造成一种压力,使其产生购买保险的动机。二是外界引力,通过广告和新闻宣传,通过优质服务吸引客户购买。如,针对需求设计更多的保险产品,降低保险价格,对已购买保险但无赔款的客户实行无赔款优惠,协助已购买保险的客户做好风险管理工作,等等,通过富有吸引力的方式去刺激他们购买保险的动机。压力是一种促进因素,引力是一种激励因素,两种因素同时作用,才能有效地使客户保持持久、旺盛的保险购买动机。

客户是一个复杂的群体,由于各自的条件和动机不一样,也就决定了购买保险的行为过程的复杂性,但是,这个过程也并不是不可捉摸的。我们通过对客户各种购买保险行为的观察分析和对其购买心理的研究,就能发现其规律。这个规律就构成了客户的购买行为过程模式,它是一个循环过程,一般包括:产生需求、收集信息、方案评价、购买决策、购后评价等五个阶段。

一、产生需求。这是购买保险行为过程的起点。客户购买保险的过程从他对风险问题和保险需求的认识开始,当客户意识到某一风险威胁着自己的生命或财产时,会在心理上产生紧张和不安的感觉,从而产生解除这种紧张与不安的愿望,形成保险需求。由"风险恐惧"转为"保险需求",构成了客户产生购买保险动机的原始基础。这种保险需求,主要是由以下原因产生的:一是由风险刺激所引起的。如果客户曾因火灾造成财产损失,便会产生保险需求。二是他人行为所引起的。如,看见别人参加保险,因保险事故得到保险公司的赔款,从而认清了保险的作用,继而引发出保险需求。三是保险营销活动唤起的。客户受我们营销活动的影响而产生保险需求。四是某种强制力所迫使的。如,法定保险,上级对下级的保险要求,合同一方对另一方的保险要求。我们可以根据产生需求的原因去发掘营销的商机和营销沟通的重点。

二、收集信息。当客户认识到自己的保险需求之后,他会接受来自各方面的保险信息,或者主动去寻求保险信息。这包括接待上门营销的营销人员，听取他们的介绍，询问有关问题，收集有关资料，去找寻可靠的保险公司，寻求能满足自己保险需求的保险产品；找一些购买保险的朋友了解保险方面的情况，征求他们的意见；关注媒体及社会的保险信息。

三、保险评价。通过大量的有关保险需求的保险信息进行分析和评估，为购买决策提供依据，客户主要是在众多的竞争性产品和公司、营销人员中进行选择和评价，评价的因素包括以下方面：保险公司、保险产品、保障程度、保险价格、服务水平、营销人员等。

四、购买决策。在评价阶段，客户会在选择中形成一种偏好，然后根据自己的风险管理目标去比较保险事项，做出合理的选择。基本原则是：以较少的保险费支出，获得较高的保障水平。首先，是选择合适的保险公司，然后，对保险保障的若干要素进行思考。如，保险保障的产品组合如何定？保险金额怎么定？免赔额定多少？保险费为多少？保险期限多长？等等。客户会根据自己的保险需求、交保险费能力、保险产品和保险公司的要求等因素，选择适合自己需要的保险公司和保险产品。客户做出购买决策后，在没有意外的情况下，就会着手购买，填写保险投保单，与保险公司签定保险单，交付保险费。

五、购后评价。它是指客户将购买后产生的保障效果与其预期要达到的目的进行比较。客户购买保险之后，有时通过自我体验，自作评价；有时听取他人的评价。如果其满意，可能会向他人推荐，维持保险关系，购买新的保险产品；假若不满意，就可能会产生退保、抵制其他保险产品的销售活动或动员他人不要购买保险。由于保险产品具有不可触摸性和客户享受赔付的不确定性，对同一种保险产品，不同的客户会得出不同的感觉，这就给客户购买后的评价带来一定困难。因此，我们要做好售后服务，使客户产生积极的评价结果，以利于稳定老客户，使其产生新的购买行为。

以上介绍的客户购买保险的行为过程，是对众多客户购买保险行为过程的基本规律的一种概括。事实上，有些客户购买保险的行为过程未必一定要经过以上五个阶段。如，有的客户有保险的经验，并已经购买保险，在保险期满时，它便会凭经验或体验直接再次购买或重新选择保险公司。所以，我们要掌握客户购买保险的规律，并灵活运用规律，针对客户在购买保险行为过程上各个阶段的特点，有的放矢地进行营销，才能使自己的营销做得更成功。

客户类型及营销要点

我们的客户是什么类型，它们需要什么样的保险产品和服务，我们在营销中应把握什么要点，这对我们的营销能否取得成功十分重要。我将客户大致划为以下十大类型，并对每个类型客户的特征和营销要点作简单说明，以便我们有针对性地开展营销工作。这里需要说明的是，有的客户并不完全是某单一的类型，往往是几种类型特征集于一身，这需要我们认真分析，准确把握。

一、知识型。这类客户具有较高的知识水平和一定的保险知识，有的还聘有保险经纪公司为其当顾问，能对保险保障和服务提出一些创造性的建议，自主意识很强。在向这类客户营销时，需要我们做好足够的知识准备，能提供专业的、高质量的保险服务，具有谦和的态度。如果客户对保险的认知超过了我们，或者说他提出的问题我们无法给予满意的回答，客户对我们信任的程度就会下降。

二、理智型。这类客户对保险有一定的了解，在购买保险时，态度和行动特别谨慎，往往要在市场上进行广泛的咨询和比较，特别注重对他们有利的保险产品价格性能比。在向这类客户营销时，我们要对市场状况有充分的了解，在比较中认识自己的优势所在，并使自己的保险产品和价格形成优势，用大量的信息帮助客户做出理智的分析和选择。

三、主动型。这类客户在购买保险时，不是被我们说服，而是采取主动购买，其行为是建立在掌握详细的市场信息和对我们有良好评价的基础之上，这类客户主观意识强，往往希望我们按他的想法去做。我们应充分尊重他们的购买热情，正确引导，注意保持与他们的密切关系。

四、被动型。这类客户保险意识不强，保险知识比较缺乏，不会主动去购买保险产品，需要我们采取恰当的方式去吸引和说服他们购买保险。在购买保险、保险索赔、续保等方面，他们也是一个被动者，不愿意去为办保险手续而操心费力，需要我们能主动提供完善的服务，用我们的主动改变他们的被动。

　　五、辐射型。这类客户具有良好的人际关系，在人际圈中有极强的影响力，是我们的重点客户，能为我们带来较高的保险费收入，不仅能在市场上起到示范、引领作用，而且还能为我们的营销提供或推荐客户。如集团公司、权威人士等。我们要把他们作为服务重点，不断强化良好的关系，让他们为我们推荐客户，使他们真正发挥出保险的辐射作用。对辐射型客户的服务尽量不要出现差错，稍有不慎，可能会给我们的工作带来较大的负面影响，甚至是客户的大量流失。

　　六、意见型。每人都有以自我为中心的欲望，而且喜欢引起别人的重视。每个人都有自己的个性特点，加上"客户就是上帝"理念的影响，以及竞争的存在，更刺激了客户以自我为中心的欲望。意见型客户像一个服务监督员，总爱挑剔，意见较多，他们也常常以"上帝"的身份评头论足，提出要求，需要我们重视他的存在或意见。这类客户一旦在你这里购买保险，就希望你能尊重他。对这样的客户，我们应给予尊重，让他得到受人尊重的感觉，用和蔼的态度，耐心细致地对他提出的意见去进行沟通、服务和解决，尽量减少工作中的冲突和差错。

　　七、团体型。这类客户是一个企业或组织。团体客户购买保险的决策往往是集体进行，因此，营销公关的工作量大。我们不能只抓关键人物，应了解其内部相关结构及相关人员，由下而上或由上而下进行说服、公关工作，千万不要只与具体经办保险的人保持良好的关系，而应该全面地与客户单位购买保险决策人员和与保险有关的人员建立良好的关系，他们不但能帮助我们维护与决策者的关系，还能为我们提供有价值的信息，这样，客户关系才会十分牢固。有的营销人员只顾与客户中具体办理保险事务的人联系，却忽视在其后的购买保险的决策者，直到关系出现危机，才知道"真佛"在哪里。

　　八、个人型。这类客户为个人或家庭，是在保险单上以自然人为被保险人的客户。他们分布面广，数量多，支付保险费的金额不多，因为他们的经济能力弱，更注重价格的低廉。他们缺乏团体客户处理保险事故的人力和能力，在处理复杂保险事故时，需要有他人的帮助。所以，我们在为这类客户服务时，注意价格的低廉，要有不怕吃苦、不怕麻烦的精神，多跑路，扩大拜访数量，同时当好客户的保险顾问，为他们提供周全的理赔服务。

九、流动型。这类客户主要是价格驱动型客户，他们是最容易流失的客户。追求低价格是他们的主要特征，市场询价能力强，有强烈追求自身利益的欲望，哪里价格低就选择哪家保险公司，对保险公司或营销人员缺乏忠诚度，不断在变换保险公司，总是在拿其他公司的优点来指责我们。所以，对这类客户要加强沟通，转移他的注意力，强化、创造我们的比较优势，使他与我们保持稳定的关系。

十、忠诚型。这类客户长期在我们保险公司购买保险，不管其他保险公司如何诱惑，不管价格高低变化。他们还会主动地替我们做宣传，愿意支持我们的一些服务活动，如参加客户培训、配合风险检验等。对这类客户我们应更加珍惜，更应提供周到的服务，更应加强与他们保持良好的关系，不能因客户不计较一些东西，我们就随便对待，我们应该投入更多的情感和服务，去激励他们对我们的忠诚。

保险保障设计

　　保险保障是保险公司为客户提供的具有保障功能的产品，它以基本保险产品及其附加保险产品为基础构件，以保险条款、保险标的、保险责任、责任免除、保险金额、保险价格、免赔额或免赔率、保险期限等基本要素为内容，构成满足特定客户保障需求的保险保障体系。直观地说，就是保险合同，从形式上看，就是一份纸质的保险单。我们通常说的"卖保险单"，就是向客户卖保险保障。

　　何为保险保障设计呢？对于我们营销人员来讲，就是根据客户保险需求和公司核保要求，对保险产品及其保险单要素（保险条款、保险财产项目、保险金额、保险费率等）进行制定、选择、组合、规划的过程。通俗地讲，保险保障的设计就是"量体裁衣"，根据客户的保险需求，为客户设计一份适合的保险单或保险产品。

　　为客户设计保险保障，这是我们保险营销人员的重要工作，因为我们是在卖保险保障，不能设计出客户满意的保险保障，那我们还谈什么营销呢？保险保障设计不仅是我们营销活动中技术性最强的一项工作，也是充满创意的工作，它不仅能充分展示我们的专业水平，而且也能表现我们的创新能力。好的保险保障设计能提高保险给客户带来的价值，只有设计出符合客户保险需求的保险保障，我们的营销才有成功的基础。所以，我们必须站在客户的角度，以"保险顾问"的身份，针对需求不同的客户设计出符合客户需求、充满智慧、富有吸引力和竞争力的保险保障。

保险保障的设计原则

随着保险业的发展，保险覆盖面的增大，市场可供开发的客户资源会相对减少，加上直接地和间接地从事保险营销的人越来越多，营销人员人均占有客户量会减少。在这种状态下，营销人员要想取得良好的业绩，就应该在"精雕细琢"每份保险单上下功夫，在增加保险保障和服务程度的同时，使保险费最大化，否则，就会造成保险费资源上的浪费。这就如同持有一块玉，我们不在设计上认真思考，粗制滥造地去雕琢，就会使它成为次品或废品。

在工作中，不少营销人员不愿意耐心细致地与客户沟通，往往迁就于客户追求低廉保险费的想法，或者说用少交保险费的方式诱导客户购买保险产品。在这种情况下，开出的保险保障方案往往存在以下问题：一是保险产品不完善。给客户提供的保险产品过少，有的只提供了一个基本保险产品，有些应该附加的保险产品没有附加，造成产品种类组合不全、组合不合理。二是保险项目不全。该投保的财产或项目没有投保。如，公司只投保了机器设备，厂房没有投保。三是保险金额不足。重置价值1000万元的资产可能只保500万元，使客户的财产在遭受风险损失后，得不到充分的保险赔偿。四是保险费收取不合理。不按风险程度收取保险费，高风险，低保险费。以上情况将会导致保险费收入减少，客户保险保障程度降低，保险公司经营风险增加。

2006年，我在中国人保财险宜昌市分公司任副总经理时，提出并推行"精雕细琢"每一份保险单的工作法，或者说是一个工作理念。"精雕细琢"每一份保单，就是要求注重承保质量，减少资源浪费，把每份保险单都做成精品。何为一份完善的保险单呢？一是客户能享受最佳的保险保障，它的基本要求是合理的保险费支出和保险保障的最大化；二是保险公司能获取有价值的收益，它包括保险费的充足和经营风险的可控性。

在设计保险保障时，我们要遵循"精雕细琢"每一份保险单的设计理念。它包含两层意思：一是客户资源是有限的，我们要在满足客户保险需求的基础之上，通过我们的设计，最大限度地设计出受客户欢迎、能收取更多保险费的保险保障，不能浪费有限的客户资源；二是保险保障或保险单是法律性文件，事关保险公司和客户的利益，我们不能设计出有缺陷的保险保障，要注重保险单的质量，防范法律和技术上的风险。所以，在进行保险保障设计时，我们要遵循以下原则。

一、满足客户风险管理需求。我们的保险保障是需要客户接受的，客户不接受，再完美的设计也只是空想。我们在进行保险保障设计时，不能主观行事，不能带有偏见，不能单纯地为了自己的保险费业绩去为客户设计保险保障。要知道：客户购买保险是基于自己的需求，而不是保险营销人员的需求。保险产品与物质性产品相比更具有个性化，因为客户的需求千差万别。我们一定要找到客户购买保险的真正原因，也就是弄清楚客户为什么要保险，这是确定客户真实保险需求的基础。客户的保险需求比我们的营销能力重要无数倍。所以，我们应站在客户的立场上进行保险保障设计，站在帮助客户做好风险管理的角度，站在满足客户保险需求的立场上来设计保险保障方案，使客户面临的风险能得到有效管理。只有这样，才能使客户认同我们设计的保险保障。保险保障方案设计，首先是要解决客户因最大风险的发生可能造成的经济损失的问题，也就是要满足客户最优先的保险需求。在此基础上，再考虑客户的其他保险需求，再进一步满足客户全面保险保障需求。在允许销售的保险产品范围之内，在遵守保险监管部门和保险公司对保险保障设计管理要求的前提下，尽量使保险保障的赔偿责任能更多地包含客户所面临的风险，这对于追求保障满足型客户十分重要。我们应尽量避免因考虑不周或失误而导致客户保险保障的缺陷，以免使客户的风险损失得不到充足的经济补偿。我们可以把已购买保险的客户的保险单作为其他客户保险保障设计的参考，让客户从中受到启发；也可以为客户做一个最全面的保险保障计划，然后根据客户的意见进行删减，直到客户满意为止，以免客户到时责怪我们没为他考虑周全。总之一条：要为客户设计出能满足其风险管理需求的保险保障。

二、充分考虑客户付费能力。在影响客户购买保险的众多因素中，保险费是一个重要因素。客户是在为经济利益寻求保障，关注保险保障程度，更关注保险费。保险营销能否成功，在很大程度上取决于合理的定价。保险费是保险保障的价值体现，也是保险保障设计的核心部分，保险保障设计的其他因素几乎全部作用于保险费，它们的变动都直接影响保险费的变化。如，保险财产、保险金额、附加扩展责任类保险产品、免赔额等因素的变化都会导致保险费的变化。在为客户设计保险保障时，首先要处理好保险公司和营销人员与客户之间的利益冲突。在营销中，保险公司想得到的是保险费率水平能充分满足承担风险损失的需要，以及较低的销售成本支出。我们营销人员往往想要得到最高销售额——保险费，以此获得较高的佣金。而客户一般都有"求廉"心理，尤其是私有型客户，则想的是如何以最低廉的保险费支出获得最大的风险保障。这样，保险公司和营销人员就与客户产生利益上的冲突。我们只顾考虑客户的保险保障需求，或者只考虑更多地销售保险产品，多收保险费，这都是片面的。再好的保险保障设计，客户无钱交付或不愿支付过多的保险费，这个设计实际上就是一个失败的设计。所以，我们不能只是想到自己多收保险费，应该兼顾保险公司、营销人员和客户的利益，设计出使保险公司、营销人员和客户的利益相互协调的最好的保险保障方案。要充分考虑客户货币成本支出问题，使保险保障设计有一定的弹性，也就是要有几套方案形成不同的价格水平，让客户根据自己的经济能力及保障需求选择适当的保险费支出。只有这样，我们才能解决与客户的冲突，使各方立场和利益趋向一致，使保险保障设计代表各方的需要和利益，从而真正赢得客户。在竞争激烈的市场，适当采用价格满足型策略，使用较低而合理的价格，可以提高保险产品的竞争力。

三、客户参与保险保障设计。前面我们讲过，保险作为服务性产品，它的生产或形成是需要客户参与的。保险保障设计除保险产品和其条款部分是采用规定的标准外，其他部分的构成是需要客户参与决定的。如，保险财产或项目，保险产品组合，保险金额或赔偿限额，保险期限，免赔额，有的保险责任还可以通过个性化的批单进行增加，或者是从规定标准化保险条款中删除，等等。在保险保障设计的过程中，客户作为保险保障设计的一方，他会提出自己的意见，我们应在引导客户的前提下，在不违反相关法规和保险监管规定的条件下，充分尊重客户的需求和意见，尽最大的努力使客户满意。如有的客户为了少交保险费，只将保险财产重置价值的50%作为保险金额，他认为自己有能力承担余下的风险金额，我们应向客户讲清这种不足额投保的弊病。如果我们无法说服客户足额保险，就应采纳客户的想法。因为再好的保险保障设计必须得到付保险费的人同意，也就是客户来批准，否则客户会因为我们不尊重他的想法而不选择我们，转而流向竞争对手。所以，我们要加强对客户保险知识的培训，正确引导或启发客户参与保险保障的设计，让客户在理解的基础上自己做出决定或选择，而不是感到被强迫接受，这样客户就会有一种成就感，他会认为保险保障是他设计出的产品，也就更愿意出钱购买。

四、维护规范和公司的利益。我们在进行保险保障设计时，要了解保险监管部门的规定和保险公司的核保条件和要求，并按这些规定、条件和要求办事。比如说，保险产品的开发是需要公司制定，并报请保险监管部门审批或备案的，我们就不能擅自制定保险产品。我们只有对产品进行选择和组合的权力，没有制定的权力。有些保险产品的保险费率标准保险公司有规定，我们不能为了满足客户低价购买的要求，就信口答应降低保险费率。所收的保险费一定要与承担的风险相匹配，不能随便把保险费率降得很低，不能用不规范的行为或承诺引诱客户购买保险，否则保险公司可能会拒绝承保。如果保险公司承保了，将会给保险公司利益造成损害，最终保险公司可能还是会放弃客户，我们营销人员也会因此失去客户。现实中存在这样的矛盾，营销人员是以保险费数量来评价工作业绩，个人收入也是建立在保险费的基础之上，而保险公司核保是以承保质量和保险公司效益来评价保险保障方案。所以，我们要兼顾客户、保险公司和我们自身的利益，从长远的角度，精心培植优质的客户资源，拒绝或改造"问题客户"，防止"病从口入"。另外，在设计保险保障时，我们不能只是与客户沟通，在制定保险保障方案之前，我们要与保险公司的管理部门沟通。如，保险费率保险公司承保部门能不能接受？再保险部门能否把承保业务的风险分散到再保险市场？在了解这些情况之后，再向客户报价，千万不能自作主张擅自报价。我们向客户的报价最后保险公司不认可，就会导致客户与我们产生矛盾。

五、设计出竞争性保险保障。我们要记住一个事实：我们在为客户设计保险保障方案时，可能有无数家保险公司的营销人员也在向这个客户进行营销。所以，我们设计的方案一定要考虑竞争因素。我们要避免一个误区：比竞争对手价格低就有竞争力。其实，并不一定要设计一个价格比竞争对手低或者保障程度较低的保险保障方案，而要从客户的真正需求出发，设计一个客户能接受而又优于竞争对手的保险保障，并向客户有效地说明这一保险保障的作用和功能。在保险竞争中，价格竞争尤其突出。从保险市场的分析来看，报出低价的一般来自以下几种情况：一是来自新开业的保险公司。他们在实力、品牌、技术、经验等无法与老牌公司抗衡，这也不是在短时间内能赶上来的事，他们往往以低价赢得竞争优势，这是他们瞬间能做到的。二是来自财务状况欠佳的保险公司。它们以低价获取现金流，来维持经营中的赔付和费用支出，否则，现金流断了，公司经营将难以维系。三是来自经常抵制或拒绝客户合理索赔的保险公司。因为它们的低价策略难以满足合理的索赔，"好进难出"。四是来自于员工缺乏培训的保险公司。员工在无法讲清楚保险的道理，或者不愿意对客户进行深入细致的沟通时，往往喜欢用低价诱导客户购买保险，这样既能满足客户"求廉"的心理，自己又少费功夫。五是来自提供保险保障价值低、服务差的保险公司。在保险市场有一个怪现象，实力弱、服务质量差、公司品牌一般的公司，往往把低价作为支撑这些缺陷的"拐杖"，这种做法无论是对客户、对行业，还是对自己，都是有害的。总之，设计有针对性、有竞争力的保险保障要掌握一个原则，就是不能采用全部竞争对手吸引客户的让利手段，为什么？如，在众多的竞争对手中，有的采用的是低价，有的采用的是扩大保险赔偿责任范围，有的给予无赔款价格优惠，有的免费提供各种服务，等等。这些让利手段无疑减少了保险公司的保险费收入，增加了保险公司的经营成本，加大了保险公司的经营风险。我们不可能用甲的低价，又用乙的扩大保险赔偿责任范围，还要用丙的免费服务项目，那就很不合算。我们只能针对面对的某一竞争对手的策略采取措施，不能采用所有竞争对手的所有让利措施，更不能采用所有竞争对手不规范、增加保险公司经营风险的措施，如果全部采用，我们的保险保障就"五毒俱全"了，经营风险可想而知。

保险保障的设计方法

为客户设计一个收取保险费合理、能解决客户风险管理问题、被客户所接受的保险保障方案，这是我们的重要任务。保险保障设计的过程也是一个核保的过程，它标志着营销工作进入建设性的阶段，在这个过程中，保险营销人员实质上在完成现场核保或初级核保任务。保险保障设计主要是对保险合同的基本要素进行制定、选择、组合、规划的过程。保险保障设计的要素一般包括：基本保险产品，附加保险产品，保险财产或项目，保险金额或赔偿限额，保险期限，免赔额或免赔率，保险费及支付方式，服务事项，特约事项，等等。我们应从以下方面来进行保险保障设计。

一、风险评估。营销的风险评估是十分必要的，它是我们进行营销的出发点，是我们营销构思的源泉，是我们为客户设计保险保障、确定保险价格和客户决策购买保险的基础，也是我们说服客户购买保险的着眼点。如果说保险保障设计是为客户"裁衣"的话，风险评估就是为客户"量体"了。通过风险评估，能够了解客户的风险状况，发现客户的风险所在，更准确地了解客户的保险需求，发现营销的商机，使保险保障设计针对性更强，设计出符合客户风险管理需要的保险保障，提高客户的认同度。我们要说服某一客户购买保险，也应从风险管理入手，这样可以为说服客户购买保险找到充足的理由。我们对客户的风险状况了解得越多，分析得越具体，说服客户的能力就越强。同时，为保险公司对承保业务安排再保险提供依据，为保险公司开展风险管理服务奠定基础，有针对性地向客户提出风险管理建议，使客户认识风险，认同我们的服务，这对提升我们的营销能力和服务很有帮助。

在我们进行保险保障设计之前，尽可能多地了解客户与风险有关的信息。我们了解客户的风险状况越详细，制定的保险保障方案就越符合客户的需要，客户购买的信心就更足。不仅要了解客户可能面临的风险，也要了解客户历史上的风险情况。我们有的营销人员或许会说，我在承保某个客户的财产时，就没有做过风险评估。其实事实并不是这样，他是通过已承保的客户普遍存在的风险来推测承保的这个客户的财产所存在的风险，风险评估过程在经验的帮助下自然而然地完成，然后设计出符合客户需求的保险保障，并不是没有进行风险评估。汽车、家庭财产等财产价值不是很高，风险的一致性比较高，风险评估做起来比较简单，而对大型企业、大型工程等财产价值高的项目承保，风险评估要复杂得多。

营销风险评估的一般性过程和方法如下。

（一）风险识别。其目的是要找出客户存在哪些风险因素。风险因素是增加损失发生的可能性和损失程度的条件。风险因素分为有形因素和无形因素两种。有形因素，是指看得见的条件。如，高山脚下的企业存在滑坡风险，装炸药的仓库有爆炸风险。无形因素是看不见的条件。如，客户的观念和文化。一个防灾意识差的人，我们看不见他的内心，但潜在的风险客观存在。风险识别方法一般有以下几种：一是实地调查法。识别风险最直接的方法是对客户财产所处的环境、客户对财产的操作或使用、日常维护、安全措施、管理过程和其他活动进行实地调查。二是损失风险调查表法。我们可以使用损失风险调查表来识别客户存在的风险。损失调查表一般是保险公司根据承保需要设计的一种标准问卷，我们可以用它来检索客户的风险。一般由客户填写，此表是客户履行告知义务的凭证，所以也是保险合同的组成部分。三是列举财产清单并找出各个项目可能发生的主要风险。例如，在识别财产风险时，我们可以将客户的财产列出清单，包括：自己的建筑和设备、向他人租借的财产、租给他人的财产、仓库里的存货、运输中的货物、机动车辆等，然后估计这些财产面临什么风险。如房屋，可能面临爆炸、火灾、洪水等。四是流程图法。通过企业生产流程图，分析每一个环节所存在的风险。五是历史损失统计分析。了解客户历史上发生风险的种类、原因、损失的财产、损失金额等内容，这对我们了解客户面临的风险有帮助。

在风险识别时，要注意观察客户是否存在道德风险。道德风险是客户不诚实的倾向，它会增加损失发生的可能性，其危害主要是加大了人为故意造成损失或者产生虚假索赔的可能性。我们可以从两个方面去分析：一是看客户的财务状况，是否存在危机；二是客户道德品质，是否有不讲诚信行为和存在保险欺骗记录。

（二）风险评价。风险评价的主要目的是为承担什么保险责任和采用什么保险费标准，以及控制承保风险奠定基础。风险识别之后，要对损失进行估测，一般要估计风险发生频率和损失程度。损失频率反映了一个时段一项损失发生的次数，用于度量风险是否经常发生，如一年内可能发生暴雨的次数。损失程度是指损失风险可能引起的损害状态，它用来预测未来损失可能有多大。在风险评估的衡量标准上，我们可用以下标准来确定：我们对损失频率可以用几乎不会发生、不大可能发生、偶有发生、时有发生等主观词语描绘；对损失程度可以用轻微、较低、中等、严重等主观词语描绘。这种不严格的衡量比不衡量要强。我们在风险评价中，要发挥想象的能力，结合财产的现状和价值，估计风险给客户带来的经济损失。通过风险评价，我们就能了解客户所面临的风险造成损失的程度。

（三）风险处理。我们在营销中的风险处理一般包括两部分：一是提示客户做好风险防范，对客户提出风险管理的建议，督促客户进行实施，减少承保财产或项目的风险损失；二是通过设计科学的、符合客户需要的保险保障方案，来承担、消除或控制客户的风险，不仅使客户能得到合理的保险保障，而且还能降低我们的赔付风险。我们对客户风险处理的重点应放在针对客户风险评估的结果而采取什么保险保障方案的问题上。我们在处理风险时要思考以下问题：

能不能承保？

使用何种保险产品承保？

如何进行承保风险控制？

以什么价格承保？

以上是我们在设计保险保障时进行风险处理的主要工作。在风险评估的基础上，要重点注意确定客户保险财产或项目的可保风险的种类，并从中排列出客户最容易发生损失的风险，列出可承保风险种类。风险程度过高的客户一般不要接受，除非高出的这部分风险可以被消除或控制，如，采取高额免赔，或者通过增加保险费来弥补承担这部分风险的保险费不足，或者是用批单的形式将此类风险排除。不要选择"坏风险"和缺乏再保险支持的风险，尽量避免客户的逆选择。人们主观上直接或间接地将发生损失概率最高或最有可能发生严重损失的风险转嫁给保险公司承保，这种以保险市场平均价格水平获取高风险保障的行为就是逆选择。例如，风险程度高的财产就购买保险，风险程度低的就不购买保险；某单位的财产遭受纵火犯威胁之后，便立即购买含有火灾责任的财产保险；房屋靠近河边的人在洪水到来之时立即购买有洪水责任的保险。逆选择导致客户未按公平保险费率支付保险费，容易引发客户严重的心理和道德风险，损害了按公平保险费率支付保险费的客户的利益。另外，客户提出的没有保险产品可以承保的风险，以及客户提出的与保险公司制定的标准保险条款有抵触的承保要求，我们要慎重对待，不得擅自承诺可以承保，因为保险产品的制定和审批必须符合保险监管部门的要求，否则，会给保险公司经营带来不良影响。

案 例

　　举世瞩目的三峡工程是世界上最大的水电站，我起草的《三峡工程财产保险风险评估报告》，被中国人保财险公司作为样本，现收录如下，其中有些观点纯属个人意见，仅供参考。不是所有的风险评估报告都要写得这样复杂，怎么写、写多长，应根据工作的需要。此报告只是为读者提供一个样本、一种评估的方式。

三峡工程财产保险风险评估报告

一、导　言

　　中国三峡总公司拟将三峡工程投保财产保险和机器损坏保险，为满足承保方面的需要，特对三峡工程进行风险评估。

　　本评估采用以下方法：一是资料法。查阅了长江水利委员会编写的《三峡工程技术丛书》。二是经验法。三峡工程建筑安装工程保险均由我公司独家承保或首席承保，通过工程保险承保的历史经验来分析工程竣工后的风险。三是专家法。通过专家了解三峡工程运行情况。

二、三峡工程概述

　　长江三峡水利枢纽是开发和治理长江的关键性骨干工程。大坝坝址位于湖北省宜昌市三斗坪。

1. 三峡工程任务及主要效益

三峡工程是中国也是世界最大的水利枢纽工程，具有防洪、发电、航运等综合效益。

在防洪方面。水库正常蓄水位175米，总库容393亿立方米。水库有防洪库容221.5亿立方米，建成后可使荆江河段防洪标准由现在的约十年一遇提高到百年一遇，遇千年一遇的的特大洪水，配合荆江分洪等分蓄洪工程的运用，可防止荆江河段两岸发生堤坝溃决的毁灭性灾害。

在发电方面。三峡水电站总装机容量1820万千瓦，年平均发电量846.8亿千瓦时，主要供电华东、华中地区，小部分送川东。

在航运方面。三峡水库将显著改善长江宜昌至重庆660公里的航道，万吨级船队可直达重庆港。航道单向年通过能力可由现在的约1000万吨提高到5000万吨。

2. 三峡工程坝址

三峡工程大坝坝址位于宜昌市三斗坪。坝址控制流域面积100平方公里，年平均径流量4510亿立方米。

坝址区河谷开阔，两岸岸坡较平缓。枢纽建筑物基础为坚硬完整的花岗岩体，岩石抗压强度约100兆帕。岩体内断层、裂缝不发育，且大多胶结良好，透水性微弱，具有修建混凝土高坝的优良地质条件。坝址上下游15公里范围内，无大的不良地质构造。

3. 枢纽布置

三峡电站枢纽主要建筑物由大坝、水电站、通航建筑物等三大部分组成。总体布置为：泄洪坝段位于河床中部，即原主河槽部位，两侧为电站坝段和非溢流坝段。水电站厂房位于两侧电站坝段后，另在右岸留有后期扩机的地下厂房位置。三峡电站为河床式电站。永久通航建筑物均布置于左岸。右岸上游茅坪溪近出口处布置防护坝（详见下图）。

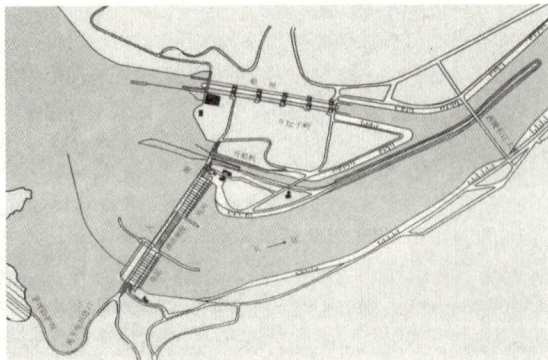

三、三峡工程风险管理概述

在进行风险评估之前，有必要了解三峡工程风险管理情况，这是我们判定三峡工程风险程度的重要基础。

1. 设计风险管理

三峡工程的勘察、规划和设计过程是一个长期的过程，从1944年美国著名大坝专家萨凡奇查勘三峡河段后编写了《扬子江三峡计划初步报告》，至1993年7月国务院三峡工程建设委员会组织审查批准长江水利委员会编制完成的《长江三峡水利枢纽初步设计报告（枢纽工程）》，历时50年。三峡工程大规模的规划、勘察和设计工作从50年代中期开始并持续不断。长江水利委员会投入了数千名专业技术人员，国内一大批高等院校、科研院所、施工单位和设备制造等部门、各行各业的专家学者参加。1986——1989年三峡工程重新论证，包括了全国各行各业共412位著名专家，历时三年。美国、加拿大、苏联、意大利、法国、德国、瑞典、挪威、日本等国的不少专家也曾参与了工程的研究和咨询工作。在研究过程中，专家们充分考虑了工程风险管理问题，三峡工程可以说是一流的设计。

2. 建设风险管理

为了确保工程建设的顺利进行，国务院成立了三峡工程建设委员会（三建委）。三建委是三峡工程的高层决策机构，由国务院总理任主任。中国长江三峡工程开发总公司是一个独立核算、自主经营、自负盈亏、具有法人地位的经济实体，是三峡工程的项目法人（业主），全面负责三峡工程的建设和建成后的运行管理，负责工程建设资金（含水库淹没处理和移民安置费用）的筹措和偿还。

三峡工程实行以项目法人责任制为中心的招标承包制、合同管理制和建设监理制的建设管理基本体制。各单项工程建设项目全部采用招标方式，通过竞争择优选定施工承包商。承包商都是国内一流建筑公司。工程所需的永久设备和物资主要采用招标方式采购，优选供应厂商。部分特大型施工机械以及水轮机组等重大机电设备，采用国际竞争性招标采购，选择的是国际一流生产厂家。中国三峡总公司聘用有资质的监理机构，承担施工监理任务，按照施工承包合同，对施工质量、进度和投资进行监督和控制。国外设备供应商派专家现场指导。国务院成立了专门的专家工作组，对三峡工程的质量进行监控与管理。以上管理，使三峡工程的质量有了可靠保证。三峡工程建安工程保险赔付率未超过40%，这在大型水电站中是少有的。

3. 运行风险管理

三峡水力发电厂是三峡电站的运行管理单位。成立于2002年11月6日，人员都是经过竞聘上岗，择优录取，人员整体素质高。具有研究生学历22人，高级以上职称28人。不少人员被派往加拿大等国及国内大电站学习。

电站建立了完善的质量管理体系，建立了安全管理组织体系和监督网络，严格执行国家和电力行业有关安全法规。安全保卫采取外部保卫和内部保卫两种方式。外部保卫是生产区域入口，警卫由武警部队承担。设备维修采用勤核查、重诊断、多保养、少检修的基本策略。三峡永久船闸的警戒工作由武警部队负责，陆上消防由水电武警部队消防大队负责，水上消防由长江航道管理局公安分局负责。坝上游有水上消防武警部队。

总之，三峡工程的运行风险管理是良好的，这对减少事故发生起到积极作用。

四、特殊自然风险评估

对一次发生而又使所用财产或主要财产将面临损失的风险进行评估。

1. 地　震

地震灾害所危及的对象是所有的财产，因此，有必要对地震灾害进行评估。

①地震风险分析

三峡地区远离中国的几个主要地震活动区（带）。坝址上下游相当范围，是中国大陆地震活动比较微弱的地区，以坝址为中心的300公里半径范围内，2000多年的历史记载，没有很强的破坏性地震。有4次6—6.5级的地震（震中烈度为VIII度）均发生在距坝址200公里以外的不同构造单元地区，5—6级的地震都发生在130公里以远的地区。三峡工程坝址及库区邻近的10余个县市历史上无破坏性地震记载。1958年到1996年的38年间，在300公里半径范围内记录到震级大于1级的地震共2108次，与地震活动强烈的地区比较，这是一个很少的数字。其中距坝址60—70公里处发生了三次震级中强震，震中烈度为VII度，影响到坝址烈度都在V度以下，而坝址所在黄陵结晶岩地块内，38年一共只记录到震级≤2级的地震10余次，基本上是一个无震或地震活动极其微弱的地区。

以上背景材料说明，从地震活动性的角度来看，三峡工程所在地区是一个典型的弱震区，国家有关地球物理和地震部门前后四次鉴定，都将工程所在地区的地震基本烈度定为Ⅵ度。在极端条件下，三峡工程坝址可能出现的地震烈度为Ⅶ度。

水库诱发地震对工程影响。坝址——庙河为结晶岩库段，岸坡低缓，河床较开阔，无区域性或活动性断裂通过，历史上及现今地震活动微弱，岩体坚硬完整，透水性弱，不具备发生较强水库诱发地震的条件。但蓄水后，不排除诱发震级小于4级的浅源小震的可能。

庙河——白帝城库段，不排除发生断层破裂型诱发地震的可能，不超过6级，影响到三斗坪坝址的烈度在Ⅵ度范围内。

三峡工程地震设防标准：烈度Ⅶ度。

② 地震风险评价

地震风险损失频率：不大可能发生。地震风险损失程度：轻微。

2. 洪　水

三峡电站为河床式水电站。大坝及电站厂房、26台发电机组等财产都置于长江河道之中，洪水成为三峡电站所面临的巨大风险之一。

① 洪水风险分析

洪水标准。永久一级建筑物设计洪水标准为1000年一遇洪水，校核洪水标准为10000年一遇洪水加大10%，永久二级建筑物设计洪水标准为100年一遇洪水。

泄洪设备除泄洪坝段的深、表孔以外，还有厂房坝段的电站进水口、排漂孔和排沙孔。泄洪能力能满足水库防洪调度要求，并留有必要的余地，以确保枢纽建筑物的安全。最大泄洪，遇1000年一遇设计洪水，及10000年一遇加大10%校核洪水考虑两种情况：第一，除表孔以外，按10%泄洪闸门失效和电站70%机组过水；第二，除表孔以外，按10%泄洪闸门失效和电站全部机组不过水。

泄洪坝段在非常情况下需宣泄流量达85520m³/s的洪水，因此，下游冲刷是关系大坝及两侧导墙安全的风险。

② 洪水风险评价

洪水风险损失频率：偶有发生。洪水风险损失程度：较低。

五、主要财产风险评估

根据财产保险需要，对三峡工程主要组成部分的财产分项进行风险评估。包括大坝、水电站、通航建筑物、茅坪溪防护坝、供电及通讯设施、房屋建筑物、交通设施等。

1. 大 坝

三峡大坝为混凝土重力坝，为一级建筑物，坝顶高程185米，最大坝高175米，坝轴线全长2309.47米。大坝布置从左岸至右岸依次为：左岸非溢流坝段、左岸厂房坝段、左导墙坝段、泄洪坝段、纵向围堰坝段、右岸厂房坝段、右岸非溢流坝段。

其中，泄洪坝段位于河床中部，前沿总长483米，设有23个深孔和22个表孔。深孔尺寸7×9米，进口孔底高程90米，表孔净宽8米，溢流堰顶高程158米。下游采用鼻坎挑流方式消能。

经三峡工程枢纽建筑物和地震地质专题组论证：三斗坪坝址是修建大型混凝土高坝枢纽的优良坝址。

大坝除混凝土建筑外，还有大量的金属结构及机器设备，包括机电、消防、暖通、给排水工程。大坝各类闸门15种，计176扇；各类启闭机4种，计50台。坝顶布置有大型专用门机、高架门机。

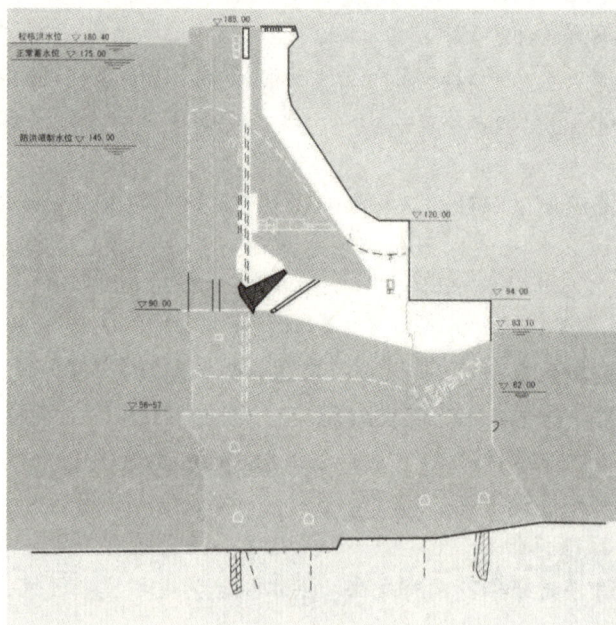

泄洪坝段典型剖面示意图

① 主要风险分析

● 冲刷

泄洪坝段：当发生1000年一遇以上设计洪水时，27个深孔和22个表孔全部开启，枢纽总泄量达到110000m³/s，平均流速超过35m/s，由高速流水引起的空蚀、冲蚀磨损、脉动、掺气、下游淘刷等风险，可能会造成财产损失。

纵向围堰下段及左导墙：纵向围堰下段及左导墙分别分隔右、左电厂尾水管和泄洪坝的下泄水流。左导墙位于原河床深槽处，均高约70m、长265m，纵向围堰下段高度也近50m。两墙之间的泄洪坝段泄洪挑流入水后水流紊动强烈，回流淘刷，脉动压力幅值变化大，墙两侧产生水位差等，均对墙的安全产生影响，特别不利于纵向围堰结构安全。

● 渗流

大坝建筑物必然存在迎水面和背水面的水位差，坝身与坝基如存有孔隙、裂隙或裂缝，有势差和通道必然产生渗透。坝基采用了封闭抽水排水、防渗灌浆主帷幕等措施。如有失误，可能导致渗透变形损失。

两岸山体绕坝渗流。两岸坝高及山体不会产生大的绕坝渗流，但由于岩石仍具一定的弱透水性，且坝肩部位渗径较短，坝肩山体一定范围内仍存在轻微绕坝渗流。

● 地质风险

左厂房1-5号坝段位于坝址左岸山体及临江斜坡部位，坝基岩体被许多断层、裂隙切割，其中构造裂隙以陡倾角（大于600）为主，缓倾角裂隙（断层）主要集中于左岸岸坡厂房坝段，使1-5号段段存在沿缓（中）倾角结构面深层滑动的稳定性问题。

坝前26.5公里范围内，不存在大型崩、滑体。距坝址最近的新滩滑坡和链子崖岩体蓄水后，按最坏的假定条件进行涌浪试验和计算，失稳后滑坡物质入江形成的涌浪到达坝址的浪高小于2.7m。因此，局部岸坡失稳不影响工程运行安全。库首没有直接影响枢纽建筑物安全的不稳定岸坡和崩、滑体。

● 碰撞

主要是来自上游船舶失控碰撞大坝，造成损失，如碰撞产生火灾和爆炸，后果更为严重。

● 机损

主要是金属结构及机器设备因操作不当、制造与安装错误、原材料缺陷等造成损失，也存在自然灾害引发的损失。如高水头作用下闸门止水处理不好，会招致闸门剧烈振动和空蚀破坏。

② 风险评价

冲刷：损失频率——偶有发生；损失程度——较低。

渗流：损失频率——不大可能发生；损失程度——轻微。

地质风险：损失频率——几乎不会发生；损失程度——轻微。

碰撞：损失——不大可能发生；损失程度——轻微。

机损：损失频率——不大可能发生；损失程度——轻微。

2. 水电站

电站厂房为坝后式厂房，为一级建筑，分设在泄洪坝段两侧。厂房总高度93.8米，水下宽度68米，水上宽度38米。厂房为钢筋混凝土结构，屋顶为玻璃钢板和轻钢框结构。由进水口、引水管道、上游副厂房、主厂房、下游副厂房及尾水渠等建筑物组成。分别在左岸电站厂房安装14台、右岸电站厂房安装12台70万kW的混流式水轮发电机组。预留扩机6台70万千瓦机组的地下电站位置，扩机后电站总装机容量为2240万kW。

电站有26台容量为840WVA的500kV三相升压变压器和与之相连接的500kV全封闭组合电器升压开关和相应的控制、保护、通信及油、气、水、电气自动化仪表和厂用电等辅助系统，以及消防、暖通、照明、电梯、桥机等公用系统以及电站计算机监控系统和梯调中心机电设备等。电厂共有各类闸门、拦污栅等15种，计363扇，启闭机4种，计41台，大直径输水钢管26条。

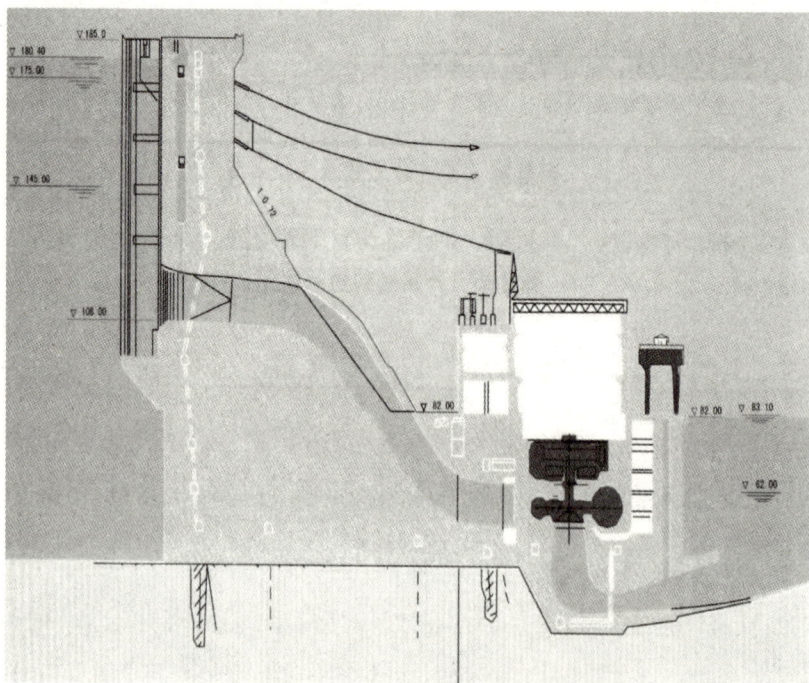

坝后水电站典型剖面示意图

① 风险分析

●水灾

电站厂房位于大坝后面，对于水灾损失，它具有与大坝坝段共存亡的特性。水轮机主轴密封承受正常的水库水压高达92米。由于阀门损坏、检修入孔封闭不严、管道接口密封不好、结构物渗水等，容易形成厂房积水，如果排水水泵不能正常运行事故或外来水量超过排水能力，可能会发生厂房内水淹事故，造成财产损失和施救损失。

●雷击

雷击对水电站的危害有以下三种：一是直接雷击，这种直接雷击使电力设备出现危险的过电压，称为大气过电压，致使设备受损，巨大的雷电流会造成建筑物的劈裂、倒塌和火灾。二是感应雷，会引起建筑内部的电线、金属管道、大型金属设备放电。三是雷电侵入波，造成电厂设备绝缘的损坏而引发损失。

●雹灾

电站厂房为玻璃屋顶，如果发生颗粒较大的冰雹灾害，可能导致屋顶损失。

●漂浮物

漂浮物及水上运动物造成的损失。漂木、树枝、树叶、杂草、废旧塑料等顺流而下，尤其以洪水期最为严重。容易造成停机事故，也会引发拦污栅压坏的事故。1997年7月25日，一轮船失控下漂，撞击葛洲坝电厂2号机组拦污栅及大坝，造成大坝和拦污栅局部损坏，致使二江电厂部分机组停机。

●泥沙

粗沙大量过机，引起或加剧水轮机叶片的磨损，从而影响机组的安全运用。

●地质风险

与大坝相同。

●火灾、爆炸

在电气系统中，过载、短路，变压器变压油、液压系统的液压油的存在，以及外界因素的影响，电站存在火灾和爆炸风险。如变压器过载或发生短路等电气故障极易引发爆炸，一旦同时发生变压器油泄漏，极易引发火灾。

●机损

设计或制造错误、原材料缺陷、操作不当、疏忽或操作人员的恶意行为，都将导致机器设备的损坏。如机组烧瓦、导叶剪断销剪断、电脑系统损失等。

② 风险评价

水灾：损失频率——不大可能发生；损失程度——轻微。

雷击：损失频率——偶有发生；损失程度——较低。

雹灾：损失频率——不大可能发生；损失程度——轻微。

漂浮物：损失频率——偶有发生；损失程度——较低。

泥沙：损失频率——几乎不会发生；损失程度——轻微。

地质风险：损失频率——几乎不会发生；损失程度——轻微。

火灾、爆炸：损失频率——不大可能发生；损失程度——较低。

机损：损失频率——偶有发生；损失程度——较低。

3. 通航建筑物

通航建筑物包括双线五级船闸和一级卷扬平衡垂直升船机，均位于左岸山体内，为一级建筑物。

永久性船闸为双线五级连续梯级船闸，单线全长1621米，由高到低依次为1~5号闸室，单级闸室有效尺寸为280米×34米×5米（长×宽×坎上最小水深），可通过万吨级船队。上游引航道长2113米，下游引航道长2722米，线路总长6442米。每线有5个闸室6个闸首，分别布置有第一闸首事故检修闸门及桥式启闭机，第一闸首至第六闸首的人字闸门，第六闸首浮式检修闸门，输水廊道进水口拦污栅，各闸室输水廊道的反弧门及其上、下游检修门，第六闸首辅助泄水廊道阀门及检修门，第二、三闸首人字门防撞警戒装置，以及操作控制上述各种闸门和设备的启闭机及电气设备以及供电、照明、通信、消防、暖通、给排水设备、集中控制系统、集中调度系统等。

升船机。1线1级垂直升船机布置在左岸，最大提升高度113米，承船厢有效尺寸120米×18米×3.5米（长×宽×船厢水深），承船厢带水总重118000吨，一次可通过一条3000吨级的客货轮。建筑物包括上闸首、主机段、下闸首及导航靠船结构。上闸首设有挡水门、辅助门、工作门和桥式起重机；主机段中间为船厢升降室，长120米，宽25米，两侧塔柱高149米，设有提升机构和钢丝绳平衡重力系统；下闸首设有工作门和升降操作机构及检修门。闸室段岩石开挖最大边坡高约140米，上、下游引航道为底宽80米的人工开挖渠道。

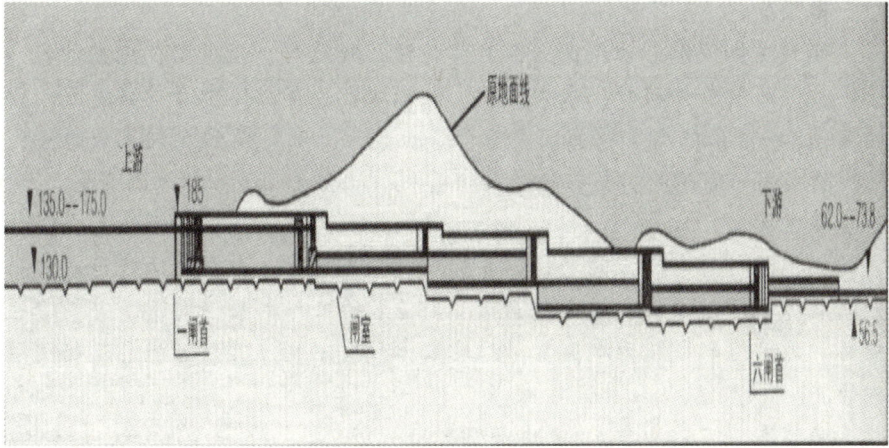

五级船闸剖面示意图

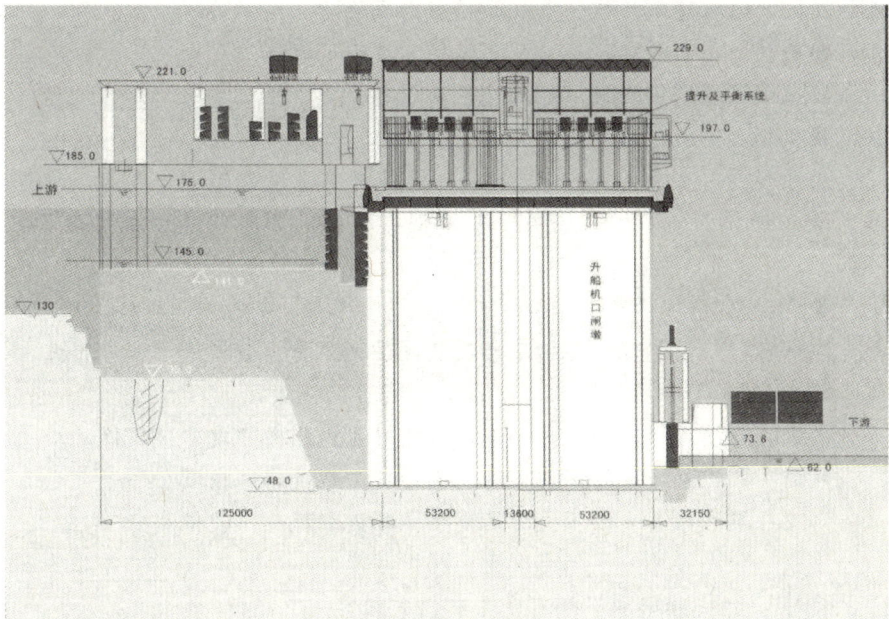

升船机剖面示意图

① 风险分析

●火灾、爆炸

主要来自两个方面。一是在电气系统中，电缆的过载、短路，闸门液压控制系统有大量的液压油，这是火灾与爆炸的潜在因素。二是过往船舶在闸室发生火灾和爆炸，这是船闸最大的风险之一。

●崖崩

船闸主体段基岩为花岗岩，岩体坚硬、胶结好、强度高、完整性好。总体上，地质条件较好。永久船闸、升船机在左岸山体中开挖兴建成两条边坡高80-70米的人工深槽，具有多条长、大、高、陡的双向基岩边坡，局部稳定有一定风险。不但造成财产损失，还会危及过往船只的安全。

●水灾

船闸运行对中隔墩的影响，井衬砌结构可能由于施工或运行荷载作用产生裂隙而形成渗漏，在船闸最大达45.2米的工作水头作用下，若裂缝规模大，则可能形成压力渗流，对边坡岩体稳定不利，甚至可能危及船闸结构的安全。

●雷击

通航建筑物布置在坛子岭一带，这一带地势较高，是三峡工程坝区雷击高发区，通航建筑物控制系统面临雷击风险。

●碰撞

过往船只操作不当撞坏船闸建筑及设备。

●机损

由于设计、制造、安装错误，原材料缺陷，操作不当，电动机的短路、缺相错相，油路过压、失压、泄漏、堵塞，都可能造成机器设备损坏。

●责任风险

航闸在操作、管理、运行不善及装置设施失灵，会造成第三者损失。

②风险评价

火灾、爆炸：损失频率——不大可能发生；损失程度——较低。

崖崩：损失频率——不大可能发生；损失程度——较低。

水灾：损失频率——不大可能发生；损失程度——较低。

雷击：损失频率——偶有发生；损失程度——轻微。

碰撞：损失频率——偶有发生；损失程度——轻微。

机损：损失频率——偶有发生；损失程度——较低。

责任风险：损失频率——不大可能发生；损失程度——较低。

4.茅坪溪防护坝

茅坪溪是长江的小支流，出口位于长江右岸三峡大坝轴线上游约1公里处，茅坪溪防护工程包括：拦挡三峡库水的防护坝和排放防护坝背水面茅坪溪流域水量的泄水建筑物。茅坪溪防护坝（沥青混凝土心墙土石坝），工程建筑等级与三峡大坝相同。高程185米，整个主坝顶长1070米。

泄水建筑物为泄洪隧洞后接钢筋混凝土箱涵。

① 风险分析

●渗流

工程在高水位蓄水情况下，由于迎水面与背水面的水位差，如果坝身、坝基、坝肩存有孔隙、裂隙，将会产生渗流。

●水灾

如果茅坪溪泄水过大，而泄洪隧洞因冲刷而发生塌方，将会导致茅坪溪防护坝后的九里开发区被淹的风险。

② 风险评价

渗流：损失频率——几乎不会发生；损失程度——轻微。

水灾：损失频率——几乎不会发生，损失程度——较低。

5. 供电及通讯设施

为保证工程正常运行，三峡工程拥有大规模的供电系统和通讯系统，包括变电站、输变电设备、架空线路、通讯系统线路和设备等。

① 风险分析

●雷击

雷击可造成这些设备的损坏，如火灾、爆炸。

●暴风

电线塔架被掀翻。三峡工程在施工过程中因25.4m/s的大风，将一台1260门机刮倒，损失严重。

●电气事故

因断路、电压过高等电气原因导致设备损坏。

●操作不当

因操作不当而引发事故并造成损失。

② 风险评价

雷击：损失频率——偶有发生；损失程度——较低。

暴风：损失频率——偶有发生；损失程度——较低。

电气事故：损失频率——偶有发生；损失程度——较低。

操作不当：损失频率——不大可能发生；损失程度——较低。

6. 房屋建筑物

主要包括办公楼、招待所、坝区房建、仓库等建筑物。

① 风险分析

●火灾、爆炸

办公楼、坝区房建存在火灾风险，油库不仅存在火灾风险，而且还存在爆炸风险。特别是大象溪油库附加山上草本茂盛，一旦燃烧，将危及油库。

●暴风雨

如果同时发生暴风雨，将会使房屋及室内财产受到损失。

② 风险评价

火灾、爆炸：损失频率——不大可能发生；损失程度——轻微。

暴风雨：损失频率——偶有发生；损失程度——轻微。

7. 交通设施

主要是对外交通，该专用公路设计标准为山区准一级公路，从宜昌到三峡坝区，全长28.6公里，桥隧多且地质条件复杂。另外，还有临长江码头、西陵长江大桥等建筑。

① 风险分析

●滑坡

对外交通边坡较多，并经过两个古滑坡体，滑坡风险存在。

●崖崩

对外交通有几段较陡的岩体边坡，岩块在暴雨作用下会发生崖崩。

●沉陷

高填方道路或沿江道路，以及码头在暴雨、洪水的冲刷下，会发生沉陷风险。

●碰撞

交通工具碰撞将造成财产损失。

② 风险评价

滑坡：损失频率——不大可能发生；损失程度——较低。

崖崩：损失频率——偶有发生；损失程度——较低。

沉陷：损失频率——不大可能发生；损失程度——较低。

碰撞：损失频率——偶有发生；损失程度——轻微。

六、综合风险评价

对以上分析与评价进行综合。

1. 损失频率与损失程度汇总表

序号	风险部位	风险类别	损失频率	损失程度
1	所有工程	地震	不大可能发生	轻微
2	大坝、电站等财产	洪水	偶有发生	较低
3	大坝	冲刷	偶有发生	较低
4	大坝	渗流	不大可能发生	轻微
5	大坝	地质风险	几乎不会发生	较微
6	大坝	碰撞	不大可能发生	轻微
7	大坝金属结构及设备	机损	不大可能发生	较低
8	电站	水灾	不大可能发生	轻微
9	电站	雷击	偶有发生	较低
10	电站	雹灾	不大可能发生	轻微
11	电站	漂浮物	偶有发生	较低
12	电站	泥沙	几乎不会发生	轻微
13	电站	地质风险	几乎不会发生	轻微
14	电站	火灾、爆炸	不大可能发生	一般
15	电站	机损	偶有发生	较低
16	通航通筑物	火灾、爆炸	不大可能发生	较低
17	通航通筑物	崖崩	不大可能发生	较低
18	通航通筑物	水灾	不大可能发生	一般
19	通航通筑物	雷击	偶有发生	轻微
20	通航通筑物	碰撞	偶有发生	轻微
21	通航通筑物	机损	偶有发生	较低
22	通航通筑物	责任风险	不大可能发生	较低
23	房屋建筑物	火灾、爆炸	不大可能发生	轻微
24	房屋建筑物	暴风雨	偶有发生	轻微
25	茅坪溪防护坝	渗流	几乎不会发生	轻微
26	茅坪溪防护坝	水灾	几乎不会发生	较低
27	供电及通讯设施	雷击	偶有发生	较低
28	供电及通讯设施	暴风	偶有发生	较低
29	供电及通讯设施	电气事故	偶有发生	较低
30	供电及通讯设施	操作不当	不大可能发生	较低
31	交通设施	滑坡	不大可能发生	较低
32	交通设施	崖崩	偶有发生	较低
33	交通设施	沉陷	不大可能发生	较低
34	交通设施	碰撞	偶有发生	轻微

注：损失频率是指在保险期限发生损失的次数，损失程度是造成损失的金额。

2. 最大可能损失

将上述风险进行综合分析，用评分方式，将主观评价进行量化。具体评分标准：①损失频率：几乎不会发生25分，不大可能发生50分，偶有发生75分，时有发生100分。②损失程度：轻微25分，较低50分，一般75分，严重100分。以此分别计算出损失频率和损失程度的总分，再除以34项，得出平均值。

由此得出：损失频率56.6分，定性评价——居中偏高。损失程度41.18分，定性评价——偏低。损失频率与损失程度均分为48.89分。以100分为风险最高值。0-25分为低风险，25-50分为偏低，50-75分为偏高，75-100分为高风险。由此可以看出，三峡工程综合风险程度中等偏低。

最大可能损失是指某一风险事件导致的最严重的可能损失。在三峡工程中，面临的最严重损失有火灾与爆炸、水灾、滑坡、机损、船闸责任风险。至于某一风险事件会造成多大的损失，难以用准确数据进行估算。

七、承保建议

1. 保险单及费率

用两份保单，一份财产一切险保单，保所有财产；一份机器损坏保险单，承保其中的金属结构构件及机器设备。

建议客户将所有资产全部投保，并弄清承保财产的明细状况和价值。

在保险单中，将恶意破坏的赔偿限额要进行限制，不易过高。

免赔额中尽量取高值，这样可以使费率水平合适，以免客户因巨额财产而交付太多的保险费。

保险费率：财产一切险费率可取目前国际保险市场同类水电站的中等水平。机损险费率取国际保险市场同类设备的偏高水平。因为三峡工程机器设备，不少是新型设备，有的设备是由十几家外国公司联合生产的，组合在一起有一个磨合过程，风险程度高，所以机损险费率要高一些。

在承保前，事先为客户提供一份完善的保险建议书。

2. 再保险安排

风险单位划分。大坝及厂房为一个危险单位，水电站每台机组及其配套设备可划分为一个危险单位，双线五级航闸室为危险单位，升船机为一危险单位，茅坪溪护坝为一危险单位，对外交通为一危险单位，其他建筑物及设备均可依其独立性划分为危险单位。

财产一切险保单项下尽量满足自留，因为综合风险程度不高。机损险保单项下可减少自留，建议将保险金额按40%的比例转嫁给再保险公司。

3.向客户提出风险管理建议

承保后，应向客户提出风险管理建议，重点如下：

员工培训。三峡工程无论规模和新技术的使用都是世界领先的，操作人员良好的技能，是电站运行安全的保证。

消防管理。重点部位：变压设备、船闸、油库等，保持消防有效。

监控。完善监控系统，并保持有效。

自动保护系统。电站的自动保护系统要完备，并保持有效，在电站发生意外事故时，能自动实施保护。

各项管理制度的有效执行。电站运行有许多管理规范与制度，如果缺乏有效的执行，那将形同虚设。

向客户提出重点防范风险的清单及防范部位。

4.保险服务建议

除做好常规性服务外，重点应做好以下服务：

为被保险人提供保险手册。

每年进行一次专家风险检验。

确定一个保险服务项目经理，保持与客户的良好沟通与衔接。

对客户人员进行保险培训和风险管理知识培训。

评估报告执笔：孙 智 中国人保财险宜昌市分公司副总经理
2004年12月

二、保险保障设计重点。保险保障设计就是为客户制定一个完善的保险产品，它涉及的内容多、技术性强，为了便于营销人员做好保险保障设计，现就一些关键点的设计进行阐述。

（一）选择承保项目。就是将哪些财产或损失向保险公司投保。在承保项目中，有的是工程，有的是房产，有的是机器设备，有的是汽车，有的是民事经济赔偿责任，有的是可能发生的费用损失（如现场清理费）等等。我们应尽量使客户应该保险的财产或项目能够全部得到保险保障，避免造成风险漏洞，同时，也要避免客户只选择风险程度高的财产投保。有的工业企业认为新的机器设备风险小，用不着保险，只将旧的机器设备投保，这是逆选择的表现。其实，风险程度高，我们收取的保险费就高，如果客户把风险程度低的财产也向保险公司投保，将财产或项目整体投保，可能其综合风险程度就会下降，我们使用的保险费率相对要少一些，这样，客户只需在单保旧设备的保险费之上再加上一部分保险费，就可以使整个财产得到保险保障，这比只保部分高风险财产要划算。要弄清客户对保险财产是否具有保险利益，查清楚保险财产的所有权或使用权。要确定保险财产的明细清单，注意剔除不可承保的财产。对于不承保财产，在向客户进行营销说明时要明确地讲清楚，以免在索赔时发生矛盾。

（二）组合保险产品。根据保险财产或项目，以及它们所面临的风险损失，选择需要的保险产品。注意保险产品的差异化，针对不同客户的需求推出不同的保险产品。有的客户需要家庭财产保险，有的需要汽车保险，有的是企业需要对自身风险购买保险。即使是基本情况相同的家庭或企业，往往拥有不同的保险需要，我们应有针对性地为客户提供不同的保险产品。如何形成差异呢？基本方法是为客户制定"量身定做"保险单。我们的保险产品现在大多数是采取"组件原则"或"模块原则"设计的，即，在一个基本的保险产品之上，配有几个，甚至几十个附加保险产品。附加保险产品的功能主要包括：直接扩大承保财产范围、直接扩大承保责任范围、通过删除基本保险产品的某些除外责任扩大责任范围、通过删除某些保险责任缩小保险责任范围、通过限制性条件强化风险控制等等。附加保险产品或批单是依附于基本保险产品之上，它们是保险单的组件材料。组件是标准化的，这种组合方式促进了保险保障的个性化，也便于合理地服务于客户的保险需求。首先要选择一个合适的基本保险产品，它是保险保障的核心，几乎承保了这类财产或项目可能会发生的主要风险。如财产一切险、雇主责任险、建筑安装工程一切险等。在基本保险产品的基础上，再根据客户需要用批单的形式加贴一些附加保险产品。我们在保险产品组件中，要认真分析客户的风险程度和经济状况，寻找适合客户风险管理需要的产品组件，组装保险产品。可以采用扩展保险产品和缩减保险产品的组合策略来形成差异。依据客户需求组合的保险产品是个性化的，组合不同，所形成的保障就不一样，尽量使保险保障能满足客户的全面保障需要。我们有些营销人员为了多收保险费，或者是为了证明自己所制定的保险保障是如何的全面，在基本保险基础上，几乎将所有的附加保险产品不加选择地放进保险单中，仿佛是给客户摆出了一桌"满汉全席"，不考虑客户的实际需要。有的附加保险产品本身是相互矛盾的，有的客户根本就不需要，这是不负责任的表现。如果他是客户的话，可能他自己都不愿意购买，客户会需要吗？

在保险营销过程中，有的客户为少交保险费而放弃对某些附加保险产品的选择，如，购买家庭财产保险而不购买附加盗窃险，为机器设备购买财产一切险而不购买机器设备损坏险，等等。当发生风险损失得不到保险赔偿时，客户往往很失望，有的甚至对保险服务不满，迁怒于我们，认为我们在保险保障设计上有缺陷，没有给他讲清楚；有的还要求我们赔偿，否则终止保险关系；有的甚至采取向法院诉讼的方式要求我们赔偿。所以，我们应尽量合理地扩大保险产品组合，有时可以采取"捆绑组合"的方式，也就是"一揽子保险"的方式，即，对客户的保险财产在不同的环境状态下的风险用一张综合性保险单承保，或者将两种或两种以上不同的保险单组合在一起，设计一个总的保险保障。如，一个客户可以将其财产一切险、机动车辆保险、雇主责任保险等保险一并向保险公司投保。这实际上是对客户的风险保险保障整体性、一次性的处理，而各保险产品仍保留自身的法律规定。这样不仅可以扩大客户的风险保障范围，避免客户风险保障的遗漏，减少客户购买多份保险产品的人力、时间和费用成本，降低客户保险费支出，因为客户大量购买保险可获得保险费优惠，而且还能增加我们的保险费收入，避免多保险产品单独营销和签发保险单，从而降低营销成本，使保险公司承担的某一风险损失可以从其他产品的保险费中得到补偿，起到分散风险的作用。

（三）计算保险金额。保险金额是保险公司对客户保险事故损失承担的最高赔偿限度。保险金额的确定很重要，可以说，确定保险金额就是确定对客户的损失赔偿的最高额度，它也是影响保险费的一个重要因素，因为保险费就是保险金额与保险费率的乘积。保险产品和保险财产或项目确定之后，应确定保险金额或赔偿限额，这关系到对客户损失的赔偿程度。如果保险金额充足，赔偿程度就高。确定保险金额的最优方法是：物质财产按购置成本或重置重建价作为保险金额，费用类赔偿限额要保证能应付可能发生的最大费用损失的补偿，民事经济赔偿责任限额能满足可能发生的最大赔偿的需要。责任保险的赔偿限额确定难度较大，我们要根据客户发生风险的可能性和当时、当地的法律环境，合理地确定赔偿限额。有时为了强调客户风险管理责任，对一些风险管理差、风险程度高的客户，可以只承担其财产价值的一定比例，如只承担其价值的50%，发生损失，保险公司和客户各承担50%的损失。这里应强调附加保险产品的保险金额或赔偿限额的确定。如清理残骸费用，它的高或低将直接影响客户的风险保障和保险公司对损失的承担，所以要合理确定。属于扩展财产项目、扩展赔偿费用项目的保险金额或赔偿限额一般应计入总赔偿限额，如工程保险中扩展的施工设备、清理残骸费用等。这样便于我们确定收取保险费的额度。这一点我们往往容易忽视，只关注基本保险的保险金额，而忘掉附加保险产品所承担的保险金额的确定和保险费的收取。

（四）设定免赔限度。免赔是保险保障中要求客户自己承担的损失金额，或者说，是保险公司不负赔偿责任的金额。它一般有绝对免赔和相对免赔两种，绝对免赔的含义是：保险公司只赔付超过免赔额以上的损失。例如，某工程保险规定免赔限度为5万元时，这5万元的损失由被保险人负担。当发生15万元的损失时，保险公司要扣除5万元的免赔额，赔偿10万元。相对免赔的含义是：如果损失未达到免赔额，保险公司不负赔偿责任；如果损失超过免赔额，保险公司不扣除免赔额。例如，当免赔限度为3万元时，即使发生3万元损失，保险公司也不赔付，但在超过3万元以上时，则赔付损失全额。其主要弊端是客户往往夸大索赔金额，以期获得本来属于免赔额范围的损失赔偿，本来损失不到3万元，却将损失夸大为超过3万元。

免赔设置有三个作用：一是降低客户心理风险。因为客户必须承担一部分损失，所以客户会增强风险防范意识，加强风险管理工作，以减少事故的发生，因为客户也要承担一部分损失。二是减少保险运作成本。主要是减少处理小额赔案的时间成本、精力成本和费用成本。如果经常发生的小额索赔保险公司也要受理，对保险公司来讲，要耗费查勘定损的费用，有时保险公司的赔款比为查勘定损所支付的费用还要少，可能为500元的赔款要耗去1000元的费用。对客户来讲，要花费索赔的费用，为200元的索赔要花费500元的费用，显然不合理。规定免赔限度，保险双方就能节省这些事务性的开支，同时也避免为小额索赔所引起的纠纷。三是客户能节省保险费。将大量发生的小额赔款从保险责任中除外，保险公司就会少收保险费，这样就会为客户节省一部分保险成本。客户保险的目的，是将自己难以承担的数额较高的经济损失转嫁给保险公司，一些较小的损失则自己承担，从而使保险成本得以降低。

免赔限度越高，保险费率越低，也就是说，客户支付的保险费就越少。但是要注意，免赔额定得较高，客户虽然可以少支付保险费，但免赔额范围内的损失将得不到保险赔偿。免赔额是以一个固定的金额来确定，如定为500元；免赔率是以扣除损失金额的比例来确定，如按损失金额的10%扣除免赔。在制定免赔时，应根据保险金额的高低、风险程度、自然地理条件、保险费率等因素，由保险双方共同商定。总的来讲，一般按以下原则办理：第一，保险费率高，定相对免赔，免赔限度定得较低；保险费率低，定绝对免赔，免赔限度定得较高。第二，事故发生频率低但损失金额大的，免赔限度定得比较高；事故发生频率高，但损失金额小的，免赔限度要定低一点。第三，保险金额高的，发生事故后的损失也相应较大，免赔限度要高一点；保险金额低的，免赔限度相应低一点。

（五）确定保险期限。一般来讲，位置相对固定、价值相对稳定的财产，保险期限为一年，如企业财产保险；运动中的、价值不稳定的财产的保险期限一般为一个过程，货物运输保险期限为一个运程，工程保险期限为一个建设过程。保险期限的确定除按常规确定外，一般应尊重客户的选择。比如，有的客户根据需要，提出只保一个月，有的甚至只保一天或几天，对这种需要，我们在不违反保险公司承保管理要求的前提下，应予以接受。有时也可以把一年的保险期限定为三年，这样可以使双方的保险关系能维持一个较长的时间，避免每年续保时洽谈保险单条件的工作，还可以回避每年续保时的竞争。

（六）估算收费标准。也就是确定保险价格，这是保险保障设计的重要部分。保险定价不像物质产品定价那么容易计算，为某公司建造一栋房屋，买进多少原材料和设备，投入了多少人工费，客户可以客观地判断其价格的高低，而保险则不同，一个客户从来没有风险损失记录，我们的保险费率是用平均损失率来确定的，客户会说："我的财产很安全，你们凭什么要收我这么多保险费？"它是用自己的损失记录来度量所购买的保险产品的价格，或者说是凭自己认为未来不会发生风险的判断来评估保险价格。有的没发生保险索赔的客户会认为白交了钱，忽视保险产品定价是基于大数法则下的损失概率而确定的，是众多的单位或个人对偶然发生的损失的分摊，离开这个原理，保险公司将无法经营下去。无法对一个客户单独准确计算赔付成本，给我们说服某一个客户接受保险费带来困难。如果能够对客户的赔付成本作出准确计算，保险也就失去了他的必要性。

从保险公司的角度来讲，确定保险价格主要受经营成本、客户需求、市场竞争、保险监管等四大因素的影响。经营成本是我们定价的基础部分，主要有损失成本（用于赔偿的部分）和营运成本（保险公司支付的人工费用、办公费用等），它决定着保险产品价格的最低界限，如果价格低于经营成本，保险公司就无利可图。客户需求影响客户对保险产品价值的认识，也决定着产品价格的上限。我们定的价格超过了客户的支付能力，客户就难以购买我们销售的保险产品。市场竞争则调节着价格在上限和下限之间不断波动，也就是在保险公司经营成本和客户支付保险费的能力中间波动，最终确定产品的市场价格。不能只看价格高低，还要看保险保障的程度，有的价格低，但保险保障程度也很低。保险监管部门和保险行业协会的管理也对保险定价有很大影响，有时保险监管部门或保险行业协会甚至直接审批保险价格和价格优惠幅度。

确定保险费的目标是收取一个与承保风险相称的费用额度。我们作为直接面对一个个客户的营销人员，在经营成本、客户需求、市场竞争、保险监管等四大因素之间寻求平衡，确定合理的收取保险费标准。要严格遵守保险公司有关保险费率的规定，按规定确定收取保险费的标准，按规定使用保险费率优惠，使价格与为客户提供的保险保障和服务相符。要保证保险费率的充足，这不仅关系到保险公司是否有足够的支付客户保险索赔的能力，也关系到保险公司的合理盈利水平。保险费的确定关系到客户对保险产品和服务的评价。因为，客户在购买物质产品时，可以凭借产品的形式、颜色、包装、功效、品牌、价格等多种标准来判断产品的质量；而在购买保险时，往往把评判标准局限于价格，也就是保险费，通过保险费的高低来判断保险产品和服务的质量，决定是否购买。如果保险费定得过低，实质上暗中贬低了保险公司提供给客户的保险保障价值和服务质量，客户会怀疑，这样低廉的保险产品意味着能得到多少保障和服务呢？定得过高，客户会以价格太高而拒绝购买。另外，注意对客户的公平，风险因素和风险程度相同的客户，收取保险费的标准也应该一致，而事实往往并非如此，越是忠诚的客户，与我们关系密切的客户，收保险费标准一般偏高；而意见型客户，忠诚度不高的客户，往往利用竞争机制迫使我们收取较低的保险费，而且在保险索赔时还提出过分的要求。所以，我们在为客户测算保险费时，一定要考虑市场竞争因素和保险费与保险保障功能的匹配，确定合理的保险费，同时要注意公平，并向客户充分说明保险费制定的依据。

（七）设计服务项目。保险保障设计并不完全是保险单的设计，服务安排实际上也是保险保障的一个重要部分。团体型客户对服务的需求较高。它们在要求我们设计保险保障时，也应设计出服务项目，使其成为保险保障的一个重要组成部分。所以，我们在为客户设计保险保障时，也要为其设计服务措施。我们在给客户的保险建议书中，往往都有向客户描述的服务项目，这就是对服务项目的安排。我在三峡工程保险服务中，把对客户的服务项目制作成服务条款作为附加批单列入保险单，使服务项目得到合同保证，必须执行。有的个人型客户看起来没有服务项目的设计，但实际上是有的，它一方面是共性的服务，即公司为客户提供的服务；一方面是我们根据客户需要承诺的个性服务。如，客户说，出了保险事故索赔要来回跑，麻烦。我们就可以对客户说，您把索赔资料弄齐后，我来帮您办。这也是服务安排的形式。这种服务承诺是一种有效的营销工具，不仅能增强客户对我们的信赖，也能强化我们的责任。保险是服务性行业，其产品、价格往往趋于一致，具有稳定性，创新的周期长，在保险产品和价格极易模仿的情况下，服务设计是使保险保障形成竞争差异优势的最好途径，成为竞争的主要手段，即使是同样的服务，服务质量也会受各种因素的影响而产生差异。所以，我们要向客户提供有别于竞争对手、符合客户个性化的服务，针对不同的客户和竞争对手采取不同的服务方式，努力提高个人素质，为客户提供高标准的服务。但是，服务设计要注意操作性，如果服务项目难度大，自己做不了，将会失信于客户。如果服务项目对客户没有什么作用，客户会怀疑我们的诚意和能力。服务项目不要太多，太多不仅我们的精力忙不过来，而且配合的客户也受折腾。

（八）协调保险价格。保险保障的保险费确定是十分关键的工作，客户能不能接受，直接关系到客户是否购买保险产品。绝大多数客户拒绝营销的原因不是别的，而是保险费。保险保障是由各个不同的要素组成。保险保障的设计，实际上是对它们进行有效地功能组合，协调保险保障设计中各因素的关系，使各种保险要素组合成一个适合客户需要的保险保障产品。这些要素相互影响、相互作用，一个要素发生变化，其他要素可能也会受到影响。这些要素的变化始终围绕两个关键要素，那就是保险费和客户获得的保障程度。如，客户要求降低保险费，我们可能会减少保险财产项目、或者降低保险金额、或者增加免赔额、或者减少附加保险产品或增加责任除外批单等。但是，在采用以上手段调减保险费时，一定要在保险费支出和未保险部分发生损失的可能性之间进行比较选择和权衡，要评估客户承担未保险财产损失的能力。一是客户手中是否有足够的现金来弥补未保险的损失？二是客户弥补未保险损失后，是否还有现金来满足生产或生活的需要？三是客户弥补未保险损失后，是否会影响客户的利润？四是发生大的未保险损失后，客户是否有能力筹借资金来弥补？有的看起来是少支付了一点保险费，但却使发生的较大的损失得不到赔偿，所以我们要通过算账帮助客户权衡利弊，使客户做出合理的选择，不能为少交保险费而减弱保险保障效果。

总的来讲，增加保险财产、提高保险金额、增加扩展保险责任的附加保险条款批单、减少免赔额，这些因素就会增加客户保险费支出，但这种增加也带来了客户保险保障程度的增加，增加的保险保障远远高于增加的保险费。有时客户会认为我们开出的保险费价格过高，我们也可以通过增加保险财产、增加保险金额、减少免赔额或增加附加保险等方法，说服客户维持一个适当的保险费水平。保险费是所有因素变化的焦点。让我们来了解一下保险费与各要素的关系，从中可以掌握创造价格差异的规律。

第一，运用保险产品组合调整保险费。现在的保险产品设计，本身就考虑了客户的差异化需求，一般由基本保险产品和若干附加保险产品供客户选择，我们可以根据客户的交费能力确定产品组合。客户支付保险费能力差，扩展责任的附加产品组合数量就少一点；如果交费能力强，扩展责任的附加组合产品数量就多一点。

第二，通过保险金额的多少调整保险费。有的客户为了少交保险费，希望保险金额低一点。我们为了获取更多的保险费，也为了给客户提供一个保险金额充足的保障，可以把保险金额定得更为充足。保险金额的变化也取决于两个因素：一是保险财产的多少。保的财产项目多，保险金额就会高；保的财产少，保险金额就可能低。二是取决于财产以什么价值承保。保险财产一般可用重置价值、实际价值、原值来确定保险金额，有的只承保财产价值的一部分，这些都会影响保险金额的变化，从而对保险费产生影响。

第三，通过使用免赔额或免赔率调整保险费。一般来讲，免赔额或免赔率高，保险费率就低；免赔额或免赔率低或者没有，保险费率就高。

第四，使用保险费率优惠或者提高来调整保险费。一般每种保险产品的保险费率规定中，都有关于在什么条件下可以优惠或者提高的规定，我们应根据客户的实际情况，对照这些规定来实行差异化价格策略。另外，我们也可根据客户的风险状况，来降低保险费率或提高保险费率。

第五，通过保险期限的调整来调整保险费。保险期限长，保险费就高，反之则少。有的客户暂时资金有困难，我们可以把一年的保险期限定为半年。

第六，通过特约批单调减保险费。从基本保险条款中剔除部分保险责任，如在工程保险条款中剔除地震、滑坡等灾害；增加限制性条款，如在工程保险条款中加防火设施特别条款，规定客户只有在做好规定防火工作的前提下，保险公司才能负责火灾爆炸所造成的损失，这实际上是强化了安全，减少了赔偿责任，保险费也可适当下降。

总之，在进行保险保障设计时，我们要对制定的方案进行反复的思考、分析和修正，要看它是否符合客户需求，是否优于竞争对手，是否符合法规和保险公司的规定。在制定过程中，应注意征求客户意见，不要闭门造车，这样方案形成后，客户的认同度就高，更容易接受。

客户拜访

　　保险营销是不可能坐店营销的，因为很少有客户主动上门购买保险，即使是法定保险，主动上门购买的也不是很多，所以，保险最常用、最有效的方式就是主动营销。客户拜访是主动营销的最好形式，是我们向客户实施营销的关键环节，保险营销需要我们与客户进行长期接触，拜访客户数量越多，拜访同一客户次数越多，拜访客户的持续时间越长久，营销成功的机率就会越高。

　　客户拜访的任务是多种多样的，归纳起来，有以下六点：一是营销产品。这是客户拜访的核心任务，无论是什么任务，最终落脚是营销保险产品。二是信息收集。通过客户拜访，了解与保险营销有关的各种信息，为制定保险保障方案，提供有针对性的服务打好基础。三是客户咨询。为客户提供与保险合同相关的咨询服务。四是保单维护。在保险期内，办理保险合同变更事项，如，保险财产增加、减少，应收保险费收取，续保安排等。五是索赔服务。就是为客户保险索赔提供帮助，搜集索赔资料。这看似与营销无关，但它会影响营销。六是客户维系。就是保持与客户的密切联系，加深感情，为营销奠定情感基础。总之，我们在营销中，应根据不同的拜访任务去确定拜访方式，进行拜访准备和实施拜访。

拜访方式

　　客户拜访主要有登门拜访、电信拜访、信函拜访等方式。

第一，登门拜访。也可以说是上门营销或走动营销。由我们直接与客户面对面地进行拜访，其优点是灵活性强，双方互动性强，我们能针对客户的态度、观点、思想和异议等情况进行面对面的沟通，并能借助于文本、表情和肢体语言等工具强化沟通效果，这种方式收效好，但成本高，耗时间长，特别是拜访一些距离较远的客户，更是耗费、耗时。

第二，电信拜访。这是指运用电信工具进行营销。有的客户很忙，距离也比较远，想寻找与他面谈的机会很难；有的拜访沟通内容比较简单，不需要与客户有过多的互动，在这些情况下，我们可以采用电信的方式。主要包括电话、互联网等。在现代社会，电信已成为营销的主要工具。可以说，营销人员成功的概率与每天实施电信拜访次数成正比。电信拜访比登门拜访耗时少，费用低，效率高。有时通过手机短信、微信可以进行群发信息，拜访面就更广、更快。在打电话之前，最好事先准备好谈话的要点文稿，这样效果会好一些。内容太长的，可用互联网拜访，如，通过电子邮件、QQ联络或微信等。

第三，信函拜访。通过向客户邮寄信件进行拜访，也可称为信函营销。拜访很繁忙的客户，由于沟通的内容太多，客户需要书面材料，便可以采用这种方式。我们把信函寄发给客户，由于不与客户直接对话，所以在传播我们的意见时不会受到客户的影响，客户不可能阻止"书面见面"，也不会打断我们的"书面讲话"，只要客户能阅看，他就能全面和系统地了解我们的意见。但它缺乏互动，对客户异议无法解决，客户是否阅看或者有反馈意见也无法确定。注意，在向客户发邮件之前最好电话告知客户，不能让邮件成为不速之客，也不能发完之后就不管了，客户一般不会主动反馈意见，他可能在等我们的进一步行动。所以，我们要主动采取电话拜访或登门拜访的方式了解客户收到后的反应。一般不要问："您收到我寄的资料了吗？"客户可能会回答："没有！"其实他可能已经收到，但对我们的直问很反感。我们应该这样说："前两天我给您寄了份资料，我怕资料上的内容说得不是很清楚，想再说明一下，耽误您几分钟时间……"这样效果就会好。

无论我们是采取电信拜访还是信函拜访，绝大多数情况下，最终还是要靠登门拜访来完成营销。同时，登门拜访也是我们实施主动营销的最佳方式。由于营销人员对客户的登门拜访，保险公司和客户之间所存在的地理位置上的距离就被消除，双方的交流与沟通变得更为方便和快捷，那些被动的客户会因为我们的主动行为而焕发出旺盛的保险需求。所以说，上门服务是保险营销的最好方式，是营销成功的关键因素。

我们有些营销人员总是爱坐在办公室给客户打电话，问客户有没有购买保险的想法；有的营销人员甚至为了自己方便和少支付交通费用，竟然打电话通知客户到保险公司办理续保。我们想过没有，在竞争激烈的市场，成百上千的保险营销人员在寻找和拜访客户，每一个角落都有保险营销人员在活动，而我们却坐在办公室给客户打电话、等客户电话，或者等客户上门。也许你在给客户打电话时，客户那里已有其他保险公司的营销人员正在做说服工作。另外，客户到你公司来，不仅增加客户的经济成本，而且也消耗了客户的时间成本和误工成本。所以，"坐店等客"的销售方式很难取得成效。我们不能忽视登门拜访和上门服务，即使是与客户有再好的关系，也不能让客户为保险的事来回跑路。

我们更不能坐在办公室里空想，或者抱怨"卖保险"难，如果真想干一番事业并取得成功，那就要不断提高和保持强烈的拜访欲望，走出办公室，去实实在在、诚心诚意、不辞辛苦地去拜访客户。特别是刚开始与客户接触，上门拜访比发信函和打电话的效果要好。日本推销之神——原一平，每天拜访客户在15人以上，每月要用掉1000多张名片。由于他勤奋地拜访，50年的职业生涯，他积累了2.8万个客户，连续15年在同行业中保持全国业绩第一的地位。他的成功，就是勤拜访客户和多拜访客户的结果。有的人认为，客户不希望我们去打扰，实际并不完全如此，客户也是在渴望与他人交流，希望被别人重视，希望在别人心目中有价值，会因别人的拜访而高兴，关键在于你在拜访时要让客户感到轻松和愉快，不要给客户太大的压力和让客户产生讨厌的情绪。

拜访准备

在对客户实施登门拜访之前要做充分的准备，否则，拜访就会很盲目，心里就没有底气。我们准备得越充分，我们的信心就会越足，拜访效果就越好。记住一条：没有准备，就不要去拜访客户。这就像士兵上战场，精神和武器弹药都没有准备好，就上战场，结果可想而知。拜访准备要围绕我们的拜访目的进行，包括我们要拜访哪个客户、到客户那里去干什么、如何拜访、想达到什么效果、如何应对竞争对手，等等。客户拜访准备大致包括以下几个方面。

一、拜访计划。营销中有一项最重要的计划，那就是拜访计划。制定拜访计划，并严格按计划执行，是我们取得营销业绩的重要保证。它包括以下内容：拜访谁、拜访事由、拜访的地点和时间、拜访所需要的资料和沟通内容准备、拜访的路程及交通工具、每天拜访客户数量等，这些都应该周密计划，使人力、时间和可调配资源都得到最有效的安排。一定要确定好拜访的客户，就是确定向谁营销和营销什么保险产品。应结合新增客户清单和续保客户清单的管理来进行，对挑选符合以下标准的客户进行营销拜访：最需要保险的、最有钱购买保险产品的、符合承保条件的、我们能够接近的客户。并对这些客户购买保险的可能性进行评估，然后采取先易后难的顺序确定适合的拜访客户。这样成功率要高一些，可以避免无效工作，也可以避免因拜访难度大的客户而失败，影响继续拜访的信心。拜访客户不仅限于熟人，更应加强陌生拜访。一个人的熟人圈子毕竟有限，我们要想扩大客户数量，增加营销业绩，就不能把营销局限于熟人之中，应确定更多陌生的拜访目标。拜访行动最好的方式是按月或者按周确定拜访计划，编制拜访计划表。采取适当集中的方式，确定在某一地方每天拜访哪几个客户，在拜访某一老客户时，同时也拜访他附近未购买保险的客户，这样可以节省时间和费用。要不断地对照拜访计划表进行检查，对计划中未拜访的客户，要做计划调整，安排拜访时间。我们只要采取这种拜访计划方式，并严格按计划执行，我们的营销工作就不至于无所事事、杂乱无章，我们的营销业绩肯定会大有提高。

二、精神准备。我们要做好客户拜访工作，首先要战胜拜访恐惧症，它主要有以下表现：一是不敢拜访客户；二是不愿意按计划去实施客户拜访；三是用各种借口回避或者拖延必须进行的客户拜访；四是不愿意拜访难以接近的购买决策者，只是拜访没有购买决策权的人，使拜访难以取得实质性的效果；五是自己不愿意拜访客户，要求朋友与客户谈好，自己再去拜访；六是拜访犹犹豫豫，缺乏勇往直前的精神。这些都是作为一个营销人员的职业素养不到位的表现。我们不战胜这些障碍，就不能很好地实施客户拜访。客户拜访的精神准备主要方法就是调整好心态，树立起必胜的信心，使自己淡定、从容而又充满激情，勇敢地去敲开客户的门。美国销售专家杰弗里·吉特默说："不要害怕犯错，不要害怕失败，不要担心被拒绝，不要因为某个粗鄙的人不愿见你就放弃。如果你相信你对他人有所帮助，那么就永远都不要放弃。"有时需要我们硬着头皮去拜访客户，哪怕客户冷落我们，我们也要将拜访进行到底。

三、了解客户。在实施对某一个客户进行拜访之前，应通过各种渠道，了解客户的信息，了解得越多，拜访的效果会越好，这叫有的放矢。要对掌握的客户信息进行分析、梳理和确定。如被拜访者的姓名、住址、性格、爱好等个人方面的信息，不同的拜访对象有不同的人生观、价值观、背景、经验、教育、职业和心理等。如果是团体型客户，我们还要了解它的经营或管理状况，以及组织结构等信息。要确定好拜访对象，也就是要找准购买保险的决策人，对决策人的个人信息也应有所了解。通过这些工作，我们就对客户有了总体印象，从而减少对客户的陌生感，增强熟悉程度；对于陌生客户，我们会产生一种似曾相识的感觉；对于熟悉的客户，我们仿佛是老朋友。这样，能使我们拜访言行的针对性更强，拜访沟通更为融洽。日本原一平曾说，除非把那个人调查得一清二楚，我绝不贸然与他见面。由此可见一个成功的营销人员对拜访前了解拜访客户是多么重视。只有充分了解拜访客户，才能进行有效的拜访。

四、沟通准备。分两个方面进行准备，一是准备与客户沟通的资料和工具。包括：名片、产品宣传单、公司形象宣传单、保险费率表、保险方案、保险单样本、与保险有关的照片、朋友的介绍信或推荐书等等。这些是保险产品和服务品质的有形展示，对强化与客户的沟通效果十分重要。如果要用电脑演示，还要准备电脑。如果是在会议上放电脑幻灯，还要准备投影设备，或者与客户协商由客户准备。二是准备说服或沟通的要点。预先为可能发生的问题做准备，一般针对以下问题做好准备：客户会是一个什么性格的人、你打算向客户陈述什么内容、如何介绍保险产品最有可能吸引客户的兴趣、他会提出什么问题、你想了解客户一些什么与保险有关的情况、被拒绝怎么办，等等。

五、形象设计。也就是自我形象的设计，前面我们说过，在保险营销中，营销人员也是保险公司和保险产品的一个重要的有形组成部分，保险营销人员的形象对营销有促进作用。在实施拜访时，重点是着装。我们的着装和气质要符合职业的需要，符合客户的审美观，我们的衣着方式应当与我们准备去拜访的客户的衣着欣赏习惯基本相符，仿佛与客户是一个类型的人，增强客户的认同感，使客户能产生好感，否则会引起客户的排斥。这一点看似简单，是小事，但做好不容易。如，我们去一家大的公司拜访总经理或参加一个重要的拜访性会议，穿着过于休闲，会让人感到我们不正规。还应注意自身整洁状况，以免让客户不愿意接近。另外，形象还包括我们的内在气质，一个人的精神气质也是赢得客户的重要因素，体现在面部表情上。我们要调整好自己的情绪，有饱满的激情和乐观精神，以良好的精神状态去面对和感染客户。

六、争取会面。争取客户会见，看似简单，其实不容易。有的客户不愿与保险营销人员见面，特别是已经在其他保险公司购买保险的客户，不愿意改变自己的习惯，去接受新的营销人员，也不愿意因拒绝别人而引起不快，面对众多营销人员的营销十分烦恼，干脆不见。所以，争取客户见面很重要。可以说，客户同意见面，我们就有了一半的成功机会。可以采取以下方式争取与客户见面：通过朋友介绍引见、电话求见、给客户写信、邮寄节日贺卡等，让客户对我们有一个基本印象，获得客户的信任和支持，为争取见面做一些铺垫，这样会使登门拜访顺利一些。一般性客户，我们可以直接拜访；身份或地位较高的，我们可先电话求见，或者是通过朋友引见；对于团体客户的决策者，我们可以通过客户单位保险购买的经办人员或者领导秘书帮助做工作，争取见面。一般情况下不要做不速之客，如果事先不联系好，贸然求见，会打乱客户正常的工作或生活安排，客户一般会拒绝，即便是见面，也会心存不快，影响拜访效果。拜访前要通过电话或其他方式预约，美国德莫依内斯农民之友保险公司要求营销人员在与客户会见之前先用电话联系，然后再去拜访。他们统计的结果是：与先前不用电话预约相比，每个月可以省去14483公里的行程，这样就使营销人员能够拜访更多的客户。通过电话预约，对客户在电话中提到的问题做充分的准备，使登门拜访有了客户感兴趣的谈话内容。

七、安排会面。对于预约的见面，要安排好见面的地点和时间。拜访地点很重要，它是我们营销的环境因素，也可以说是我们表演的舞台，这个舞台要让观众——客户感到满意。地点选择的思路是：应该选择客户感到舒适和满意的地点会面。我们可以到客户办公室，也可以到客户家里，还可以约客户到某一餐馆、茶馆和某类体育运动场所与客户见面，这要视客户情况而定。尽量避免在客户的工作场所，以免被客户的同事或其他事情干扰，影响拜访效果。另外，客户在离开办公室之后，身份感会发生变化，他会放下"总经理"之类的职业架式，人的本性会显现出来，举止态度也会变得随和。在见面时间上，要选择适当的时机或时间。何为适当时间或时机呢？就是客户认为合适的时间，而不是我们认定的时间。

拜访注意事项

客户拜访的基本过程主要有四个步骤：第一，拜访准备。经过精心准备之后，与客户确定拜访时间和地点。第二，拜访实施。主要是与客户就拜访任务进行沟通，直到完成。第三，拜访总结。对每次拜访都要进行总结，做好拜访记录，这是一个职业营销人员基本的工作内容。第四，拜访跟进。客户拜访是一项长期持续的工作，不是一次拜访就结束了，应做好持续拜访。在拜访过程中必须注意以下几点。

一、注意遵守时间。守时是我们诚信的最基本的表现形式。要守约，约的是什么时间与客户见面，那就必须要准时，不要提前太长的时间，否则客户没有时间接待我们，我们不但浪费了工作时间，而且在那里等得心焦，客户可能会因为要接待我们而打乱正常的工作心烦。这样双方的情绪都会受到影响，在这种状态下见面，其拜访效果肯定不好。更不要延迟，否则客户会认为我们是一个不守信的人，或者是一个不尊重别人的人。有时可能会因迟到10分钟而失去获得一份保险单的机会。在规定的时间略为提前一点是最好的方法。特别是约客户在餐馆、茶馆和某类体育运动场所见面，我们必须提前赶到，做好接待客户的准备。如果客户先到了，会使客户尴尬，使客户觉得自己仿佛是一个好吃、好喝或好玩的人，也会产生被冷落的感觉。如果确实无法按时赶到，那么应提前给客户打电话致歉，得到客户的理解。在拜访过程中，不要占用客户过多的时间，当客户很忙时，我们可以告诉客户谈话时间是多长，使客户心里踏实。这样客户就会让我们把话讲完，不会因为他忙而拒绝我们。事先约定的访谈时间不要超时，除非客户愿意延长谈话时间。

二、注意接近方式。能够接近客户而不被拒绝，我们的营销就有了希望。俗话说："万事开头难。"良好的开端就是成功的一半。接近客户是一门学问，有时可事先通过电话联系，有时完全是陌生拜访。在与客户接近时，一般采用以下方式：一是递交名片或自我介绍。名片上有公司的名称和我们的姓名，让客户对我们有一个基本的了解，减少陌生感。客户有时也通过对名片上内容的询问打开话题。如果是陌生拜访，我们应主动向客户要一张名片。二是递交朋友介绍信。可把共同的朋友作为话题进行交谈，拉近距离。三是递交承保申请书。通过申请书讲明我们的目的、保险对客户的作用，让客户先看，主动介绍，或者是解答客户的询问。四是递交产品宣传单。通过保险产品的介绍引起客户的兴趣。五是直言相告。直接告诉客户我们拜访他的目的，有的客户不喜欢绕圈子，有的可能工作很忙，希望拜访者痛快地讲出来访的目的。但也要注意，有的客户讨厌直截了当的进攻型营销人员，对任何企图压倒他的人都会产生抵触情绪。六是引起客户起对风险的警觉。通过赔案宣传单，或者是讲近期的灾害事故，去唤醒客户的风险意识。七是调查入手。向客户了解他对保险的看法和对风险的认识，逐步进入销售正题。八是通过给客户送小礼品拉近距离。送一点精致的、有趣的小礼品，在"礼"的面前，客户会与我们更近。如，适合办公桌上摆放的小盆景，精美的指甲剪刀，等等，可以拉近与客户的距离，客户今后看到这个礼品也会想到送礼的人。九是送上赞美。赞美客户的公司和客户，以及见到的客户的东西，如，就办公室里的照片、书籍、陈设的物品开展赞美式的交流，这样客户会有一种满足感，客户也会认为我们与他有共同的欣赏水平和共同的看法。询问客户的成功经历，一般人们都喜欢谈论自己。从客户的谈论中，我们可以对客户有更深的了解，这对我们与客户沟通很有帮助。十是闲聊引入。选择客户喜欢的话题开始交谈，如客户的爱好或兴趣，使双方找到更多的共同语言，这样能吸引客户的注意，使会谈在友好、轻松的气氛中开始，为实质性的沟通打好基础。但是，不要向客户打探他的隐私，有些客户不想让别人知道他的私人化问题。

三、注意言行举止。拜访的第一任务，就是营造和谐、友好、坦诚、轻松的交往气氛，给客户留下良好的印象。特别是第一次拜访，只有首先给客户留下一个良好的印象，使客户接受了我们这个人，他才会接受我们所代表的公司，然后耐心听我们的讲话，从而接受我们销售的保险产品。客户不接受我们，再好的保险产品我们也无法让客户接受。一是要注意自己的精神状态。在见面之后，要迅速消除见面的紧张情绪，以落落大方、彬彬有礼、亲切感人、端庄沉着和充满自信的态度面对客户，赢得客户好感。切忌慌慌张张、鬼鬼祟祟、蹑手蹑脚，让客户讨厌或小看。在接近客户时，特别要注意客户的情绪。客户处于乐观的情绪，我们可能比较容易与客户接触和交流。当客户情绪低落，面容阴沉，我们接近客户的效果就不会好。所以，用乐观的情绪去接近客户、感染客户，使乐观的客户更乐观，情绪低落的客户变得心情舒畅，这样我们的拜访效果会更好。我们要根据客户的情绪去调整接近的方式、语言和情绪。二是要注意客户的性格因素。根据客户的性格调整自己的态度，掌握交谈的分寸，言行不要伤害客户的自尊心。不要自以为是、夸夸其谈，要使用通情达理的语言。有抽烟习惯的人，在征得客户同意后方可抽烟；不要随便搬动客户的东西或翻阅客户的资料。注意迎合客户的个性特点，善于对客户的某些好的想法加以称赞，这样就能密切与客户的关系。三是说话留有余地。不要说假话，不要说夸大事实的话，不实的话总有一天会被客户识破。不要讲自己公司和领导的坏话。客户是不会与一个不好的公司和一个水平较差的人领导的公司做生意的，也不会与一个对公司和领导不忠诚的人打交道。

四、注意拜访过程。注意把握好产品营销拜访的进程，有步骤地开展营销拜访，不能操之过急，操之过急只能欲速不达；也不要可以成交了，还在一次又一次地拜访客户，与客户闲谈一些与销售无关的事，不谈保险销售的正事。应根据客户的不同情况设计拜访客户的次数，以及每次拜访的任务和拜访谈话的内容。营销拜访开始的重点并不在于使客户马上购买保险，而是在于彼此的交流与沟通，当彼此感情与认识逐步走到一起时，成功就会来临。产品营销拜访一般情况下分六步，我们的产品营销拜访要围绕这六个步骤去进行。第一步，客户接触。与客户进行非营销性的交流，聊一些无关营销的话题，达到与客户开展正常交流的目的，像音乐中的序曲，为下步营销打基础。第二步，说明来意。也就是向客户说明营销意图，介绍产品，让客户了解产品内容。第三步，了解信息。根据承保的需要，了解客户的信息，为保险保障设计做准备。通过与客户的沟通，验证自己所了解的客户信息，看是不是能成为我们的客户，要做到知己知彼。第四步，商定方案。制定保险保障方案，并与客户共同协商保险保障方案。听取客户意见，不断完善，直到客户满意为止。第五步，营销促成。通过沟通协商，让客户决定购买，并协助办理相关手续。如，填写提保单，收取保险费，送交保险单。第六步，售后服务。客户购买后，还要不断为客户提供各种服务。以上实际上是向客户营销的顺序，但有时也不完全是这样，可能一步，也可能两步就能办成。有时可能一两次拜访就完成了，有时可能是无数次拜访才能完成。

五、注意随机应变。尽管我们应该遵循事先计划好的拜访程序和准备好的洽谈内容，但一些预料不到的情况随时都有发生的可能，它们将会使我们陷入被动；即使是预料到的事情发生，也可能会因为情况复杂而打乱我们的计划，使我们的工作脱离设计的轨道。我们在前期准备时应该尽量预料到不测情况发生的可能，在心理上和方法上做好相应的准备。在遇到不测情况时，我们不能过分固守我们的计划和观点，应采取随机应变的方式，这与一成不变的营销观念是截然对立的。随机应变一般采用以下策略：一是顺藤摸瓜。按照客户的意见进行。顺藤的目的在于得瓜，就是把保险产品卖出去。二是迂回推进。换一种方式和说法，也许能使客户缓和并消除与我们的紧张关系，并接受我们的营销。三是澄清事实。当客户误解我们时，我们一定要告诉客户真实的事实。四是沉默应对。客户的有些行为和言论是表面的东西，并不是他内心真实的反映，我们可以不予理采，采取冷处理。

六、注意持之以恒。营销拜访不是一次就能成功的，由于客户的保险需求不同，对保险的理解不同，达成营销成功的拜访次数也就不一样。一般情况下，一个客户要被拜访四次才能完成购买保险的过程。有的一次就能成功，有的要十几次；有的几个小时就能达成签定保险单的意向，有的持续达一年多的时间。我们有的营销人员，拜访客户一次未成功，就灰心丧气，没有勇气再去拜访。只有拜访，没有回访，就不可能成功。有的客户可能要拜访5次才能达成购买，我们拜访了4次，客户的保险意识也有了，对保险产品也了解了，如果这时我们放弃拜访，那么保险单肯定会被下一个登门拜访的竞争对手获得。有的营销人员看到客户那里有竞争对手，就不愿再登客户的门，这就是一种消极逃避的行为。其实，拜访客户首先是要有勇气，成功也是属于那些有勇气的人，同时，还需要耐心、耐力。特别是当我们面对竞争对手时，竞争的往往就是耐心和耐力，谁坚持到最后，谁就能取得胜利，因为客户会尊重一个有毅力的营销人员，总是偏向来访次数最多的营销人员。美国纺织品零售商协会做过一项调查研究，它反映营销人员在拜访客户后被拒绝的表现：48％的营销人员拜访1个客户被拒绝之后就不干了，25％的营销人员拜访2个客户被拒绝之后就不干了，15％的营销人员拜访3个客户被拒绝之后就不干了，12％的营销人员拜访3个客户被拒绝之后继续干下去，而80％的生意是这些营销人员做成的。由此可见坚持拜访的作用。

七、注意访后总结。一般拜访回来之后要再次以电话或短信的方式向客户表示感谢，感谢客户接受我们的拜访，并就一些关键问题与客户沟通，表明自己的服务想法和态度。然后是要做拜访记录，将拜访的时间、地点、人物、交谈内容、承诺事项等记录下来，不断修正和丰富我们的客户档案信息，以及拜访中所产生的工作灵感、想法。并要记下拜访心得体会，要找出拜访中的问题、产生问题的原因，以及如何解决的方法。在下一次拜访时，首先查阅拜访记录，这对我们做好再拜访工作十分重要。例如，上次拜访曾答应给客户送一份产品宣传单，我们也做了记录，由于没有查阅，忘了给客户送去，这么简单的服务就做不到，客户会认为我们办事的水平和诚信有问题。我们有的营销人员不愿做拜访记录，这是工作不认真的表现。最好的方法是随身携带一个小本子，在拜访客户时，现场记下客户所讲的内容。这样做，不仅能使拜访所获得的信息不被遗忘，而且客户会认为我们很尊重他，认为我们工作认真，从而更认同我们。拜访结束回去后，再整理笔记。通过拜访，要具体和全面地了解客户的要求，收集与保险营销有关的信息，分析客户的保险需求，进一步验证客户，对于不可能购买保险的客户应停止拜访，以免再继续浪费时间；对发现影响营销的问题，应思考解决问题的办法并把问题解决好。

团体型客户的拜访

我们有的营销人员在营销拜访团体客户时，往往只拜访公司的经理或某一个分管保险的成员，忽略了公司其他成员在购买保险决策上的重要作用。有时候看起来与我们谈保险或办理保险手续的只是一个人，但通常在这个人的背后往往隐藏着其他对购买保险决策更有影响力的人。在团体客户中，有时购买保险的决策并不是一人做出的，而是由相关部门的人员集体做出的。

向团体客户营销保险，需要与众多的部门和人员打交道。每个部门和人员对保险的认识和需求不一样，在客户内部，不同的部门对购买保险有不同的认识和作用。如某一个企业，安全部门认为购买保险之后，可以减轻事故发生之后的心理压力，因为事故损失可由保险公司赔偿；财务部门会认为购买保险将增大费用支出。为了使营销获得成功，我们必须拜访客户中所有参加保险购买决策的人，给他们应有的尊重，与他们沟通，争取他们的支持。这是为一个单位购买保险决策打下良好的群众基础，特别是在民主意识很强的公司或组织。在向一个团体客户营销时，我们应该了解客户参与购买保险决策的每个人的重要性及作用，了解他们每个人的特征，要弄清哪些人是支持我们的、哪些人是拒绝我们的，有针对性地开展拜访工作。在拜访不同部门的人员时，要有不同的说服内容。有时我们难以与所有的保险购买决策参与者见面，但可以向他们邮寄或转送签名的资料，争取他们在表决时给予支持。客户内部对我们宣传的保险在认识上越统一，支持我们的人就越多，我们营销成功的把握就越大。

在向团体客户进行营销时，拜访负责人非常关键。我们如果只注重与客户购买保险的经办人打交道，只注重与客户使用保险有关联的人沟通，会使客户保险购买议而不决，相互推诿，无法成交，我们的工作老是停留在拜访层面。有时我们花了很大的精力把部门和经办人员的工作做好了，但竞争对手却做通了购买保险关键决策者的工作，到了嘴边的肉却让竞争对手抢走。所以，我们应了解客户的组织结构，弄清哪些部门与保险有关，找准谁是保险购买的关键决策者，了解他并想办法拜访这个关键人物，与他沟通，建立信任关系，促使他做出购买的决定。

营销沟通

如果说客户拜访是走近客户的身边，那么营销沟通就是走进客户的内心。营销沟通就是我们与客户的信息交换，也是平衡我们与客户之间信息差异的好办法。保险营销是我们与客户之间的一种互动，而沟通是互动的主要形式，是极为核心的手段，没有沟通，就不会有保险营销，营销的过程就是一个沟通的过程。

营销沟通的方式是多种多样的，如，口头、书面、文字、图像、动作、表情、体验、感受等。而对于保险营销人员来讲，主要使用语言沟通方式，语言沟通的方式主要有两种，一是口头沟通，一是文本沟通。从实施沟通的对象多少来讲，营销人员的沟通主要包括"一对一"的沟通和"一对众"的沟通方式。"一对一"的沟通就是与一个客户的沟通。"一对众"的沟通就是同时与众多客户的沟通。如向一个单位的所有成员销售家庭财产保险产品，我们不可能"一对一"的沟通，那样太耗费时间、精力和经济成本，所以，我们可以通过这个单位的组织者将成员召集起来，以会议的形式向他们宣传保险产品，说服他们购买保险产品。这样就省事多了。

沟通在保险营销中有三种基本功能，即告知、劝说和提醒。告知，针对营销中的客户认知需要和我们实现营销目标的需要向客户讲清有关内容。劝说，就是说服客户接受我们的观念、我们的公司和我们个人，并购买我们的保险产品。提醒，对客户在购买保险时，或在购买保险之后，对应该注意的问题和容易忘记的事项向客户予以说明和提示。

保险保障的设计离不开两部分信息，一部分是我们的保险产品、保险知识和技术，一部分是客户向我们提供的设计保险保障所需要的信息。我们与客户的信息沟通，是保险法规和保险条款所规定的我们与客户的权利和义务，只有这两部分信息的充分沟通，才能设计出更好的保险保障。在很多情况下，一旦我们与客户接触，客户就开始了与我们的相互沟通，客户从相互沟通中了解保险知识、保险公司、保险产品，了解保险服务的质量，并做出判断。我们从相互沟通中了解客户的保险需求、风险状况等情况，并对客户进行说服。

营销沟通的任务与作用

向客户传播保险信息是我们营销沟通的核心，作为一名营销人员，本身就是一个保险的传播者，有责任和义务向需要保险的客户宣传保险的意义和作用，这是营销人员最基本的职责。在很大程度上讲，我们的保险营销或保险服务过程绝大部分依赖于客户沟通。调查发现，营销人员往往需要花很多的时间去说服客户，解决客户购买保险犹豫不决的问题。可以说，保险营销是通过营销人员与客户的沟通来完成的，保险营销上的成功或失败，取决于沟通或互动的质量。

营销沟通的主要任务是达成共识。客户对保险的认识与我们相比一般是存在差距，我们对客户的认识也存在差距，双方站在各自立场，建立共识比较困难，沟通的目的就是缩小差距，形成一致的想法。沟通的任务具体表现在以下方面：培训客户，向客户讲清保险知识，帮助他们理解保险的有关内容，让客户掌握保险知识，满足客户的知情权，引导客户购买保险产品，引导客户如何评价和比较保险公司和保险产品，引导客户认识保险产品的内容，解决客户服务中的矛盾，从而使它们自觉地、理性地购买和使用保险。

营销沟通的作用主要表现在以下两个方面。

一、充实客户的保险知识。购买保险不像购买物质产品那样，可以在购买的当时就进行测试或品尝。无形的保险产品是最需要向客户解释的产品，需要将无形的保险产品明白透彻地展示给客户，让客户对保险产品有清晰的认识。客户在购买保险时，只能凭我们传播的内容来判断我们的公司、产品和服务是否优良，然后再做出是否购买保险的决定。保险公司和营销人员掌握着大量的保险信息，如果不能传播给客户，客户在不了解的情况下，就很难做出正确的判断和决策。从理论上讲，几乎所有的单位或个人都有保险的需要，但在现实中，保险营销难的问题仍然存在。为什么会出现这种现象，是因为不少人不了解什么是保险，不了解保险知识，不明白保险的作用。解决这个问题的最有效方法就是与客户进行沟通。在保险营销过程中，客户直接参与保险产品的生产过程，保险产品也是需要我们与客户共同生产的产品，与客户的沟通是客户理解保险产品或生产保险产品的前提。客户对保险产品不理解，保险产品就不可能在客户心中形成清晰的认识，也就谈不上购买。客户如果理解错误，就会形成缺陷产品或问题产品。通过沟通，使客户在理解的基础上购买和使用保险产品，从而减少服务中的矛盾，使保险关系持续时间更长。在实际工作中发现，我们与客户合作中的矛盾或法律诉讼，很多是因为我们沟通不够，或者说是没有让客户明白保险单的内容所产生的。我们许多客户不再续保，或者选择竞争对手，往往也是因为我们的客户沟通出现问题而造成的。

二、培养客户的保险信念。营销沟通十分重要，其核心就是培养客户对保险的信念，这是客户沟通的最高境界，也是保险营销必需解决的首要问题。日本著名营销专家川佐崎曾说："相信某种思想的顾客比只感到满意的顾客作用要大得多。原因是：他们会继续宣传，在他们买了这个商品之后很久还会这样做。"我们首先要在客户心中建立起这样一个观念，那就是：风险客观存在，保险是弥补风险损失的最佳手段。客户有了正确的保险观念，他就会接受保险服务，用购买保险产品来实现他的观念。正确的保险观念在客户的心中像肥沃的土地，能为我们培育出丰硕的营销之果打下良好的基础。遗憾的是，我们有的营销人员不愿意去与客户进行深入的、专业的沟通，主要表现在以下方面：一是往往就某一保险产品销售与客户沟通，忽视客户保险意识的增强，忽视客户保险理念的培养。这就如同向一个十分节俭的人销售昂贵的名牌产品，你就是把这名牌产品说得天花乱坠，他也不可能购买。而一个十分讲究的女士，认为只有穿名牌服装才是最美、最幸福的，你不用费劲向她销售，她就是借钱也要买，这就是理念所决定的。二是以唤起客户同情心的乞求，替代帮助客户认识保险需求。有的营销人员甚至对客户说："您如果不把业务给我做，我这个月工资都拿不到。"把高尚的职业等同于乞讨。不是告诉客户保险对他的保障作用，而是要求客户帮自己完成保险费任务。这种站在自己立场上去营销的做法肯定失败。三是不做细致的沟通。如，有的营销人员在销售汽车保险时对客户讲："您的车不保险，交警就不会给您年检；您的车不保险，交警检查时就要罚款。"仿佛是在威胁客户，而不是从客户对保险的真正需求上去与客户沟通。所以，我们要在宣传保险产品的基础上，强化客户保险信念的培育，使更多的客户建立起牢固的保险信念，这样，会对我们的营销产生极大的促进作用。

口头沟通

口头沟通是指营销人员以口头语言与客户进行沟通，在保险营销沟通中处于十分重要的地位。不少商品是通过广告宣传之后，由客户到商场或服务场所去进行选择或购买，但保险产品则不同，它绝大多数的销售是靠营销人员上门销售，在缺乏销售场所等其他环境支持的情况下，营销人员的口头沟通是客户获得信息的重要来源之一，是完成销售的主要手段。即使是用文本与客户沟通，也需要用口头沟通的方式进行补充、完善和修正。口头沟通与广告和文本之类的沟通相比，是一种最廉价、最方便、最及时的沟通方式，亲切感、信赖感和互动感强。其弊端是陈述的信息客户容易忘记，陈述人有时可能会因为沟通准备不够、临场沟通过度紧张和不安、客户干扰而影响沟通效果，甚至导致沟通失败。

在口头沟通中，营销台词的运用十分关键。看起来口头沟通是一种即席的表达或陈述，但实际上口头沟通也需要做充分的准备，只不过这种准备是建立在记忆、经验和习惯等基础之上。要想使口头沟通效果更好，除记忆、经验和习惯之外，针对某一个或者某一类的客户沟通，营销台词确实是口头沟通准备的最好方式。何为营销台词呢？营销台词是营销人员为与客户进行有效沟通准备的语言沟通内容。保险市场是营销的舞台，我们营销人员就是演员，要准备好并陈述好营销台词，才能赢得观众，即客户。

物质产品在营销时征服客户靠的是它有形的性能、品质、包装等因素的展示，保险产品是无形的，我们需要用语言来表现它的性能和品质，用语言包装，从而提高保险产品的展示效果。有的人认为不需要营销台词，靠临场发挥来驾驭沟通说服活动就行了。这种毫无准备的沟通肯定效果不好。我们在面对客户时，有时会产生紧张不安的情绪，或者受客户态度和言行，以及当时环境的影响，思维会受到干扰，只有在充分准备的情况下，我们与客户交流的观点、事实、数据、解释和知识等内容才会流畅地、系统地、符合逻辑地去引导客户，使客户的思维走在我们预定的轨道上，让客户感到我们十分专业，让我们自己充满信心，因为信心来自于准备。

我们在营销台词的编写过程中，要注意以下问题。

一、营销台词要有书面底稿。口头沟通看起来是即兴发挥，但它实质上是应做精心的准备。优秀的营销人员在口头沟通上的标志是在即席发言时的能言善道，即席发言是指发言者没有发言稿、没有准备的临时性讲话。但是，实践证明，几乎所有人的即席发言都不可能达到他们经过认真准备后的理想效果。有即席发言经历的人可能都有这样的遗憾，发言完后，总感到自己有些话应该讲得更好。演员必须记台词，并认真排练。教师必须备课，记住讲课的内容并不断改进或完善授课内容。曾经担任美国总统的林肯是举世公认的演说家，1863年11月19日，他在国家阵亡将士墓园落成仪式上发表了不足三百字的精彩演讲，这篇著名的"葛底斯堡演讲"被公认为是英语演讲的最高典范，被铸成金字存放于牛津大学。但是，为了这两分钟的演讲，他花了两个星期的时间。演讲前夜的后半夜，他还在反复推敲这两分钟的演讲。由此可以看到，林肯的演讲成功是来自于他对听众的高度负责精神和充分的准备。所以，我们在向客户进行说服时，事先要编写营销台词，并烂记于心，进而出口成章。

二、把握营销台词的针对性。要针对营销需要去构想营销台词，根据我们需要沟通的内容，以及客户的文化、地位、理解保险的能力、经济状态、保险需求、关心的是什么问题、会提出什么问题等情况去思考营销台词的写作。我们把营销台词分为两部分：一部分是我们想对客户陈述的内容。如，向客户销售家庭财产保险，我们应告诉客户：为什么要购买家庭财产保险？家庭财产保险的保险责任是什么？保险费是如何的合理？等等。另一部分是对预测客户提问的回答。如，客户估计会说：保险没有必要，我的财产不会发生损失，你们保险公司理赔手续太麻烦，等等。我们应针对我们想要对客户宣传的内容和客户可能会对我们提问的问题进行营销台词的编写。2006年，我在中国人保财险宜昌市分公司任副总经理，分管车辆保险，我对员工做了问卷调查，每个人写出客户向他们问得最多的问题是什么，然后合并，针对客户普遍问得最多的问题，我编写了汽车保险营销台词，发给全公司营销人员。其目的是为营销人员提供一种参考，为他们提供技术支持，进一步提高营销人员的说服能力。口头沟通如果再借助于宣传单、灾害事故照片等宣传性文本，更能起到强化沟通的作用，其效果更好。

三、把握营销台词的编写方式。最好是按问答式进行编写，将编写的营销台词进行模拟陈述演示，直到完全适合口头表达为止。这样便于我们记忆和陈述，也有利于客户听得顺耳，加深印象。首先，列出问题，包括我们想对客户说什么，估计客户会问什么，然后按确定的题目解答。其次，经过与客户沟通的实践，对营销台词进行检验，对原来准备的解答内容进行修改和完善，对发现的新问题撰写解答。久而久之，我们就能积累丰富的营销台词，营销台词的适用性会更强。我们想对客户讲什么，客户想问什么，我们都有答案，从而形成我们的知识库。这种方法，是我们营销人员最简单、最适用的沟通研究活动，我们应该持之以恒。

案 例

2006年5月，我根据客户的询问、疑惑以及我们应向客户宣传的内容，为我们中国人保财险宜昌市分公司营销人员起草了《汽车保险营销台词》，发给营销人员学习使用。因内容很多，现部分摘录如下：

汽车保险营销台词

汽车保险营销台词，是对客户进行营销说服的内容和语言的设计。其目的是为营销人员提供一种参考，进一步提高营销人员的说服能力。此次编写的只是一部分，我们将根据实际需要，不断丰富汽车营销台词，为营销人员提供技术支持。

客户：你们的公司是一个什么样的保险公司？

答：我们公司的全名是中国人民财产保险股份有限公司，简称为中国人保财险。它是国家控股的、目前中国综合实力最强的商业财产保险公司之一。

我们具有两个"第一"：是新中国成立的第一家保险公司，前身是原中国人民保险公司，成立于1949年10月20日；是中国第一家在海外上市的金融保险企业。

我们具有两个"唯一"：是中国唯一被世界权威机构评为"安全级"的财产保险公司，在世界商业财产保险公司中名列第二十位；是我国唯一以"中国人民"冠名的保险公司。

我们具有四个之"最"：资本金在全国财产保险公司中最高，超过100亿人民币；年保险费收入最多，超过650亿元人民币；网络分布最广；从业人员最多。

我们具有十大优势：品牌优势、服务优势、资金优势、网络优势、技术优势、人才优势、产品优势、客户优势、合作优势、管理优势，可以说，这些优势在中国保险市场处于领先水平。

我们公司的战略发展目标是：将建成国内领先、国际一流的知识型、现代化非寿险公众公司。所以，我们公司是完全值得您信赖的公司，在我们公司投保，您完全可以放心。

客户：汽车保险有什么好处？

答：保险的职能就是经济补偿，也就是补偿被保险人的灾害事故损失。那么对汽车保险来讲，它的好处有以下几点。

第一点，车辆本身遭受保险事故的损失可由保险公司赔偿，这样，被保险人就能迅速修复车辆，免受车损带来的经济损失。

第二点，造成他人人身伤亡或财产损失的法律赔偿责任由保险公司承担。这部分损失有时远远大于汽车本身的价值。

第三点，能得到事故后专业、周到的帮助和服务。在发生交通事故后，人们最需要他人的帮助。在保险情况下，保险公司可以发挥处理交通事故的专业优势，如，现场施救、现场查勘、修理定损、事故责任处理等工作，使被保险人能获得帮助。通过与交警、法院等良好的沟通关系，以及与修理厂在车辆修复上的合作关系，为被保险人提供方便的服务。

第四点，维护国家法律的严肃性。一是按照国家法律，汽车必须投保；二是保证事故责任赔偿判决能有效履行。如果某人不投保汽车第三者责任保险，因车祸造成他人人身伤害或财产损失，又无钱对他人进行赔偿时，那么国家法律判决就如一纸空文。

第五点，对单位或家庭的负责。消除重大损失可能造成的困境。

第六点，促进被保险人的经营或生活。货主或乘车人都愿意选择使用或乘坐投保的车辆，那样他会更有安全感。

第七点，获得良好的贷款信誉保证。现在有的人买车需要在银行贷款，而银行会把保险作为获取贷款的条件。

第八点，得到保险公司风险管理的建议。保险公司的人员能够发挥专业优势，帮助被保险人识别损失风险，并提出恰当的保险保障建议和风险管理建议，使被保险人的风险管理工作做得更好。

第九点，得到心理上的安稳。摆脱风险给人们精神带来的困扰。交付保险费，就是不发生灾害事故，也是值得的。因为，它消除或减少了人们由于担心灾害事故损失而引发的不愉快心理，能消除事故后的无助、痛苦、不安、焦躁、绝望等情绪。

客户：我只能出这点钱，你给我做一个保险方案？

答：按您说的这个价，首先是保一个法定的第三者险，因为它是法律规定必须投保的，然后再买其他种类的保险，但余下的钱就无法充分购买车损险和其他附加保险。这样会使车辆使用的很多事故损失得不到保险赔偿。在选择保险时，一般不要以钱来决定购买保险的方案，而应该看清目前汽车的事故种类，以这些事故发生后能得到保险公司的赔偿来决定购买哪些险种、交多少保费。这才是明智的选择。其实，一台车的保费并不多，与所获得的保险赔偿的最高标准相比，应该说是很划算的。

客户：现在保险公司多，我们应该如何选择保险公司？

答：第一，看经济实力。通俗地讲，就是这家保险公司赔不赔得起，赔偿承诺能不能兑现。没有盈利能力的公司自己生存都有困难，怎么能为被保险人承担赔偿责任？

第二，看公司品牌。经营历史，经营历史长，服务经验也就丰富；要了解该公司的知名度、美誉度以及在公众心目中的地位。

第三，看服务水平。服务项目是否完善，服务网络覆盖范围有多大，服务条件是否具备。要看社会对该公司的一贯评价，有没有不讲诚信的现象，重点是核心服务——赔偿是否是按保险合同执行。

第四，看管理规范。对公司经营不负责任，对国家法律法规不遵守，这样的公司实际是对被保险人不负责。其后果：一是影响保障效力，二是可能会承担法律上的不良后果。

第五，看市场地位。在市场竞争中的地位，占市场份额的大小，在市场是否处于领先地位。市场地位决定了其在社会及市场的影响力，保险涉及面广，一个公司与政府的关系，以及与交警、法院、医院、汽车修理等单位的合作能力，直接影响服务质量。

第六，看人员素质。保险公司的人员是否专业？是否诚实可靠？敬业精神如何？因为保险作为一种服务，它是靠人员来完成的。

您要通过这些比较，选择一个综合水平最好的保险公司。

客户：现在保险公司都说自己的保险产品好，应如何比较？

答：保险产品的保障是保险单满足被保险人保障需要的程度。表面上，所有保险公司的保险产品差别不大，但还是有区别的。

第一，比较保险产品组合满足保障需求的程度。保险产品组合是指由什么险种组合成的保险单。保险产品组合数量多，保险保障面越宽，收保险费就高。所以，投保人应选择适合保障需用的产品及产品组合，不能为少交保险费而不购买应该购买的保险产品。

第二，比较保险责任。看保险单中保险公司承担赔偿的责任是什么？保障程度有多大？重点看所列的赔偿责任项目有多少。保险单对保险责任是采取列举式，如，火灾、爆炸，洪水、暴风等。一般是列得越多，保险责任就越宽。

第三，比较除外责任。看除外责任范围，重点是保险单中的责任免除条款。它列明了哪些事故保险公司不负赔偿责任。一般是列得越多，赔偿范围就越窄。这是投保人应重点了解的。有的保险人员只讲保险责任，不讲除外责任，这是片面宣传或误导。

第四，比较保险金额或赔偿限额。应做到保险保障充足。怎样才算保险保障充足呢？车损险最好是按新车购置价作为保险金额，第三者责任赔偿限额要能最大限度地满足对他人造成损害的赔偿需要。有的为少交保险费，往往把保险金额或赔偿限额定得很低，这起不到保障作用。

第五，比较被保险人义务条款。重点分析被保险人不履行义务而对赔偿的影响程度。

第六，比较保险服务项目。这是在保险单之外的因素，也是被保险人最容易忽视的重要因素。投保人购买的保险保障实质上是两部分：一是保险单中的经济补偿，一是保险服务。所以，不能只比较保险单中的因素，更应比较保险公司的服务能力和服务项目。这样才是完善保险保障方案的比较。被保险人应选择险种保障和服务优的公司。

文本沟通

保险产品和服务是无形商品，难以被描述和传达，如何能让客户用眼睛看到它们呢？文本沟通是完成这一任务的极好办法。

文本沟通是指营销人员使用书面或图画等可视性方式向客户宣传保险。办公场所、经营设施等是公司的生产要素，但对于营销人员来讲，文本是营销的重要工具或生产要素，是我们与客户沟通的重要手段，它可以把无形的保险知识通过有形的展示让客户审视，让客户深切地感觉到保险的形式和内容，它是营销人员传递给客户的重要凭据。文本沟通与口头沟通相比，具有可视性、条理性、周密性、亲切性、重复性、可传性和持久性的特点，其缺点是与客户的互动性较差。文本沟通再配合口头沟通，其效果更好，先让客户阅读文本，再针对客户阅读后提出的问题进行解答，这样就能抓住沟通的关键点。

现在的保险市场是一个竞争激烈的市场，一个客户可能会面对无数个营销人员的营销。要想让客户在众多的营销人员中能记住你和你所讲的内容，请用营销文本。专家研究结果，一场刚结束的演讲，大部分的听众只记得大约50％的内容，无论当时他们有多么专心，而两个月后，一般人只能记得25％。在保险营销中，情况甚至比以上更糟，客户有时根本不允许你往下讲，会打断你的陈述或思维，使你原来准备好的内容无法完整地陈述。但是，如果我们使用书面方式与客户沟通，客户无法打乱我们的陈述，陈述内容容易保存，而且能反复阅读，沟通的效果肯定要好一些。文本沟通如果有创意，更能增加营销的威力或魅力，胜过我们千言万语的口头沟通。1981年美国沃顿中心针对"应用研究方法"所做的一项研究显示："使用视觉辅助工具，人们会比较容易接受你的建议，而你也会被认为是专业化、有说服力、值得信赖、有趣的，而且是准备周全的。听众达成共识的机率，在有使用这类工具下具有79％，相比之下，没有使用时则只有58％。"另外，有的心理学家讲，人大脑中产生的各种印象有87％都是通过眼睛获得的，通过其他四种感觉器官（听觉、嗅觉、味觉、触觉）获得的只占13％，这些都说明视觉辅助工具能使信息更容易理解，能提高兴趣，增进记忆力。所以，精于营销的营销人员除使用公司提供的各种营销文本外，还可以根据需要自己制作一些文本，这样做，会使宣传与沟通效果更好。因此，仅靠"一张嘴"的空手营销方法已不适应现在营销的需要，我们在与客户的沟通中，要大力提倡文本沟通。

　　然而，我们有的营销人员却忽视了书面沟通的重要性，不愿意针对客户的需要使用文本沟通，在营销沟通中，采用的是口头沟通，客户听过之后容易忘记。有的营销人员过分地相信他所讲的一切客户能听懂，过分地自信自己能口头说服客户，相信客户能够记住他所讲的内容，其实不然。我们是保险专业人员，自己认为讲得很明白的道理，客户不见得听明白了，也许他只记住了只言片语，根本无法进行正常的思考。有时客户也不愿在我们面前显现出自己的理解能力较差，于是就装出听明白的样子，等我们离开，他就再也不考虑保险的事。我们还有许多营销人员对营销文本的写作有恐惧感，不愿意进行文本沟通，认为那样做是务虚、麻烦。这主要是怕麻烦、工作浮躁、不愿学习等原因造成的，是工作不精细、不扎实的表现。如果有人认为保险费优惠、返还、高额手续费等手段是务实的话，那么这种务实只会使保险营销质量越来越低。其实，只要我们有强烈的事业心，不断学习，勇于实践，写作就是一件轻松的事情，它不但提高了我们的沟通能力和解决实际问题的能力，而且也成为我们积累技术成果和经验的重要途径。

团体型客户的沟通更需要文本，因为文本便于客户内部决策人员相互传阅。据专家研究，在没有文字表述的情况下，当一项信息从上往下转述时，往往会发生扭曲的诠释。在五个层级的组织中，一项信息在传到基层的成员时，平均只有20%是正确的。团体型客户需要集体决策购买保险的问题，在没有文本的情况下，第一个接受我们宣传的人由于没有记清楚我们所讲的内容，根本无法向其他决策成员们讲解，所以干脆不讲。有的讲了，可能也不全面，甚至是错误的信息。有的保险购买的经办人员不愿意到他的领导那里去讲，一是担心自己讲不清楚，怕领导一问三不知；二是怕领导认为他在为保险公司说话，是否想从购买保险中捞好处。文本传播正好能解决这些顾虑。如果我们用宣传单、商务书信、保险咨询报告或保险服务书等文本形式向客户宣传，客户可以在阅读时不断询问一些疑点，或讲出他的理解，从我们这里得到印证或解释，当我们离开后，他还可以反复阅读或研究，这些文本实际上在代替我们不断地向客户陈述。如果他需报领导审批，他可以在文本上写道："我认为此项保险对我公司很重要，该保险公司的方案可行，请领导审定！"让领导自己看。如果文本是专门写给这个公司的，其下属有责任把它交给领导阅读，没有怕讲不清、怕领导说是购买保险捞好处的担心。领导在阅读后，可能会予以认可，签上"同意"！一笔保险单的营销活动就在有理、有据中完成。客户公司的人谁要说支付保险费是乱花钱，保险决策者会拿出我们提供的文字材料进行解释。由此可见文本沟通的好处。如果我们只停留在口头沟通上，可能会使营销总处在沟通阶段，一旦使用文本营销，由于文本的正式性和确定性，将促使营销进入正式的成交阶段。

运用文本沟通的条件

如果所有的沟通都使用文本，会由于文本的编写和制作而耗费我们的时间成本和经济成本，影响工作效率，也会让客户认为我们办事太教条、太死板。那么，在什么情况下采用文本沟通呢？主要在以下情况中使用。

一、沟通内容复杂。有的销售沟通内容复杂、专业性强、信息量大，如果我们的专业水平不够，用口头沟通，可能会因陈述不清和陈述不完整而使我们与客户面谈比较尴尬，最后导致沟通失败，文本沟通可以避免这些情况。

二、客户需要传阅。我们所传播的内容需要客户内部多个部门或人员了解，而我们又不可能去与这些人沟通时，可以通过文本的传阅功能，起到了与这些人的沟通作用。如，我在服务三峡工程期间，向客户提出对增加的保险金额应办理批单，并加收保险费，客户不理解。我们就以书面的形式提出申请，讲明为什么要变更的理由。申请书递给客户后，先后有几个部门审核，八个人签字，上至副总经理，下至办事员，最后终于办成。可以说，如果不是用书面申请书的方式，此事是很难进入办理通道的，也就难以办成。

三、客户需要研究。客户有时很忙，或者是为了反复研究的需要，会向我们提出："你送一份书面材料来，我有时间看了再说。"在这种情况下，我们应按客户的需要写作，按时、按质完成并送给客户。由于文本的可储存性，便于客户反复阅读和理解。

四、强调文本举证。有的客户不愿听我们口头上讲的，他担心口头讲的靠不住，要求我们提供书面的材料以示证明。另外，我们有时也需要让客户知道我们传播的内容很重要、很有权威性，如一些证据、赔案举例、书报复印件等。

五、体现营销重要。客户对沟通的书面材料重视程度要高一些，他会认为保险公司用文本与他沟通是对他的尊重和办事的慎重。当我们要向客户表达我们认真、负责的精神，需要客户重视我们的销售的时候，可以用文本沟通的方式。

六、需要事先铺垫。为上门拜访客户做先导，我们可以将文本直接邮寄或先给客户，让客户先看，使客户先有一个初步的了解，这对我们进一步进行口头沟通能起到铺垫作用。

文本写作的要点

营销文本的写作十分重要，因为文本不仅是效果很好的营销工具，而且还是我们向客户证明我们的知识与能力的物证，所以在写作时必须认真对待。不同的文本有不同的写作要求，从总体来讲，要让客户看得懂、记得住。文本写作一般要注意以下几点。

一、确定写给谁看。也就是我们想说服谁？是一个人还是一群人？不同的人有不同的关注内容、理解能力和看问题的角度，有的需要了解保险理赔的事实，有的需要知道保险产品知识，有的想知道服务状况，我们要根据不同的客户、不同的需要来组织内容和写作。

二、抓住沟通要点。这就如同射箭，我们必须瞄准靶心，否则，我们用世界上最好的弓箭，用最大的力量，最后因没有瞄准靶心而失败。营销文本的写作也是如此，选准靶心就是找准文本主题，也就是我们想告诉客户什么，想达到什么目的。

三、吸引客户眼球。就是让客户有兴趣看下去。首先，一定要开好头，要一下子就能抓住客户的心，使他有兴趣继续往下看。一个有好的开头的文本，就有了90%的成功。有的文本是经过我们认真准备的，但由于开头没有写好，以至于客户看了开头就不愿再往下看，我们的心血也就白费了。其次，写作应该饱含激情和真情，没有感情色彩的文本，对客户缺乏触动力，但也不要华而不实。

四、简短通俗明白。书面材料一定要写得通俗易懂，通俗易懂的文本，远远胜过技术化很强的文本。客户不是保险专业人士，我们的宣传一定要站在客户理解能力的基础上，写得简单明白。一份切中主题的简单文本，远远胜于一份长篇文章。可以用简单的几句话表达的内容，一定不要写成一大段文字；可以用通俗的文字描述清楚的，绝不要用深奥的术语或行话。文本要写得如同朋友私人信件，避免生硬的营销意思。

五、反复斟酌修改。这是文本沟通优于口头沟通的地方。口头沟通不可能让我们精细地组织内容、遣词造句，话一出口，讲错了也不好更改。但文本沟通却不一样，我们可以对文本反复修改，直到认为没有差错后再递送给客户。在文本的修改过程中，要通过以下内容进行分析，如果这些内容出现差错，对营销将会造成不利影响。这些内容包括：

道理是否充分？

陈述的内容是否完整？

引用数据和其他文件资料是否有误？

描述事实是否准确？

文字及语法上是否有错误？

读完之后是什么感觉？

六、强化文本权威。营销人员向客户传递的是口头信息，或者传递的文本是个人性质的，也就是说，完全以营销人员个人的名义进行传递的，客户的信赖程度肯定要低一些。如果客户不认识这个营销人员，他可能怀疑遇到了骗子。当向客户传递的是公司印制的广告、宣传单、正规出版物、盖有公司印章及标识的文本时，客户的信赖程度肯定会高一些。所以，我们要强化自己撰写的文本的权威性。主要方法是：文中内容最好要说明出处，即引用专家、学者或权威著作中的话时要陈述清楚；尽量用事实、案例说话；将文本盖上公司印章；请客户熟悉的人签名；签上我们自己的名字并写上电话号码。这些方法可以强化文本的真实性和可靠性。

七、注意文本积累。要注意文本的收集整理和保存，一方面使其成为范本或储备的工具，便于我们今后作为参考资料，从而提高写作效率；一方面可以形成我们的技术成果，便于我们不断总结和提高。

文本的形式

营销文本的种类较多，下面介绍一些常用的营销文本。

一、书信。书信有亲切感，有一种私人成分，面谈时不能充分表达或难以当面表达的事情，都可以通过书信传递，沟通效果极佳。在写信的时候，心中要有我们倾诉的对象，并把我们想对他讲的话写出来，内容不要太长，语言要口语化，平易贴心，如同私人交流。如果是用电脑写的，打印的信一定要加上手写的签名。书信的用途广泛，在这些条件下都可以用，如，拜访前的沟通，拜访后或客户购买保险后的感谢，营销时的说服与沟通，客户喜庆之事的祝贺，客户烦恼或伤心之事的安慰，对客户有利的信息告知，逢年过节的问候，等等。当今是电子时代，我们也可以通过电子邮件、手机短信、微信等方式传递。但不要忽视一个细节，收信者的名字一定要礼貌地放在信的开头。如尊敬的张军总经理或张总，不要只写总经理，不然客户会认为你是批量生产的信。

案 例

2007年6月，我担任中国人保财险宜昌市分公司总经理时，给时任中国三峡总公司总经理李永安写了一封信。中国三峡总公司是我们中国人保财险的重要客户，我上任的第一件事，就是要巩固和发展与重要客户的关系。现将信的内容收录如下：

给中国三峡总公司总经理李永安的信

尊敬的李总：

您好！

我是人保财险宜昌公司的孙智，今天我怀着十分激动的心情给您写这封信。其实，我一直想找个机会拜访您，向您汇报我的情况，听取您的教诲，但考虑您日理万机，为三峡工程和金沙江的建设操劳，所以我就没有登门拜访您。今天，我采取传统的方式，给您写这封信，望您谅解。

经过省公司考核和群众推荐，我于近期担任宜昌市分公司党委书记和总经理职务，这与您对我的教育和鼓励是分不开的。我和您是1997年认识的，您昂扬的精神风貌、平易近人的待人作风、举重若轻的大家风范、充满人文精神的人格魅力，给我留下深刻的印象，也给我很大的影响。每当在电视、报纸上看到您的形象和活动，我就感到很亲切；看到中国三峡总公司的发展，我更是钦佩您的智慧。

我十分庆幸在我的职业生涯中，能够参与伟大的三峡工程建设；我更庆幸的是三峡工程保险在您的领导下开展，使保险在三峡工程建设中得到广泛地、高标准地运用。这一切为我们公司的发展和我个人的成长提供了千载难逢的机遇。我永远忘不了您对我的鼓励和支持。我们总公司、省公司领导来三峡，您很多次向他们表扬我，对我的工作给予肯定。2001年我出版《工程保险》和《三峡工程保险实践》两本书时，您为书作序。说实话，您为举世瞩目的三峡工程日夜操劳，经常要面对多少位高权重的人，但您却对我这个普通的人给予关照，使我这个身份卑微的人感到莫大的鼓舞，成为我努力为三峡工程服务的动力，也成为我人生永远不会忘怀的美好记忆。

这些年我没有停止对事业的追求。2002年以来，我从支公司经理走上分公司副总经理岗位，先后被湖北省政府授予"劳动模范"，被中国人保总公司授予"优秀员工"和"十大保险明星"称号，并荣获中国保险界最高奖：中国十大保险明星，排名首位。在这期间，我除出版了《工程保险》和《三峡工程保险实践》两本书之外，目前已完稿《三峡工程保险探索与实践》、《财产保险营销人员的智慧》、《规范与诠释——关于工程保险的对话》（15万多字，接近完稿），一本诗集也准备出版。向您汇报这些，只是想让您知道我的情况，知道我在为事业努力，您帮助过、鼓励过的人在奋斗。

在您的支持下，中国人保财险宜昌分公司成为湖北省最大的地市级财产保险分公司，也是宜昌市最大的财产保险公司，今年保费收入2.7亿元，利润2000多万元。目前，激烈的市场竞争，高速增长的发展目标，越来越严格的管理，严峻的挑战摆在我的面前。我的想法是：要就不干，干就要追求更好。我的基本目标：把公司建设成竞争型、盈利型、和谐型、学习型、创新型、安全型的全国一流的地市级财产保险分公司。

三峡工程保险在您的领导下，在三峡工程建设中发挥了积极作用，成为全国保险界的一个典范，对推动我国工程建设的风险管理和工程保险理论与技术创新起到积极作用。我上任以后，将会采取有效措施加强对中国三峡总公司的保险服务，使服务水平再上一个新台阶，以服务中国三峡总公司来全面提升和拉动我公司的建设与发展。实现这些目标，需要您的大力支持。我渴望能得到您的大力支持，我相信我不会辜负您的支持！

在您许可的情况下，我将登门拜访您，并请您到公司视察。

祝您万事如意、身体健康！

孙智
2007年6月

二、产品宣传单。它是成本低、内容简单、使用方便的销售工具，是适合大众传播、与大众沟通的形式，也可以说它是针对某类大众客户的广告信，是一个面向大众公开的合同要约。保险产品宣传单写作的重点应放在激发客户的保险需求上，告诉客户，我们的保险产品和服务能为他们带来什么好处，文字应通俗易懂。从重点内容中提炼一些关键词，让客户留下深刻的印象。如果在向企业进行营销时，为了给购买保险的决策者创造良好的群众基础，我们可以把宣传单发给有关人员，或者把宣传单放在客户的大厅，让客户单位的人员自由取阅；可以通过微信、电子邮件发给客户；现在不少企业之类的团体性客户都有自己的内部网站，我们可以把保险宣传单让客户登在内网上，向它的成员宣传。

案 例

2006年7月1日，我国实施交强险，商业汽车险也发生变化。为了做好宣传工作，时任中国人保财险宜昌市分公司副总经理的我撰写出宣传单，宣传交强险、新的商业汽车险和公司品牌等内容，通过印刷厂印制后发给营销人员，然后在市场发放。现收录如下：

机动车辆保险宣传单

重要提示：在2006年7月1日至2008年6月30日期间，只要在中国人保财险投保，您在拥有保险保障的同时，更有机会享受作为中国人保财险客户独有的抽奖看奥运的尊贵礼遇。

完整的机动车保险＝交强险＋商业车险
可靠的财产险公司＝中国人保财险公司

中国人保财险竭诚为您提供——机动车交通事故责任强制保险（简称交强险）、商业机动车保险（简称商业车险）服务。

什么是交强险？

答：它是《中华人民共和国道路交通安全法》和《机动车交通事故责任强制保险条例》规定的机动车强制性责任保险制度，在我国道路上行驶的机动车所有人或管理人必须投保交强险，全国统一保险合同条款、赔偿责任限额、保险费率，国家授权保险公司承办，属于不盈利的社会公益性保险，保险公司对被保险机动车发生交通事故造成受害人（不包括本车人员和被保险人）的人身伤亡、财产损失，在责任限额内予以赔偿。

为什么要实行交强险制度？

答：原来的商业机动车第三者责任保险是按照自愿原则由投保人选择投保，投保比率比较低，2005年约为35%，致使发生道路交通事故后，有的因没有保险保障或致害人支付能力有限，受害人往往得不到及时的赔偿，造成大量经济赔偿纠纷。因此，通过国家法律强制机动车所有人或管理人投保相应的责任保险，以提高第三者责险的投保面，在最大程度上为交通事故受害人提供及时和基本的保障。建立交强险制度有利于道路交通事故受害人获得及时的经济赔付和医疗救治，有利于减轻交通事故肇事方的经济负担，化解经济赔偿纠纷；通过实行"奖优罚劣"的费率浮动机制，有利于促进驾驶人增强交通安全意识；有利于充分发挥保险的保障功能，维护社会稳定。

善意提示：

《中华人民共和国道路交通安全法》第九十八条和《机动车交通事故责任强制保险条例》第三十九条规定，未投保交强险的，由公安交警部门扣留机动车，通知机动车所有人、管理人依照规定投保，并处依照规定投保最低责任限额应缴纳保险费的2倍罚款。如，家庭自用轿车一年保险费为1050元，2倍罚款就是2100元。为了保护您的利益，请您投保交强险。

保险公司对每次保险事故所有受害人的人身伤亡和财产损失承担的最高赔偿金额分为：

死亡伤残赔偿限额——50000元。

医疗费用赔偿限额——8000元。

财产损失赔偿限额——2000元。

被保险人在交通事故中引起人身伤亡或财产损失，而自己无责任时，保险公司最高赔偿不超过以下标准：

无责任死亡伤残赔偿限额——10000元。

无责任医疗费用赔偿限额——1600元。

无责任财产损失赔偿限额——400元。

请您注意交强险的关键词

所有机动车必须投保，只能保一份，被保险人要如实填写投保单，保险期为一年，一次交清保险费，在机动车上放置保险标志，赔偿限额分死亡伤残、医疗费用、财产损失三种，发生事故及时通知保险公司，对事故进行合理、必要的施救，保护现场，协助保险公司现场查勘和调查，按保险合同规定提供索赔手续，医疗费按国务院卫生主管部门制定的交通事故人员创伤诊断指南和国家基本医疗保险标准，对无责任损害也进行赔偿，不赔偿仲裁或诉讼费用（注意详细阅读保险单）。

什么是商业车险？

答：它是由保险公司向社会提供的机动车保险，包括：机动车损失保险、第三者责任保险、车上人员责任保险，以及各种增加保险保障的附加险，被保险人可以根据需要自愿选择险种、保险金额或责任限额投保。

善意提示：完整的机动车保险选择＝交强险＋商业车险

因为，交强险是较低的基本保障。它的死亡伤残赔偿限额只有5万元，而实际上一个人的死亡或伤残赔偿可达15万甚至40多万元，有的车祸造成多人死亡或伤残，赔偿金额更高。医疗费用赔偿限额只有8000元，而实际中有的要几万元甚至十几万元。财产损失赔偿限额只有2000元，不够赔偿一部手机的费用，如果撞的是一辆高档轿车，还不够赔偿一个保险杠的费用。另外，交强险只是第三者责任保险，对被保险人的本车事故损失、车上人员伤亡等不负赔偿责任。所以，被保险人在投保交强险的基础上，更应投保商业车险，最大限度避免事故造成的经济损失。

商业车险与交强险相比：商业车险赔偿限额高、保险范围宽、险种多样、选择性大

仅从主要险种看，第三者责任险赔偿限额5万元、10万元、15万元、20万元、30万元、50万元、100万元以上，供选择，不分项计算。机动车损失险保险金额可按购置价值确定，车上人员责任险赔偿限额按每座1万元至5万元确定，车上货物损失最低赔偿限额2万元，累计赔偿限额大大超过交强险6万元的赔偿限额。

8个主险和26个附加险供被保险人选择，它们的保险责任综合为：

碰撞、倾覆、坠落、火灾、爆炸、自燃、外界物体坠落、倒塌、玻璃破碎、盗抢；暴风、龙卷风、雷击、雹灾、暴雨、洪水、海啸、地陷、冰陷、崖崩、雪崩、泥石流、滑坡、载运保险车辆的渡船遭受自然灾害；新增设备损失；发动机特别损失；机动车停驶损失；随车行李物品损失；更换轮胎、送油、充电、拖车服务；车辆发生意外事故造成他人人身伤亡或财产损失、车上人员伤亡，以及车上货物损失和油污污染，依法应由被保险人承担的赔偿责任。

以上保险责任分别属于不同险种，您可以在保险公司的指导下，根据需要选择最佳险种组合。

欢迎您到中国人保财险公司投保，因为它——

是新中国成立的第一家保险公司，前身是原中国人民保险公司，成立于1949年10月20日。57年锤炼的品牌、资本、经验、理论、技术、产品、服务、网络、人才等领先优势，期待为您服务。

是中国第一家在海外上市的金融保险企业。2003年11月6日公司股票在香港联交所挂牌交易，被誉为"中国金融机构海外第一股"，成为中国金融业发展的里程碑。强大的国家资本与国际雄厚的资本结盟，能为您提供强大的保障。

是中国唯一被世界权威机构评为"安全级"的财产保险公司，在世界商业财产保险公司中名列第二十位，这是中国人民铸就的世界品牌，期待您的投保，使之更加强大，代表中华民族傲立于世界保险之林。

是中国财产保险业的数字之最。资本金最高的公司，超过100亿人民币。年保险费收入最多的公司，达623亿元人民币。机动车保险赔款最多，2005年，向客户支付机动车保险赔款达282亿元。服务机构最多，4500多个机构分布全国城乡。从业人员最多，10万大军时刻服务在您和千千万万的客户身边。

在中国人保财险投保，您可以获得——保障上的可靠、服务上的周全、心理上的安稳、精神上的满足。

机动车为什么要保险？

机动车道路交通事故被称为——文明世界的第一大公害、柏油路上的战争、生命的第一杀手。美国著名学者乔治·威伦在《交通法院》一书中告知世人："交通事故已经成为今天国家最大的问题之一。它比消防问题更严重，这是因为每年交通死亡的人数日渐增多，遭受的财产损失更大；它比犯罪问题更加严重，这是因为交通事故跟整个人类有关，不管是强者还是弱者、富人还是穷人、聪明人还是愚蠢人，每一个男人、女人、孩子，只要他们在街道或公路上，每一分钟都可能遭遇交通事故。"汽车使用100多年来，全世界因车祸死亡约3000万人，目前每年死亡人数达60万以上。汽车车祸造成的财产损失也相当严重。保险成为化解事故经济损失的重要措施。其作用为：

车辆本身的事故损失能得到补偿。

避免车祸引起的法律赔偿责任所带来的负担。

维护国家交通安全法和强制保险条例的严肃性。

使车祸受害人的损害能够得到可靠的经济赔偿。

消除重大损失可能给单位或家庭造成的困境。

吸引货主或乘车人使用或乘坐投保车辆。

是获得银行贷款的必要条件。

得到保险公司施救、查勘、定损、事故处理等服务。

减少或摆脱事故给人们带来的无助、痛苦、不安、焦躁、绝望等精神困扰。

中国人民财产保险股份有限公司宜昌市分公司欢迎您拨打95518专线电话

宜昌市城区及各县市区设有分支机构，欢迎光临

2006年7月6日制作

三、承保申请书。在保险销售中，我们一般都是口头向客户表达要求客户购买保险的愿望，并且要求客户向我们递交投保单，也称之为要保书，以书面的形式表达投保请求的意愿。我在服务三峡工程期间，采用承保申请书的形式，率先向客户表达我们的承保请求，这样做使我们的意愿表达更为庄重、慎重，更能表达我们志在必得的愿望，更能体现对客户的尊重，更能引起客户的高度重视，有利于客户准确地了解我们的目的，有利于客户内部成员的传阅。承保申请书写作的重点要告诉客户：申请承保的财产或项目，要求客户购买什么产品，产品的主要功能和作用，我们有什么条件来承担服务任务，客户投保后我们将如何服务。承保申请书要写得简单、概括，但不能空泛。我们在向客户递交承保申请书的时候，可以附上产品说明书或宣传单等，作为强化客户理解承保申请书的辅助性材料，沟通效果会更好。

案　例

1997年6月18日，我们中国人财险向中国三峡总公司递交了《承保三峡工程二期工程申请书》，1997年12月2日，三峡工程二期工程中最大的标段——泄洪大坝及相关工程在我公司投保，保险金额40.45亿元人民币。新闻媒体称此保险单为"我国水电工程最大保险单"。现将我为公司起草的申请书样本收录如下。

承保三峡工程二期工程申请书

中国三峡总公司：

三峡工程大江截流在即，二期工程也即将进行，这是贵公司精心组织指挥所取得的成就。我们中保财产保险公司宜昌分公司受总公司、湖北省分公司的委托，向贵公司表示祝贺，并向贵公司提出承保二期工程的申请。申请呈述如下：

一、中保集团是国内最大的保险集团，是第一家与贵公司合作的保险公司。从1993年开始，特别是从去年分业经营以来，我们与贵公司在保险条款的制定到实务操作，以及三峡工程的风险管理上进行了良好的合作。我们在服务机构、人员技术水平、服务措施上基本能适应和满足为三峡工程服务的要求，初步积累和掌握了服务三峡工程的经验。多年来，贵公司对我们给予很大的支持和信任，我们向您们表示衷心的感谢，并愿意以极大的热忱、一流的实力、优质的服务投入三峡工程建设，参与贵公司风险防范与风险补偿相结合的风险管理体系的建立。

二、中保财产保险公司是中保集团的子公司，是目前全国实力最强的财产保险公司，年总收入超过400亿元人民币，具有雄厚的资本金、公积金和责任准备金，对每一危险单位（如二期工程）承保能力最强，是其他公司不能相比的。选择保险公司的关键标准就是偿付能力的强弱，一般是要选择实力最强的保险公司，以保证在灾害事故发生后能履行偿付责任；二期工程投资巨大，投资范围相当集中，我们能够保证在发生灾害事故后及时地履行经济补偿。

三、《保险法》第九十九条规定：保险公司对每一危险单位，即对一次保险事故可能造成的最大损失范围所承担的责任，不得超过其实有资本金加公积金总和的百分之十，超过的部分，应当办理再保险。二期工程保险金额高，必须要办理再保险。承保二期工程的保险公司分保的范围及与再保险公司的合作关系是贵公司考虑的因素之一。中保财产保险公司与世界100多家保险公司保持着广泛的业务往来和技术合作，目前行使国家《保险法》规定的法定再保险职能的中保再保险有限公司是全国唯一的再保险公司（国内所有的财产保险公司必须向其分保），也是中保集团的子公司之一，与中保财产保险公司有着兄弟般的合作关系。所以，我们的分保面广，能选择良好的再保险公司，加之与再保险公司密切的合作关系，能与再保险公司一道为三峡工程服务。

四、相关工程的保险要保持完整性和连续性。二期工程的基础工程二期围堰是我们承保的，此工程与二期工程为一整体，不可分割。为了保持保险服务的完整性和连续性，我们希望能将二期围堰之中的二期工程全部承保。

五、为了做好二期工程的保险服务工作，我们总公司、湖北省分公司对此十分重视，已做好承保的准备工作。我们将以现行保险条款和保险费率予以承保，提供工程造价、现场清理费、第三者责任等保险服务，并根据贵公司的风险管理需要制定其他特约保险，同时，加强承保后的服务工作，保证赔偿的合理和及时。

综上所述，二期工程是目前国内外最大的水电工程单项工程项目。我们具备承保二期工程的条件，请贵公司将二期工程交给我们承保。中保财产保险有限公司是民族保险业的先锋，目前逐步走向世界，我们将为创建中国的世界级财产保险公司而奋斗。承保二期工程，对壮大民族保险业的实力，提高民族保险业在国际保险界的地位和竞争实力有着重大意义，希望贵公司给予我们信任、支持和力量，我们一定要为中国保险史谱写光辉的篇章，为三峡工程做好服务，为三峡工程风险管理贡献力量。

祝三峡工程建设顺利！

1997年6月18日

四、保险建议书。它也可以被称为服务书。它是全面地、系统地建议和说服客户购买保险产品的咨询性文本。它内容全面和详细，可以说是对客户采取保险保障措施的整体规划。它适用于团体客户或保险费额度较大的营销。我们向客户提出建议书的目的就是让客户认识风险、采取保险措施和选择我们为其提供保险服务。它的写作难度较高，需要我们以"保险顾问"的角色为客户进行保险方面的谋划。保险建议书的写作要把握一个要点，就是站在客户立场上为客户进行谋划，并以充足的理由说服客户认同和接受我们的意见。

保险建议书的结构一般包括以下主要部分。

第一，总论。简单，概括，不易过长。这部分要回答三个问题：一是建议书的目的，二是谁提出的建议，三是对客户的什么保险提出的建议。如，为了使贵公司的财产在发生灾害事故损失后能得到经济补偿，中国人保财险公司湖北省分公司就贵公司财产提出以下综合性保险建议，供贵公司参考。

第二，风险描述。是对客户存在的风险进行告知，风险描述要准确、简单、清晰，点到为止，让客户对自身存在的风险有一个清晰的认识，为下一步保险方案的提出奠定基础。

第三，保险方案。主要包括两方面内容：一是客户的哪些财产或利益可以保险，如房屋、机器设备、经济责任等；二是客户应购买哪些保险产品，包括保险责任、责任免除、保险期限等，这部分内容不要完全照搬保险条款；三是保险费预测。

第四，保险服务。就是我们如何为客户服务。包括风险管理服务、理赔服务等内容。

第五，公司简介。重点强调保险公司在市场上的优势，以及服务上的经验，重点是承保和理赔的经验，可用典型实例进行说明。有的习惯把这部分放在前面，急于让客户了解自己公司是如何优秀，长篇累牍，让客户生厌。还是把建议书的核心内容放前面为好。

第六，结语。对建议书作一个简单的总结，强调建议书的可行性、必要性，表明我们良好的愿望，希望得到客户的支持。

第七，附件。如保险条款、我们对客户的风险评估报告，以及与建议书有关的文本。

案 例

2003年2月20日，我随同中国长江三峡集团公司第一批人员到金沙江溪洛渡水电工程所在地考察，然而起草了一份建议性的服务书，得到中国长江三峡集团公司的肯定。2003年11月10日，溪洛渡工程准备工程保险通过招标，由我们中国人保独家中标，该保险单保险金额40亿元人民币，收取保险费22,856,623元人民币。现将《金沙江溪洛渡工程保险服务书》收录如下。

金沙江溪洛渡工程保险服务书

中国三峡总公司：

在宏伟的三峡工程取得辉煌的阶段性成就的时候，贵公司又拉开了金沙江水电开发的序幕，实施国家"西电东送"的能源配置战略。我们中国人民保险公司是贵公司长期合作的忠诚伙伴，服务贵公司金沙江水电开发工程是我们神圣而光荣的使命。

从1993年以来，我们在贵公司的大力支持下，双方在三峡工程保险上进行卓有成效的合作，在大型水电工程的保险上，已形成丰富的运作经验、成熟的保险技术、完善的保险服务、良好的合作机制、优秀的保险人才，这些为溪洛渡工程保险奠定了坚实的基础。

我们一直关注着金沙江水电开发工程。2002年7月，人保总公司组建了以人保宜昌分公司总经理刘杰为组长的前期工作组。2003年2月20日，我们派工作组到金沙江，对向家坝、溪洛渡两个水电工程建设地进行考察，听取了溪洛渡总设计师肖白云对溪洛渡水电站工程的详细介绍，并对工程枢纽布置现场和施工场地逐一进行实地了解，为做好溪洛渡工程保险掌握了较详实的材料。因此，在总结三峡工程实践的基础之上，结合溪洛渡工程的保险需求，我们向贵公司提出此项保险服务书。

溪洛渡工程概况

溪洛渡水电站位于四川省雷波县和云南省永善县境内金沙江干流上，它以发电为主，兼有防洪、拦沙和改善下游航运条件等巨大的综合效益。水库正常水位600m，水库总库容126.7亿m^3。水库大坝为混凝土双曲拱坝，坝顶高程610m，最大坝高278m，坝顶中心线弧长698.09m，拱冠顶厚14m，拱冠底厚69m。总装机18台，分左、右岸布置，各安装9台在地下厂房之中；单机容量700MW，总装机容量12600MW，是国家实施"西电东送"战略的骨干电源。工程静态投资为445.73亿元，其中枢纽工程420.15亿元。工期为12年。

溪洛渡工程建设的风险识别与评价

风险是客观存在的，从保险承保风险的角度来看，溪洛渡工程建设中的风险主要有以下几个方面。

一、地质风险。溪洛渡工程在区域地貌上位于青藏高原和云贵高原向四川盆地过渡的斜坡地带，地势总体西高东低，山高谷深。

（一）地震风险。溪洛渡工程坝址所在的雷波——永善三角形块体不具备发生6级以上强震的地质背景，坝区周围20km范围内未发生过大于4级的中强震，10km范围内仅记录到10余次2~3级的弱震。坝址区的地震风险主要来自三角形块体东部马边——盐津强震带的波及影响。该地震带距坝址10~30km。发生的最大震级为1974年5月永善钟家坪的7.1级地震，对坝址的最大影响烈度为6度强（强震）、7度弱（损害震）。据对该地震带未来百年的地震风险分析，在南北两端存在两个潜在震源区，即盐津7.5级以上地震1次，5~6级地震6次，对坝区将产生约8度（破坏震）的烈度影响。

（二）塌方风险。溪洛渡工程坝址位于4km长的峡谷中段，岸坡陡峻，山体地质情况复杂，无论是修建场地公路，还是工程枢纽建设，需要开挖大量的边坡和洞群。

坝基开挖后形成的拱肩槽上游边坡一般高达100~150m，最高达200m以上。进水口边坡高达85~170m，长300m。其他洞室进出口边坡，如导流洞、泄洪洞和尾水洞等共计60余个，主坡高一般60~100m，侧坡高20~40m。工程边坡虽然整体稳定，但错动带和卸荷裂隙可能构成稳定性不利的块体，浅表结构松弛的强卸荷岩体，会产生局部垮塌。

溪洛渡工程发电建筑物（厂房、机组、主变室、调度室、引水洞、尾水洞）等全部置于两岸地下。左岸地下厂房垂直埋深340~480m，右岸地下厂房垂直埋深380~460m。另外还有场地交通公路需开掘隧道（18.94公里）。这些洞群，由于裂隙、应力的作用，可能出现局部的塌顶或掉块。

二、建设风险。溪洛渡工程具有"窄河谷、高拱坝、大泄量、多机组"的特点，地下建筑规模巨大，洞室密度大，设计和施工难度大，其规模在国内外均属空前。这些都对建设的风险管理提出了挑战，稍有不慎，就可能会导致风险的发生。如，设计风险；货物运输风险；设备制造风险；爆破风险，施工期炸药用量16910t；施工设备风险，场内机械、车辆使用强度高。这些风险因素如果控制不严，将造成财产损失和人员伤亡。

三、水文气象风险。溪洛渡工程坝厂区山高谷深，气候的垂直差异更为显著。极端最高气温为34.3℃~41℃，极端最低气温为-8.9℃~0.3℃；年降水量为547.3mm~832.7mm，一日最大降水量为72.4mm~130.4mm，5~10月为雨季。瞬时最大风速25m/s。这些气象因素都有造成风险损失的可能。暴雨可能因汇集造成开挖工程的损坏，可能因渗流造成开挖工程的滑塌。暴风可能会造成高架设备和临时建筑的损坏。洪水也是工程不容忽视的风险。特别是围堰。溪洛渡工程围堰工程规模巨大，为土石围堰，上游围堰最大堰高78.0m，顶宽12.0m，底宽330.0m，下游围堰最大堰高52.0m，堰顶宽度12.0m。围堰使用年限较长，设计洪水流量为32000m^3/s，为50年一遇。洪水可能会引发围堰局部崩塌事故。

总之，溪洛渡工程的规模和特点决定了溪洛渡工程风险的客观存在，其风险管理的难度较大，尽管设计单位和贵公司对以上风险已有明确的认识，并制定了有力的防范措施，但是，施工单位对这些风险的认识以及控制这些风险的能力是关键因素。所以，加强风险管理是溪洛渡工程的重要任务。

应用保险的必要性

保险是风险管理的重要工具。人们对风险的管理方式可以简单地归为两类，一类是消除或减少风险的发生或损失，一类是以最优的方式弥补风险造成的经济损失。保险就属于后一方式，它是以较少的保险费支出而获得较大的风险损失补偿的一种风险转嫁方法，成为采用最普遍、也是最有效的风险管理手段之一。国外工程保险是属于强制性保险，我国国内90年代以来修建的大型水利水电工程都采取了保险措施。三峡工程保险实践也充分证明保险在风险管理中的必要性。所以，我们建议贵公司对溪洛渡工程采取保险措施，完善溪洛渡工程建设的风险管理，因为：

一、是保障工程所有者利益的需要。溪洛渡工程投资巨大，建设期长，万一发生风险，就可能造成所有者利益的损失，用什么方式弥补？保险是最好的手段。

二、是稳定概算的需要。在没有保险的情况下，发生风险损失后，建设单位只有通过增加工程投资来解决，这样会打乱建设单位的财务预算，形成更重的负债。而通过保险的赔偿，就可以达到稳定概算的目的。

三、是风险管理的需要。保险公司除履行保险合同所规定的经济赔偿义务以外，参与工程建设的风险管理是它的重要职能之一。我们在三峡工程的服务中，聘请国际著名的风险管理公司参与工程风险管理，起到了好的作用。

四、是合同承包制的需要。工程业主通过承包合同，将工程建设交给施工、监理、制造商等单位，工程风险也随承包合同转嫁给它们。但这种转嫁，有时会由于合同纠纷和承包方经济能力弱而难以得到实质性的风险转嫁。如果发生风险损失，这些承包方将难以承担，有的不仅预定利润无法实现，甚至还可能出现亏损，严重影响工程建设。所以，在国际工程建设中，承包方必须按规定办理有关强制保险，使风险真正分散出去，否则他就不能从事法律所许可的业务或活动。

五、是融资信用的需要。溪洛渡工程投资除少部分由业主单位投资外，绝大部分要靠发行债券、银行贷款和国外信用贷款等各种方式筹措建设资金。债券等投资者把投资项目参加保险作为投资的一个必要条件，以确保其投资的安全。

总之，溪洛渡工程保险是十分必要的，它是科学管理风险的重要手段之一。

保险险种体系

溪洛渡工程保险险种的安排应根据其风险的特点来进行，哪些风险纳入保险，要考虑以下因素：一是国家保险监管机关对保险条款的监控及要求。二是还要考虑国际分保时，再保险市场对风险的接受条件。因为溪洛渡工程投资巨大，有些大的项目应采取国际分保。三是保险经营的特点。四是是否有利于风险管理的加强。我们认为溪洛渡工程的保险险种主要包括以下内容。

一、建筑及安装工程一切险。即建筑工程一切险和安装工程一切。一切险承保的风险与损害涉及面很广，凡保险单中列举的除外情况之外的一切事故损失全在保险范围内。一是自然灾害。包括地震、海啸、雷电、飓风、台风、龙卷风、风暴、暴雨、洪水、水灾、冻灾、冰雹、地崩、山崩、雪崩、火山爆发、地面下陷下沉及其他人力不可抗拒的破坏力强大的自然现象。二是意外事故。它是指不可预料的以及被保险人无法控制并造成物质损失或人身伤亡的突发性事件，包括火灾和爆炸。

二、施工设备保险。主要是业主和施工单位用于施工的设备，包括财产一切险和机器设备损坏险。财产一切险与建筑及安装工程一切险责任一致，机器设备损坏险包括以下责任：设计、制造或安装错误、铸造和原材料缺陷；工人、技术人员操作错误、疏忽、过失、恶意行为；离心力引起的断裂；电气原因等造成的损失。

三、第三者责任险。承保被保险人因施工意外事故造成对第三方身体伤害或财产损失所应承担的民事赔偿责任和诉讼费用。

四、雇主责任险。承保被保险人的雇员在从事被保险人的业务工作而遭受了意外或患与业务有关的职业性疾病，所致伤、残或死亡，被保险人须承担的医疗费及经济赔偿责任和诉讼费用。

五、设计责任险。承保设计者的疏忽或过失而引发的工程质量事故造成的工程本身的物质损失和对第三者人身伤亡或财产损失。

六、监理责任险。承保被保险人在开展工程监理业务时，因过失未能履行委托监理合同中约定的监理义务或发出错误指令导致所监理的建设工程发生工程质量事故，而给委托人造成的经济损失。

七、货物运输保险。承保被保险人的物资和设备在运输过程中因自然灾害和意外事故造成的损失。

八、机动车辆保险。承保被保险人机动车辆因自然灾害和意外事故所造成的损失。以上是工程建设中使用较为普遍的险种，在这些险种项下，还有多个可供选择的附加条款。我们将根据溪洛渡工程风险管理的需要进行"量体裁衣"，根据不同的被保险人和不同的保险财产制定出风险保障完善的保险单；同时，将根据溪洛渡工程的风险特点，创新适合其风险保障需求的新险种。

保险费预测

保险费预测是比较困难的。要考虑以下因素：一是风险损失程度。二是保障程度。三是保险财产的范围。四是保险公司的承保能力。五是国际再保险市场对保险费率的接受程度。在考虑以上因素的情况下，我们来看溪洛渡工程保险费主要项目的构成。

一、建筑及安装工程保险费。可按建筑及安装总投资的3‰计算。例，枢纽工程420亿元，保险费：420亿元×3‰=1.26亿元。

二、施工设备保险费。可按每年的设备价值的6‰计算，如果施工设备价值平均每年10亿元，12年保险费：10亿元×6‰×12=0.72亿元。

三、雇主责任保险。可按每年的平均人员13094人计算，按每人300元计算，12年保险费：13094人×300元×12=0.47亿元。

四、已建成或投入使用的工程财产一切险。按总价值2‰计算，如果附加机器设备损坏险，另计5‰。

粗略估算，溪洛渡工程年保险费在2000万元以上，总保险费2.45亿元。以此成本支出，保障420多亿元资产以及人身安全，我们认为是合算的。从施工难度和风险程度来看，溪洛渡工程的保险费水平应当比三峡工程高。所以，建议贵公司在制定工程概算时，应充分考虑保险费项目。我们将发挥中国人保的承保能力，充分利用在国际再保险市场的影响力，力争以最优的保险费水平为溪洛渡工程提供服务，帮助贵公司节省风险管理成本。

保险运作体系

业主单位应明确保险管理部门和人员。按照惯例，一般由负责工程建设的财务部门负责。同时，业主各项目部应指定一名兼职保险人员，各承包商安全管理部门也应指定相应人员配合工程保险的管理。形成在业主主要负责人控制下的，业主财务部——业主项目部——承包商三位一体的运作模式。并制定管理制度，做到有章可循。如，怎样投保，各部门或单位的职责，如何衔接，怎样组织防损，怎样索赔，等等。建议在工程财务部门设一名保险经理，专门负责保险工作。

投保管理

投保管理是保险管理的首要环节，它主要包括以下内容。

一、谁负责投保并缴付保险费。我们建议，由业主负责建筑及安装工程一切险和贵公司所有的大型施工设备保险，以及第三者责任险和雇主责任保险。这样做的好处有以下几点：一是能统一标准，二是避免重复或遗漏，三是避免承包商为节省费用而弃保，四是大规模投保能节省保费。这些险种的保险费由业主支付，业主在承包合同价中不再计列以上各项的保险费，并将保险事项告知承包商。

二、各承包方的其他保险由其自己安排。如各承包方的施工设备、生产用具和机动车辆等的保险，由业主将此项目费用打入承包合同价中，由它们自己投保，但业主应在承包合同中提出保险的要求，使这笔费用能真正用在保险保障上，否则，就失去了意义。

三、对准备期间的零星工程采用统括保险单的形式。即对所有的零星工程不单独投保，而是把准备期间所有的项目放在一张保险单内投保，保险公司按年投资额计收保险费。这样既简化了承保手续，又避免了投保的漏洞。

四、对主体工程保险采取一次性安排。考虑工程交叉性强，可以一次性对全部主体工程进行保险安排，避免多个单项工程分开承保给保险双方带来的诸多事务性工作，提高工作效率。

五、在各种承包合同中定明保险条款。业主在与工程建设各方签定承包合同时，应明确哪些保险是承包方负责投保的，哪些保险是业主办理的。这些内容在招标的时候都应明确告知投标方，以便他们在报价时予以考虑。

风险管理

保险公司在服务过程中，把风险管理作为一项重要内容，其主要目的是减少风险事故的发生或损失。我国《保险法》第三十六条规定：保险人可以对保险标的安全状况进行检查，及时向投保人、被保险人提出消除不安全因素和隐患的书面建议。所以，我们建议贵公司应将保险公司吸纳为工程建设安全管理组织成员，让其能充分发挥风险管理的作用，并采纳保险公司关于风险管理的建议，使之形成制度。

保险索赔管理

保险索赔事关被保险人的利益。一定要建立快捷的索赔程序。第一，发生事故要及时报案。承包商要在最短的时间内通知保险公司和有关单位。第二，承包商在与保险公司一道对损失进行查勘后，迅速向监理单位报送损失清单。第三，监理单位对损失进行审核后报业主项目部。第四，业主项目部审核后报财务部。第五，财务部向保险公司索赔。这个程序在三峡工程中使用较好，弊端就是慢，如果各环节明确责任，是能够加快速度的。

让三峡工程保险系统在溪洛渡工程上进一步发挥作用

溪洛渡工程地处金沙江下游河段，交通条件差。从溪洛渡到宜宾市，距离为261km，到西昌为221km，至昭通198km，这给保险服务带来不利影响。溪洛渡工程附近的云南永善县与四川雷波县有中国人民保险公司的机构，但在服务大型水电工程上条件不成熟。其他保险公司无机构存在。鉴于以上情况，我们建议：

一、全套使用三峡工程保险办法。三峡工程保险经过十年的探索与完善，已形成整套成熟的管理办法，如果能使用，并不断完善，就可以减少一些不必要的工作量，也可以使溪洛渡工程保险从一开始就处于一个较高的水平。

二、使用为三峡工程服务的保险公司。关于大型工程，投资在1.8亿元以上的，中国保监会规定可以异地承保。所谓异地承保，是指保险公司及其分支机构对于在其《经营保险业务许可证》核准的经营区域以外的保险标的单独进行承保。中国保监会的规定，使在三峡工程服务的保险公司有了继续为中国三峡总公司开发其他项目进行服务的机会。这些公司和人员在对三峡工程的长期服务中得到提高，已具备为大型水电工程服务的能力，并且有熟悉而良好的人际关系，这样可以提高工作效率，避免人际沟通的困难。

三、在准备期使用中国人保一家保险公司。准备期大多是一些零星小工程，用一家公司就足够，待主体工程开工时，全面走上正轨后，再考虑是否引进其他保险公司服务的问题。因建设初期，贵公司前方指挥部工作千头万绪，如果多家保险公司进入，会造成多头衔接上的矛盾，影响建设管理。鉴于溪洛渡工程的特殊性，承保保险公司不宜过多。我们建议由长期直接为三峡工程服务的中国人保宜昌市分公司先期进驻溪洛渡进行服务。

中国人保概况

中国人民保险公司是国务院直属的我国唯一一家国有独资的财产保险公司，也是我国目前实力最强的财产保险公司。公司成立于1949年10月20日，在全国拥有4500多个分支机构，员工8万多人；与世界上100多家保险公司及再保险公司建立了密切的业务联系；1999年，我公司被世界权威评级机构——美国标准普尔公司评为安全级，并在世界商业财产保险公司中名列第20位，在国际保险市场享有较高的信誉。2002年，公司保险费收入达548亿元。目前公司正在进行股份制改造，朝着综合性、多元化的国际保险（金融）集团的宏伟目标迈进。

中国人保三峡工程服务概述

十年来，中国人民保险公司在中国三峡总公司的支持与配合下，致力于三峡工程保险技术的研究，成立三峡工程保险研究会，为三峡工程提供科学的服务；致力于保险知识的传播，举办各类保险讲座，创办《三峡工程风险管理与保险》信息刊，编印保险丛书，开辟保险服务网页，提高了三峡工程建设者运用保险管理风险的能力；致力于风险管理的参与，邀请国内外风险管理专家对承保工程项目进行风险检验，制作安全宣传设施，与外国专家一道编写风险管理手册，对防范和化解三峡工程建设风险起到一定作用；致力于保险理赔，遵循"主动、迅速、准确、合理"的原则，解决了保险事故后的经济补偿问题；致力于良好的、健康的合作关系的维系，以三峡工程风险管理为纽带，形成了先进的合作文化；总结创立出三峡工程保险"十项服务"模式，在全国保险界起到良好的示范作用。十年的合作，中国人民保险情系三峡工程，为三峡工程160多亿元的投资提供保险保障，成为三峡工程的主承保商。保险使中国人民保险公司与中国三峡总公司成为利益共同体。

中国人保服务计划

为了做好溪洛渡工程保险服务工作，我们计划如下。

一、成立人保总公司负责的溪洛渡工程保险服务领导小组。保持对溪洛渡工程服务的高度重视。

二、成立人保系统协作网。发挥人保网络优势，组成湖北、四川、云南三省人保分公司协作网。

三、加强现场服务。我们拟在溪洛渡坝区设立客户服务部，从三峡工程现场服务机构抽派人员，保证24小时服务。

四、把参与风险管理作为服务的重点。加强工地巡察，形成"保险监理"制度。同时，每年组织一至二次国内外专家对工程进行风险检验，并加强安全培训，并编印《安全手册》。

五、保险培训。对工程建设中与保险有关的人员进行保险培训，发送《三峡工程风险管理与保险》信息刊和各种保险资料，使被保险人能熟练使用保险。

六、保险研究。邀请溪洛渡工程建设者参与三峡工程保险研究会活动，注重对工程保险及风险管理的探索和研究，形成技术成果，为金沙江其他水电工程积累保险及风险管理经验。

七、理赔服务。建立预付赔款制度，并聘请理算公司参与服务。

八、建立良好的合作文化。双方加强沟通，形成良好的合作氛围。

结　语

我们中国人民保险公司与贵公司在三峡工程保险上合作了十年，通过双方的努力，创造了一整套较为成熟的水电工程保险技术，形成了丰富的合作经验，结下了深厚的合作友谊，使三峡工程保险产生了良好的品牌效应，这些为溪洛渡工程保险奠定了坚实的基础。我们真诚地希望这些好的方面能在溪洛渡工程建设中发扬光大；同时，我们将努力改进服务中的不足，以创新的精神，以追求卓越的精神，为溪洛渡工程服务。

以上不当之处，敬请批评指正。

五、说明书。它的使用范围较广，主要是回答为什么的问题，用于就某些客户需要了解的事项，以及客户有异议的事项向客户做解释性说明，让客户了解我们的观点、服务内容形成的背景或原因。通过说明，使客户理解我们的意图，说服客户认同我们的观点。说明书的针对性很强，有时就是针对某一个客户或某一个问题。如，产品说明书、保险保障说明书、保险费率说明书、回答客户问题的说明书、赔款理算说明书等。

案　例

三峡工程升船机建筑安装工程和地下电站安装工程是三峡工程最后两个大的工程项目，为了让客户理解和接受我们的报价，我起草了报价说明书，两个项目于2008年12月25日由中国人保财险以70％的份额首席承保，我代表公司在保险合同上签字，总保险金额54亿元人民币，人保财险保险费份额1151.5万元，现将说明书收录如下。

关于三峡工程升船机和地下电站工程保险报价说明

中国三峡总公司：

感谢贵公司对我公司的信任和支持，选择我公司为两个项目的首席承保人。同时，我们认为用议标的方式安排三峡工程保险事宜，是对双方十几年合作的肯定和彼此的信任。三峡工程保险通过无数次的招标，使保险合同的保障已十分完善，价格也十分低廉，在这个基础上以议标的方式安排保险，能减少招标的人力和物力的付出，也可以使双方进一步充分协商，使贵公司获得更满意的结果。

我们在报价时考虑了以下因素。

一、两个项目应分别报价。升船机安装规模和技术复杂程度均属世界第一，也是第一次安装。26台机组安装后，贵公司在机电安装的工程管理、风险管控、安装工艺及技术等方面更为成熟，这将使地下电站机组安装工程的风险有所降低。升船机设备安装工程的风险程度较地下电站机组安装工程的风险程度高。因而，我公司建议分别报价为宜。

二、风险因素。我们认为，地下电站机组安装工程的风险程度高于右岸机组安装，机电设备的制造几乎全部是国内生产厂家生产，对国外技术还有一个消化吸收的过程，再加上洞中施工的特殊性，这些对风险程度都有影响。左岸升船机土建及设备安装工程风险因素更为特殊。我公司考虑了下述因素。

1.三峡升船机设计长120米、宽18米，提升高度达113米。目前世界上已建成的大型垂直升船机的提升高度都在100米以内，承船箱带水重量也都在9000吨以下，而三峡升船机提升高度达113米，承船箱带水重量达1.18万吨，其规模和技术复杂程度均属世界第一。

2.升船机的安装是在长130米、宽28米、高130米的狭长空间内进行，升船机部件体积大，对起重设备布置和升船机部件吊装的要求很高。

3.要使长达120米、宽18米、重达1.18万吨的升船机平稳运行，其制造和安装的技术复杂程度非常高。对具有上述特征的三峡升船机进行首次安装，其安装风险和试车风险均很高。

三、再保险因素。长期以来国内工程保险市场整体处于亏损状态，加之今年以来全球性金融风暴的冲击，国际再保险公司的抗风险能力不断弱化，因而对再保险承保条件不断提高，因此，保险费率的确定应充分考虑再保险方能否接受。两个项目工期均达6年，建设期长。前不久，巴基斯坦的一座水电工程由葛洲坝集团承建，国际再保险市场保险费率为12.5‰，可见保险费率之高。

四、监管因素。随着国内保险市场主体的迅速增加，市场竞争的不断加剧，致使保险公司的经营效益加速下滑。加之今年以来全球性金融风暴的冲击，中国保监会加大了对市场的监管力度，保险费率是其监管重点之一，特别是对重大项目的监管。

五、参照因素。三峡工程机组安装通过几次招标，通过国际再保险市场寻价，逐步降低，三峡工程右岸机组安装工程保险费率为3.26‰，永久船闸保险费率为4.8‰。这两个保险费率可以作为确定现在两个项目的依据，它们是历次招标的成果。

六、风险保障范围扩大。我公司为了支持贵公司的议标方式，根据工程的风险特征，在原保险合同的基础上扩展《安装试车条款》，扩展承保安装试车过程中因超负荷、超电压、碰线、电弧、漏电、短路、大气放电等电气或机械故障原因造成保险标的本身及其他被保险财产的损失。扩展《拆除条款》，解决损坏设备更换的拆除费用。

综上所述，我公司认为，地下电站机组安装工程的保险费率，在三峡工程右岸机组安装工程保险费率3.26‰的基础上，降至2.75‰较为合理，下降了15.6%。永久船闸保险费率4.8‰，左岸升船机土建及设备安装工程保险费率降为3.25‰，下降了32.29%。

特此说明

中国人保财险宜昌分公司
2008年12月16日

六、保险保障说明书。保险保障实质上是为客户设计的保险单，它包括基本保险产品、附加保险产品、保险费率、服务项目设计等。保险保障能不能被客户所接受，除设计本身要符合客户需求外，关键还要客户能正确理解。我们不能认为把一个保险保障方案交给客户就算完事了，关键要让客户知道我们为什么要设计这么一个方案。所以，保险保障说明书的写作尤其重要，它对解读保险保障有重要的作用。保险保障说明书就是要告诉客户我们设计保险保障的依据和保障作用，强调保险保障设计是科学的、实用的、经济的、规范的。有时我们可以举证其他客户成功的或失败的保险保障来说明我们设计的好处，使客户感到它更有可信性，使说明书更具有说服力。但是，说明书要写得简单，不易过长。

案 例

　　三峡烟草公司是我们中国人保财险长期服务的客户，在续保过程中，客户受竞争影响有一些想法。2003年12月8日，我为三峡烟草公司起草保险方案的说明，旨在让客户接受我们的方案和保险费率，起到良好的效果。现将说明收录如下。

关于三峡烟草保险方案的说明

三峡烟草有限公司：
　　贵公司提出关于保险费率能否下调的要求，我们经研究拟同意考虑。为了使贵公司能全面了解保险，使贵公司有一个更好的保险保障计划，我们就有关情况做一些必要说明。
　　一、关于原保险方案。三峡烟草与我公司合作历史较长，一直投保财产综合保险，按照国家保险监管部门批准的保险费率规章，卷烟生产企业在风险等级上列为工业险四级（最高为六级），保险费率为4‰。2002年，为了改善贵公司的保险保障，我们使用保障条件较好的财产一切险，按保险监督部门所批准的保险费率，应按6‰计收保险费。我们考虑与贵公司的合作关系，在费率上仍然执行4‰。当然，由于目前保险市场竞争激烈，特别是经济发达的城市，有的保险公司以降低保险费率进行竞争，这是保险监管部门监管的内容之一。我们作为一个规范经营的保险公司，不能效仿目前保险市场上的一些不规范的做法。
　　二、贵公司的保险方案怎样确定。贵公司作为一个规模较大的生产企业，只投保财产一切险是远远不够的，大量、价值昂贵的生产设备在使用过程中发生的风险损失未能投保。因此，我们建议在投保财产一切险的基础上，附加机器设备损坏险，机器设备损坏险的保险责任主要有以下方面：1.在正常使用过程中发现确属设计、制造、安装错误及原材料缺陷引起的事故。2.离心力引起的断裂。3.电器短路和供水、供电、供气的突然中止。4.经考验合格的操作人员因操作失误、缺乏经验或技术不善以及疏忽、过失行为。5.物理性爆炸。这些保险责任在财产一切险方案中是没有的，而这些风险的发生频率和损失程度相对都比较高。前几年贵公司也曾投保过机器设备损坏险，因双方在一些责任的理解上有一些分歧，保险公司赔付率相当高，也容易影响双方的合作关系，最后只好停办。其实，只要我们双方能认真分析事故原因，准确理解保险责任，投保机器设备损坏险对贵公司是十分必要的。同时，在财产一切险和机器设备损坏险的基础上，再附加若干保险责任扩展批单。这样，就可以使贵公司的保险保障更为完整。

三、关于保险费率的问题。根据贵公司的意见，以及我们多年承保贵公司的情况，我们经研究决定将财产一切险费率降为2.8‰，与原保险相比下降了50%。机器设备损坏险保险费率为6‰，前几年与贵公司签定的8‰，下降了25%。附加的其他扩展责任条款免收保险费。

如何评定保险费率的高低，主要应考虑以下因素：一是投保的是什么险种，如，财险综合险费率低，财产一切险就高；二是附加扩展责任条款所保障的程度，扩展的附加条款越多，保障越充分，保险费率也相对较高；三是免赔额的高低，免赔额高，保险费率就低，免赔额低，保险费率就高。所以，不能简单地看一个保险费率的高或低。贵公司使用的都是先进的、价值昂贵的设备，往往一个小的部件就需要几百万元，保险费率不能太低。对于保险保障价值的计算，不能只看保险费是多少、保险公司赔了多少，试以贵公司的保险为例，去年在我公司投保财产9.28亿元，交保险费371万元，也就是说，向保险公司支付371万元的保险费，就相当于储存了9.28亿元的货币，使9.28亿元的财产得到保险保障，这是任何经济保障制度都无法比的，这也是人们为何选择保险的重要原因。

总之，我们想通过此次续保，使贵公司的保险保障更为完备。为了便于贵公司了解新的保险方案，我们起草了一个保险单初稿，望贵公司能够理解。

七、保险赔偿案例宣传。"用事实说话"的沟通力是强大的。保险产品是知识性产品，客户在购买时无法品尝，无法试用，怎么办？我们可以用典型赔案向客户宣传，让客户从中体验、感受保险的功能和作用。我们应准备好各种保险赔偿案例卡片或宣传单，如果有可能，还可附上事故现场照片。它能真实、形象和生动地让客户感受到保险的作用和认知保险。用保险赔偿案例给客户做参考，是对客户进行启发性的沟通，是一种很有说服力的佐证。客户可以从中清晰地认识保险产品功能和作用，能使客户受到启发，能增强客户对购买保险的信赖感和安全感，打消客户的疑惑，客户可以从这些事实中得出结论，他所选择的是一家可靠的保险公司，或者他选择的是一种有很好保障作用的保险产品。所以说，保险赔案宣传胜过无数次空洞的宣传。另外，在写作保险赔偿案例宣传资料时，要保护好客户的隐私和声誉，应隐去受灾客户的名称或名字，不要让客户认为我们是拿他的痛苦说事，除非这个赔案人们早已知道。不然，现在我们面对的客户心里会想：我将来出了事故恐怕也要被当着典型去讲，算了，还是不在这个销售人员手里买保险了。

案 例

2004年，为了推进中国人保财险宜昌市分公司家庭财产保险的销售，我起草了家庭财产保险赔案宣传单，以各种灾害案例，生动、形象地宣传家庭财产保险的好处。宣传单收录如下。

家庭财产保险赔偿案例

从2000年以来，中国人民财产保险股份有限公司宜昌市分公司已为众多的受灾家庭支付赔款达250万元。我们从中挑选了11个典型案例，以事实说明家庭财产保险的好处。

暴风吹垮房子：2003年6月8日23时许，被保险人曲某的家庭财产因暴风受损，其中主房的屋檐，附属房的椽角和瓦，厨房中的桌子、椅子、厨柜不同程度受损，中国人保财险公司赔付3000元。

雷击打坏了电脑：2003年8月9日晚11时许，被保险人廖某家庭电脑因雷击造成电源和主板受损，中国人保财险公司赔付1700元。

邻居家漏水导致财产损坏：2003年5月27日，被保险人刘某因邻居家房屋漏水，致其房间内卧室走道的木地板、墙角线全部被水淹泡，中国人保财险公司赔付4800元。

管道破裂造成水灾：2002年1月18日，宜昌达门船舶有限公司聘请的外方专家科尔家由于楼上厨房、卫生间水管道破裂，造成科尔家客厅及过道面墙纸发泡、发霉，地板变形、上拱，中国人保财险公司赔付7700元。

煤气罐爆炸造成损失：2003年7月3日，被保险人姜某因楼下邻居煤气罐爆炸引起火灾，致使他家彩电、空调、数码相机、电扇、家具、衣物、窗户、地板等不同程度烧毁，中国人保财险公司赔付10000元。

小偷撬门入室：2003年2月14日，被保险人何某家因小偷撬门入室，家中衣物、摄像机、功放、VCD机、皮箱等财物被盗，中国人保财险公司赔付15000元。

暴雨造成损失：2003年9月19日凌晨开始，被保险人蔡某家（住顶层七楼）因顶层屋面排水不及，渗入室内的雨水将屋内墙纸毁坏，屋顶出现大面积水渍，木地板也有不同程度渗水，窗帘盒及窗框渗水变形，中国人保财险公司赔付1500元。

电器短路引发火灾：2002年1月30日22时20分，被保险人林某家发生火灾，过火面积20平方米，烧毁电话机、空调、电视机及其他物品，宜昌市消防支队东山中队出动两台消防车，于22时50分将火扑灭，消防部门认定此次火灾原因为电器线路短路，引燃周围可燃物所致，中国人保财险公司赔付13000元。

装修房子引发火灾：2001年3月28日21时许，刘某家在装修期间，由于使用的空压机电源插头接地电阻过大，局部发热引燃地面散乱堆放的装修材料及刨花，而当时现场又无人看管，酿成火灾，大火将刘景家房屋顶部及四周墙面涂层全部烧酥脱落，室内堆放的所有物品全部烧毁，中国人保财险公司赔付5440.08元。

鞭炮引起火灾：2002年2月11日晚，被保险人周某家因外面小孩放鞭炮，使其阳台上的衣服燃烧起火，因家中无人，酿成火灾，烧毁棉絮、窗帘、皮衣、卧具等财产，中国人保财险公司赔付2000元。

供电线路发生意外造成电脑损失：2002年8月2日16时许，城区出现雷暴天气，被保险人袁某的小孩正在家玩电脑，忽然信号全无，经查系附近楼房防盗网上的玻纤瓦被风吹掉后，落在两线缆之间，造成高压短路，致被保险人家庭电脑烧坏受损，中国人保财险公司赔付2000元。

八、幻灯或视频资料。现在互联网或电脑的使用给我们带来很多方便，既可以放幻灯，也可以放视频。视频制作一般是公司的事，我们只需要使用就行了。营销人员的重点是制作精美的电脑幻灯片，它既可以进行大众传播，如组织客户单位有关人员通过电脑投影观看，也可以通过互联网发给客户收看，还可以进行"一对一"的传播，如与客户通过电脑共同观看。它是具有现代性的宣传方式，一般由文字、图片组成，我们在放的过程中进行讲解。如果在文字、图片的基础上，再配上录音讲解和音乐，自动播放，其效果更好。我们只要做到让客户坐下来观看，就可以通过幻灯片进行沟通了。它可以促使客户立即做出反应，我们只要能进一步回答好客户的询问，营销的成功率是很高的。另外，也可以通过手机拍摄资料照片、保险事故现场视频，通过微信或QQ发给客户看，能起到良好的宣传作用。

如果自己做不了幻灯片，可以找专业人士帮助制作。在幻灯片的制作中，要注意避免以下错误：用太多的文字、内容太广泛、太复杂、太拥挤、变化太少、时间太长。一般而言，一张幻灯片应表现出沟通的重点，将传递给客户的内容提炼成关键词式的语句，使其简洁，语言冲击力强。如果是需要我们现场讲解的幻灯片，画面上的文字内容越少越好，提纲式的，这样能使我们在讲解时围绕这些内容自由地发挥。要注重幻灯片的针对性、正确性、可看性、清楚性、趣味性，要把每一张幻灯片都当着平面广告来设计，这样视觉效果会更好些。

九、保险服务手册。它也可以称为保险使用手册或保险指南，阅读对象是客户。其主要内容是以保险单为基础，告诉客户如何认识保险、运用保险。它主要是针对团体型客户使用的，在通常情况下，家庭型或小客户有一份保险单就可以了，有什么不明白的，把保险单找出来看一看就行了，而团体型保险涉及人员多，如大型工程保险的被保险人涉及业主，以及众多的承包商、监理等，我们不可能给这些单位所有与保险有关的人员一份保险单，让他们了解保险事项，保险单往往存放在财务部门或合同管理部门。如何解决这一问题呢？我们可以根据客户需要为其提供保险服务手册，通过保险服务手册的方式，把保险单的内容和使用要求告诉客户。例如，2003年7月，我为长江电力股份有限公司制作了《保险手册》，当年又为中国长江三峡集团公司制作了金沙江《溪洛渡工程保险手册》。手册印制若干份送给客户，客户再分发给有关人员。这在当时的保险市场上都是属于创造性的服务举措，受到客户的好评。

保险服务手册编写要简单、通俗，操作性要强，便于阅读。它一般应该包括以下几个方面。

第一，保险作用。不断强化宣传保险的作用是十分必要的，写作采用提纲性的列举，不要作烦琐的分析。

第二，保险管理。客户内部保险管理的组织架构、相关部门的职责。客户内部职责不清，衔接有矛盾，我们的销售与服务都不好办。

第三，索赔管理。发生保险事故后应该如何向保险公司索赔。要讲清两个问题：一是客户各部门在索赔上应做的工作，一是向保险公司索赔的程序。

第四，保险服务。保险公司的服务是需要客户配合的，所以客户应知道有哪些服务内容，特别是理赔服务。

第五，合同摘要。把保险条款进行摘要式编辑，重点告知客户哪些财产是保险财产、哪些风险损失保险公司赔偿、哪些风险损失保险公司不赔偿、如何赔偿、被保险人义务等保险单中所列内容。

第六，风险提示。简要地告知客户要防范什么风险。

第七，名词解释。对保险单中的主要名词进行解释，使客户能更好地理解保险，避免认识不一致的矛盾。

案 例

金沙江水电开发是中国长江三峡集团继三峡工程建设之后的又一系列大型水电站建设项目，金沙江上的溪洛渡水电工程建成后，将是世界第二大水电站，2003年12月，我为使工程建设者更好地掌握和运用保险，起草并制作了《溪洛渡工程保险手册》，发给客户与保险有关的人员。现将手册收录如下。

溪洛渡工程保险手册

1 前言

溪洛渡水电站位于四川省雷波县和云南省永善县境内金沙江干流上，它以发电为主，兼有防洪、拦沙和改善下游航运条件等巨大的综合效益，是国家实施"西电东送"战略的骨干电源，是中国长江三峡工程开发总公司开发西部的重要里程碑。它对配合三峡工程提高长江中下游的防洪能力，充分发挥三峡工程的综合效益，促进我国西部的经济开发，保障国民经济的可持续发展具有重大作用。

溪洛渡水电工程规模巨大，技术难度高，施工条件复杂，许多意想不到的风险总是客观存在，因此，风险管理是溪洛渡工程建设管理体系的重要组成部分。首先是加强对风险的防范，减少或避免风险事故的发生，其次是采取保险措施，在万一发生风险损失之后，能够得到经济补偿。所以，建立防范与保险相结合的风险管理体系，对保障溪洛渡工程建设的顺利进行十分必要。

保险是溪洛渡工程建设风险管理的重要组成部分。为保证保险保障机制的有效运行，中国人民财产保险股份有限公司在中国三峡总公司金沙江开发有限公司筹建处的支持下，制定工程保险手册。本手册是针对溪洛渡准备工程建设的保险而编写的，以保险合同为基础，本着科学性、实用性、整体性、高效性、合法性、简约性的原则，力求使大家对准备工程保险运行有一个简要而全面的了解，利用保险手段管理工程风险，最大程度地发挥保险在工程建设风险管理中的作用。

本手册无法律约束力，我们与被保险人之间权利与义务的法律依据是保险合同。其中《保险管理》部分若与业主管理文件相矛盾时，以业主文件为准。

本手册适用于2003年11月10日签发的《金沙江溪洛渡水电站施工准备工程建筑工程一切险保险单》和《金沙江溪洛渡水电站对外交通工程建筑工程一切险保险单》。

2 风险、风险管理及保险的基本概念

风险是关于不愿发生的事件发生的不确定的客观体现。在现实生活中，人们一提到风险，自然就会想到灾害或损失。所以，我们将风险定义为损失或损害发生的不确定性。只有这样理解，风险才成为我们关注的重要问题。

风险管理是通过对风险的识别、估算和控制，以最小的成本，将风险导致的各种不利后果消除或减少到最低程度的过程。风险管理的核心是消除一个组织遭受损失的风险，从而保障其资产或人身的安全。风险管理技术包括回避、预防、自担、转嫁和保险等内容。

保险是风险管理技术的重要组成部分，它通过保险合同的形式联合众多的各种不同的风险单位，在概率论的基础上计算出收费标准，并向每一单位收取保险费，建立足够的风险基金，对任何一个单位发生保险合同约定的不确定性的风险造成的经济损害或经济需要提供经济赔付。简单地讲，保险就是把单独个体无力承担的、巨额的，而且不知道何时发生的灾害性经济损失分散给众多个体去承担的方法。保险由于其在灾害损失补偿方面的特殊功能，已成为现代经济活动和人们生活的重要保障机制，对社会的进步与发展起着积极的作用。

3 保险在工程建设中的作用

保险核心职能就是对风险损失进行经济补偿，这一职能决定了保险在工程建设风险管理中的作用。

3.1 保障投资者的利益

在市场经济条件下，我国对工程建设实行业主制管理，使项目业主成为自负盈亏、自主经营的单位，成为承担风险的主体，完全靠项目业主自身力量来承担风险，显然是脆弱的。但如果通过保险手段，就能用少量的保险费支出换取巨大的经济保障，在工程发生风险损失之后，由保险公司承担，达到避免增加投资或负债、稳定工程概算的目的。

3.2 促进工程承包制的完善

工程业主通过承包合同，将工程建设或管理交给施工、监理、制造商等单位，与此同时，工程的部分风险也随着承包合同转嫁给它们。但是，这种分散风险的方式，有时会由于合同纠纷，或者因为承包商的经济能力弱而难以得到实质性的风险转嫁。如果发生风险损失，这些合同承包单位将难以承担，不仅预定利润无法实现，甚至还可能出现亏损或破产，严重影响承包合同的履行，致使工程停建或缓建。而通过保险转嫁风险，就能解决这一矛盾。

3.3 改善工程建设融资条件

工程建设一般要依赖于金融投资，特别是重点工程。金融投资商把投资项目参加保险作为投资的一个必要条件，以确保其投资的安全。保险通过增加工程建设单位的资信来支持工程投资活动，因为金融投资商通常要求为贷款抵押或投资工程投保，否则，不予以贷款。所以，通过保险，不仅为工程建设单位创造良好的融资基础，并且能增加金融投资者的信心。

3.4 加强工程建设风险管理

在工程保险中，保险公司为减少保险事故的发生，往往要采取措施，协助被保险人进行减损和防损。因为保险公司长期与风险打交道，在风险评估和控制方面拥有其他组织所不具备的优势。在进行承保时，引导被保险人更理性地对等待风险，开展风险检验，提出整改建议，等等。

3.5 推动工程技术创新

经济的高速发展，意味着专业化程度的提高和经济资源的集中。专业化表现在新技术、高科技、新材料在工程建设中的广泛运用。经济资源集中表现在价值方面，大规模的工程建设、巨额资金的运用，使巨灾损失的机率大增。许多投资者因担心风险而不敢投资，或者承受巨大的心理压力。通过保险手段化解风险，从而达到鼓励投资、支持工程建设创新、推动工程建设发展的目的。

4 保险管理

4.1 保险管理目标

建立完善的溪洛渡工程保险保障制度，使溪洛渡工程保险达到科学化、规范化、制度化、国际化水平，防范和化解溪洛渡工程风险，保障溪洛渡工程建设的顺利进行。

4.2 保险管理的任务

●制定保险管理制度。

●评估建设项目风险，科学管理工程项目的投保。

●执行保险合同。

●与保险公司进行风险管理合作，防范风险发生，减少风险损失。

●协调业主、监理、承包商、保险公司的关系。

●组织各方对发生的事故进行查勘定损，并将索赔材料准备齐全，向保险公司索赔。

●保险培训。

●总结、分析、探索保险运作经验，形成科学的保险管理成果。

●遵守国家保险法规，保证保险活动的合法性。

●管理保险资料档案。

4.3 保险管理原则

保险管理是溪洛渡工程建设管理的重要组成部分，直接关系到溪洛渡工程保险运行效率和被保险人的经济利益。为了统一保险保障，规范保险行为，保障溪洛渡工程建设单位的整体利益，争取更优质的保险服务，溪洛渡工程采取"集中管理、统筹安排、各方配合"的原则进行保险管理。

4.4 保险管理体系及职责

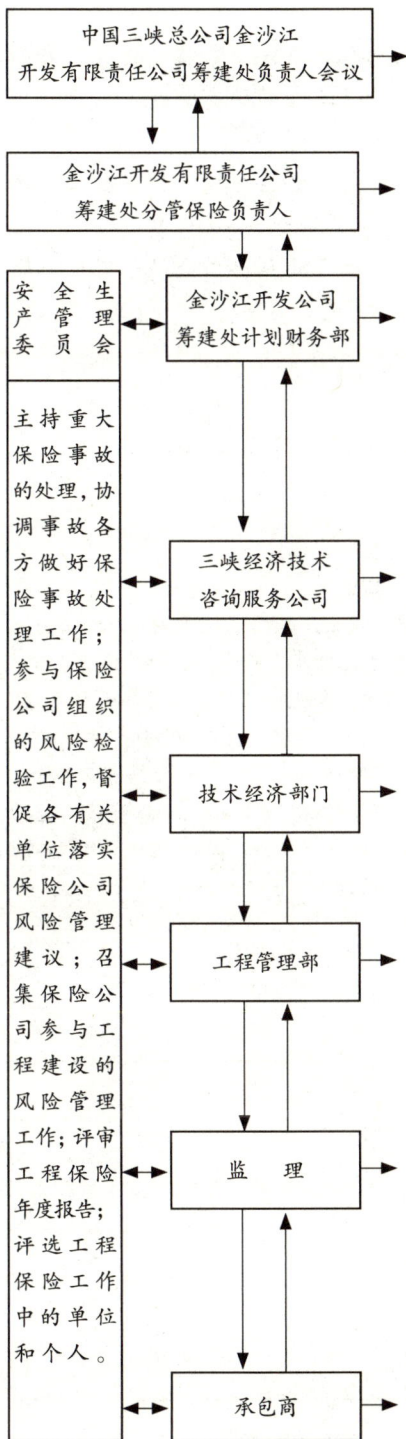

中国三峡总公司金沙江 开发有限责任公司筹建处负责人会议	负责溪洛渡工保险重大事项的研究与决策。
金沙江开发有限责任公司 筹建处分管保险负责人	负责溪洛渡工程保险重大事项部署，审批保险项目的投保及保险费使用。
金沙江开发公司 筹建处计划财务部	归口管理溪洛渡工程保险事务。制定保险规划和保险费预算；组织工程项目的投保，支付和结算保险费；向保险公司提出索赔；协调保险各方关系；管理保险信息；组织保险管理活动；召开保险联席会议。充分发挥保险经纪公司在保险与风险管理上的作用。
三峡经济技术 咨询服务公司	受中国三峡总公司金沙江开发有限责任公司筹建处委托开展工作。与工地现场与保险有关的单位或部门进行衔接工作；协助保险公司开展风险管理；组织有关单位或部门、保险公司进行现场查勘定损；办理保险索赔手续；管理保险信息；起草工程保险年度工作总结。
技术经济部门	按工程合同审定保险事故索赔资料中的损失价格及费用，对保险公司的赔款提出分配意见。
工程管理部	组织和协调监理、承包商对保险合同的执行；协助计划财务部做好工程项目的风险评估和投保工作；配合保险公司查勘定损；审核损失资料并及时提供保险索赔资料；协助保险公司进行风险管理。
监 理	组织和协调承包商对保险合同的执行；协助保险公司进行风险管理，并督促承包商执行保险公司风险管理意见；配合保险公司对发生的事故进行查勘定损；审检承包商所报的损失清单，提供损失认定报告。
承包商	在业主的统一管理下执行保险合同，加强风险管理；发生保险事故，立即组织施救，及时通知监理；配合保险公司查勘定损，及时提供事故报告和其他保险索赔资料。

安全生产管理委员会

主持重大保险事故的处理，协调事故各方做好保险事故处理工作；参与保险公司组织的风险检验工作，督促各有关单位落实保险公司风险管理建议；召集保险公司参与工程建设的风险管理工作；评审工程保险年度报告；评选工程保险工作中的单位和个人。

4.5 索赔管理

工程保险的索赔是被保险人行使权利的具体表现,是指被保险人在发生保险责任范围内的损失,按照双方签定的保险合同的有关规定,向保险公司申请给予经济补偿的过程。

●索赔的基本原则:遵守合同,实事求是,合法合规,协调配合,及时办理。

●索赔人:溪洛渡工程保险索赔人为中国三峡总公司金沙江开发有限责任公司筹建处,其他单位不直接向保险公司索赔。

4.5.1 索赔流程及任务

出险通知	承包商 ↓ 监 理 ↓ 业主项目部 ↓ 三峡咨询公司 ↓ 保险公司	当保险事故发生时,应在规定的时限内,尽快通知保险公司。必要时,承包商可直接通知保险公司。在保险合同中要求"立即"通知保险公司。出险通知可以口头、书面、电话等形式,简要地讲清损失标的、时间、地点、原因、部位、损失状况等。同时,采取一切必要措施防止损失的进一步扩大。在保险公司进行查勘之前,保留事故现场及有关实物证据。如果是造成第三者的损失,未经保险公司同意,任何单位或部门对索赔方不得做出任何承诺或拒绝、出价、约定、付款或赔偿。
查勘定损	保险公司 三峡咨询公司 监理 承包商 设计单位	保险公司对事故进行查勘定损,三峡咨询公司组织、协调监理和承包商搞好配合,真实、准确地弄清损失项目数量和金额。

索 赔	承包商	向监理报事故索赔材料,事故发生后的15天内。
	↓	
	监 理	初审索赔材料,出据损失认定报告。时间不超过6天。
	↓	
	工程管理部	审核损失材料,提交技术经济部,时间不超过4天。
	↓	
	技术经济部	依据工程合同,审定损失价格及费用,时间不超过3天。
	↓	
	三峡咨询公司	核审索赔材料,起草向保险公司索赔的报告。时间不超过5天。
	↓	
	业主财务部门	签发索赔报告,交三峡咨询公司向保险公司索赔。时间不超过1天。
	↓	
	保险公司	受理索赔,按保险合同规定核赔。
赔款支付	保险公司	双方意见一致,5天内向业主支付赔款,并出据理赔说明书。
	↓	
	业主财务部门	按规定向损失方支付赔款,保险合同规定业主为第一赔款受益人。
	↓	
	损失方	接受赔款。

4.5.2 索赔所需单证

工程物质损失索赔应提供的单证

包括但不限于:

●出险及索赔通知书:包括损失财产、时间、地点、原因、部位、损失情况、索赔金额、索赔依据等。

●事故证明：如消防部门关于火灾的证明、公安部门关于盗窃及破坏事故的证明、气象部门关于气象灾害的证明、有关部门的检验报告。

●损失清单：名称、损失金额。

●施救费用清单：项目、费用。

●原始单证：工程承包合同、设备购置和修理发票等。

并不是所有的保险索赔都需要以上单证，保险公司将根据事故理赔的需要提出要求。

第三者责任险索赔应提供的单证

包括但不限于：

●出险及索赔通知书：包括损失项目、时间、地点、原因、损失情况、索赔金额、索赔依据等。

●事故证明及事故原因鉴定结论：一般由公安、政府安全部门做出。

●医疗证明：医院治疗证明。

●伤残证明：法医及权威部门证明。

●死亡证明：公安部门证明。

●法院裁决书：对事实和经济赔偿作出的判决。

●费用单据：如损坏财产的购置、修理发票，住院医疗费用单据等。

并不是所有的保险索赔都需要以上单证，保险公司将根据事故理赔的需要提出要求。

4.5.3 索赔诊断提纲

如果保险公司拒绝赔偿或赔偿金额少于索赔金额，应详细查阅保险合同，并从以下几个方面去分析：

●该财产是否是被保险财产？

●损失是否因承保的风险而造成？

●损失是否属于保险单的免赔责任或除外责任？

●保险单条件是否对保险金额作了限制？

●损失发生的地点是否在承保范围内？

●损失是否在保险期限内发生？

●索赔金额是否超出实际损失？

●修复标准是否超过原设计标准？

●是否扣除损余物资的残值？

●是否扣除免赔额？

5 保险服务

保险服务是保险公司为客户提供的一切有价值的活动。溪洛渡准备工程保险采取由中国人民财产保险股份有限公司承保，湖北省、云南省、四川省三家中国人保分公司联合服务的保险服务体系。这样既发挥了中国人保湖北省公司十年服务三峡工程所形成的成熟的工程保险技术与服务优势，又兼顾了中国人保云南省、四川省分公司的地域优势。

5.1 保险服务体系

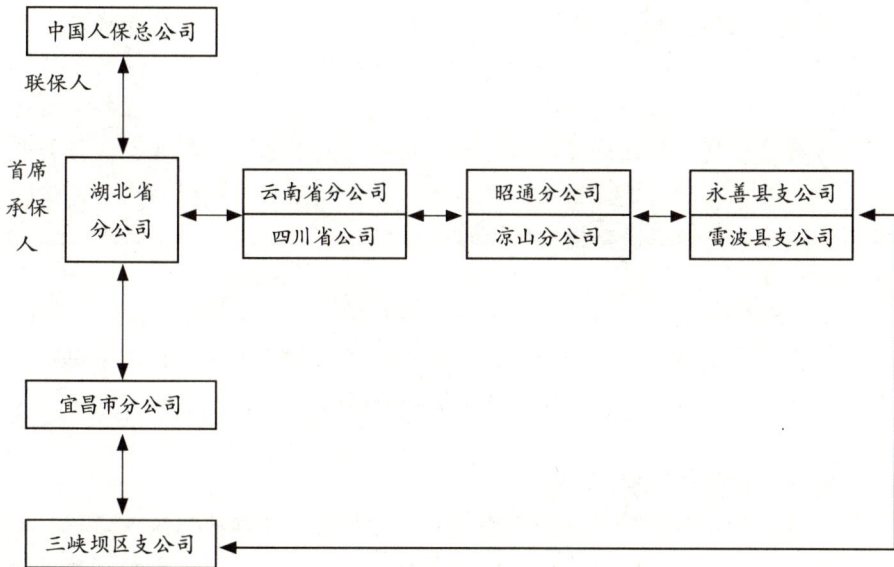

```
联保人          ┌──────────────┐
                │ 中国人保总公司 │
                └──────┬───────┘
                       ↕
首席          ┌────────┐     ┌──────────┐     ┌──────────┐     ┌──────────┐
承保    ←→    │ 湖北省  │ ←→  │云南省分公司│ ←→  │ 昭通分公司 │ ←→  │永善县支公司│ ←
人            │ 分公司  │     │四川省公司 │     │ 凉山分公司 │     │雷波县支公司│   ↑
             └────┬───┘     └──────────┘     └──────────┘     └──────────┘   │
                  ↕                                                           │
             ┌──────────┐                                                     │
             │ 宜昌市分公司 │                                                  │
             └────┬─────┘                                                     │
                  ↕                                                           │
             ┌──────────────┐                                                 │
             │ 三峡坝区支公司 │ ←───────────────────────────────────────────────┘
             └──────────────┘
```

首席承保人：中国人保湖北省分公司，承保保险金额60%，按中国人保总公司授权，代表各联系方直接对被保险人负责，在不损害被保险人和联保方利益的前提下，按保险协议及保单条款负责处理被保险人在保险单有效内的一切保险事宜。

联保人：中国人保云南省、四川省分公司，各承保保险金额20%，与首席承保人一道，在联保协议的规定内开展工作。

5.2 金沙江溪洛渡工程服务小组

金沙江溪洛渡工程服务小组是以中国人民财产保险股份有限公司为核

心，以首席承保人为组织者，由其他成员公司共同组建的现场服务机构，是三省、三地（市、区）分公司及三个支公司合作的中枢。其服务工作包括受理报案、现场查勘定损、收集理赔资料、工地巡察、全天值班、客户拜访、风险检验等。

金沙江溪洛渡工程服务小组办公室：永善县振兴大街中段（宜昌三峡工程实业总公司内）。

联络人：（略）

5.3 小额赔款处理

物质损失的索赔如果预计金额不超过人民币100000元（已扣减应适用的免赔额），在出险后两个小时内，如果保险公司没有到现场进行出险后的查勘，此索赔无需进行查勘即予认可，被保险人无需事先同保险公司协商即可着手修复，但应向保险人递交一份全面的书面事故报告，并保留所有损失照片。尽管有前述规定，被保险人应在出险后第一时间内通知保险公司，保险公司保留检查损失现场的权利。

5.4 预付赔款

发生保单责任范围内的损失时，在被保险人的要求下，保险公司可以对损失支付预付赔款，金额限于事故估损金额的50%以内。

6 保险合同内容摘要

（略）注：对保险单中的主要内容进行摘要，包括被保险人名称、保险工程名称、每次事故免赔额、保险期限、保险责任范围、附加条款、除外责任范围、第三者险除外责任、物质损失保险和第三者责任险共同的除外责任、被保险人的义务、赔偿处理。

7 风险管理
7.1 防灾减损的重要性

防灾减损是风险管理的重要组成部分，是《保险法》和保险合同中所规定的被保险人义务之一。我国《保险法》第35条规定："被保险人应当遵守国家有关消防、安全、生产操作、劳动保护等方面的规定，维护保险标的的安全。根据合同的约定，保险人可以对保险标的的安全状况进行检查，及时向投保人、被保险人提出消除不安全因素和隐患的书面建议。投保人、被保险人未按照约定履行其对保险标的安全应尽的责任的，保险人有权要求增加保险费或者解除合同。保险人为维护保险标的的安全，经被保险人同意，可以采取安全预防措施。"

鉴于以上规定，与保险项目有关的单位和个人，应做好防灾减损工作，特别是对保险公司以书面形式提出的整改意见要认真落实。

7.2 溪洛渡工程准备工程风险提示

暴　雨：溪洛渡降水量为547.3mm~832.7mm，一日最大降水量为72.4mm~130.4mm，5~10月为雨季，集中年降水量的83.7%~88.4%。暴雨易引发山涧洪水及泥石流灾害；持续暴雨也可能引发山崩、滑坡，特别是高边坡施工，隧洞开挖，由于雨水长时间浸蚀，极易造成塌方、滑坡、崩岩、塌顶等灾害；还会造成大水席卷开挖土石方冲毁农田、农舍及其他建筑物的第三者责任赔偿。

暴　风：8级风，风速在17.2米/秒以上，简易和高架建筑容易被掀翻或被掀倒。

雷　击：对变电站、通讯设施、输电设施、高架建筑物构成危险。

崖　崩：石崖、土崖受自然风化、雨蚀，以及开挖造成的应力变化，引发崖崩下塌或山上岩石滚下。隧洞开挖，会受地质影响出现局部塌顶和掉块；隧洞进出口受地质缺陷影响，会出现局部失稳。

滑　坡：由于开挖或暴雨，使高边坡上不稳的岩体、土体或人为堆积物体在重力作用下突然整体向下滑动。

地面下陷下沉：因地壳自然变异，大雨侵蚀造成地面塌陷，造成财产损失。

爆　破：公路、隧洞的施工需要大量爆破施工。爆破材料如果管理不善，容易发生灾害性事故；爆破作业中操作不当、不按规程办事，容易造成设备、人员的损害，引发岩崩、塌方等事故，以及造成对第三者损失的赔偿。

火　灾：易燃物品管理不善，易发生火灾，特别是油库、简易棚房等财产和物资。

偷　窃：工程建设作业面宽，原材料及设备一般是分散放在露天里，容易被偷窃和抢劫。

故意破坏：如，纵火、爆炸，损坏设备等。

施工协调不当：多个施工单位在同一区域内施工，利用同一条道路进行运输，施工中会出现车辆运输、上下开挖、爆破等交叉作业，如果协调不当，会造成车辆碰撞、岩石坠落、爆破相互损害等交叉责任事故。

运输风险：大量工程建设所需设备及物资需从外面运进溪洛渡，路途远，又属山区公路，碰撞、倾覆风险客观存在。

设备损坏：施工设备、供电、供水、通讯设施因操作不当，以及自身内在原因引发事故损失。特别是自卸车倾倒碴土，车斗后倾时易发生翻车或坠落坡底的事故。

设计错误：因设计错误造成意外事故导致工程或其他财产的损失及人员伤亡。

原材料缺陷：使用有缺陷的材料所引发的意外事故。

管理风险：几乎所有的风险都与管理有关，在施工管理中，不按规章制度、技术规范和施工进度管理要求进行施工，不按规定进行风险防范，都可能导致风险的发生。

人员伤害：工程建筑行业被列为第二危险行业，爆破、塌方、机器事故、高空作业防护措施不当，等等，容易造成人员伤亡。

7.3 防灾减损诊断提纲

（1）组 织

①防灾减损的组织是否成立？

②防灾减损的领导成员是否明确？

③防灾减损工作人员的资格和能力是否具备？

（2）措 施

①防灾减损方案是否周密、可行？

②对职工的安全教育状况如何？

③安全管理制度是否建立？

④安全管理措施是否制定？

⑤检测和质量管理体系是否建立？

⑥监理制度是否采用？监理资格是否具备？

（3）施工管理

①职工是否掌握了施工技术，并正确运用技术？

②是否对施工质量加强监管？

③是否按设计要求施工？

④是否按监理要求施工？

⑤是否按施工进度执行？

⑥施工是否严格遵守施工操作规程？

⑦工地安排布置是否得当？

⑧各承包商施工协调如何？

⑨在危险区域是否有警示牌？

（4）消防管理

①有无专职或兼职消防队伍？最近的消防队在何处？

②有无规定的报警设备或通讯设备？

③消防设施是否按要求配备？保养情况如何？

④特别危险物品（如汽油泵、储油罐、木料、炸药等易燃易爆物）的管理是否符合要求？

⑤有爆炸风险的设备是否有防爆装置？

⑥凡能产生静电引起燃烧、爆炸的设备，有无导除静电的设施？

⑦使用电焊及其他明火的工作点，是否有安全防火规定？

⑧容易产生火花的电气设备是否有防护型的安全装置？

⑨动力、照明、供热系统有无安全防护措施？

⑩建筑物及设备是否有避雷装置？

（5）设备管理

①机器设备的质量是否合格？

②设备是否按要求设置？作业场地是否安全？

③机器设备运转是否正常？维修和保养是否按要求办理？

④电器设备保险装置是否合格？

⑤机器设备是否有专人管理？管理人员技术是否合格？

（6）原材料及物资管理

①原材料质量是否合格？

②仓库或货场进出制度是否执行？

③防盗措施是否得当？

④物资是否堆放在容易遭受水淹的地方？

（7）防水管理

①所有的防水设施（如排水沟、排水管、抽水设施等）是否能满足防水灾的需要？

②周围的河流、水岸是否会泛滥而导致财产受灾？

（8）周边管理

①运行对周围环境是否存在不良影响？

②周围环境对财产是否存在不良影响？

③对来访或参观者的管理是否符合安全需要？

8 重要术语解释

保险单

也称保险合同，是投保人与保险公司约定保险权利义务关系的协议。

投保人

是指与保险公司订立保险合同，并按照保险合同负有支付保险费义务的人。

保险人

是指与投保人订立保险合同，并承担赔偿或者给付保险金责任的保险公司。

保险标的

是指作为保险对象的财产及其有关利益或者人的寿命或身体。

保险事故

也称保险责任，是指保险合同约定的保险责任范围内的事故。

除外责任

是指保险单规定的保险公司不负赔偿责任的灾害事故及其损失范围。

被保险人

是指其财产或者人身受保险合同保障，享有保险金请求权的人，投保人可以为被保险人。

保险费率

计算保险费的比率。即保险公司按照保险金额向投保人或被保险人收取保险费的比例，通常以百分率（%）或千分率（‰）来表示。

保险费

简称保费。是投保人或被保险人根据保险合同的规定，为被保险人取得因约定风险事故所造成的经济损失的给付权利，而付给保险公司的代价。简单地说，是保险公司为承担一定的保险责任而向投保人或被保险人收取的费用。

保险期限

是指保险单所提供的保障期间，即从保险责任开始到终止的时间。

保险金额

也称赔偿限额，是指保险公司承担损失赔偿或给付保险金责任的最高限额。

保险赔偿

是指保险公司根据保险合同规定对被保险人因保险事故而给予经济补偿的行为。

比例赔偿

在发生保险单责任项下的损失时，若受损财产的分项或总保险金额低于对应的应保险金额（财产价值），其差额部分视为被保险人自保，保险公司按照保险金额与财产价值的比例承担赔偿责任。

权益转让

保险事故发生后，保险公司已支付了全部保险金额，并且保险金额相等于保险价值的，受损保险标的的全部权利归于保险公司；保险金额低于保险价值的，保险公司按照保险金额与保险价值的比例取得受损保险标的的部分权利。

代位追偿

因第三者对保险标的的损害而造成保险事故的，保险公司自向被保险人赔偿保险金之日起，在赔偿金额范围内代位行使被保险人对第三者请求赔偿的权利。

联 保

一家保险公司中两个或多个分支公司联合承担一张保险单下的责任和保险服务。

文本的装帧设计

文本装帧设计就是对提供给客户的各种文字和图片资料的形式、用料和制作等方面所进行的艺术和工艺设计，通过版式、封面、图案、颜色、字体，甚至纸张的材质、颜色、厚度等因素，对文本进行包装，通过有形文本的形式美来增强营销沟通内容的文化价值，强化客户对保险产品和服务的感受。文本的装帧就如同物质产品的造型设计和包装，而这一点对销售无形的保险产品来说似乎更为重要。保险服务是无形的，很难给它一个直观的形式，并让这种形式对客户产生良好的作用。但是，我们可以在文本的装帧设计上下功夫，使沟通的内容可感知性更强。

保险销售文本的装帧要美观，这关系到我们是否能给客户留下服务良好、工作专业和认真的印象。我们应该看到，对于那些不了解我们的公司和保险产品的客户而言，文本的装帧设计将取代他们对我们公司产品和服务的感觉，也反映出我们对客户周到的服务和我们的审美品位，不但能满足客户了解保险的需要，而且还能满足客户对审美的精神追求，它是我们进行文化营销的最简单、最有效的形式。在竞争过程中，当一个客户面对几家，甚至上十家保险公司的保险建议书时，文本的装帧设计也成为客户判断一个公司技术和服务水平的重要标准。所以，我们不能忽视文本的形式美，应创造一流的、有个性的设计，提高文本的形式美感，使文本本身就是一件富有美感的艺术品，能体现公司品牌形象和精神，能表现出文本内容的品质，吸引客户的眼球，给客户以良好的感官刺激，强化保险服务的可感性，引起客户的注意力，激起他们阅读的兴趣，从而增强客户阅读文本的效果，使客户在获得美感的同时获得保险知识，从而触发客户获得保险的欲望，促进保险营销。可是，我们有的人认为文本的装帧是形式主义，是花架子，费力、费时又费钱，只要内容好就行，这种想法是工作不精细化、不追求完美的表现。

文本装帧设计看似简单，但却是艺术性很强的工作，在文本的装帧设计上要注意以下几点。

一、尊重和引导客户的审美趣味。我们销售保险产品时，同时也在向客户销售美。装帧精美的营销文本，本身就能给客户带来美的享受，这就是我们的营销活动给客户带来的附加值。一方面，我们的文本装帧要符合客户的审美习惯。比如，我们向一个农业企业销售种植业保险，这个企业的管理者是农民出身，那么我们在设计上可以使用中国民间美术的风格。如，年画、剪纸、玉雕，以及传统的吉祥图案等。如果我们是在向一个现代化的工业制造业销售财产保险，我们可以采用现代感较强的设计风格。另一方面，我们的文本装帧要引领客户的审美情趣。我们的设计不能只注重迎合客户的习惯和时代的流行，更应注重标新立异，唤醒客户潜在的审美欲望，使客户得到新的审美享受，引起客户的共鸣，从而产生对文本内容的兴趣与好感。

二、体现公司形象设计的理念。也就是说，我们的文本装帧设计要符合公司的品牌精神，能表现出公司的形象，这就如同一个人的穿着要符合职业、气质和形象一样。我们可以通过公司视觉形象设计要求来强化客户对我们公司形象的感知。如，公司标识和标准色彩的运用。公司标识在市场上起很重要的作用，是公司文化和识别系统的元素，客户一见到这个标识，就会联想到这个公司的市场形象。我们在文本设计时，要设计出符合公司企业文化的装帧风格，可以在文本合适的位置上，如封面、每页的页眉等放上公司标识。另外，文本的设计要符合客户对我们公司品牌的期望和要求，使客户在办公室堆放的文件资料中能一眼看出那是我们提供的文本，通过不断的视觉强化，在客户心中树立起我们鲜明的品牌形象。

三、整体设计有利于内容传播。包括：版式、颜色、尺度、材料、结构、风格、舒适等因素。版面要简洁、明快、方便阅读，标题与正文、段与段、行与行、字与字的间距要适当。内容布局太紧，形成一块板，看不清；布局太松，加大了眼睛阅看的跨距，让读者很累。少用大段落，多用小段落，使阅读者有节奏感。字体合适，什么地方用什么字体要斟酌。标题要醒目，字可以略大一点；正文字体一般要统一，用大众化的字体和字号，这样不至于破坏客户的阅读习惯；重点内容字体可粗一点，或者用突出的颜色来强调。文本的尺度不要太小，要大气，但不要太大。另外，纸张的选用也很重要，包括纸的质感、厚度、颜色，它们对视觉和触觉都会产生影响。封面的纸张要略厚一点。装订材料要讲究，要便于翻阅，能够轻松摊开阅读。

四、适当使用图像加强传播效果。图像也是营销沟通的重要载体之一，它主要包括绘画、图片、照片等。通过图像的运用，形象地表达我们的思想、感情和观念。图像是传播保险信息的重要手段，在传播或沟通中有独特的作用，一张好的图片胜过1000句话，它往往比语言更有吸引力。传播中有了图像，便可节省语言，同时，由于许多情感和感觉是很难用语言表达，而图像却往往能传达某种感觉，能提高客户的兴趣，增强客户的记忆，使客户产生更广泛、更丰富的联想。如，公司形象照片、重大保险活动照片（如保险合同签字仪式、保险理赔兑现活动等）、灾害事故现场照片的运用、某种程序的图示，等。我们可以根据需要，在保险文本中，适当插入一些照片，强化说明效果。我设计的《金沙江溪洛渡水电站施工准备工程保险报价书》的封面就有特色。封面上下用我们考察溪洛渡工程时的照片，排成两行，共有十张照片，不但美观，而且让客户知道我们曾千里迢迢到溪洛渡工程现场考察过，从而使客户对我们产生好的印象。

案 例

2004年8月，我在中国人保财险宜昌市分公司任副总经理，起草了《金沙江向家坝水电站保险报价书》，在向客户介绍我们服务三峡工程的经验时，我采用图示和照片，真实地、形象地反映我们的服务。2004年10月8日，向家坝导流工程由中国人保独家承保，保险金额12亿元人民币，保险费537.6万元人民币。现将报价书部分摘录如下。

《金沙江向家坝水电工程保险报价书》摘录

一流的工程采用一流的保险服务，这是我们针对三峡工程及溪洛渡工程服务的工作准则；强化知识保险、技术保险和文化保险，是我们对服务质量的追求；为三峡工程和溪洛渡工程建立完善的保险保障体系并使之发挥作用，是我们奋斗的目标。我们的主要服务如下。

1. 设立专门的服务机构

1992年底，我们组建了专业性服务机构——三峡分公司，并在工地设立三峡坝区支公司（长期保持在10人左右）；2003年11月10日，在溪洛渡工程现场设立现场服务小组办公室，为客户提供专业化的现场服务。

2. 创立了三峡工程保险"十项服务"模式

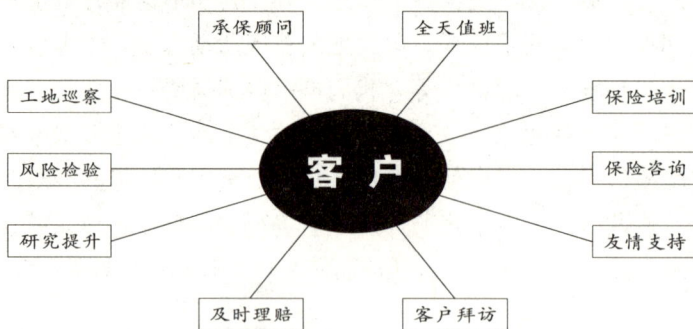

"十项服务"模式为三峡工程和溪洛渡工程提供了完整性、附加性、超值性和延伸性服务。

3. 提供技术服务

（1）成立了三峡工程保险研究会（政府主管部门予以登记），研究、探索工程风险管理与保险的理论与技术。

（2）组织保险培训，先后举办保险法、工程保险、风险管理与保险、雇主责任险、设备保险等讲座，邀请国外保险专家、大学教授等到三峡工程和溪洛渡工程讲课。

李永安总经理（右三）在听取保险讲座

（3）创办《三峡工程风险管理与保险》报，每期1000份，每期近3万字，发放给三峡工程和溪洛渡工程建设者，已出了17期。

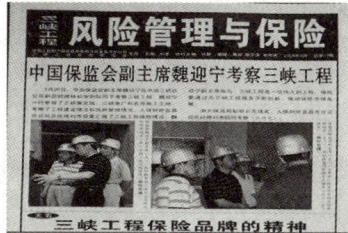

（4）编印《工程保险》和《三峡工程保险实践》两本书，发放给三峡建设单位。

（5）我公司与中国三峡总公司一道，会同国家开发银行成功举办"国家重点工程保险研讨会"。这是我国保险界规模最大、规格最高的研讨会。

（6）聘请国外著名风险管理公司为三峡工程机组安装工程编写风险管理手册。

中国三峡总公司林初学副总经理在国家重点工程保险研讨会上

4.风险管理服务

（1）工地巡察。现场服务人员经常到工地现场，及时了解工程建设风险情况。

人保财险在三峡工程工地

（2）风险检验。每年现场服务人员要开展以防洪和防火为主题的风险检验，并提供安全管理意见书。多次邀请美国安裕再保险公司等国内外风险管理专家到三峡工程和溪洛渡工程进行风险检验，并已形成制度。

我公司与国外保险公司在三峡工程进行风险检验

（3）组织中国三峡总公司的有关技术人员到国外学习风险管理。

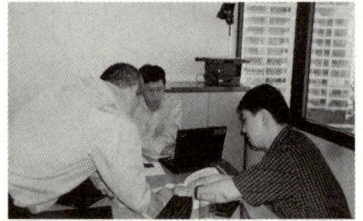

（4）在工地的重点部位设置大型安全宣传橱窗并制作安全警示牌发给各施工单位。

（5）根据对保险事故的原因调查分析，向被保险人提出防灾防损的建议。

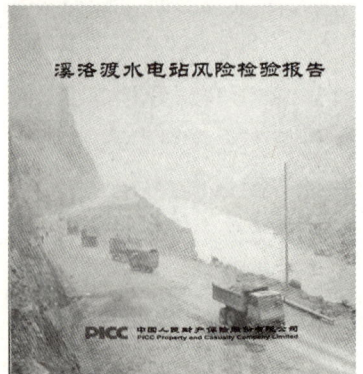
溪洛渡水电站风险检验报告

5. 文化服务

（1）与中国三峡总公司联合举办工程保险知识竞赛。

（2）在《中国保险报》上开辟专栏，对三峡工程进行系列宣传。

（3）二期工程截流时，我公司在江边打出祝贺广告，广告词为"中保财产保险祝截流成功"，每个字100平方米，是截流现场最大的广告。三期工程截流和永久船闸通航时，我公司也打出祝贺广告。

（4）三峡二期工程、左岸电站机组安装工程等大型工程保险单的签定，双方联合举办签字仪式，邀请中央电视台等全国权威媒体进行报道，宣传三峡工程风险管理的科学性，增加了世人对三峡工程风险管理的了解。

李永安总经理（左一）与唐运祥董事长（中）在接受中央电视台的采访

（5）每年春节前召开一次客户联谊活动，向客户汇报全年保险服务情况，听取客户意见，举办文艺演出和文娱活动。

6. 对三峡工程保险服务的评价

从1992年开始，我公司为三峡工程提供保险服务，与中国三峡总公司在三峡工程保险上进行了卓有成效的合作，12年艰难探索，使我们在大型水电工程的保险上，已形成了丰富的运作经验、成熟的保险技术、完善的保险服务、良好的合作机制、优秀的保险人才、深厚的合作友谊。这是我们与贵公司共同的财富。

2002年，人保财险三峡坝区支公司被长江三峡工程劳动竞赛委员会和中国三峡总公司授予"先进集体"荣誉称号。这是贵公司对我们的鼓励。

2003年，人保财险三峡坝区支公司党支部被中国保监会授予全国保险先进基层党组织称号，名列榜首。这是行业对我们服务三峡工程的认可，是贵公司支持我们的结果。

这些优势将为向家坝工程保险服务奠定了坚实的基础，可以使向家坝工程从一起步就能得到良好的保险服务，使其保险工作效率更高。我们也相信，向家坝工程保险将在借鉴三峡工程和溪洛渡工程保险的基础上，会有一个更大的提高。

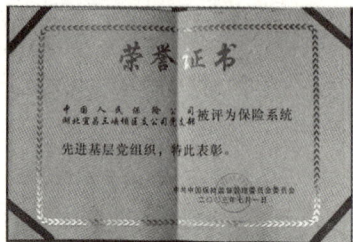

沟通语言的运用

在营销沟通中，语言是沟通的重要载体，无论是口头沟通还是文本沟通，都必须借助语言这个重要载体来完成。我们在运用沟通语言时，一般应注意以下问题。

一、充分认识语言在沟通中的作用。语言是沟通的重要载体，由于有了语言，人们可以传递和获得间接的知识与经验，使人的意识和活动不受个人直接经验的局限。一个没有保险知识和保险经验的人，不需要自己去探索研究保险知识和体验保险的过程，通过我们的语言介绍就可以让他了解保险知识和保险的过程。保险产品是文字组成的，进行保险营销，语言与产品是两位一体而不可分开的。没有语言，就没有保险产品；没有语言，也就没有保险营销，保险营销主要是靠语言去完成的。我们如果不善于语言表达，客户就不能理解或接受保险产品，我们的营销也就难以成功。所以，对于营销观念性的商品——保险，语言沟通能力更为重要。语言对于保险营销来讲，它是保险营销的主要元素，是与客户沟通的基本工具，无论是介绍保险产品，还是与客户的沟通，语言发挥着重要的作用。从内容上看，我们向客户传播的是保险知识；从形式上看，我们向客户传播的就是语言。研究表明，人的知识水平越高，掌握的词汇量就越大，沟通的表达能力就越强。古人说得好："言之无文，行之不远。"大意是说，文章或说话要是没有文采，就传播不远。这讲的也是语言沟通的艺术问题。保险营销人员应该研究沟通的语言艺术，研究语言的表现力，使自己成为一位出色的演说家和鼓动家，善于运用说服和鼓动的语言艺术来调动客户对保险的感情，能清晰而有效地表达自己的思想，传播保险知识，实现与客户的有效沟通，使语言达到客观真实、简练明确、形象生动、新颖独特、便于记忆的效果，更好地为营销沟通服务，对营销产生良好的作用。

　　二、语言要为沟通的内容服务。保险条款的文字是理性的、严谨的，我们在沟通时，要站在客户的角度，要充分考虑客户的理解能力，以让客户明白为原则。为了便于通俗易懂，一般要对语言进行口语化处理，注重语言的口语性、情感性、清晰性、可信性、魅力性、通俗性，用贴切、生动有趣、通俗易懂的语言为客户描述或讲解复杂的保险知识。语言要能激起客户购买保险的欲望，使他对我们销售的保险产品产生兴趣。表述不要太专业化，应避免使用过多的术语或行话，这些术语或行话行业内的人员听得懂或看得懂，但对于客户来讲，只会使他们疑惑，认为有卖弄之嫌，甚至拒绝阅读或者倾听。语言表达不要拐弯抹角，少使用一些文绉绉的字句，以免使客户觉得华而不实，不知所云。如，说到房屋的保险金额时，我们可以告诉客户：就是您重新建造这栋房子所需要的钱。要对保险营销的语言进行精心地锤炼，注意语言的张力和冲击力，特别是对沟通内容的观点提炼更为重要。我们向客户传播的内容很多，关键是要说明什么观念，也可以说是要客户接受一个什么道理，所以，我们要用最简单易懂的语言来概括或者表现保险的道理。一个强有力的观念能汇集强大的力量，冲击着客户的心灵，使语言能深入人心，让人难忘。注意多用事实来说明我们要向客户陈述的观点和知识，这样给客户的形象感要强些。用我们营销成功的保障例子说话，用专家或权威的说法证明保险产品的好处，用典型赔案来支撑我们的观点。这里特别强调的是使用典型赔案，其实证性强，说服效果更好。从承保到理赔，像故事一样生动，通过保险理赔案例来说明购买保险的好处，说明风险客观存在，说明保险索赔的过程，这样就会让客户如身临其境，对保险的感受实实在在，不再是抽象的东西。

　　三、加强口头语言的表达能力。犹太人被公认是世界上最聪明和最善于经商的人，他们认为，善于讲话的人是最好的生意人。我们要想成为出色的营销人员，就必须不断培训自己的口头语言表达能力。在讲述我们的意见时，首先要克服述说恐惧症，要敢讲、会讲，讲述显得自然、充满信心、亲切平和。要把沟通的内容讲清楚，谈吐措辞一定要得当。加强语言表达能力，就是对每次营销沟通都要像老师备课一样去精心准备所要讲的话，也就是我们前面所讲到的营销台词。即使是我们事先准备了营销台词，在向客户表述时，也不应当像是死记硬背出来的，而应当完全带有自然出自内心和纯粹即兴发言的特色，即兴发言仿佛就是不假思索的发言。陈述营销台词要注意灵活性，借用客户的语言交谈，不要完全按照准备好的营销台词讲，有时在沟通时会触发我们的灵感，产生新的陈述内容，有时客户会提出我们意想不到的问题，所以应根据不同情况随机应变。注意根据现场环境进行调整和发挥，使营销台词充满活力。在沟通中，要不断根据对方的表情、询问和环境来调整说话语气与交谈习惯，不同的对象、不同的场合要有不同的沟通语气和方式。要注意声音的高低，语调的轻重缓急、抑扬顿挫，以及亲切友善、委婉、含蓄、幽默等语言表达因素，要练就一种随机应变的清晰而充满热情和温暖的说话声音。适当使用幽默，有助于我们生动地表达意思，解除紧张情绪和缓解与客户的紧张气氛，营造友好的氛围。在运用语言沟通时，我们可以利用辅助语言，如音调、音速、音量和停顿，以及形体语言、目光、面部表情、手势等来强化我们陈述效果。对冷落的人，你要以你的热情去讲解；对怀有敌意的，你要保持镇定，语调平和缓慢，不能失去控制；与客户单独交流，应用谈话方式；在客户会议室面对众多人，要用演讲方式。在沟通中常见的语言表达毛病有以下几种：粗声大气让人感觉像在吵架，声音太低使人无法听清并且没有感染力，语调单一让人听得昏昏欲睡，速度快得让人不知所云，有时过慢让人听得很累，发言出错使听者认为专业水平低，表达时冷冷冰冰让人如在严冬，低声迎奉让人感到虚伪，这些都是我们应该注意的问题。

说服方式

我们营销过程中的每句话、每个动作只有一个目的，那就是说服客户接受我们传播的内容，购买我们销售的保险产品。一个成功的保险营销人员，不仅是一位沟通高手，而且肯定是一位说服力极强的专家。我们在进行营销沟通时，要针对不同的营销目的和产品、客户类型和客户需要，以及自身的素质，采取有效的说服方式去说服客户。说服的方式很多，无论是采用哪一种方式，都必须掌握客户的情感和思维习惯，了解客户对保险的认识程度，综合运用各种说服客户的方式，展现我们的说服力，去引导客户，启发客户，从而实现我们的销售目标。

从保险营销的角度去看，说服方式归纳起来主要有以下几种。

一、用风险唤起客户对风险的恐惧。这是在保险营销沟通中常用的一种说服方式，旨在激起客户对风险的恐惧，然后达到对保险知识和产品的接纳。亚里士多德在《修辞学》中说："要使听众发生恐惧之情，应使他们感觉他们会遭受苦难，应告诉他们那些比他们强大的人都已遭受苦难，应向他们指出那些和他们相似的人正在或已经遭受苦难，那些苦难来自想象不到的人，出于想象不到的方式，发生于想象不到的时间。"在说服过程中，我们首先向客户展示各种风险给人类社会带来的危害，给社会经济发展和人们生活造成的沉重打击，使客户产生一种对风险的恐惧感，引起客户对风险管理的重视，唤起客户的保险意识。如，"天有不测风云，人有旦夕祸福"，这句俗语就是警示人们注意风险。美国蓝盾医疗保险公司的"你只需想一想医生开出的账单"的广告词，就是运用恐惧的方式。当然，运用恐惧也应注意程度，并不是客户恐惧程度越高，说服效果就越好。实践证明，运用最低程度的恐惧是最有效的，运用最高程度的恐惧是最无效的，一定要注意分寸。如果一个人对灾难极度恐惧，感到世界末日来临，精神都快崩溃，他哪还有心思去理性地对待保险呢？保险是一个与灾害事故打交道的行业，火灾、爆炸、洪水、撞车、坠机、死亡、残疾等这些灾害事故是人们不愿听到的词语，如果我们表述不当，很可能给客户带来心理上的忌讳和反感。例如，我们在向客户销售汽车保险时，绝不能对客户说："您的汽车撞了，我们可以为您提供经济赔偿。"可以用第三人称表述："他如果开车发生碰撞，我们可以为他提供经济赔偿。"用词要委婉，用一种较平和的词语代替某种恐惧的词语，以减弱不愉快的成分。如某人死了，我们可以用"去世"或"这个人不在了"去替代，使人听了不至于那么恐惧。

二、用幽默表达严肃的保险话题。美国管理学者麦科马克在他所著的《经营诀窍》一书中说："说笑话是解除紧张气氛最有效的且最有利的工具，你应当能掌握它。"他还说："除了常识以外，商务方面最大的本钱就是幽默感，以及用自己或现场情况讲点笑话的能力。"美国著名销售专家杰弗里·吉特默说："我找到的最有效的销售工具就是幽默。"他又说："如果你能让他们开怀大笑，那么你定能让他们掏钱。笑声是不言而喻的认同，而不言而喻的认同最终就会导致纸面上的认同——订单。"学者、专家的话说出了幽默在沟通中的重要。在保险说服中，诉诸幽默在吸引客户注意力、使客户对我们产生好感方面非常有效。因为在沟通中，有些话题是非常沉重的，如火灾、爆炸、死亡、伤残、疾病，等等，是一些十分令人痛苦的事情。有些话题是非常严肃的，特别是与客户谈论保险条款这个法律文书时，诉诸以幽默，可以使严肃而沉重的话题在轻松之中让人积极参与或接受，并且也容易理解。但是，不是所有的客户都喜爱我们运用幽默，也不要不分对象、不分环境，过分使用幽默。过分的幽默往往使客户容易分心，使客户感到我们华而不实，反而影响说服的效果。

三、用事实证实信息的可信性。诉诸理性主要是客观地向客户传播信息，很少带感情色彩，让客户用理智去权衡，听从劝说并接受传播内容。这种方法的特点：一是信息可信性。即传播的信息要真实、可靠，恰如其分，使人感到可信。信息来源要让客户信任。法国一家保险公司为其开办的老年人保险产品做广告，采取了很多劝说方法，效果都不好。后来，这家保险公司从巴黎郊区请来了一位老太太，让她以自己平日的语言在电视中同观众交谈，介绍此项保险产品的好处。这个普通的老太太，以极自然的方式和语言，引起了同她情况类似的老人们的注意，广告收到了预期的效果。我们可以收集互联网上关于保险的报道，传递给客户，这比我们向客户讲更有影响力。二是强调可证性。即保险信息是可以被证实的，是通过某种科学的方法和实践得出的结论，有证据和依据说明我们讲的内容是真实可信的。在营销保险这种看不见的知识性产品中，客户很希望营销人员能提供证据来证明所讲的话。在实际沟通中，为了让客户进行理智地判断，我们可以请权威专家或特定人士来做指导，这样可证性就强。

也可以请客户现身说法，让客户将自己得到保险经济补偿的事例告诉另一个客户，这种佐证效果非常好。有专家说，一个客户的现身说法远比100场销售演讲更有效。我们可以多准备一些保险的故事，如买保险的故事、保险赔付的故事，特别是我们是如何帮助客户得到良好的保险保障，免遭惨重损失的故事。在与客户沟通时，可用故事强化沟通效果，形象生动，容易理解，也能打动客户。所以，专家的肯定，历史资料的引证，科学原理的论证，客户的反映，都能产生证实的效果，增强客户的信任感。三是注重可比性。如，我们的保险产品与竞争对手的比较，购买保险与不购买保险的比较，购买保险与其他替代品的比较（如，与自保、向银行贷款比较）。诉诸理性的劝说方法虽然缺乏情趣和艺术魅力，但它适应客户对某些保险信息需要了解、比较和思考的心理。

四、用情感唤起客户追求保险所带来的安全感和幸福感。在现实的社会生活中，人们的行为动机往往受感情的影响。优美动人的广告，就能起到诱发接受者的感情的作用。这种方法主要是刺激客户的感觉和情绪。如果说与客户的理智沟通是"晓之以理"，那么在沟通中注重从感情上打动客户就是"动之以情"。通过向客户展示参加保险后所带来的安全感、幸福感和愉快感，让他们从安全、幸福和快乐的角度去看待保险，从而采取购买保险的行动。情感沟通法要注重人情味。如，日本生命保险公司，在创业100周年时做人身保险广告，画面上是一个小家庭：丈夫、妻子、小孩。画幅上面写道：为了心爱的人。下面是诗人谷川俊太郎的诗："保险，既没有钻石般的绚丽光彩/也没有彩电般的便利悠闲/可是这看不见的商品/与人们血脉相联/与人们血脉相联/它充满我们的情爱/带来人们的生还/为了心爱的人，假若能用金钱的话……"这则广告就是情感的沟通。但是，情感沟通切忌过分地吹嘘和矫揉造作，那样会让人觉得虚假。

五、用反复说服强化客户对信息的理解和记忆。在保险沟通中，反复说服是效果较好的方式。一般来讲，多次向客户重复产品的突出优点是十分必要的。可能客户在第一次听到产品优点时领会不透，为了吸引客户的注意力，加强客户记忆，我们应采取反复手段，不断向客户重复介绍，但不是简单的重复，向客户传播的内容是不变的，但我们可以变换不同的说法进行重复。前面讲过，日本第一位扬名国际的保险推销大王原一平，为了争取一个公司的总经理投保，费了3年零8个月的时间，走访71次，终于使这位总经理的家族以及成员全部投保。71次登门就是为一个保险产品的营销，也就是重复71次。实践证明，反复说服能起到积极作用。但是，也要根据客户状态把握好反复的程度，反复太多，容易引起客户的反感，就会产生负面效果。

倾听是无声的沟通

专家研究得出的结论，人们的沟通技能有四种，即听、说、读、写，把"听"也作为一种沟通技能，并且是首要的沟通技能，由此可见"听"在沟通中的重要性。国际倾听协会对倾听的定义是：倾听是接收口头及非语言信息、确定其含义和对此做出反应的过程。大家可能会认为，非语言信息如何倾听呢？这是因为我们在与客户沟通时，某些信息是通过客户说话时的声调、语气、表情或形体动作获得的。要达到这种程度，就要靠我们的观察能力和理解能力。

沉默是金，在某种意义上讲，它是指一个人在与他人交往中礼貌客气地听取他人讲话的作用。据国外学者研究表明，人们在沟通中，有45％的时间是花在倾听上面。可是，许多营销人员常犯的错误就是不愿意倾听，他们更喜欢自己说，这不是沟通，而是在演独角戏。作为一名营销人员，倾听是无声的沟通，也是无声的营销方式，是营销技术的重要组成部分。如果到客户那里，不容客户开口，我们就暴风骤雨般将我们认为十分正确的内容泼向客户，虽然我们没说错话，但客户会非常反感，因为客户没有时间思考我们说话的内容，更谈不上与我们的交流或沟通，这样，保险单成交的希望也就渺茫了。所以，有专家说："一个好的倾听者在销售中比一个健谈者更重要。"

如果我们在沟通过程中，当我们粗略地把内容传播给客户后，客户往往会发表他的意见，这时，我们如果能认真倾听客户的讲话，做他的忠实听众，那么，保险单成交就有希望。为什么？因为我们能从倾听中了解客户的想法，这样有利于我们针对这些想法进行应对，虽然不可能全部解决或答复客户的问题，但我们的态度却能给客户一个感觉，就是我们很在意他的意见，他对我们和我们公司很重要。另外，每一个人都有向他人倾诉的欲望，作为客户，他们更愿意表达对保险的见解，其实有些见解往往是在帮助解说我们的观点，最后与我们形成一致的结论。客户会认为这些道理是他自己悟出来的，更能接受并支持这些道理，我们就更有成功的希望。有些见解是在流露出他对保险的真实看法，更利于我们针对性地进行沟通。在这个过程中，我们仿佛是向客户询问一个问题的学生，应该虔诚地听取客户生动的回答。通过倾听，我们能更多地了解客户的意见；通过倾听，能够鼓励客户对保险做出积极主动的思考；通过倾听，我们就能找到引导客户购买保险的路径。我们应该记住：倾听也是营销力。

我们与客户沟通不良是有很多原因造成的，其中重要的一个原因就是缺乏倾听的能力。所以，我们要重视倾听，在倾听中要注意以下问题。

一、聚精会神地倾听。这种对客户的敬意能激发他们讲述的热情，使客户对我们产生好感，并愿意坦诚地讲出我们所需要的内容。不要随便打断客户的讲话，要有耐心，等客户把话讲完再根据沟通需要发表意见。美国销售专家杰弗里·吉特默曾说："成为一个好的倾听者有很多秘诀，而囊括这所有秘诀的一点就是：闭嘴！"如果是企业的管理者们在座谈会上讨论保险时，我们最好不要插嘴，即使是情况对我们不利，也不要急于打断客户的发言，等锋芒稍微减弱后，我们再做挽救性的引导，或者在客户需要我们发言时，我们按照客户的需要给予陈述。倾听时要注意记忆，可以心记，也可以笔记。我们有的营销人员在与客户交往中，根本就没有认真倾听客户的讲话，在听的过程中表现出厌倦的情绪，显得坐立不安，不与客户的目光接触，甚至是假装在听，认为听客户讲话是浪费时间，时刻在想如何找机会打断客户的讲话，让客户听他发言，这是十分错误的。所以，我们要做一个主动的倾听者，不要做一个被动倾听者，集中精力倾听客户的讲述内容，并迅速对这些内容进行理解、判断，然后做回答性的思考和准备。

二、不要用挑剔的心理倾听。有的营销人员在与客户沟通的过程中，一心在寻找客户讲述中可以反驳的内容，并时刻在准备予以反驳。当客户的观点与自己不一致时，变得情绪化或激动，马上打断客户的讲话，对客户的讲话给予所谓的纠正或反击，这是极为错误的做法。我们应抱着理解的目的去倾听，真诚地倾听客户的讲话，敞开心扉，以学生的态度倾听，不批评，不打断；对客户与我们一致的观点给予充分的认同或赞许；用温和的语气适当提问；善于用面部表情或动作对客户的讲述做出反应，如用微笑、点头等表示理解。这些都是表现我们真诚倾听的好方法。只有这样，我们才能与客户建立起融洽的感情，客户才能讲出心里话，我们才能有针对性地去进行沟通。

三、从倾听中发现我们与客户沟通的关键点。这是我们倾听的主要任务之一。营销不仅是我们向客户传播保险知识，而且也需要我们向客户了解更多的信息。通过倾听，我们能从客户的讲述中学到不少知识，能寻找到有利于销售的信息，能发现客户的保险需要，能洞察客户购买保险的动机，能发现客户不同于我们的意见。注意倾听客户的未言之意、言外之意，这些往往比说出来的话更重要。对客户的需求或意见，我们一方面要表示理解，一方面要把这些需求或不同意见作为我们沟通的重点，然后根据这些信息进行有针对性的营销沟通，做到有的放矢，从而减少营销沟通的盲目性。

保险保障的推荐

保险保障的推荐，就是向客户推荐保险产品和解释保险产品的内容，说明保险保障可以满足客户风险管理的需求，从而唤起客户的购买欲望。通俗地讲，就是向客户推荐保险产品。这是营销沟通的重要内容，也是保险营销人员最重要的职能之一。简单、清晰、有效的推荐是我们营销的有力工具，我们要用好这个工具。

一、客户需要理解保险保障的内容。保险保障设计完成后，还不能等于客户已经接受，它只能算一个初步设计，所以，我们还要与客户或者召集与购买决策有关的人员，向他们说明保险保障设计的内容，听取他们的意见。即使是客户的保险购买行为主要是由我们与他之间感情的力量在起作用，但是他仍然需要我们说明：他为什么需要这个保险产品，如何掌握和使用这个保险产品。这是因为：第一，法律和职业要求我们应履行告知义务。保险保障是以保险单的方式表现的，是经济合同的一种形式，它的实质内容是一种复杂的法律文件，对于大多数客户来讲是很难理解的，客户不可能花大量的时间、精力和金钱来解决这个问题。我们不讲清楚，客户可能会有错误的理解，在发生风险损失索赔时，由于不理解可能会与保险公司产生纠纷。正因为以上原因，保险法和保险职业道德要求保险公司要向客户尽如实告知的义务，让客户明明白白地购买保险。第二，客户购买需要了解保险的内容。购买保险不像购买汽车，人们购买汽车可以不了解汽车的构造和复杂的原理，也不必学习复杂的修理技术，只需懂得如何驾驶就行，但购买保险则不同，它需要购买者对保险有深入的了解，因为客户不仅要参与保险保障的设计，还要根据保险产品的文字信息使用保险产品。保险条款内容在我们专业人士看来十分明白和简单，因为我们大脑里贮存着丰富的保险知识，当然我们能理解，但客户并不清楚，客户大脑里没有这些保险知识作铺垫。客户如果不了解保险保障内容，心里就不踏实，就不可能购买。所以，保险保障的推荐就是让客户了解和参与保险保障设计的一项重要工作，它的实质是说服客户购买，直接关系到保险营销的成功。

二、保险保障推荐的任务。简单地讲，就是向客户讲清楚购买我们营销的保险产品的理由并获得客户的购买。具体地讲，保险保障的推荐活动通常有四个基本任务：第一，让客户意识到自己存在这种保险保障的需求。第二，说明我们的保险保障设计能够满足他的需要。第三，证明我们和我们的公司有能力为他服务，值得信赖。第四，劝说客户购买保险。要完成好以上任务，我们必须具备两个基本能力：一是我们应有充分讲明保险保障内容和回答客户提问的能力，二是有比较我们的公司、产品、服务与其他竞争公司区别的能力。总之，要有一套为客户分析和说明保险保障性能的本领，要学会向客户展示或传播保险保障，让客户深入了解保险保障的作用和内容，引导客户如何判断保险保障满足需求的程度，并增强客户对保险的强烈需求，让客户感到我们的设计是正确和适用的，觉得选择我们的保险保障是合理的，价格是合适的。所以，为了使自己能完成以上任务，成为一名出色的"客户保险顾问"，我们就要不断学习保险保障设计知识，并注意积累和总结实践经验，吸取推荐失败的教训。

三、保险保障推荐的准备。如何进行保险保障推荐的准备，主要取决于以下几个因素：一是我们销售的是什么保险产品，二是我们面对的客户是谁，三是我们在为什么公司销售，四是我们本人的条件。一般在推荐保险保障之前，我们应根据以上四个因素来准备保险保障的推荐。在进行保险保障推荐之前，应有一套完整而有力的说服方案。重点强调保险保障的优越性，以及保险保障在风险管理中的作用。要针对保险保障设计的原因准备说明或解释的内容，特别是要认真评估客户，把握客户的心理，估计客户会提出什么问题。要了解什么是客户最关心的因素，抓住客户关注的、感兴趣的问题。对同一保险保障，不同的客户关注的问题是不一样的。所以，我们要有针对性地准备说明内容，对保险保障设计的说明或解释要有充分的准备，做到有问必答，根据我们设计保险保障方案的构思，撰写保险保障设计说明书，这是我们进行保险保障推荐的前奏。这些准备可以是纸质的文本，也可以装在心中，但必须"胸有成竹"。如果是向大的企业或单位推荐保险保障，应准备对推荐有帮助的文献资料，包括技术和商务资料（风险评估报告、保险建议书或咨询报告等）、权威机构或人员的证明书，等等，也可以用电脑幻灯等辅助性手段来进行说明。电脑幻灯这种形式很好，很庄重，能使客户把保险作为一件很严肃的事情来对待。视觉效果再配上口头讲解，会产生更好的说服效果。保险保障的推荐准备根据需要来定，可简可繁。有的不需要准备，自己的经验就是最好的准备。

四、保险保障推荐的顺序。推荐大致分为四步：第一，向客户讲清保险保障设计的背景和原因。也就是我们为什么要向客户设计这个保险保障方案，告诉客户这个保险保障方案最终能解决什么问题。第二，要向客户概括性地介绍保险保障的整体结构。用客户能听懂的语言做简单而有说服力的说明。讲清基本保险产品是什么？附加保险产品是哪些？让客户对保险保障有一个整体性的认识。第三，介绍保险保障的基本内容。讲解每一组成部分的主要内容，一般是以保险条款的结构为顺序，着重介绍保险保障对客户有利的部分，也就是我们的保险保障设计所独有的东西或最引人注目的地方。可用几个简单的能给客户深刻印象的关键词来概括主要特征，并围绕关键词进行解释。如发生哪些灾害事故保险公司负责赔偿？最高赔偿金额是多少？保险费是怎么确定的？如何办理保险索赔？哪些损失保险公司不赔？等等。同时，讲解保险保障的创意，并用事例进行说明。要用一些事实来说明我们设计的保险保障的实用性，用其他客户的经验或教训来证明我们保险保障设计的正确性。第四，应对竞争。要了解我们的保险保障的优势和弱点，这样，就能便于我们采用具有竞争性的观点或事实。在遇到竞争时，要帮助客户认识我们的保险保障优于竞争对手的地方。在推荐时，不要只谈保险保障，更重要的是要告诉客户：支撑这个方案的是一个什么样的保险公司，他会得到什么样的可靠服务。

　　五、保险保障推荐的艺术。保险保障的推荐过程实质上是引导客户参与和认同保险保障设计的过程。在推荐的陈述过程中，要注意语言的表达，这一点我们在前面沟通语言的运用中已经讲过。我们还需要注意以下问题：一是要用和善与谦恭的态度。不要盛气凌人，只顾自己滔滔不绝地讲，而忽视客户的反应。不要问客户"您明白我的意思吗？您听懂了吗？"等之类的话，更不能说："您没有听懂我的意思，我是说……"这样有怀疑客户智商之嫌，会引起客户的反感。我们可以这样讲："我恐怕没有讲清楚，不知您满不满意？"这样客户不但会有一种被尊重感，而且会主动提问并拿出一些观点进行讨论。二是尊重客户的意见。在推荐过程中，客户有时会提问、质疑、参与讨论或批评，有时客户会否定我们的保险保障设计，有时客户可能会对保险保障设计的部分内容做出选择或调整，这是客户的权力。我们应大胆地告诉客户所拥有的权力，应尊重客户的权力，乐意接受他们的意见，不要气馁，以平静的心态弄清客户的真实想法，保持洽谈的友好气氛，沉着镇定地用温和、愉快的语气予以回答。检查我们的设计，解决客户的问题，然后提出一个更符合客户需要的保险保障设计，让客户对我们的保险保障树立起信心并达成共识。对客户某些好的建议和想法要毫不吝啬地加以赞扬，增加客户对我们的好感和认同感。这样，可以使客户有一种成就感，认为保险保障设计体现了他的思想，从而增强对保险保障设计的认同，不仅能促进业务成功，还能减少误解，避免将来保险单执行过程中的诉讼。三是沟通内容贴近客户心理。在进行保险保障推荐时，还要注意客户的心理因素。我们往往只注重保险保障的科学性、合理性，认为客户应该接受，却忽视了客户在认同保险保障的心理因素。客户在决定是否接受这个保险保障计划时，是以他们的经验、对风险的态度和认识等因素为基础做出决定的，往往与我们有差异。所以，我们在进行推荐时，要充分注意这一点，务必使我们的推荐更贴近客户的实际状况。四是简明扼要。根据不同的客户和保险保障内容，规划不同的沟通内容。一般要求是要抓住保险保障的主要特征、功能进行陈述。这就如同画人物漫画，抓住人物重要特征，简单几笔就能写形传神。所以，保险保障的陈述不要过于精细地去讲解，向客户提供更多的信息将有助于客户接受保险保障和价格，并且能使客户感觉良好，但是，过于精细，不注意时间控制，会让客户不得要领，感到啰唆而厌烦，最后是拒绝购买。

案 例

2003年，中国长江三峡集团公司所属的葛洲坝电站进行保险安排，我查阅了葛洲坝电站自投入运行之后所有的事故备忘录，然后就保险保障设计写了《葛洲坝电站保险》的讲义，并制成电脑幻灯片，然后到葛洲坝电站召开客户座谈会，向客户系统宣传保险。这种有组织、大范围、系统性地沟通，对于大客户的服务是十分必要的。在激烈竞争状态下，葛洲坝电站77亿多元的财产投保财产一切险、机器设备损坏险、公众责任险、雇主责任险，其中，财产一切险保险费及机器设备损坏险保险费达787万元，中国人保以70%的份额首席承保。现将讲义收录如下。

葛洲坝电站保险

1 导 言

1901年，美国学者威雷特最早提出了风险的概念，他认为，风险是关于不愿发生的事件发生的不确定的客观体现。在现实生活中，人们一提到风险，自然就会想到灾害或损失。所以，我们将风险定义为损失或损害发生的不确定性。只有这样理解，风险才成为我们关注的重要问题。

风险管理意识可以追溯到人类文明的起源，但真正具有现代意义的科学的风险管理思想，是伴随着工业革命诞生而萌发的。风险管理是通过对风险的识别、估算和控制，以最小的成本，将风险导致的各种不利后果消除或减少到最低程度的过程。风险管理的核心是消除一个组织遭受损失的风险，从而保障其资产或人身的安全。随着科学技术的进步，社会财富的增加与集中，经济关系的复杂化，自然环境的破坏，风险管理的重要性在不断增强。

风险管理技术主要包括回避、预防、自担、转嫁和保险等内容。保险是风险管理技术的重要组成部分，它通过保险合同的形式联合众多的各种不同的风险单位，在概率论的基础上计算出收费标准，并向每一单位收取保险费，建立足够的风险基金，对任何一个单位发生保险合同约定的不确定性的风险造成的经济损害或经济需要提供经济赔付。简单地讲，保险就是把单独个体无力承担的、巨额的，而且不知道何时发生的灾害性经济损失分散给众多个体去承担的方法。保险由于其在灾害损失补偿方面的特殊功能，已成为现代经济活动和人们生活的重要保障机制，对社会的进步与发展起着积极的作用。

1992年1月25日，葛洲坝电站向中国人民保险公司投保财产保险，是我国较早使用保险保障机制管理风险的大型水电生产企业。11年来，中国人保以它坚实可靠的信誉承诺为葛洲坝电站承担以财产保险为主的各种保险服务，葛洲坝电站的管理者以其科学的管理和高度的责任感创造了最佳的安全业绩，保险公司与被保险人实现了双赢，风险管理的安全保障效益在葛洲坝电站上得到了较好的体现。因此，在长江电力股份有限公司诞生，葛洲坝电站经济体制发生重大变革的历史背景下，研究葛洲坝电站的保险具有十分重要的意义。

2 大型水电站风险略析

河川给人类社会以滋润，但从风险的角度来看，也给人类带来巨大灾难。我国的长江中下游、黄河已成为"中国的忧患"。大型水电站是对水利资源的利用，它建在河川适当的地点，横断河川，受地形、地质、水文、气象等条件的影响较大，建筑结构和机电系统比较复杂，科学技术含量较高，工程量大，造价大，效益大，失事后对国民经济的影响大。所以说，大型水电站属高风险和高收益的行业。

虽然水电站的建设在勘测、设计和施工中，以及投入运行后都采取了各种保护性措施，但风险还是客观存在的。风险作为一个整体概念来讲，它的存在不以人们的主观愿望而转变或消除，它不断地发生。随着科学技术的进步，以及社会财富的聚集，它发生的频率和对财产与人身的损害程度都在增加。作为水电站来讲，它的风险的客观性表现为两个方面：一是风险是任何一个水电站都必须面对、无法回避的现实存在；二是影响水电站风险的各种因素，虽然具有不确定性，但依然是客观存在的。

水电站面临最大的风险是地质风险。据统计，世界上遭受严重破坏的水工建筑物中，地质问题造成的占一半以上。就破坏的地质原因和形式分析，主要有以下六个方面：第一，由于坝基强度较低，运行进一步恶化而破坏。第二，由于坝基抗滑稳性较低，造成滑动而破坏。第三，由于坝基渗透变形，使坝基掏空而破坏。第四，由于拱坝肩岩体稳定性差，造成坝肩滑动而破坏。第五，坝下游溢流冲刷掏空，造成大坝的破坏。第六，由于地震和水库诱发地震，造成大坝断裂；增大坝体应力使坝体断裂；失稳造成垮坝破坏；地震剧烈震动引起大规模滑坡，导致水库巨浪溢漫坝顶等。因地质风险造成巨大损失的事例很多。如意大利的瓦依昂水库，在库首区发生远大于库容的山体滑坡，不仅填满了水库，大量滑体、泥石流翻过坝顶淹没了下游的城镇，伤亡和损失惨重。美国法兰西斯坝建在泥质胶结的砾岩上，水库蓄水后引起浸水崩解，岩层中石膏细脉溶解，坝基涌水失稳，库水短时间就流失一空，左岸坝肩冲断，下游两岸遭受重创。2001年7月9日，我国云南文山盘龙河流域水电开发公司东方红二站，因崖崩致使水位急速上涨，使机组被淹，中国人保赔偿1859.5万元。

水灾是水电站的重要风险之一。地质风险也是因为水的作用而使其破坏力加大。水电站的工作条件复杂性主要是由于水的作用。水对建筑物会产生静水压力和动水压力作用，会产生波浪压力和冰压力作用，地震时还会引起附加的地震激荡力作用。水电站建筑物必然存在迎水面和背水面的水位差，坝身和坝基必然存在孔隙、裂隙或裂缝，有势差和通道必然产生渗透，渗流必然引起渗流量损失、渗流力或扬压力作用，可能发生渗透变形，同时还可能产生化学管涌，还可能降低坝身和坝基材料的强度。泄水建筑物有泄水能力和高速水流问题，高速水流会引起脉动，引起轻结构的振动。高速水流通过泄水建筑物时可能出现掺气、空化空蚀、冲击波、折冲水流等不利流态，可能造成掀起或浮起护坦板事故。以二滩水电站为例。2001年12月18日，二滩水电站在对泄洪工程进行例检，发现1号泄洪洞洞壁及底部严重受损，中国人保赔偿达1900万元，出现原因是高速、高能量水流冲刷切割作用下空化、气蚀。当水具有侵蚀性时，会使混凝土结构中的石灰质发生化学管涌，破坏材料的强度和耐久性。钢筋混凝土结构出现裂缝后，渗透水会造成锈蚀影响。法国马耳帕赛坝，因坝基岩体在高压水流作用下失去稳定而溃坝，造成重大人身伤亡事故。位于法国费雷瑞斯与圣拉菲尔之间的世界上最薄的大坝，因承受不了上涨水位所造成的巨大压力决堤，洪水冲垮成千上万栋房屋，造成400多人死亡。

气象风险对水电站的危害较大。气象风险主要是暴雨、暴风、雷击、冰冻等自然灾害。在这些灾害中，雷击最为严重。科学家估计，地球上平均每分钟发生6000次雷电现象，速度每秒32185公里。雷电对水电站的危害由以下三种情况造成：第一，直击雷。即雷云向水电站的电气设备或建筑物直接放电。这种直击雷电流使电力设备出现危险的过电压，称为大气过电压。造成电力设备损坏是由于直接雷击时，有强大的雷电流通过被击物导入大地，产生破坏性很大的热效应和电动力效应，致使设备损坏，巨大的雷电流会造成建筑物的劈裂、倒塌和火灾。第二，感应雷。感应雷是由静电感应所致。雷云靠近水电建筑物上空时，将感应产生大量的电荷。当雷云放电后，如果此时建筑物接地不够良好，则聚集在它上面的感应电荷不能立刻流散，将与大地间形成电位差，这个电位差叫做感应雷过电压。它的幅值可达500—600千伏，会引起建筑物内部的电线、金属管道、大型金属设备放电，造成严重危害。第三，雷电侵入波。当输电线路遭到直击雷或感应雷或避雷线的反击（避雷线被雷击后电压升高，引起避雷线与输电线间的空气绝缘击穿），泄泻到输电线上的雷电荷或失去了束缚力的感应电荷，都将会沿着输电线向电厂流动，形成巨大的前沿很陡的电流，叫做雷电侵入波。其所产生的高电压叫做侵入波过电压。它有时可高达30—40万伏，造成电站设备绝缘的损坏。另外，风灾对水电站的财产也有一定的危害。1992年8月5日，葛洲坝电站换流站阀厅楼和控制楼被11级大风把楼顶掀开。

水电站运行中的风险也是造成损失的重要问题。水电站运行管理复杂，系统性强。一个部位出现风险，就可能影响整个系统。运行中的风险主要是机器设备的本身故障、操作原因以及人为因素。我们以葛洲坝电站为例，以几个事实来说明水电站的运行风险。1982年9月30日，二江电厂1号机组大修后充水中，开机试验配合不当，误撤空气围带导致水淹水导。1983年2月17日，4号主变压器运行中，主变高压侧C相避雷器爆炸，A相避雷器冒烟，保护跳闸停机中烧毁发电机磁场开关。避雷器爆炸原因系内部分路电阻损坏引起。1988年4月23日，二江电厂1号机组大修后开机试运行中，推力轴承因偏心度小和刮瓦工艺问题先后3次烧瓦。1988年10月12日，8号机组运行中突然发生剧烈震动，调整无效，被迫紧急停机，因有13个导叶剪断销被剪断，机组反转。1989年，大江电修车间发现19号机组一、二级过速保护电磁阀和锁锭电磁阀的二次线全部被人剪断。通过检查发现：大江电厂有11台机组78根二次线被剪断。其中，4台机组的水泵系统有9根二次线被剪断。后查实，为一患有间歇性精神分裂症的职工所为。1989年12月23日，葛洲坝工程局施工人员在大江厂房进行消防焊接作业中，焊渣溅落到16号机出口母线下的仓库内，引发火灾。为灭火，16号机组紧急停机。1997年7月16日，正在运行中的14号机组因蜗壳座环护板撕裂，致使活动导叶卡塞，4个剪断销剪断，无法更换，被迫动水落门停机。

漂浮物及水上运动物造成的损失也是水电站不容忽视的风险。漂木、树枝、树叶、杂草、垃圾等顺流而下，尤其以洪水期为甚。虽然建有拦污设备，但进水口处的拦污栅极易堵塞，清污不及时，就可能使水电站被迫减少出力，甚至停机，也会引发将拦污栅压坏的事故。以葛洲坝电站为例，1984年7月26日，黄柏河、香溪河上游降特大暴雨，宜昌县尚家河水库漫坝，洪水携带1.2万m³木料和杂物突袭二江电厂，造成正在运行的1—7号机组拦污栅严重堵塞，7台机组相继停机3—26小时，水工厂200多名职工奋战一天一夜才排除险情。1995年8月15日，大江冲沙闸开启，一载沙船擅自横穿大江上引航道，被洪水冲进大江冲沙闸，船体粉碎。1997年7月25日，重庆民生公司一轮船失控下漂，撞击葛洲坝电站2号机组拦污栅及大坝，造成大坝和拦污栅局部损坏，致使二江电厂部分机组停机。1998年7月23日，重庆云阳"顺通"218号驳船翻覆，漂至二江电厂坝前水域，葛洲坝电站迅速组织抢险，用粗钢丝绳固定在1号机组进水口处，由于水流湍急，流态紊乱，沉船挣断缆绳，沉入2号机组进水口前沿水底，第一次打捞用了38天而失败，第二次打捞是在2000年1月18日至2月16日，用了30天才打捞成功，中国人保赔偿20万元。

大型水电站除面临以上风险外，还存在一些其他方面的风险，如战争、恐怖袭击和恶意破坏等，往往容易成为敌对势力和破坏分子的攻击目标。综上所述，大型水电站风险具有以下特征：第一，巨额风险。大型水电厂投资巨大，几十亿、几百亿、甚至上千亿元的投资，万一发生事故，对所有者来讲，承担的是巨额损失。第二，风险集中。巨额的财产集中在很小的地方。第三，巨灾风险。特别是发生地震或地质等风险引起溃坝，其破坏是毁灭性的。第四，损害面大。如果大坝失事，洪水将给下游生命及财产造成重大损害；电力供应中断，也将影响供电区域的正常生产和生活。所以，大型水电站的风险管理事关所有者利益，事关国计民生，应予以高度重视。

3 保险在水电站风险管理中的作用

人们对待风险的方式归纳起来不外乎两种：一是尽量采取措施不让风险发生或少发生，二是发生风险损失后以最优方式弥补经济上的损失。保险核心职能就是对风险损失进行经济补偿。这一职能决定了保险在水电厂风险管理中具有重要的作用。

3.1 保证财务稳定

水电站发生重大损失，需要恢复资金，如果不采取保险措施，企业在自有资金困难的情况下，就需向外筹措资金。这种筹措资金的方式，无论在渠道和数量上都存在很大的不确定性。银行或其他组织对遭受重创的企业很难作出资金上的支持，即使支持，严格的手续和信用担保又起着制约的作用。如果能筹措到资金，企业又将背上沉重的负债。保险公司的经济补偿是建立在保险合同基础之上的对保险事故的及时赔偿，是保险公司的义务，只要是在保险责任和保险金额范围内，损失多少，保险公司就赔偿多少。企业获得的赔款不是负债，而是自己的合法利益。并且保险公司还可以通过及时预付赔款的方式支持企业迅速恢复生产，不至于造成财务危机，从而保证企业经营的稳定。

3.2 加强企业风险防范

保险公司的职能不仅仅是进行损失补偿，防灾防损是保险公司的重要职能和服务手段。保险公司在长期与风险打交道的过程中，积累了丰富的风险管理经验。保险公司在对一个企业进行承保时，首先要了解这个企业的风险，并对风险进行评估，这样可以帮助企业认识自身的风险；通过确定承保哪些风险和不承保哪些风险，警醒企业更注重那些被保险公司拒绝的风险；通过保险费定价，如对配有消防设备的给予优惠等，引导企业采取必要的安全措施。保险公司对企业承保之后，对企业的风险管理更为关注，因为企业发生风险损失，就财产本身而言，损失的是企业的利益，但最终的损害结果，将由保险公司承担。所以，保险公司会经常对企业进行风险检验，督促被保险人加强风险防范措施。保险合同还规定了被保险企业的义务，如加强风险防范义务、发生事故迅速进行抢救的义务等，对企业做好风险管理工作具有一定的约束力。

3.3 构筑坚实的信用基础

企业的生存与发展需要筹集资金，企业良好的信用是筹集资金的基础。资金供应商最关注的是资金安全。资金供应商投资的担保物就是财产本身，但是，它必须以担保财产有了保险保障为条件。不保险，资金供应商是不会投资的。因为在没有保险的情况下，资金供应商的行为就是一场赌博，它的投资在损失后就有无法收回的风险。在保险的情况下，作为抵押物，资金供应商有权利成为被保险人，享受保险合同所赋予的得到赔偿的权利。这样，资金供应商的投资安全就得到了保证。对资金供应商来讲，有了保险作信用，它更愿意向筹资者投资；对筹资者来讲，有了保险作后盾，它更能大胆地、顺利地筹资发展。在现代经济活动中，保险已成为融资必需的信用条件。

3.4 使企业将更多的资金投入经营

在没有保险制度的情况下，一个企业必须在财务上为风险的发生作资金上的准备，通常称为风险自留。它要求风险承担者建立起与自己所面临的最大的风险损失金额相对应的风险准备金，并且要保证它能及时兑现。也就是说，要有足够的现金或准现金资产，以保证在任何时候发生任何程度的风险损失后，能及时拿出一笔资金恢复生产。这对企业来讲，积累一大笔非生产性的近似现金的储备，很不经济，也不现实，多长时间能积累到应付巨灾损失的资金也不确定。而保险制度就能使这一储备成为现实。保险是以少的保险费而获得大的经济保障，以确定的支出成本代替不确定的风险损失。试以固定资产100亿元的水电站为例，它如果投保财产一切险，保险费率2‰，只需向保险公司支付2000万元的保险费，就相当于储备了100亿元的现金，既经济又稳定。这样，企业就可以将更多的资金投入经营，以赚取更多的利润。

3.5 降低生产成本

在没有保险制度的情况下，企业必须承担风险所造成的损失。企业为了积累防范风险的准备金，必须把风险准备金打入商品价格，这样就导致商品价格过高，竞争力减弱，不但影响竞争，还给企业风险管理带来隐患，因为在积累起足够的风险准备金之前发生巨灾损失，企业将难以弥补。保险费是建立在大数法则基础之上的一种低成本支付，比企业单独建立风险准备金要经济得多。如果企业采取了保险措施，可以通过减少生产成本中必须为防损提取风险准备金的部分，只需将数额较小的保险费计入商品价格，从而降低商品价格。作为水电厂来讲，每度电成本的下降可以提高在电力市场的竞争力，不仅能使自己获得良好收益，而且也能使供电公司获得可观的利润，也保护了消费者的利益。

3.6　保障股东利益

随着我国企业体制改革的深化，有些大型电力生产企业改为股份公司，并上市融资。国家对上市公司的安全性有严格的要求，把保障股东利益放在第一位。在不保险的情况下，企业发生风险损失，如果无力恢复生产，可能导致企业破产，造成股东财产的损失；如果贷款恢复生产，企业形成新的负债，影响盈利水平；如果损失相当于企业整个净资产价值额，可能会使企业筹措不到任何资金。另外，还可能造成股票下跌，公司价值降低，使公司投资者风险加大，损害股东利益和企业形象。

3.7　管理者管理风险的重要工具

企业在现代企业制度中，企业管理者受所有人的委托，负责企业的管理，不但要使企业增值，而且还要保障企业资产的安全，不至于因发生风险事故而造成经济损失。面对自然灾害和意外事故的客观存在，单靠一个管理者或一个管理者群体的力量难以做到不让企业遭受风险损失。如果管理者对所经营的企业所面临的风险认识不足、过分自信或存侥幸心理，不采取保险保障措施，一旦遭受风险，将会给所有者带来经济上的损失，管理者就没有很好地履行所有人所赋予的职责。因此，所有权和经营权分离，管理者管理和支配着不属于自己的财产，如何强化管理者对企业应承担的责任，保险是解决这一问题的重要工具，成为管理者履行责任和职业信誉的重要支撑，同时，也减轻了管理者的心理压力。

3.8　营造一个良好而浓厚的风险文化氛围

"一个高效的风险文化的主要特征是对风险很敏感和了解，并将风险意识贯穿在企业所有员工的言语和行为中"。这句话摘自寇日明博士翻译的《风险管理实务》一书。一个企业在风险管理中对风险的运用，并将保险保障覆盖到每一个部位和环节，就是对风险管理的完整规划，是高效的风险文化的体现，是企业对社会和公众负责的精神体现。特别是保险公司在服务中，通过对企业的风险评估、风险检验、查勘定损、赔款、座谈会等活动，使企业的风险文化更为浓厚，从而促进企业风险管理意识的强化和减少风险事故的发生。

4 葛洲坝电站保险体系及功能

葛洲坝电站从1992年1月25日开始保险，至今已有11年的历史。它的发展历史可以划分为两个阶段。第一个阶段：1992年至1999年2月。其特点为：保险财产项目少；保险金额低，只有11亿多元；保险险种为企业财产保险，没有附加保险或附加条款；保险费少，1992年为93万元。第二个阶段：1999年2月至今。其特点为：保险财产项目增加，如储存设备、水工机械等；保险金额增高，达22.8亿元；保险险种改为一切险，并附加和扩展了19个条款；保险费增加到468万元。从这两个阶段的对比可以看出，葛洲坝电站保险的发展趋势是：保险财产范围越来越广，保险金额越来越充足，保险责任越来越宽，保险管理越来越规范，总的趋势是好的。

4.1 葛洲坝电站保险险种体系

现行的葛洲坝电站保险险种体系以财产一切险为主结构，附加了19个条款，包括：山崩和地面下陷下沉条款、偷窃、盗窃和抢劫条款、专业费用条款、清除毁坏物条款、灭失费用条款、额外费用条款、额外增资条款、自动升值条款、自动恢复保额条款、临时搬动条款、更改和修理条款、30天注销通知条款、错误和遗漏条款、帐面赔付条款、新场所的自动承保条款、调整时间条款、非失效条款、重置价值条款、公众责任险。这些条款一部分是扩大了保险保障范围，如专业费用条款、清除毁坏物条款、额外费用条款，等等；另一部分是完善保障的条款，如自动恢复保额条款、错误和遗漏条款、新场所的自动承保条款、调整时间条款等。

4.2 葛洲坝电站保险保障范围

从保险财产上看，它包括：发电及供热设备、变电设备、配电设备、通讯设备、自动化设备、水工机械设备、抢修维护设备、生产管理用工器具、非生产用器具及设备、材料、事故备品等11项。

从保险责任上看。保险责任是保险合同中保险公司承担的风险，这些风险一旦造成保险标的的损失，保险公司应向被保险人提供经济赔偿。葛洲坝电站保险责任包括以下几个方面：第一，财产一切险所定义的自然灾害和意外事故。因自然灾害或意外事故造成的直接物质损坏或灭失，由保险公司负责赔偿。自然灾害是指雷电、飓风、台风、龙卷风、风暴、暴雨、洪水、水灾、冻灾、冰雹、地崩、山崩、雪崩、火山爆发、地面下陷下沉及其他人力不可抗拒的破坏力强大的自然现象，对自然灾害的掌握要注重"人力不可抗拒"和"破坏力强大"两个关键语。意外事故是指不可预料的以及被保险人无法控制并造成物质损失的突发性事件，包括火灾和爆炸。构成意外事故有三个因素：一是被保险人不可预料且无法控制，二是必须存在直接的物质损失，三是事故为突发性，而不是渐变性。第二，因以上保险责任所引起的费用损失。一是发生损失后，被保险人为减少损失采取必要措施所产生的合理费用。二是额外费用，即对损失财产进行检查或鉴定的费用。三是因保险财产损失而产生的清除、拆除或支撑受损财产的费用。四是在修复过程中发生的必要的设计师、检验师及工程咨询人员费用。第三，公众责任保险。承保被保险人在经营中因意外事故造成第三方身体伤害或财产损失所应承担的民事赔偿责任和诉讼费用。

4.3　葛洲坝电站保险中的除外责任

除外责任是指保险合同中对不承担赔偿责任的规定，明确的是被保险人的哪些损失与保险公司赔偿责任无关。葛洲坝电站保险的除外责任包括以下内容：（1）设计错误、原材料缺陷或工艺不善引起的损失和费用。（2）自然磨损、内在或潜在缺陷、物质本身变化、自燃、氧化、锈蚀、渗漏、鼠咬、虫蛀、大气（气候或气温）变化、正常水位变化或其他渐变原因造成的损失和费用。（3）非外力引起机械或电气装置本身的损坏。（4）锅炉及压力容器爆炸引起其本身的损失。（5）被保险人及其雇员的操作过失造成机械或电气设备损失。（6）盘点时发现的短缺。（7）贬值、丧失市场或使用价值等其他后果损失。（8）存放在露天或使用芦席、篷布、茅草、油毛毡、塑料膜或尼龙布等作罩棚或覆盖的保险财产因遭受风、霜、严寒、雨、雪、洪水、冰雹、尘土引起的损失。（9）地震引起的损失和费用。（10）被保险人及其代表的故意行为或重大过失引起的任何损失、费用和责任，以及被保险人的雇员的偷窃。（11）公共供电、供水、供气及其他公共能源的中断引起的损失，但自然灾害或意外事故引起的中断不在此限。（12）战争、类似战争行为、敌对行为、武装冲突、恐怖活动、谋反、政变、罢工、暴动、民众骚乱引起的损失、费用和责任。（13）政府命令或任何公共当局的没收、征用、销毁或毁坏。（14）核裂变、核聚变、核武器、核材料、核幅射以及放射性污染引起的任何损失和费用。（15）大气、土地、水污染及其他各种污染引起的任何损失、费用和责任，不包括由于自然灾害和意外事故造成污染引起的损失。因为葛洲坝电站使用的是财产一切险，一切险也称总括式保险，保险责任只是两句概括性的描述，只列除外责任，也就是说，列明的除外责任以外的风险事故就是保险公司的赔偿责任，给人们的直观上好像是保险不赔的责任多，而事实上不是这样。

以上风险为什么除外呢？因为有的属于其他种类保险的范围，如，非外力引起机械或电气装置本身的损坏等；有的是必然性风险，不是意外风险，如，自然磨损、内在或潜在缺陷等渐变原因造成的损失；有的是被保险人自身的原因，如被保险人及其代表的故意行为等；有的属于他人的赔偿责任，如公共供电、供水、供气的中断等；有的是社会性灾难，如战争、核损失。

4.4 葛洲坝电站保险实践的成绩与需要改进的部分

葛洲电站保险历经11年的历程，取得的成绩归结到一点，就是葛洲坝电站保险保障机制的建立，并且在实践中不断地完善，使巨额的财产得到保险保障。这个制度不能用得到多少赔偿来衡量。另外，电站管理者与职员保险意识的普遍增强，与保险公司良好的合作关系的建立，都为今后葛洲坝电站保险保障机制的良好运作奠定了坚实的基础。

但是，葛洲坝电站保险与现代企业制度对保险的需求相比，还存在一些需要改进的部分，尽管葛洲坝电站保险方案是经过国际著名的保险顾问公司设计的，但也存在以下需要改进的部分：第一，保险项目和财产价值保险应该更充足。大坝等财产未投保。保险金额，也就是在保险保障范围内的固定资产价值，只占总固定资产的30%以下。第二，保险覆盖的风险应更全面。特别是机器设备损坏，如，设计、制造或安装错误，铸造和原材料缺陷；工人或技术人员操作错误、缺乏经验、技术不善、疏忽、过失、恶意行为；离心力引起的断裂；超负荷、超电压、碰线、电弧、漏电、短路、大气放电、感应电及其他电气原因。这些是水电站运行中较为常见的风险，但是没有投保。第三，保险合同要进一步完善。一是保险合同没有附加完整的条款内容；二是附加条款中存在重复现象，如山崩和地面下陷下沉条款，偷窃、盗窃和抢劫条款，灭火费用条款，这些在财产一切险中都已包括。另外，保险公司在服务上对风险管理服务、保险培训服务和保险宣传等方面还有差距。

5　葛洲坝电站保险的设计

长江电力股份有限公司将按现代企业制度的要求运行，葛洲坝电站作为长江电力股份有限公司的核心资产，也是中国三峡总公司和长江电力股份有限公司融资扩张的资产实力的保证，其风险管理十分重要，是保障企业正常经营的重要机制。保险作为管理葛洲坝电站风险的重要措施，是否建立和完善，直接关系到现代企业制度的实施。因此，我们根据财产保险的保障功能，结合国内外水电站的保险经验，在葛洲坝电厂保险实践的基础上，根据葛洲坝电站在现代企业制度下对保险的需求，完善其保险保障机制。

5.1　保险设计的几个关键问题

当一个企业决定使用保险工具管理风险时，它必须注重一些关键性问题，主要包括：选择哪家保险公司、保险单如何确定、保险金额怎么确定、怎样选择合理的保险价格。

选择经济实力强的保险公司。投保人追求的风险管理的最终或最实质性的服务，是在发生风险事故后得到经济补偿。所以，保险公司是保险设计的关键因素。投保人购买的保险单是一种承诺，葛洲坝电站拥有巨额的财产，对它的风险损失给予赔偿承诺的保险公司必须有强大的经济实力。同时，良好的信誉，理赔的公正性和及时性，规范的技术，丰富的经验，优秀的人才，强大的服务能力和服务的诚意，这些都是选择承保的保险公司的关键因素。应该说，葛洲坝电站选择中国人民保险公司是明智的，因为中国人保是目前国内实力最强的财产保险公司，并且在距电站3公里处设有支公司。

制定一份保障完善的保险单。保险单是保险公司对被保险人承担风险责任或履行保险保障义务的合同。一份保障完善的保险单，能够满足被保险人的保险保障需求。财产一切险保险条款是标准化的，还拥有不少标准的附加条款，投保人可根据自己的需要进行搭配，保险公司也可以根据投保人的需求创新附加条款。所以，我们可以根据葛洲坝电站的保险需求进行"量体裁衣"，制定一份保障完善的保险单，重点应将机器设备损坏险纳入保险单。从二滩等全国其他大型水电站保险单内容来看，几乎都包括机器设备损坏险。我们建议葛洲坝电站也将该保险纳入保险单，再增加一些扩展责任的附加条款。

确定保障充足的保险金额。它与投保人潜在的最严重的损失是密切相关的，包括两个重要因素：一是保险财产的范围，保险财产范围越广，保险金额越大；二是保险财产的价值，保险价值越接近重置成本，保险金额就越充足。针对葛洲坝电站的实际情况，我们建议将大坝及房屋纳入保险范围，因为它们占整个固定资产75%以上；所有保险财产的金额将按股改后的评估价值确定；对第三者责任险中的人身伤亡赔偿限额由原来的5万元提高到15万元。

确定合理的保险价格。保险价格即一个单位所支出的保险费。合理的价格是建立在保险公司和保险单等基础之上的，可以给被保险人提供最大的保险金额的价格。合理的保险价格并不是最低的价格，更不能完全以价格来评判保险方案的优劣。保险公司服务优质，保险保障充足，保险价格就高，反之则低。葛洲坝电站的保险费从总量上讲是较少的。二滩电站，财产一切险及机损险保险费年交1946万元，其年交总保险费达2400万元。葛洲坝电站的保险费与其保险保障的需求相比，处在一个较低的水平。我们将对葛洲坝电站保险价格分三种财产项目计价，包括大坝及建筑物、生产用机器设备、仓储物资等，并在完善其保险保障的前提下，拿出最优的价格。

在充分解决以上四个方面的问题之后，设计出合理的保险方案。投保人可以通过以下内容诊断保险方案的效力：一是保险公司的承保能力和偿付能力；二是投保财产是否有遗漏；三是保险责任是否最大程度满足保险需要；四是有些风险是否通过附加批单或条款予以扩展；五是保险合同中规定哪些除外责任；六是损失发生后理赔方法怎样；七是保险服务设计是否周全；八是保险费支付是否合理；九是保险公司是否采取再保险措施等。通过诊断，发现问题，及时完善。

5.2　葛洲坝电站保险险种体系

险种体系是葛洲坝电站保险保障机制的核心，我们在原险种体系的基础上进行修改和完善，使之更符合葛洲坝电站风险管理需要。

主险种财产一切险维持不变。主要在附加条款上作出一些调整。第一，增加或扩展保险保障范围。这些保险责任在原葛洲坝电站保险中是除外责任或不赔偿的范围，我们现在将它们扩展成保险责任。主要包括：（1）机器设备损坏险。承担设计、制造或安装错误，铸造和原材料缺陷；工人、技术人员操作错误、疏忽、过失、恶意行为；离心力引起的断裂；电气原因等造成的损失。（2）碰撞条款。承保被保险人的车辆等碰撞被保险的建筑物等引起的财产损失。（3）罢工、暴乱或民众骚乱扩展条款。承保罢工、暴乱或民众骚乱造成保险财产的损失。（4）玻璃破碎扩展条款。（5）恶意破坏扩展条款。承保他人恶意破坏致使保险财产的损失。（6）自动喷淋水损条款。承保因喷淋系统的突然破裂、失灵造成保险财产的损失。（7）运输条款。承保保险财产在运输途中及临时储存期间遭受的损失。（8）特别费用条款。承保为抢修发生的加班费、快运费等。（9）自燃条款。承保由于自燃造成保险财产损失。（10）罩棚、露堆财产扩展暴风暴雨责任条款。（11）河道漂浮物体碰撞大坝及拦污栅条款。承保船只等漂浮物体碰撞大坝和拦污栅所造成的损坏。（12）恐怖活动袭击条款。承保恐怖袭击造成保险财产的直接损失及防止损失进一步扩大的合理费用。第二，保留的原保险单中的附加条款。主要包括：（1）额外费用条款。承担对损失财产进行检查或鉴定的费用。（2）额外增资条款。对承保后被保险人增加的资产项目进行自动保险。（3）自动升值条款。在通货膨胀条件下保险金额自动提高。（4）自动恢复保额条款。对赔偿之后恢复的保险金额自动承保。（5）临时移动条款。承保保险财产临时运输途中因承保风险所造成的损坏。（6）更改和修理条款。保险财产在扩建、修理过程中因承保风险所造成的损失。（7）30天注销通知条款。保险公司若要终止保险合同，必须提前通知被保险人。（8）错误和遗漏条款。保险公司不因被保险人疏忽或过失而延迟或遗漏向保险公司申报场地、被保险财产价值的变更而拒绝承担责任。（9）账面赔付条款。实际是预付赔款。（10）新场所的自动承保条款。对新完工的建筑物的自动承保。（11）调整时间条款。对72小时之内发生的暴风、暴雨、洪水所致损失视为一单独事件。（12）重置价值条款。赔偿金额按受损财产的重置价值计算。（13）公众责任保险。承保被保险人在经营中因意外事故造成第三方身体伤害或财产损失所应承担的民事赔偿责任和诉讼费用。（14）专业费用条款。在修复过程中所发生的设计师、检验师及咨询费用。（15）清除毁坏物条款。赔偿清除损坏保险财产所发生的费用。第三，剔除原保险方案中的附加条款。这些是重复、矛盾或无实际价值的。主要包括：（1）山崩和地面下陷下沉条款。（2）偷窃、盗窃和抢劫条款。（3）灭火费用条款。

这样，葛洲坝电站保险险种形成了以财产一切险为主，27个附加条款为支撑的结构，比原保险方案增加了12个扩展责任条款，这样，保险责任更宽，更符合葛洲坝电站的风险管理需要。另外，将来在签定保险合同时，我们将制定更完备的保险合同文本。

5.3 被保险人应建立高效的保险管理制度

保险管理是企业风险管理的重要组成部分，管理的好坏事关企业的生存。葛洲坝电站在保险的管理上已取得了一些好的经验，应进行总结和完善。我们认为，首先要确定保险的主管部门和人员。根据《幸福》杂志对美国500家最大公司的一次调查，84%的公司是由中层以上的管理人员负责风险管理，通常是企业的高级财务主管人员，有些企业的风险经理只限于购买保险，故又称为保险经理。因为财务部门必须关注风险可能给企业带来的经济损失，以及风险给企业带来的财务危机。保险本身也是通过经济形式来解决企业风险损失补偿问题，所以，我们认为由财务部门主管保险较为合适。其次，建立各部门协作网。充分尊重各部门的风险管理建议，并将保险合同内容充分告知，使防灾防损、保险索赔等工作能顺利进行。再次，各部门应确定保险联系人员。要对联系人员进行必要的保险知识培训，使之能熟练掌握和使用保险。另外，以制度的形式明确企业保险管理体系和内容，做到有章可循。

5.4 中国人保对葛洲坝电站服务的构想

保险公司是葛洲坝电站保险的主体之一，保险公司的服务是葛洲坝电站保险的重要组成部分。中国人民保险公司是目前我国实力最强的财产保险公司，注册资本金为77亿元，2002年公司保费收入达548亿元。公司目前正在进行股份制改造，朝着综合性、多元化的国际保险（金融）集团的目标前进。这些使我们拥有更强的能力来为葛洲坝电站服务。我们从1992年以来，一直与葛洲坝电站保持良好的合作关系，结下了深厚的情谊。我们的服务不仅得到客户的肯定，也得到各种荣誉。1996年，以"葛洲坝"冠名的、直接为葛洲坝电站服务的人保葛洲坝支公司被共青团中央评为"青年文明号"，2001年被中央金融工委授予"先进单位"称号，成为我国金融界的一面旗帜，极大地鼓舞了我们服务葛洲坝电站的信心和热情。饮水思源，我们更应奋发努力，与时俱进，以最优的服务，使葛洲坝电站风险管理再上新台阶，使中国人保葛洲坝支公司这面全国金融界的旗帜更红。

我们在今后的服务中，将重点做好以下工作：第一，建立人保总公司、分公司、支公司协作服务网。葛洲坝电站属于特大保险项目，有些事项需人保总公司、省级分公司、市级分公司的参与。我们将自上而下地保持对葛洲坝电站的重视与关注，保证服务的顺畅。第二，加强现场服务。加强对现场服务人员的配备与培训，建立24小时值班制，客户若有需要，保证8分钟内赶到葛洲坝电站。第三，加强风险管理服务。每年请国内外专家进行一次风险检验，及时传递国内外大型水电站保险的风险管理信息，协助客户做好风险管理。第四，加强保险培训。为客户培训与保险有关的人员，发送《三峡工程风险管理与保险》信息刊及保险书籍，组织有关人员考察学习其他水电站的风险管理。第五，加强保险研究。邀请客户参加三峡工程保险研究会活动，总结、探索大型水电站保险及风险管理技术，争取产生技术成果。第六，加强理赔服务。在理赔的及时性上下功夫，建立预付赔款制度，确保客户的利益不受损害。第七，建立良好的合作文化。双方加强沟通与交流，每半年召开一次座谈会，形成良好的合作氛围。第八，建立"中国人保安全奖"。我们每年拿出一定资金，奖励客户安全管理先进个人。

6 结 语

大型水电站的风险是客观存在的，保险是管理风险不可缺少的重要工具。葛洲坝电站11年的保险实践为我们今后的工作奠定了坚实的基础。目前，葛洲坝电站厂已在现代企业制度的框架内运行，风险管理和保险保障的标准将大大提高，因此，回顾、总结和研究葛洲坝电站保险是十分必要的。我们中国人民保险公司将继续保持和发扬与葛洲坝电站的良好合作关系，以竞争的姿态，以超前的意识，以科学的态度，使葛洲坝电站的保险保障达到一个更高的水平，为葛洲坝电站的风险管理做出新贡献。

陈述产品价格

　　保险产品价格是客户决策购买保险的敏感点，也是客户抵制我们营销的一大障碍。正确的、艺术的保险价格陈述是取得营销成功的基础。

　　保险作为无形的服务产品，客户在接受我们的营销时，由于缺乏比较和认识价格的能力，不能客观地、准确地判定保险产品的价值，往往会认为我们的价格很高。特别是第一次购买保险的客户，他甚至不知道保险保障有什么功能和作用，再加上保险保障是按客户存在的不同风险和需求设计的，在基本保险产品上附加的保险产品各不相同，使客户缺乏一个标准的判断，比较保险价值和价格更为困难。有的没有发生过灾害事故的客户会不理解，认为凭什么收这么多保险费。客户追求低价格成为一种普遍现象。有些客户对保险保障和服务并不在意，而最关注的是价格是否低廉和合理，这给我们说服客户接受我们的价格带来更高的要求。

　　保险营销看起来是在营销保险产品，但从另一个角度看，实际是在营销价格，客户接受了价格，我们的营销就成功了。这样产生了另外一种现象，我们有的营销人员只是通过价格做营销，用低价诱导客户购买保险产品。他们认为客户是"求廉"的，于是把营销的重点放在如何用低价格诱导客户购买上。在保险保障方案设计时，确定的是一个低价方案，然后到客户那里去后，只是向客户陈述价格是如何低廉，使客户的思维无形中顺着低廉的方向思考，诱发客户对低价的过分追求。客户会说："你说这个价格很低，你能不能再低一点呢？"这样我们就会越来越被动了。

　　陈述价格的目的是要让客户真正认识我们报出的价格是合理的，是公道的，是可以接受的。我们要认真思考如何向客户陈述价格。正确陈述价格的方法是在向客户陈述时，首要任务是让客户认识保险保障的作用，先介绍保险保障产品组合、保险责任范围、保险金额、保险服务等情况，再报出价格，这样客户对价格的认识就有了基础。在陈述价格时，着重要强调价格与保障性能的关系，说出定价的理由，让客户认识我们报价的合理性，让客户知道，他买的不仅仅是一张保险单所给予的保险保障，买的还有保险公司的品牌、服务系统、赔偿实力和人员素质等有价值的因素，我们应把客户的思维引向保险保障、保险服务等非价格因素上来，让客户真正认识保险保障的作用和非价格因素的价值，让客户在比较之后感到这个保险费很划算，花这个成本买这份保险值得。

我们在向客户报价时，要根据客户的特点和意见，采取有针对性的价格说明方式，讲究报价艺术，努力创造提升价格的机会，而不是引发降低价格的风险。在报价时要保持坚定的态度，如果我们有丝毫的犹豫或退缩，客户就会不断向我们提出降价的要求，迫使我们降价。要使客户消除疑虑，我们的营销不是盯着他的钱包，而是为满足其风险管理的需要，从而鼓励客户的购买决心，这样才能让客户接受保险保障的价格。

在陈述价格时，一般采取以下说明方式。

一、报价留有余地。我们营销人员没有价格控制权，一般情况下是公司定价，或者是公司给定一个上下浮动的空间，在这个空间之内，我们可以根据实际情况做出决定。我们的主观愿望是想把保险产品高价卖出，而客户的愿望是低价购买，这是一对矛盾。如何处理呢？我们在报价时，可以在保险保障所确定的价格基础之上适当上浮一点。客户都有杀价的习惯，人人都有面子观念，有些客户并不是没钱交保险费，他是在想，我买你的保险是给你面子，你应该给我优惠一点，这是给我一个面子。所以，我们可以先把价格报高一点，留有一定的降价空间，当客户提出降价要求时，再适当降低价格，使客户有一种成就感。

二、实证说明。就是用证据说明我们报价的合理性。这可以从两个方面进行，一是用国家保险监管部门审批或认可的保险费率规章证明我们报价的合规性。我们最好是将公司印发的有保险费率规章的书或者费率资料带上，向客户展示，以此说明我们的价格是在规定标准以内的。如果我们的报价低于规定标准，这就更能向客户证明我们的价格是优惠的。二是用我们已签发的保险单上的收保险费标准证明我们价格的可信性。俗话说："眼见为实。"加上客户一般都有从众心理，我们可以复印一份同样产品的保险单，让客户看到给他的价格与别人是一样的，有的可能还低一些，客户会认为我们对他有特别的优惠而接受我们的报价。

三、价格与保险责任和保险金额对比。定价与保险责任和保险金额有着重要的联系，保险责任和保险金额的大小对保险价格起决定性作用，价格与保险责任和保险金额对比就是价格与保障性能的对比。我们要告诉客户：你虽然交付一定数额的保险费，但我们承担的风险种类有多少、承担的最高赔偿责任有多大。如果一个客户有300万元的家庭财产的话，假定保险费率为2‰，如果购买保险，只需交付6000元的保险费，我们可以对客户说，花6000元的保险费，买的可能是300万元的风险损失的赔偿。通过6000元与300万元的对比，会让客户感到值得。

四、建立自保准备金与所交保险费对比。从应付风险储备的要求来讲，客户如果不保险，要想自己弥补损失的话，那得在银行存上相当于财产价值的现金，这样才能保证在发生最大可能损失之后，有足够的资金恢复财产。自保的结果是：保险费多少，保险金额就是多少。但如果在保险公司购买保险，情况就不同了，一个客户有1亿元的财产，假定保险费率为2‰，如果参加保险，只需交付20万元的保险费，就相当在银行存上1亿元的损失准备金。有了保险，客户就可以不用为自然灾害和意外事故建立风险储备金，把这笔钱投入到生产或生活之中，这样讲就会让客户感到很划算。从以上分析可以看出，客户购买保险买的是两种功能价值，一种是发生保险事故后的保险经济赔偿，一种是用较低的成本取代大额风险准备金的储备。而我们和客户往往忽视了后一种功能的作用，有的客户认为购买保险后不发生保险事故索赔就是白交钱，不划算。所以，我们要向客户宣传他购买的保险具有经济赔偿和经济储备的功能，让他们感到交了保险费，就是不发生保险赔偿，也是很划算的，因为减轻自己建立风险储备金的负担。

五、价格与服务比。从保险单内容因素上来看，我们的产品与竞争对手相比并没有什么差异，我们也习惯只介绍产品和比较产品，忽视了隐藏在产品之后的服务，也就是超出保险单之外的服务，这也是客户从保险单上看不到的。客户只知道他买的保险产品，而不知道产品价格所包含的服务，当然会认为价格过高。所以，我们要让客户明白，我们的价格不只是购买保险产品的保障价值，还包括我们所能提供的各种服务活动，特别是还包含竞争对手所不具有的服务，使客户感到用这个价格购买我们的保险是很值得的。

六、价格与竞争者的价格及保险保障比。与竞争对手比，不能只比价格，而要比保险保障的程度，通过与竞争对手进行价格及保险保障程度的竞争性比较，就能让客户看到我们的优势所在，从而赢得客户对我们的好感。有时竞争者可能报出比我们低的价格，但保险保障程度没有我们高，可能是保险产品组合数量没有我们多，或者是保险财产比我们少、保险金额比我们低。我们在讲解时就应围绕保险保障的作用大做文章，讲我们的保险责任宽、保障程度高、赔偿服务如何好，使客户感到物有所值。如果竞争对手的赔偿能力和服务有问题，我们可以很含蓄地让客户明白购买竞争对手的保险可能存在的不利。

七、价格与可能发生的赔偿机会比。有的客户认为几年不出事故，保险公司就赚了他的钱，其实这种算法不科学。就以一个家庭购买家庭财产保险为例，100万元的财产，如果一年交2000元保险费，500年才交100万元的保险费。如果这个家庭在500年内不发生保险事故，才能说保险公司真正赚了他的钱，可谁能保证自己的家庭500年不会发生任何风险损失呢？所以要让客户明白，不能认为几年不发生保险赔偿就是白交钱，风险事故总是存在，只是发生的时间不确定而已。我们可以用我们经营的某一类客户或财产的经验事故率来说明风险的客观存在，也可以用赔付率来说明风险程度，消除客户认为保险费太高或白交钱的心理。

八、价格与客户其他支出和收获比。如，有的客户喜欢抽烟，一条烟就是几百元，还伤身体。我们如果销售的是家庭财产保险，就可以风趣地对客户说："您少抽一条烟，把这钱拿来买保险，又有保障又有利于身体健康。"我曾经从事过农业保险，当时动员农民投保柑橘树，农民认为保险费太高，我就对他们说，一个柑橘保一棵柑橘树。农民就感到保险费很低，就容易接受。有的从事汽车运输的客户，我们可以告诉他："您只要用十天的收入，就能使您的车全年得到保险保障。"

九、让客户知道保险费的实际承担者不是自己。许多从事经营的客户的保险费实际上并不是客户自己承担，保险费作为客户经营的成本已摊入其产品或服务的价格，由众多的消费者承担。假如说，一个酒厂每年生产500万瓶酒，交保险费50万元，每一瓶酒中摊入0.10元，50万元的保险费实际上都是饮酒的消费者帮助支付的，对酒厂并没有什么损失。客户或者会说，我不交保险费不就是赚了么？但他忽视了两点：一是不交的保险费不能全部作为利润，国家要对利润部分征收较高的所得税；二是企业发生风险损失，没有保险赔偿，企业要恢复生产就必须借款，增加了企业的还债成本，造成生产经营成本增加，产品价格上涨，缺乏竞争力，减少了企业的盈利空间。所以，购买保险对生产和经营性企业是十分有利的事。

十、采用分解报价的方式。由于大的数字使人望而生畏，小的数字让人觉得可以接受。因此，我们在报价时，有必要对总保险费进行价格分解。一是分基本保险产品、附加保险产品进行报价，或者分保险财产项目进行报价，如果客户认为总保险费太高，他可能会剔除次要的保险产品，或者剔除部分财产，选择购买自己经济上能承受的部分，这样，就可以消除客户因对保险价格的否定而导致对整个营销保险产品的全部拒绝。二是按天或者按月报价，有的家庭财产保险年交保险费365元，我们可以告诉客户，一天只需交一元钱的保险费，这样会让客户感到很低。三是按分期交费方式报价。如120万元的保险费，我们可以分季收取，每个季度交30万元保险费，客户心理感觉会低一些，会认为财力能够接受，从而接受我们的价格。

十一、价格与银行贷款比。有的客户发生损失后，自己无钱恢复财产，只有向银行贷款，形成负债，从而影响生产或生活。向银行贷款是需要条件的，如资产抵押、担保等，并不是件容易的事。另外，还要承担高额的利息，有的贷款利息就够交多少年的保险费。假如说，一个企业资产10亿元，一年需交保险费20万元，企业没有保险，结果发生火灾损失1000万元，为了恢复生产，找银行贷款800万元，按年利息4.5%计算，仅利息就要36万元。所以，在保险的情况下，客户通过交付固定的、少量的保险费，就可以避免为恢复损失财产而增加银行贷款。

十二、逐步报价。有时候报价不要一次把预算的价格全部报给客户，那样客户会认为价格过高而放弃。我们可以采用逐步报价的方法，首先满足客户基本保险保障的需要，报出一个基本的价格，在客户接受第一个报价后，再报出保险保障范围更大的价格，这样客户比较容易接受。这种报价方式主要有两种情况：一是财产项目或保险金额逐步增加。先满足客户所要求承保的财产或保险金额，再告诉客户，只要再增加一点保险费，就可以使其它财产或利益得到保险保障。二是保险产品增加。如汽车保险，客户只要求购买第三者责任险，我们可以对客户说，你只要再加一部分保险费，就可以购买汽车损失保险，在客户同意购买汽车损失保险后，我们可以再告诉客户，你只要增加上百元保险费，你还可以获得某一附加保险产品。逐步报价方式会让客户从心理上认为价格较低，从而降低接受保险价格的难度。

排除客户障碍

我们现在说的客户障碍，是指客户产生的，影响保险营销的不满、异议和拒绝。人们常说——营销是从被拒绝开始的。通过沟通，解决营销中的客户障碍，是我们取得营销成功的关键任务。

在保险营销过程中，我们经常会遇到各种障碍。有人曾对人寿保险业的销售进行了调查，其结果表明，客户购买保险似乎都有比较不愉快的购买经历。其实，财产保险也不例外。客户障碍是营销过程中的正常现象，因为我们的营销是要改变客户的观点、计划、习惯行为，或者改变客户对其他保险公司的依恋，客户会本能地采取防御态度，他们受到营销人员的营销越多，防范意识就会更强，有的甚至形成对营销人员的敌对情绪。

在处理客户障碍时，我们要注意以下几个方面的问题。

一、弄清客户障碍的内容和原因。解决客户障碍才能精准、顺利的实施营销，所以营销的第一要务就是要弄清客户障碍的内容和原因。身为营销人员，我们应该了解或者根据经验估计到什么样的问题会影响客户购买保险的决定，预测可能发生的最糟糕的问题，还要能发现隐藏在客户心中的障碍，更要有预见难以发生的障碍的能力。客户障碍主要来自于客户的担心、不满意、犹豫和怀疑，具体原因表现为：对保险公司不信任，对保险产品不满，认为我们的保险产品保险责任太小、除外责任太多等；对价格合理性存在怀疑，认为价格过高，价格与风险保障不相匹配；对服务有负面评价，这个问题比较复杂，一般表现为对工作效率、服务过程等方面的不满；对营销人员不信任，认为营销人员的服务态度差、职业素质低、错误引导客户；没有钱交保险费；有钱但不想花太多的钱买保险；我一个人说了不算；其他保险公司的保险费低；我已经在其他保险公司买了保险。这只是一个粗略的归纳，具体到某一个客户身上，其产生障碍的原因是很个性化的，我们一定要认真倾听，仔细分析，找到真实的原因。

二、视客户障碍为销售的机遇。障碍对我们来讲是不利的事，但从另一个层面来讲，又是一件好事，是营销的机会，也是改善或加强与客户关系的机会，关键看我们如何化不利为有利，化危机为机遇，从障碍中找准营销工作的突破口或关键点。我们许多产品组合创新、服务创新、营销方式的创新，往往不是来自对市场的深入调查，也不是来自于办公室的谋划，而是来自于客户的不满、异议或拒绝。所以说，客户障碍是我们探查客户内心反应的路标，它指明了我们的工作方向，使我们发现工作的重点所在，给我们修正营销策略的机会，它如同一股强大的动力，推动着我们的营销走向成功。因为，通常情况下，客户不愿意与我们发生矛盾，也没有义务帮助我们解决营销中的问题，一般是沉默忍受，或者是终止与我们的合作而到其他保险公司购买保险。所以，我们应该把对我们设置障碍或向我们提出异议的客户当作朋友，向我们设置障碍或向我们提出异议的客户是在关心我们，是愿意与我们建立或保持保险关系的，我们应该为能听到客户的抱怨或意见而高兴，以欢迎的态度对待客户的异议，甚至可以请客户来对我们的工作提意见和发泄抱怨，这实际上是对客户的尊重和关心，这比消极等待客户抱怨要好得多。有一本管理学著作的标题是："抱怨是一件礼物。"我们要学会从客户障碍中发现和创造营销机遇，使我们的工作更受客户欢迎。

三、用良好的心态去面对客户障碍。保险营销人员是面对障碍最多的人。保险公司的客户服务出了问题，无论问题出自何处，客户绝大多数会将不满意迁怒于我们营销人员。如，我们向客户销售保险，客户却把对我们的公司抱怨之气发在我们身上，抱怨产品不好、理赔速度太慢，等等，可能有很多问题与我们营销人员直接关系不大。在这种情况下，我们对待障碍要冷静与豁达。有的客户拒绝购买，并不是真正的不想购买，不是不需要保险。其实他想借此打探我们，获得更多的优惠条件。我们应保持良好的心态，继续做客户的沟通工作，弄清真正被拒绝的原因，以便采取针对性措施。有的客户抱怨是一种假象，实际上他内心已经满意我们的服务，可仍然表示出一种不满，其目的是让我们感到他是一个很挑剔的人，马虎不得，对这类情况不要太在意。在处理营销障碍的过程中，和气的态度是非常关键的。对不合理的意见，即使是最难听的话，我们也要控制好自己的情绪，并且还要控制好客户的情绪，把握洽谈的友好气氛，靠耐心和良好的态度提醒、说服客户消除偏见和转变他们的观念。即使是遭到拒绝，也不要表现出气愤或恼怒，要让客户感受你良好的修养。"和气生财"是一条古老的营销原则。日本著名保险营销专家原一平曾说："'笑'，可以拆除横隔于彼此之间的'篱笆'；'笑'也可以成为建立双方信赖关系的第一步。而确认那种信赖关系，也非'笑'莫属。"笑是和气的一种表现，笑着面对客户是处理好客户障碍的前提。

四、顺应客户的思维去解决客户障碍。我们要用"液态思维"的方式去思考和解决客户障碍，这种思维的特点是：思维无形态、无定势，以其柔性来紧贴客户需求的硬性，灵活性强，善于变通，往往能产生良好的效果。客户总是对的，这是商业上的一条定律。但是，我们有的营销人员往往把自己定为征服者，千方百计要让客户就范，喜欢固执己见，全然不顾客户的观点，总希望按事先自己定好的保险方案迫使客户接受，不善于迂回，最后形成不欢而散的结局。有的把客户当敌手，认为客户总是想谋取不正当的利益，客户的想法都是错的，从而对客户的意见一一反击。这都是不对的。所以，我们不应把营销变作斗争，要学会以幽默、轻松、和善的心态处理客户障碍，不要与客户争吵、辩论和指责客户，千万不要将自己陷入没完没了、激化矛盾的口舌之战中，即使是你斗赢了，可能将永远失去这个客户。一流的保险营销人员有明显的特点：他们仁慈而宽厚，不刻意去找客户的毛病，善于发现客户的优点，并把这个优点和保险营销联系起来。我们要学会顺藤摸瓜，顺着客户的思维，去寻找解决问题的方法。当客户提出异议时，我们首先要学会换位思考，站在客户的立场上，肯定客户提出意见的态度和行为是对的，特别是对客户正确的意见要加以肯定，要以一个公司代表的身份倾听客户的意见，接受客户发泄的不满，对客户受到的伤害表示认同或理解，向不满的客户表示道歉，勇于承认公司或自己给客户带来的不快，向客户做出诚恳、详细和合理的解释，答应客户去寻求解决问题的办法，减轻客户的愤怒，这样就能消除客户与我们的抵触情绪，使他们感到我们是朋友而不是敌人。

五、采用文本形式沟通。把你想说的内容写成书面的材料送给客户。因为，人的口头表达条理性差，在面对客户时，许多想好了的内容难以充分表述，如果客户不断打断你的讲话，你更难以述说，弄不好会形成争执，但是，书面材料就能避免这些问题。我们可以针对客户的想法和做法，写出书信般的文字材料送给客户，使客户能冷静地、全面地看完陈述的内容。例如，当一个交保险费较多的企业选择要到其他公司投保怎么办？我们可以写一份书面材料给这个企业的关键人物，这个材料应包括以下内容：第一，服务历史的回顾。让客户全面了解我们服务的历程。其实，每个人都容易忘记一些事情，当把零散的服务事实组合在一起时，往往能唤起客户美好的记忆和情感。第二，针对客户异议的说明。告诉客户正确的道理和事实的真相。第三，提出对未来服务的展望。要提出改善服务、如何使客户满意的措施。一般情况下，客户会耐心地看完你的书面陈述。有了这个基础之后，再与客户沟通，其效果会更好。即使客户已经拒绝了我们或已在其他保险公司购买保险，我们也不要轻易放弃，可以把相关的宣传资料送给客户，希望客户百忙之中能够阅读，并为对客户的打扰表示歉意，然后离开，客户会认为我们的工作态度是认真的，他可能会翻阅我们所送的资料，这样将有利于未来营销活动的开展。但是，要注意书面材料的内容，特别是针对因为理赔纠纷而不满意的客户，尽量避免万一发生诉讼后会因书面材料而造成的不利影响。

六、解决客户提出的问题。这是消除障碍的关键。我们事先应有一整套准备好的排除障碍的方法，这是有效地解决客户抱怨问题的必不可少的首要工作，可以对所有的障碍列出清单，提前设计有针对性的回应，这样当客户提出时，我们就不会惊慌失措。我们要有解决客户可能提出的问题的能力，这是对我们职业素质的检验。如果我们没有这方面的准备，面对障碍我们将会措手不及，惊慌失措，失去排除障碍的信心，最终导致营销的失败。我们对客户的异议应迅速做出行动，让客户感觉到他们的意见被我们听取、理解或受理。当客户认为价格过高时，我们要能讲清价格形成的理由，让客户感到合理，或者适当调整保险财产、保险金额等因素，使价格降到客户满意的水平。当客户怀疑我们能否兑现赔付时，我们要能介绍公司的实力和赔付的案例，让客户信任我们。当客户认为有的责任免除不合理时，我们要讲清保险承保风险的基本要求。我们千万不能存在客户矛盾与己无关的想法，不能推卸责任，不能把矛头推向保险公司或拒绝对客户的意见予以解答。有的营销人员不是耐心解释，讲明道理，而是向客户说："这是公司的规定，我是个普通办事员，我也没办法。"这样会让客户认为你不负责任，或者认为你不够专业，失去对你的信任。这种不负责任的言行是处理营销障碍的大忌，也是与客户产生矛盾和激化矛盾的因素。当客户有很多不满意时，重点解决客户最不满意的也是客户认为最重要的问题。营销人员与客户的沟通渠道在任何时刻都要畅通无阻、有问必答、有难必解，对客户提出的合理意见要迅速给予解决。对有的问题，我们不能盲目表态，应该留有余地，可以告诉客户："我回公司请示以后再回答您。"如果客户的问题得不到解决，那么他肯定会转向竞争对手，离我们而去。

内部沟通

保险营销不只是营销人员的事，它与保险公司其他管理部门紧密相连，这主要是因为保险的营销与生产是相互交织在一起。在营销活动中，保险公司会把营销人员、信息技术、核保、理赔等要素投入到保险产品的生产与营销之中，或者说是投入到服务之中。客户所购买的并不是一张保险单，而是一个保险公司的整个服务系统，它们组成一个综合性的过程序列，这个序列就是服务客户的价值链。保险服务不只是营销人员在面对客户，如果说营销人员进行的只是保险公司的对外服务，那么，支撑对外服务的是保险公司的内部服务，内部服务为对外服务创造了条件，它通过间接的形式与营销人员的行动一起服务于客户。内部沟通就是要实现外部营销与内部公司运行机构的协调运动，协调的目的就是要使公司各部门都能为我们的营销活动提供积极和有效的支持。遗憾的是，在实际工作中，由于营销人员与内部部门和人员沟通不够而影响营销工作的现象是很多的。有的营销人员不愿意去与内部沟通，认为这是求人，不愿意把客户的需求和好的建议反馈给公司上级和有关部门，只是抱怨承保、理赔等部门不支持，工作积极性也受到影响。有的甚至抱怨：客户的沟通合作还好办些，公司内部办事太难。这是内部沟通不够造成的。内部沟通不到位，也是造成服务质量不可靠的直接原因。如，有的营销人员在销售时对客户说，万一发生事故，我们一小时赶到现场，可由于没有与理赔部门沟通好，客户发生事故后，两个小时理赔人员才能起到现场，结果是客户对服务的不满意。

内部沟通主要包括以下几个方面。

一、承保前的沟通。我们要经常与承保部门沟通，了解承保政策和保险产品条款的变化情况，这是我们有效营销的前提。一个对保险产品条款和公司承保政策不了解的营销人员是做不好销售工作的。如果我们在承保前与内部承保部门沟通不够，将会影响我们保险保障的设计和销售，使营销出现障碍。如果我们的保险保障设计及保险费率没有得到承保管理部门认同，就与客户商定，最后承保管理部门不支持，就会造成客户的不满，可能会导致营销的失败。所以，我们的保险保障设计出来之后，首先应与承保管理部门沟通，特别是保险产品和保险费率水平，争取承保管理部门的认可和指导。大的保险项目还应由负责再保险的人员到再保险市场寻价，弄清再保险公司能够接受的保险费率及其他承保条件，在得到再保险公司和公司承保部门的支持之后，再将保险保障方案和保险费率与客户见面。这样我们在与客户沟通时，就能结合核保条件或分保条件向客户进行说明，说服力会更强。

二、保险保障过程中的沟通。如果我们认为把保险单卖出去就万事大吉，那就会出问题，甚至给续保和新保险产品的营销带来不良影响。因为，保险保障服务的实施还需要理赔、财务、客户服务等部门来进行，而它们完成的质量如何，取决于我们的协调和配合程度。如在客户发生保险事故后，我们能参与客户的保险事故处理工作，并向公司理赔人员介绍当时承保背景、客户的性格等情况，将有助于提高理赔人员与客户的沟通效果。当客户对我们的理赔不满意时，我们可以发挥与客户的良好关系优势，帮助做好解释和安慰工作，消除理赔服务中的矛盾，也可以将客户意见转达给理赔人员，分析原因，寻找解决的办法。

三、平时多与内部沟通。平时多沟通，遇事才好解决。我们保险营销人员作为公司的代表直接为客户提供服务，每天与客户打交道的机会非常多，有极好的条件来观察市场和客户，频繁地与客户接触和沟通使我们获得大量的信息，对客户的需求、心理和行为有深刻的了解。而公司内部的管理人员和运行操作人员，如经理、核保人员、理赔人员、财务人员等，他们往往难以亲自感受客户的需求、心理和行为。那么，我们有责任和义务将所知所感的市场及客户信息准确、真实、快速地传递给他们，使他们了解市场情况、了解客户的需要，增强对我们工作和意见的理解，不断调整对我们营销工作的支持和帮助，强化内部各部门和人员对客户的服务，共同完成服务客户的任务。同时，向他们了解公司与营销有关的信息，使我们的营销工作能与公司要求相适应。

客户服务

　　服务是指在保险营销过程中，以及在保险期内或保险事故发生时为客户提供的有价值的活动。我们销售的是保险服务，但这种服务实际上是两部分组成，一部分是核心服务，即保险单所构成的保险保障，它体现了保险公司赢得生存的最基本的功能——损失补偿，也是客户购买保险的核心原因；一部分是围绕保险保障所形成的附加服务。如，为客户咨询、辅助客户填写投保单、为客户提供风险管理、协助客户进行保险索赔、帮助客户解决力所能及的问题等，离开这些辅助性的附加服务，客户就难以完美地享受保险的核心服务。核心服务是保险公司为客户提供的损失补偿服务，附加服务一般是我们营销人员应该努力为客户提供的服务。

　　保险产品中的保险条款是保险监管部门或公司管理部门批准、备案的，是规范化的标准，我们做营销的人员难以更改，但围绕客户的保险需求所开展的相关服务，是我们营销人员施展服务精神和服务水平的舞台，是我们区别于竞争者和实行差异化营销的途径，也是客户评判我们服务的重要因素。因为客户有时并不是通过纸质的保险单上的内容来判定我们和保险公司的优劣，有时纸上写得再好，却并不代表服务的实际行动，而只有服务的实际行动才能让无形的保险产品更加具体化，让客户从中判断我们和保险公司的优劣。所以，我们不能只强调保险单所构成的核心服务，还要强化围绕核心服务的相关服务行为。服务与保险产品结合在一起时，才能发挥更大的作用。1994年，我在中国人保宜昌市西陵区支公司当经理时，曾为公司起草《司训》，并张贴在营业大厅，其中有一句话是：我们的工资是客户发的。可以说，客户是我们的衣食父母，我们要用一种感恩的情怀去为客户提供良好的服务，通过服务的实际行动回报于客户，形成我们个人的服务文化，或者说是服务特色，成为我们的一种生存方式，成为我们营销过程中深受客户欢迎的自觉表现，把服务打造成我们吸引客户的亮点，打造成我们在市场竞争中取胜的重要武器。

服务在营销中的作用

服务在营销中的作用主要表现在以下方面。

第一，替代价格竞争。随着保险业发展的成熟和客户保险意识的提高，保险费的高低并不是客户选择的唯一标准，保险营销的竞争会逐步转向非价格竞争，而非价格竞争的主要内容是服务，服务成为客户关注的焦点，良好的服务始终是客户的渴望。有研究显示，信誉良好的公司其收费标准比声誉差的公司高出9％。

第二，良好的服务能提高客户的满意度。客户对服务的感觉与对核心保障的感觉成正比，只有优质的服务，客户才能感觉到购买核心保障是物有所值；劣质的服务，会使客户对完美的保险产品产生不满意的情绪。调查表明，一般人在某一公司中受气，会把这受气的遭遇告诉9~10人；而在对产品或服务不满的客户中，有13％的客户会把负面的评价告诉20人以上。所以，我们要通过优质服务，树立我们的形象，赢得客户的信任，从而促进营销，提高保险单持续率，降低营销的经济成本。

第三，服务能强化客户的忠诚度。我们不能只做"付赔款的人"，而要做"为客户解决问题的人"、"客户的贴心人"，为客户创造价值，给客户带来精神上的满足与自信。通过良好的服务，改善和增进与客户的关系，强化客户对我们本人、对我们的公司和保险产品的认同感，提高客户的忠诚度，从而使我们与客户的合作更为顺畅，与客户的关系更加牢固，使我们的营销成果得以稳固和壮大。

第四，服务能提高我们的素质。从事保险服务，必须具有良好的职业素质，如果我们要想为客户提供保险咨询服务，就应具有丰富的保险知识；要想为客户提供风险管理服务，就应掌握风险管理技能。同时，服务客户的过程也是一个不断学习的过程，通过服务，使自己的知识不断丰富，能力不断提高，从而提高客户对服务的满意度，使我们拥有自信心和成就感，具有更旺盛的营销激情。

案　例

我们在三峡工程保险营销中，把服务客户放在首位，不断根据客户的需要创新服务方式，不仅为三峡工程提供了良好的服务，而且把良好的服务做成赢得客户的法宝。

三峡工程保险营销模式——服务营销

服务是指在保险单售前、售中、保险期内和保险事故发生时，向客户提供的不是保险合同约定内容而是客户所需要的附加项目，这些附加项目不但能提高客户的收益，而且能有效地促进保险营销，所以，我们将这类效应称为服务营销。

1. 服务是保险营销的重要法宝

传统的保险营销组合，是把价格、产品、促销、渠道作为重要元素，而我们在保险营销中，把服务作为营销的核心要素。为什么把服务作为营销的重要组成部分？因为，客户更关注的是好的服务质量。在保险营销中，我们对服务有许多设想和承诺，这是吸引客户的重要法宝；我们在以往服务中良好的口碑及表现，也是促进保险营销成功的法宝。在保险竞争中，特别是在保险招标的背景下，各保险公司面对客户发出的一样的保险单，如果只在降低费率上去竞争，将影响营销结果的质量，最终将导致公司的亏损。因此，只有在服务的开发上下功夫，创造与众不同的竞争武器，才能赢得竞争的胜利。所以，用服务来销售保险是最有效的。

在三峡工程保险中，客户对保险需求和服务标准在不断提高，要想在这块竞争激烈的土地上生存下去，必需做好客户服务。我们发扬创新精神，努力开发服务项目。如，针对客户对保险知识的疑问，我们在《三峡工程风险管理与保险》报上开辟了"答被保险人问"的专栏；针对客户对保险条款理解有困难，我们就编写《保险条款解释》，以减少因理解而带来的矛盾；保险合同签定后，保险合同文本份数有限，客户一般都存档保管。客户各部门不知道保险合同的内容。为了使客户各部门人员能掌握和使用保险，我们编印了保险手册；每笔赔款支出后，为了使客户能了解计算情况，就以《赔款理算说明书》予以说明。可以说，我们在三峡工程保险运作中的每一个行为都体现着我们的服务理念。这些知识与技术含量较高的服务举措，成为我们营销的重要法宝。

2.服务能提升营销价值

服务为何能提升营销价值？因为服务提升了保险产品的价值，客户获得的不仅是保险保障，还有保险保障之外的收益，为客户创造了新价值，那么就使保险营销的价值更高，具有更大的推动力和竞争力。

在三峡工程保险服务中，我们经过不断的探索和研究，打破传统的、单一的服务模式，以核心性服务——经济补偿为中心，以三峡工程对保险的需要为方向，总结创立出三峡工程"十项服务"模式。它具体包括以下内容：一、承保顾问。在承保时，对承保项目进行风险评估，根据客户的需要，为其设计保险方案。二、全天值班。即24小时随时和及时地为客户提供服务。三、工地巡察。服务人员经常到施工现场了解工程进展及安全情况。四、风险检验。定期或不定期地对承保项目进行风险检查，并向客户提出风险管理建议。五、保险培训。有针对性地为客户提供保险与风险管理培训。六、保险咨询。解答客户提出的保险问题。七、研究提升。与客户一道，不断总结和研究三峡工程保险，完善服务。八、及时理赔。发生保险事故，及时到现场，并想办法加快理赔速度。九、客户拜访。经常拜访客户，加强沟通，密切感情。十、友情支持。发挥保险公司与社会接触广泛的优势，为客户做一些力所能及的工作。如，我们组织新闻单位参加客户的开业庆典，帮助客户在交警管理部门处理一些事情。这种服务模式，是建立在以客户为中心的理念之上的、对服务的一种全方位行动。它为三峡工程提供了完整性、附加性、超值性和延伸性服务，对满足三峡工程全面性和多样性的保险需要起到积极作用，也为公司营销创造了竞争优势。

3.制定服务蓝图

保险服务体现在售前、售中、售后，是一个综合过程的体现。它以营销为龙头，实质上是贯穿以保险期限为过程的"一条龙"式的营销服务计划。这是保险营销的独特表现。因此，保险公司在服务中，要根据保险营销的需要和今后的发展，以及客户的需求制定服务蓝图，也就是服务规划。我们并不是要营销人员去做长篇文章，而是要求在保险期限内，除日常工作外，为客户做几件有价值的事情。

我们在三峡工程保险服务中，每年除完成常规性服务外，一般都有重点服务项目清单。举例说明，2001年，我们结合三峡工程的实际情况和业务发展战略，制定了当年服务工作清单：第一，在客户内网上建立三峡工程保险专栏。第二，编印《三峡工程风险管理与保险》报。第三，举办一次高级保险学术讲座。第四，举办一次以三峡工程风险管理与保险为主题的研讨会。第五，广告宣传。第六，对承保项目进行风险检验。第七，组织客户有关人员到国外保险公司考察或培训。这些服务举措的实施，满足了客户高层次的保险需要，使我们在竞争中脱颖而出，对稳定客户和开拓市场起到积极作用。

创造服务价值

为有效地履行保险核心服务——经济补偿，有些附加服务是不可缺少的。保险产品除了核心服务——经济补偿外，还有多种多样的围绕核心服务的附加服务，通过附加服务的实施，改善核心服务的质量，使保险产品价值升值，提高保险产品的效用。如果我们的产品和服务带给客户的好处比同行业的其他公司或者营销人员要多，而客户所花的费用相同或者更低，那么我们的产品和服务就具有更高的价值。我们创造的服务价值越大，客户获得的利益就越大，客户的满意度就更高，愿意与我们合作的客户就越多，我们的保险费也就越多，我们个人的收入就越高，所以，高附加值的服务是赢得客户的重要法宝。创造良好的服务价值一般从以下几个方面入手。

一、创造环境价值。为客户购买保险提供一个轻松舒适的服务环境是我们服务的基础。一是物质环境。如，保险公司和办公室给客户的感受，办公室的空气质量、气温、气氛、整洁度，以及陈设与职业是否相符；我们向客户提供的营销文本；我们的外貌，这些都是物质环境因素。我们与客户沟通时，可以选择客户喜欢或认为合适的茶馆、餐馆或会议室等场所。二是精神环境。如，我们的主动、热情、亲和、知识和行为方式等因素所营造的氛围。我们在公司为客户签发保险单时，往往需要一定的时间，客户在等待中，如果我们能与他继续谈论有关保险单方面的话题，同他们谈谈家庭、生活和其他话题，或者向他们提供报纸或看电视的服务，这样客户就不会为等待而寂寞和焦急。

二、创造简便价值。就是通过我们的服务，让客户感到保险手续简单、方便。如，为客户评估风险，为客户设计保险保障方案，协助客户填写投保单，为客户送保险单上门，协助客户保险索赔，为客户提供保险咨询或培训等服务。重点要使客户办理保险手续简单化，有的营销人员可能会问："公司程序那么复杂，我怎么能简单化？"其实，解决这个问题很简单，就是我们把自己的角色转换成客户的顾问，把自己当作客户的"保险经理"，用我们的专业技术和熟悉公司业务处理程序的优势，帮助客户完成购买保险和保险索赔等过程，帮助客户完成有关承保和理赔资料的收集、递交、处理等工作，电话24小时开通，客户有事随时能够联系，对客户的要求能给予立即的帮助。这样就解决了客户因对保险不熟悉而认为保险很复杂的问题，使客户感到使用保险很简单、很省心。在现实中有这样的情况，我们有时已经与客户达成购买意向，但要客户填这表又填那表，客户觉得麻烦而最终放弃购买保险，甚至有的客户因不愿意办索赔手续而放弃小额索赔。这些问题就需要我们营销人员多为客户做点服务工作。

三、创造成本价值。通过我们的服务，让客户省钱、省心。一是降低客户的经济成本，为客户创造经济价值。争取以合理的价格使客户得到良好的保险保障，这是为客户降低成本的首要任务。但不要只关注客户付出的价格成本，还要珍惜客户的非价格成本。客户支付的保险费只是表现最为直观的一种成本，还有其他非保险费成本，如，到保险公司的交通费、为办保险方面的手续耗费时间而对工作的影响等。所以，我们要帮助客户减少此类成本，让客户觉得在我们手上购买保险不仅省事，还省钱。如，帮助客户进行保险公司、保险产品和价格的比较，减少客户四处寻找保险公司进行"货比三家"而增加的比较成本；帮助客户用快捷的方式完成保险承保和理赔事项，减少客户的业务处理成本和时间成本。二是减少客户的精神成本，为客户带来轻松和愉快的心情。通过我们的服务，减轻客户为保险而产生的精神上的顾虑、不安、不快等心理问题，从而减少客户的精神成本。如，对客户态度友好，能理解客户，为客户着想，对客户的承诺能兑现，不存在欺骗和隐瞒事实的行为。

四、创造链条价值。价值链是保险公司内部在为客户创造价值过程中各个互不相同但又互相关联的环节所组成的服务系统，它包括承保、再保、风险管理、理赔、财务等环节。它们通过直接或间接的形式为客户服务，每一个环节都有可能为客户创造价值，最终使保险产品所构成的服务得以实现。营销人员比客户更熟悉这些环节，所以，在不干涉这些环节的运行和管理的基础之上，学会运用、整合与协调这些环节为客户提供全方位服务，避免服务环节的断裂，创造出客户满意的服务价值。这是我们常说的"一条龙"服务。营销人员与内部各部门的协调十分关键，缺少部门之间的理解、合作和交流，会导致客户服务出现问题。

五、创造人际价值。因为从事销售，我们长期活动在社会各个层面，与各类人物和客户打交道，对他们也比较了解，有的还保持良好的关系。我们可以发挥这种特有的人际网络优势，为客户扩大人际交往范围，或者牵线搭桥，为客户提供其他辅助服务。也可以说，将所有的客户通过我们的连接，组成一个"联盟"，这种"联盟"可以创造出一系列独特的、相互交织、相互依赖的关系，把我们承保的客户所提供的服务或生产资源整合起来，为它们相互提供服务，使它们相互受益。如，给从事建筑业、需要水泥的客户联系从事水泥生产的客户，把有相同爱好的客户组织在一起开展交流活动。这样做不仅为客户创造了价值，也提升了我们对客户的服务价值，密切了我们与客户的感情，盘活了整个人际关系，为我们的营销创造了更多的机会。

六、创造超职业价值。我们不仅仅是为客户提供职业范围内的服务，更应从朋友的角度为客户提供超出职业范围的服务，它超出了客户对服务的期望。我们为客户上门谈保险、送保险单、取保险索赔资料等服务，是与我们的职业有密切关联的服务，客户往往会认为我们应该做，并且要做好。而超出职业范围的服务，是客户没有想到的服务，不在他的预期范围。这种服务比职业范围的服务更有价值，更能赢得客户对我们的信赖。齐藤竹之助说："我在与所有客户接洽时，都把自己看作是众人的万能顾问。"客户不论有什么事要他帮助，他都帮助承担下来，帮助客户解决，这也是他获得客户信赖的重要方式。超职业价值的服务包括两个方面：一是情感价值。人是需要友情的，我们不仅要给客户以最好的保险保障，还要给客户以珍贵的友谊。二是帮助客户解决非保险问题。助人为乐也是服务，如，介绍工作、推荐好的饭店、帮助到车站接人、客户家里有难给予帮助，等等。

这里要提醒一点，在服务上的投入当然是越多越好，但我们作为营销人员，也应注意服务成本，这包括时间、精力和经济成本。服务也应讲成本核算，否则我们的时间、精力和金钱都将失控。我们对客户的情感或态度应是公平的，无论是大客户还是小客户，我们都应重视，但服务的方式和成本应该有区别。可以根据客户的保险费多少、赔付率状况、未来发展等因素进行评价，分为重点客户和普通客户，根据客户保险费的多少确定客户服务的投入方式、内容和时间。对于交保险费多、赔付状况良好、发展前景看好的客户，我们在服务和关系维护上花的功夫要多一些。这不是势利，因为我们与客户毕竟是经济关系，我们不可能对一个只有300元保险费的客户请一个风险管理公司为其进行风险管理服务。另外，我们的时间也是有限的，在客户较多的情况下，不分轻重地服务，时间上或者精力上都难以安排。

服务流程图

不要等客户抱怨时再去服务，这应该是营销中的黄金法则。如果我们在营销中能遵循这一法则，我们就能赢得客户。我们要很好地实现这一法则，前提是一定要弄清客户需要什么样的服务，要了解客户在购买和使用保险产品方面的困难，以及需要我们帮助解决或者我们有能力解决的困难。只要我们替客户考虑周全，尽量满足客户的需要，为客户提供周到的服务，客户就会对我们回报以信赖和支持。

如何细致地制定服务工作细节，我们可以采取服务流程图的方法。服务流程图是一个很有价值的工具，是描绘服务系统的"地图"或指南，它通过业务流程分析，形象地描绘出每个环节服务客户的内容，它有助于服务过程形象化，有利于我们全面了解业务流程各环节客户对服务的需要，从而设计出服务客户的过程和内容，用于指导我们的服务，也可以便于按服务流程图检查我们的服务做得如何，从而达到控制和改善服务质量的目的。我们在营销过程中，也可以通过服务流程图的介绍，让客户知道在购买和使用保险产品的过程中，我们能为他们提供哪些服务，这些服务对他们有什么好处，使他们对我们的服务有一个整体性的了解，从而提高客户购买保险的欲望。

保险产品的生产过程，通常称为业务过程，是向客户销售保险单、执行保险单的过程，本质上就是一个服务过程。具体地说，这个服务过程关系到从保险单签定之前的销售工作，到保险单的签定，接下来是保险单的处理（收保险费、给客户保险单等）、保险期内的保险单维护（批改、变更等）和理赔处理、保险单到期后的续保或结束处理。由此可见，保险服务是一项复杂的工作，统领保险公司与客户合作的全过程，任何一个环节上的小小失误都可能使公司和我们付出代价。

服务客户的过程就是我们思考服务流程图的途径。我们在销售前向客户宣传保险产品知识，看起来是在生产产品——保险单，但它又是一种服务，是一种咨询服务，向客户解释风险发生的可能，讲解保险产品，特别是讲解这些产品对客户解决风险发生后的经济损失的作用。我们对客户讲解得越清楚，服务的质量就越高。当客户有初步的购买保险的意向后，我们对客户的保险需求进行评估，告知其风险所在，为其设计保险保障方案，帮助完成购买保险的手续，这些过程体现的是服务。我们在每个细节上的服务越精细，销售保险产品的成功率也就越高。签发保险单，收取保险费，不是保险营销的结束和终端，而是新的服务的开始。我们在销售后，还有许多服务工作，其中主要有两项：一是为客户提供风险管理服务，帮助客户认识风险因素，提醒客户采取风险管理措施，减少风险事故损失；二是当客户发生保险事故时，我们及时、迅速、准确地为客户理赔。这些虽然是履行保险单所规定的义务，但它又是一个服务的过程，我们在这些过程中加入的服务行为越是符合客户的要求，其服务的效果就会越好。

我们可以做一个服务流程图分析，对客户得到保险服务的过程或环节进行描述，从而可以认识客户服务的接触点，从中找出客户在每个环节上对服务的基本需要或基本期望，以及我们容易发生失误的地方，以便我们有针对性地开展服务，让客户全面体验我们的服务。就是以客户需求为导向、全程无忧的"保姆式"服务，让客户感到我们不是一个营销人员，而是一个优秀的服务人员。从营销人员的角度，我们可以这样描述服务流程图和各环节的服务要点。

　　● 客户接到营销人员的拜访电话：我们应考虑客户听电话是否方便，特别是打手机，也许客户正在开会，可以事先发个短信询问一下是否可以通电话，客户一般不喜欢冒昧打来的电话；与客户通知时，要注重说话的语气，准确告知事项和回答客户的问题，不要过多地占用客户的时间。

　　● 客户受到营销人员的登门拜访：营销人员应遵守与客户约见的时间，不要打乱客户的正常工作，注意携带必要的宣传资料，也可以为客户带一点小礼品。

　　● 客户与营销人员交谈：谈话要让客户感到轻松和愉快，愿意倾听，听得明白。

　　● 客户接受营销人员的询问：不要让客户有被审问的感觉，而是要让客户有一种老师回答学生提问的荣耀。

　　● 客户参与保险保障的设计：站在客户的立场上周密考虑，符合客户的需求；充分调动客户参与的积极性，让客户有一种成就感；保险费的计算要让客户感到公平、合理、物有所值。

　　● 客户填写投保单：帮助客户填写投保单，填写内容要得到客户的同意，填写完后应交客户审查，由客户签字或盖章。

　　● 客户交保险费并获得保险单：上门收取保险费，将保险单送到客户手中，以免客户来回跑，但要履行交接签字手续。

　　● 客户需要变更保险单内容：在承保之后，要主动询问和观察客户的财产或风险变化情况，根据需要办理保险单变更或保险费增减手续，不断完善保险单。

　　● 客户出险后报案：我们应安慰客户，能到事故现场的，尽可能及时赶到现场，参与事故施救工作，或者与查勘定损人员联系，通报承保背景，便于查勘定损人员与客户沟通。

● 客户在确定损失的过程中：帮助定损人员做好与客户的沟通工作，如果定损有不合理成分，应单独与定损人员或保险公司有关部门沟通，化解矛盾。

● 客户收集索赔单证：从专业的角度，以"客户经理"的身份，告知并帮助客户收集保险索赔材料，尽量不让客户因此影响工作。

● 客户向保险公司递交索赔单证：尽可能帮助客户将索赔材料送给保险公司理赔部门，材料不合要求或欠缺，要及时与客户沟通，协助完善。

● 客户等待赔款通知：帮助客户询问理赔办理进展情况，当客户询问时，要提出合理解释。

● 客户办理领取赔款手续：掌握赔案办理进展情况，及时通知客户领取赔款，协助客户办理领取赔款的手续。

● 客户面对风险：为客户提供风险管理服务，对有的客户可不定期地进行风险巡察，提醒客户注意防范各种灾害，也可以通过手机短信、微信等方式提醒客户注意风险防范，如在暴雨来临之前通知客户预防水灾等。

● 客户在保险期间：尽可能抽时间去拜访客户，回答客户的询问，与客户建立牢固的友谊，满足客户对友情的需要。

● 客户保险期满：提前通知客户办理续保，让客户准备保险费，针对客户保险需求变化，完善保险保障设计。

以上只是一个概括性、普遍性的服务流程图分析，它包含17个服务环节，是我们思考服务的路径和着力点。营销人员可以经常阅读这个具有普遍性的服务流程图，熟悉服务的过程，在头脑中形成服务的框架系统，把服务看成是一个不可分割的整体，通过对照检索，发现服务的失误点或薄弱点，并予以改进。在针对某一个具体的客户服务规划上，我们可以根据流程图，看客户在这些服务环节上有什么服务需要，需要的程度如何，然后有针对性地描绘出我们在这个客户的服务流程图环节上所需要做的服务，这样使我们服务的针对性更强。当然，不是每个客户都弄一个个性化的流程图，那样会增加我们的工作量。我们在工作中，一般有一个约定俗成的服务流程图，成为我们牢记于心的服务套路，这个服务套路也反映了营销人员个人的服务水平。我们平时基本上都是按套路去做，只是在遇到客户有个性化需要时，我们会增加一些服务动作，这些动作又在不断地丰富我们的服务套路。只要我们不断创新、不断积累，我们的服务套路就会打得更精彩，会让客户更满意。

理赔服务

客户购买保险的目的，就是发生保险责任事故后，能够得到保险公司的经济赔偿，所以，理赔服务是我们服务的出发点和归宿点，是保险服务核心价值的充分体现，不单纯是我们履行赔偿义务，也是兑现我们营销承诺的机会，也是向客户证明保险保障质量，促进营销的重要手段。

从对客户的观察来看，他们对保险的其他环节的服务反映情绪一般，而对理赔服务，也就是在遇到保险事故后，他们会改变原来的情绪和思维方式，对理赔服务特别关注，强烈期望良好的服务，对每个细节要求很高，甚至苛刻到不理智的程度，希望保险公司的服务能达到自己期望的标准。从这一点可以看出，理赔服务是服务的重点，是容易引发客户与保险公司矛盾的焦点，也是体现我们良好服务的关键点。客户之所以选择我们的保险公司和保险产品，是因为我们营销时的劝说或承诺，如果客户对理赔服务不满意，认为上当受骗，他会把这种情绪发泄在我们或公司身上，甚至中断与我们的保险关系。要注意一点：客户对其他的服务不好还可以容忍的话，而对不好的理赔服务是难以容忍的。客户遭受风险损失后，本身心情就非常不好，我们的服务稍有差错，就会让客户的心情更糟，这好比是"雪上加霜"。客户流失到竞争对手那里，绝大多数是由于核心服务——理赔出现问题。所以，理赔服务的好坏直接影响现有客户的稳定，也影响公司形象和我们营销人员的信誉。

保险公司设立有专门的理赔服务机构，有的重大赔案是委托保险公估公司和其他外部服务机构或专业人员承担，这是专业化管理的需要。但是，在实际工作中，客户发生保险事故后，习惯上会首先通知劝说他购买保险的营销人员，以寻求帮助。可是，有的营销人员认为，理赔服务是理赔部门的事，我没有必要参与。这是典型的机械操作导向论，只强调按程序和规定操作，而不考虑客户真正需要什么服务。承保的客户发生灾害事故，这是客户的不幸和痛苦，我们应该去关心和帮助他们。且不说他是我们的客户，就是一个普通朋友发生灾难，我们也应尽到朋友的情义。作为一名营销人员，是我们将客户说服购买保险产品的，而客户发生事故，在最需要我们帮助的时候，我们却以不负责理赔为由而远离，这是不讲道义的表现。再说，营销人员实质上就是"客户经理"，"客户经理"不管客户保险索赔的事，那还算什么"客户经理"？这与职责不相符。不少理赔人员也有一种缺乏服务意识的思想：我只要按保险单进行理赔处理，按程序和技术规范办事就行。处理业务完全是机械性操作；服务态度冷漠，语言生硬，缺乏人情味的沟通；有的理赔人员认为营销人员参与理赔会干扰他们的工作，担心营销人员总是站在客户的立场说话。这些行为和观点都是错误的，它偏离了以客户为中心的服务理念。这样会给客户造成一种印象，那就是：保险公司的人，销售的时候像孙子，理赔的时候像大爷；营销时满面春风，理赔时冷若冰霜。两张面孔反差太大，使客户十分反感。

我们营销人员通过参与理赔服务，不但能让理赔人员了解当初签定保险单的意图或其他背景情况，也可以对我们为客户设计的保险保障进行检验，分析有没有因设计不完善而造成客户的损失得不到赔偿的情况，如果存在，在今后的服务过程中应采取措施纠正。这些措施包括：一是向客户推荐其他的损失控制方法；二是修改承保条件，如，扩大保险责任范围、增加除外或限制性批单，使保险保障更为完善；三是为续保或销售新的保险产品创造条件。

我们从事营销的人员，在理赔服务上，除借助公司的力量为客户提供服务外，应尽我们的所能为客户提供帮助，做好对客户的理赔服务。理赔服务是我们实施人性化营销和建立客户对我们的信赖的极好机会，是让客户认识保险的作用、认可我们工作价值的机会。通过理赔服务，向客户表现出我们善良的人性美，诠释保险解灾救难的作用，使客户更进一步强化对我们和对保险的好感。总之，营销人员在理赔服务中要担当好以下"五种角色"。

一、做客户遭受灾害事故后的"安慰使者"。作为一名营销人员，要有同情心，当客户发生灾害事故时，首先应安慰客户，帮助客户解脱灾害事故造成的心理上的痛苦；不要去指责客户没有做好安全管理工作，以免加重客户内疚和不安的情绪。我们应告诉受灾客户：您放心，我们公司会按保险合同为您妥善解决。同时，我们应该为受灾客户提供力所能及的帮助。如，客户发生车祸事故后，当其小孩无人照料时，有的营销人员帮助照料小孩，有的营销人员去医院陪护受伤的客户。另外，作为营销人员，不要盲目地去判定是否属于保险责任，这不是我们做营销的职责范围，即使是可以明确地确定不是保险责任，也最好不要由我们去对客户讲，这项工作由理赔部门的人员对客户讲要妥当一些。一是以免客户对我们产生反感情绪。客户会说，销售的时候你说这可以赔、那可以赔，一出事你就说不能赔。二是可以避免引起理赔矛盾。由理赔人员先说出不予赔付的理由之后，我们可以对客户做一些解释和说服工作，这样客户好接受一些。

二、做客户的"事故施救助手"。客户在发生事故时，往往显得茫然无措，我们要发挥经常与灾害事故打交道所积累的经验，为客户进行事故施救出主意、想办法，避免损失扩大，减少客户的损失。如，客户的汽车发生事故，当接到客户报案后，我们可以通知当地汽车修理厂或医院组织施救。财产发生盗窃损失，要告诉客户保护好现场，并立即通知公安部门。所以，我们在平时的工作中，要多学习灾害事故施救办法，记住火警、匪警、人员急救、交通事故等报警或求助电话，以及一些事故处理专家的电话，这样更有利于对客户的服务。

三、做客户的"保险索赔顾问"。在尊重保险单规定、尊重理赔部门工作的前提下，为客户指明保险索赔的路径和方法，告知保险索赔所需的资料和如何准备这些资料，索赔大约需要多长时间完成，遇到问题要如何处理。在客户需要时，我们应协助客户办理索赔手续。如，帮助客户向保险公司报案，填写出险通知书和办理一些索赔手续，向保险公司递送索赔材料。因为，客户一般没有保险索赔的经验，在我们看来很简单的程序客户却认为很复杂，再加上客户可能因工作等原因没有时间处理索赔。所以，我们应发挥熟悉公司理赔处理过程和要求的优势，帮助客户快速处理保险索赔，让客户感到索赔的轻松和简单。但是要注意，我们要正确引导客户，不能为了稳定自己的客户资源，帮助客户去获得不应得到的赔款，或者要求理赔人员赔付不应赔付的损失，那样只会助长客户的不良意识和习惯，给公司利益造成损失。如果公司拒绝客户的要求，就会使客户与我们产生矛盾，最终是影响我们与客户的稳定关系。

四、做客户的"灾后重建的向导"。这是一种积极的服务方式。我们知道，保险公司只承担货币形式的赔偿，而对损失财产的恢复不承担义务。但是，有的客户却不知道找谁来修理或重置损失财产，我们可以发挥我们的人际关系或客户网络优势，发挥与公司合作的单位或专家的优势，介绍或推荐一些能帮助客户恢复财产的公司或个人供客户选择，或者通过互联网等渠道收集一些可供客户参考的资料，但要尊重客户的选择，不要从中谋取个人利益，否则会失信于客户。

五、做公司的"理赔矛盾协调员"。客户对理赔服务的不满，一般只对我们营销人员发泄或倾诉，当客户对理赔服务存在误解或错误认识时，我们要耐心解释，做好正确的疏导工作，消除客户的抱怨，不能认为这是理赔部门引起的事而不管，或者与客户一道抱怨，甚至鼓动客户闹矛盾，其结果是影响客户对保险公司产生不好的看法，最终导致客户流失，损害的还是我们自身的利益。对客户反映的合理意见，我们应及时反馈给保险理赔部门，使他们能解决问题或改进服务。

风险管理

客户购买保险，不仅是为了事故后的经济补偿，而是采取的一项风险管理措施，其目的是为减少风险事故带来的经济损失，因此，为客户提供风险管理服务是我们一项重要的专业性很强的附加服务，它不仅能满足客户减少风险损失的需要，提高我们营销成果的盈利水平，还能充分表现我们对客户的良好服务，从而赢得客户对我们专业的认可，促进客户关系的稳定。我们应发挥长期与风险打交道所学习和积累的风险管理知识，帮助客户认识风险，提醒客户对风险采取有效的管理措施。尽管我们不能在经济上为客户的风险管理去投入，但我们应在风险管理的技术上多投入我们的智慧，对客户的安危多投入我们的关心，成为客户名符其实的"风险管理顾问"。要做到这一点，首先应具备风险管理知识。我们平时都在与风险打交道，只要用心学习，多积累经验，做一个风险管理专家并不难。其次，我们应高度重视客户的安全，把对客户的风险管理作为我们日常的一项重要服务工作，这是我们的责任。

风险管理服务表现在营销时、保险期内和保险事故处理时，具体方法如下。

一、营销时的风险管理。重点是提高客户的风险管理意识，使客户认识风险和如何使用保险手段管理风险。第一，为客户提供风险管理咨询，通过风险评估，帮助客户认识自己所存在的风险，使客户能警觉起来，并采取防范措施。第二，指出客户风险的重点所在，强调保险在风险管理中的地位和作用，利用保险产品的保障作用，把客户的风险纳入保险保障范围，同时要提醒客户，哪些风险损失不在保险保障范围之内，对这些风险应采取有效的管理措施，使客户不能因为保险而放弃或减弱风险防范。

二、保险期内的风险管理。第一，监督客户对我们承保时所提出的风险管理建议进行落实。我们在承保时提出的建议并不是说说而已，要保证落实，就必须做好对客户的监督工作。有的人可以认为这样会影响与客户的关系，其实不会，我们对客户的关心只会使他感动，他从内心会感激我们负责的精神。第二，为客户提供风险管理信息。如，当得知明天可能有暴雨，我们应迅速通知客户做好防范准备；当从电视、报纸等媒体上看到某地发生火灾，我们应告诉客户注意火灾。第三，进行实地风险检验。对客户的风险状况进行实地观察，针对发现的风险隐患，以风险管理建议书或风险检验报告的书面形式向客户提出风险管理建议，这种文本具有法律文书性质，如果客户不按要求进行风险防范，将会影响发生损失后的保险索赔效果。所以，风险管理建议书或风险检验报告的写作很重要。我见过一些国内、国外的风险检验报告，在写作上存在一些问题，主要是写得太长、废话太多。其主要原因是这些报告的提供者是专业机构或专家，怕写少了就显得水平低，不值钱。如，为一个企业起草的风险检验报告中，有大量的篇幅在描述这个企业的财产结构等情况，其实这不用描述，客户自己更清楚。客户根本不看这些内容，写得不好还弄巧成拙。风险检验报告只需回答以下问题：风险存在的部位？存在什么风险？采取什么方法防范？必要时可配照片说明。我在金沙江溪洛渡和向家坝水电站工程保险的风险管理服务中采用此法，一份风险检验报告就一两张纸，提高了工作效率，节省了客户的阅读时间。第四，通过保险单调控客户风险。观察风险因素的变动情况，除向客户提出风险管理建议外，还可以通过变更保险单内容，通过扩大保险保障让风险管理做得好的客户享受到加强风险管理的好处；也可以降低保障程度，让风险管理弱的客户更谨慎，从而加强风险管理。

案 例

　　为了让读者了解如何撰写风险检验报告，我将起草的金沙江《溪洛渡工程风险检验报告》收录如下。

溪洛渡工程风险检验报告

报告提出：中国人民财产保险股份有限公司　　　　　　　　2005.5.10

中国三峡总公司：

　　根据贵公司与我公司签订的《溪洛渡水电站前期准备工程保险协议》及我公司2005年度服务计划，2005年4月24—25日，我们中国人民财产保险股份有限公司组织人员对溪洛渡工程进行风险检验。

　　与2004年5月风险检验时的情况相比，溪洛渡工程进度取得了进展神速的成绩，现场风险管理状况大有好转，这与业主及参建单位的共同努力是分不开的，我们检验小组成员对此深表敬意。

　　此次风险检验得到中国三峡总公司溪洛渡工程建设部的支持，中国三峡总公司资产财产部副主任龚德宏提出了具体要求，在此特表谢意。

　　此次检验重点是针对汛期易发风险。下面就风险检验所发现的问题及管理建议呈述如下。

一、对外交通C标段

　　地点在永善县水泥厂对面，边坡高、陡，地质为堆积的松散碎石沙泥土。如果发生暴雨，山顶雨水汇集而下，边坡会造成滑坍。

建议：加快施工进度，迅速地完成边坡支护措施，完善边坡顶部截排水沟。

二、责任风险

四川省雷波县渡口乡政府处，是一个小镇。小镇后上方是对外交通线路，坚硬的岩石需爆破作业。操作稍有失误，将会造成房屋建筑被飞石损坏，或房屋产生裂缝，造成责任赔偿损失。

建议：一是严格按规范要求进行爆破作业，并根据现场情况，不断完善作业方式。二是在当地政府及有关部门的配合下，对房屋建筑风险状况进行普查，对原已裂缝或存在危险的房屋进行拍照，或布置监测标记，避免纠缠不清的矛盾发生。

三、上何家湾对外交通

上何家湾一带有一段较长的对外交通公路，主要是边坡高、陡，土质松散，在雨水作用下极易滑坍。

建议：完善边坡上方截排水沟，保证上方来水的排除。同时，加快边坡挡墙施工。

四、坝肩开挖工程

主要风险是坝肩边坡开挖，大量开挖的土石往下方倾泻，如果在暴雨的冲刷下，松散土石的流泻将给下方工程及财产造成损失。

建议：在下方布置警示标志，特别是施工设备和人员不要在下方停留，以免造成损害。

五、永久桥附近右岸公路边坡

边坡较高，并且是堆积的浮土层。如果暴雨形成山涧洪水下泄，极易导致滑坡，导致公路中断，还可能危及江边临时工棚。

建议：完善截排水沟，对边坡面进行支护处理，防止冲刷。

　　三、保险事故处理后的风险管理。理赔处理完后，我们应针对事故发生的原因，向客户提出风险管理建议，避免类似事故再次发生。个人型客户，可以当面告知，或者通过电话、手机短信方式告知。对于团体型客户，最好是书面形式告知，并保留一份存档，便于今后核查客户风险管理执行情况，促使客户加强风险管理。这样就能体现出我们服务的水平和诚意，从而促进了客户关系的稳定。

保险单的维护

　　保险单的维护，它是根据保险公司和客户的需要和意愿，以及保险单上各种因素的变化，按照保险条款规定，而对保险单中的有关事项进行调整或修改的行为，通过对保险单的维护，扩大、巩固、完善营销成果，使之更完善或更符合客户的需要。

　　保险单签发后，并不意味着不会发生变化，我们要不断监测客户的风险、财产以及其他状况是否有变化，然后对保险单进行变更和对服务进行改进，使客户的保险保障更加完善。保险单的维护过程就是服务的过程，它主要包括以下工作。

　　一、被保险人发生变更。由于财产所有权关系的变化，保险单上被保险人也应更改或解除保险单。

　　二、保险财产地址变化。在保险单中，我们对保险财产的地址是有约定的，财产地址对风险程度有一定影响，一旦发生变化，可能会造成风险的增加，需要在保险单上重新约定，有时还要加收保险费。

三、增加或减少保险金额。有的客户在保险时，可能只保了财产价值的一部分，也可能没有按重置价值投保，由于财产价值投保程度低，将导致理赔时的比例赔付，会削弱客户的保险保障程度。在保险期间，我们可以通过不断地沟通，说服客户增加保险金额，同时增收保险费。有时客户的财产价值减少，所以也应减少保险金额，并减少保险费。

四、维持保险金额的充足。客户的保险财产发生损失得到保险公司赔偿后，保险金额要作相应的扣减，这样会使客户在恢复财产损失后的保险保障受到影响，为了使客户继续得到充足的保障，我们应说服客户恢复减少的保险金额，并对增加部分计收保险费。

五、增加附加保险产品。财产保险由基本保险产品和附加保险产品组成。有的客户可能只购买了基本保险产品，或在基本保险产品的基础上附加了少量的附加保险产品，不能完全满足保险保障的需要，这样会导致客户的有些损失得不到保险赔偿，如果增加附加保险产品，不仅能扩大客户保险保障范围，还能增加我们的保险费收入。我们可以在保险期间内针对客户需要，适时地推出附加保险产品。如，在财产一切险的基础上，附加机器设备损坏保险。

六、增加财产项目。客户可能只选择性地购买部分财产的保险，如，有的只保了机器设备，没有保房屋建筑，这为我们进一步增加保险财产项目提供了空间，也为我们进一步完善客户保险保障创造了机会。在保险期内，随着与客户关系的进一步密切和客户对保险认识的进一步加深，可以要求客户将未保的财产或项目纳入保险范围。

七、保险咨询服务。要随时随地回答客户有关保险问题的询问，解决客户的问题，同时要经常询问客户有关保险单中事项的变化，提醒客户注意有关事项，使保险单始终处于有效和完善之中。

八、采取限制性措施。如，有的客户将财产堆放在江河边的洪水水位线以下，如果处于汛期，其损失发生成为必然，我们可以通过批单的形式告知客户：水位线以下发生的损失保险公司不负赔偿责任，使客户注重风险管理。

九、保险费结算。如，有的保险费是分期交付的，我们要提前提醒客户进行结算，以便客户安排资金；有的保险单约定，保险期满后，根据保险金额的多少结算保险费，多退少补。最好是向客户提供一份书面保险费结算单，写明结算的依据、计算方法，以及收取或退回的保险费金额。

十、服务补救。在我们的服务工作中，难免出现差错，服务补救，就是针对服务失误采取的行动。在服务中，我们要尽可能地去减少失误，因为失误之后再补救，会付出比正确服务更多的时间、精力、费用、人力等成本，有的失误不是客户退保和客户流失的问题，可能会给公司带来法律上的纠纷。所以，我们在工作中尽量"一次做对"，这样可以降低失误成本，并且能提高客户的初始满意度。如何对服务进行补救？首先要弄清原因，以便有针对性地采取行动；其次是方法要得当、有效，否则是劳民伤财，反而产生副作用；再次，从补救中吸取教训，不断提高服务能力。

以上是围绕保险单的使用或维护所开展的一系列服务工作，技术含量高，手续比较复杂，需要我们不断提高专业技能和精细化工作水平，才能很好地去完成营销成果——保险单的维护工作。

续保服务

续保是维持与客户保险关系的重要环节，在市场竞争激烈的环境下，如果客户关系管理不够好，重者导致客户流失，轻者导致保险费减少。由于受竞争因素的影响，加上客户对保险已有了一定的亲身体检，有的客户续保将比拓展新增客户难度要更大一些。如，竞争者在我们为客户已签发的保险单的基础之上把保险费下降一点，就可能对客户产生吸引力，导致客户流失，即使是客户在我们公司续保，也可能会造成保险费收入的降低。所以我们不能忽视续保工作，在目前市场竞争激烈的情况下，我们应把每一次续保都当作一个新的营销来做，对老客户像对待新客户一样充满激情。我们如果不这样做，竞争对手可能会这样做，最终使客户离我们而去。做好续保服务，就是保护自己的客户资产。简单地讲，续保服务要做好以下工作。

一、做好平时的跟踪服务。客户购买保险之后，我们应做好保险期内的各项服务，在平时的服务和拜访中，不断向客户传播保险知识，强化客户的保险意识；不断去发现和认识客户的保险需求，通过保险期内与客户的交往，我们对客户有了更多的了解，特别是客户保险理赔的信息，丰富了我们对客户风险的认识；根据客户新的风险因素和需求，以及我们公司产品和保险费率的变化，检查我们原来提供给客户的保险保障是否能合理地满足客户的需求，然后对客户的保险保障进行修善或改进。

二、提前通知客户做好续保准备。对团体大客户，最好提前三个月告知保险单到期时间，以便客户做好续保计划，如清理保险财产、准备保险费等。有的营销人员在保险单快到期时才去找客户，使客户在保险费上未作安排，打乱了客户的资金计划，影响续保效果，客户可能以资金困难为由予以拒绝。有的忘了提前做续保工作，让竞争对手抢了先，等到期了再去，客户已在其他公司购买了保险。有的营销人员甚至忘记通知客户续保，造成客户保险单过期，发生的灾害事故造成损失得不到保险赔偿，有时还会因此发生情感上的破裂或经济上的纠纷，导致客户的流失。

三、不断与客户保持沟通。续保的过程，不仅是保险关系的维持问题，也是进一步提高客户保险意识的过程，也是我们不断认识客户的过程，更是密切与客户关系的过程。通过每次续保时不断沟通，使客户的保险意识进一步提高，使客户的保险保障更为优良。有的客户因赔付额过高，需要调增保险费，这是最为棘手的问题，一定要耐心地说服客户，否则，保险费没有调增，却造成客户流失。有的客户因未发生保险索赔，可能会要求我们减少保险费，一般不要轻易下降。实践证明，保险费是下降容易，上升难。万一客户要降保险费，我们可以与客户协商，在增加财产项目或增加附加保险产品的前提下，稳住保险费水平。

客户关系管理

　　保险营销着重于保险双方生意的长期稳定与扩展，而不是短暂的营销过程，因为保险保障对任何一个客户来讲，可能都是长期的需要。在过去的营销中，我们的主要任务是把保险单卖给客户。现在，随着市场竞争的加剧，竞争者之间产品、价格、服务的趋同，我们的主要任务将转向客户关系管理。德国著名保险管理专家法尼在他所著的《保险企业管理学》中说："保险人和投保人之间存在复杂的长期关系，这个关系通过销售建立起来，并在此后通过产品和信息的不断交换得以维持和维护。也可以反过来说：保险人和投保人之间的长期关系本质上是销售管理的问题。维护这种关系也称为顾客关系管理或顾客关系营销，在实践中，也常称为关系维护。"由此可见，客户关系管理就是关系营销，它不同于交易营销。交易营销专注一次销售，也就是我们常说的"一锤子买卖"，这种行为不重视客户服务，与客户是短期的关系，不注重与客户保持长期的关系。而关系营销不同，它注重客户的长期保留，注重与客户的长期关系的建立，强调客户服务，深度、频繁地接触客户并与客户保持有效的沟通，强化服务质量，追求的是双赢与互利，这种营销方式越来越重要。但是，有一些营销人员在客户关系管理上也有一些片面的或不正确的做法，认为与客户建立长远关系就是请客户吃几顿饭、时不时打一两次电话，客户理赔时帮助客户如何去多索取赔款。其实，客户关系管理并不是这么简单的事。有的营销人员因为是老客户、老朋友，就忽略了对老客户的尊重或善待，忽略了客户关系管理。这些都是不对的。

　　我们应该清醒地看到：市场竞争越来越激烈，我们的客户时刻在遭受竞争对手的抢挖，客户随时随地都有离开我们的可能。在这种背景下，加强客户关系管理是多么的重要。

客户关系管理的作用

客户关系管理的目标是追求更多的客户资产。什么是客户资产？客户资产是我们所有客户的数量和它们终身所支付保险费的总额。

客户关系管理需要花费一定的成本，这个成本包括经济成本和人力成本。我们有的营销人员认为客户关系管理是务虚，是劳民伤财，有的为了节省费用，连客户拜访也不做了。其实，客户关系管理成本和收益是相辅相成的，其投入与收益是成正比的。总的来讲，客户关系管理能为公司和我们个人创造良好的收益。而对客户来讲，由于长期在一家保险公司购买保险，可以获得价格的优惠、老朋友式的良好服务，也可以掌握熟悉的保险运行程序和环节，拥有保险索赔时的沟通便利和条件。所以，客户关系管理做好了，无论是对保险公司和营销人员，还是对客户，都是有利的，是"三赢"的好事。客户关系管理对保险公司和营销人员的作用主要表现在以下方面。

一、积累客户资产。客户关系管理追求的实质结果是客户的留存，形成保险单的保留或积累，这也就是我们所说的"不掉保"。客户"不掉保"，我们就有稳定的保险费基础，并且逐步增加积累，我们个人的收益也会逐步提高。所以，我们要想尽一切办法保留客户，这是公司和我们不断壮大业务规模的基础。保留客户对于营销人员来讲，就是保留我们的稳定报酬。

二、降低拓展成本。与争取新客户的竞争难度和投入的成本相比，只要客户关系保持良好，维持已有客户的成本要低得多，不但可以节省销售费用成本，而且还可以节省时间成本。据美国管理学会估计，开发一个新客户的费用是保住现有客户的6倍。因为，维持客户关系比建立关系更容易，发展新客户拜访次数多，沟通费精力，投入费用成本也大，相对于老客户来讲，这些都会节省许多。

三、分摊营销成本。因为客户长期续保，第一次开拓新客户的营销成本不是摊销在一个保险期内，而是摊销在今后无数个保险期内，从而减少了每笔保险单的营销成本，续保的年期越长，分摊的量越小。

四、减少服务成本。老客户的服务成本要低一些，客户已熟悉了我们公司的运行流程和环节，自己处理的能力提高了，客户已成为熟练运用保险的能手，不需要我们去过多地提供咨询、处理矛盾、帮助办一些保险事宜，我们也就省事了。

五、扩大销售影响。满意的老客户会成为我们的好朋友，会为我们介绍或推荐新的客户，他们会用自身深切的感受向邻居、朋友、熟人、亲戚宣传保险的好处，宣传我们的公司和营销人员，他们的宣传效果更具有可信度，效果也好，能使我们拥有更多的客户。

六、增加销售效益。通过客户关系的管理，赢得客户的满意，满意的客户会愿意支付较高的保险费，因为对我们的信任，因为我们的长期良好的服务，客户会认为这个钱花得值得。向老客户销售新的保险产品也很省事，往往在不经意当中就做成了一笔生意。

七、减少竞争威胁。与客户保持长期的良好关系，可以使竞争对手无机可乘，即使是与客户产生矛盾，但由于与客户有着良好的关系，知道客户的性格特点，沟通起来也就顺畅，矛盾也容易化解，从而减少客户流失和竞争成本的投入。

客户关系管理的基本法则

在保险营销中，由于市场保险产品、价格、服务逐步趋同，使得无形的情感价值正在逐步取代其他因素，从而成为影响保险公司和我们营销人员在客户心中的根本因素。客户关系做好了，能使保险产品产生良好的附加价值，使客户感到所付出的保险费换来的服务是超值的。这样，客户就会被感动，对我们的友情充满感激，会积极主动地支持我们的工作，会把我们的成功看作是他的成功，就能培养出"忠实型"客户。我们在进行客户关系管理时，一般应遵循以下法则。

一、保持与客户的密切接触。由于客户直接参与保险产品的生产过程，良好的客户关系是产生完美的保险保障设计和实现长期营销的基础。

保险营销是一个需要与客户保持长期的高度接触的职业。美国营销学者法兰克·桑尼伯格在他的《行销赢家》一书中说："一些和客户有良好关系的人，通常在客户身上花很多时间，好像是客户的24小时雇佣者。"在保险单签定之后，我们的角色不仅是营销人员，更是联系每一位客户的客户关系管理者，工作重点应放在开展和增进客户关系上，让客户感到此次购买保险是值得的，认为不但获得了良好的保险保障和服务，而且还拥有了一位好朋友的友情。这样不仅能保留客户，还能为销售新的保险产品打下基础。保险期内的客户拜访是客户关系管理的最廉价方式，是对客户进行深度了解的需要，也是争取客户支持的过程，也是续保或营销新保险产品的最佳方式。即使是再亲的亲戚，长时间不走动也就不亲了，客户关系更是如此。事实上，经过长期接触，使双方建立一种亲密无间的友好关系，那些经常保持联系的客户确实能带来更多的保险费。由于经常与客户接触，与客户交流，听取客户的意见，更能准确把握客户的需求、心理、喜好等因素，掌握客户的风险变化情况，了解他们是否有新的保险需求，以及竞争者在客户那里有什么活动。我们可以根据需要和关系状况调整保险单的内容，调整我们的服务方式，使营销更具有针对性，成功率更高。这样不仅使客户关系管理成为我们信息反馈的手段，而且会使我们与客户的关系越来越密切，保险关系会越来越坚固。除经常拜访之外，还要找到与客户相同的爱好，为经常接触创造条件。如，打羽毛球、打牌、钓鱼、郊游等。可是，我们还有不少营销人员还在采用交易营销的方法，很少在客户关系管理上下功夫，只专注于吸引新客户，认为现存客户已是铁板定钉，是老朋友，无所谓，存在"只保不管"的现象。如，我们有的营销人员营销产品时，天天缠住客户像热恋一样，一旦客户购买了保险，就再也不与客户联系，连个电话也不打，而续保到期前，或有新产品要营销时，又重复上演第一次的行为，满脸堆笑地去找客户。这种做法，使客户认为我们只认钱，不认人，有一种被他人"召之即来，挥之即去"的感觉。有的营销人员平时不与客户联系，只有当在客户服务上出现了问题，客户准备退保、到期不续保或要到竞争者那里去时，这些营销人员才感到客户关系的重要，此时的补救，不是没有成效，就是要付出更大的成本。这些都是单纯的交易行为和短期行为造成的现象。

二、视客户为终身财富。客户关系管理的目标是争取高度的客户导向，高度的客户满意度和信任感，培养客户的忠诚，以及合理地处理客户投诉，最终与客户建立长期和稳定的关系。美国有的企业要求员工必须树立"老客户是你最好的客户"的观念，必须遵守"使第一次购买你产品的人能成为你终身的客户"的准则。视客户为长期资产，我们的服务态度和方式就会发生大的转变。当我们接触某个客户时，我们就会想长期与他保持良好的伙伴关系，就会有一种视客户为亲人的感觉，这种长期合作的理念将对营销产生良好的积累作用。我们试想一下，一个客户每年在我们公司交5000元保险费，我们感觉并不多，但是他交10年呢？就是5万元，假如有200个这样的长久的固定客户，10年不就是1000万元吗？按10%的佣金计算，个人收入就是100万元。如果我们失去50%的客户，就会失去了500万元的保险费，也就失去了50万元的个人收入。我们要想抒写辉煌的保险营销人生，使自己有较高的稳定收入，就必须从维护终身财富的角度维持与老客户的关系。有的客户关系真是令人感动，那就是这些客户将陪伴为他服务的营销人员走完漫长的保险营销之路。有的父亲在这个营销人员这里购买保险，儿子也在他这里购买保险，这种长久的保险关系成为一代一代的传承关系，使这个营销人员和他所在的保险公司长久受益。遗憾的是，不少营销人员没有想与客户保持长久的合作关系，喜欢"一锤子买卖"，其结果是客户继保率极低。由此可见，客户关系管理对我们来说是多么的重要。与发展新客户相比，客户关系管理更有意义，尤其是在新客户数量增加较少和市场竞争十分激烈的情况下更是意义重大。我们心里要永远绷紧一根弦，那就是竞争对手时刻在入侵我们的客户。如果我们不对客户进行保险期内的拜访，在激烈的竞争条件下，竞争对手的营销人员不断拜访，这就会使客户认为竞争对手的营销人员比我们热情，从而转向竞争对手。所以，为维持我们与客户的现有产品交易关系并销售新的保险产品，我们应加强客户关系管理，与老客户保持长期的联系和交流，培养客户的忠诚度，使签定的保险单到期能续保，减少客户流失的风险，防止客户转向竞争者，并能销售新的保险单，使客户获得多种多样的保险保障。事实证明，向老客户销售新的保险产品比向新客户销售保险产品要容易，并且能减少人力成本和费用成本，这是关系营销的价值所在。

三、真诚地培育与客户的情感关系。我们与客户之间的关系不单纯是一种保险契约关系，还有相互促进的关系，更要培育与客户之间健康的人情契约关系，通过我们与客户的情感关系来增强和巩固与客户建立起来的保险关系，使我们与客户之间从购买保险时的单纯契约关系向充满友情的人际关系发展，从公司良好的客户关系向亲密的私人关系发展。一般情况下，人们都喜欢与朋友做生意，我们与客户在利益关系上再加上信任和情感关系，可以使关系更为牢固，再强劲的竞争对手也难以将你的客户拉走，即使是在服务中有差错，客户也会谅解。客户在选择向我们购买保险时，不仅是在选择某一保险产品或某一保险公司，他同时在选择我们这个人，通过保险关系与我们结成朋友关系，享受友情，希望我们像朋友一样去与他保持联系，发展持续的私人友谊，希望得到保险公司和营销人员最真诚的关爱，以满足友爱需要。许多客户希望成为我们和保险公司的"关系客户"，这样他会为作为一个受尊重的客户而自豪。可是，我们有的营销人员在签发保险单后，往往轻视契约关系的维护，忽视朋友关系的建立，这是错误的做法。所以，在对客户的服务中，我们不能忽视客户关系中的友情成分，除了提供优质服务之外，还要付出我们的情感，加大客户关系中友情成分的投入，用友情去温暖客户。它包括对客户的友好、礼遇、体贴等，即使是自己因其他的事使内心充满痛苦，也要压抑自己痛苦的情感，按照职业的要求愉快地与客户交往，向客户展现美好的精神风貌和美好的情感。美国斯坦德曼·格拉汉姆在他的《建立自己的生活品牌》一书中写道："爱是一种强大的力量，但爱不是在真空中存在和发展的。为保持爱的鲜活，你必须以提供丰富的关心、忠诚、信任、敏感、思想、合作、妥协、忍耐和责任供给来滋养它。"要做到这一点，我们必须要始终树立与客户长期合作的理念，以人性为出发点，尊重客户，关心客户，信任客户，善待客户，指导客户，并努力满足客户的各种合理需求，与客户建立密切的联系，把友情融汇到客户的服务之中，努力使客户在与我们的交往中充分感受到快乐和满意。这样，我们就能实现由交易营销向关系营销的转变，实现由契约关系向人情关系的转变。客户拜访是联络情感的基本活动，但我们不可能对所有客户去毫无目的、不分差异地去拜访，如果一个营销人员拥有上千个客户，就是365天不休息，也难以达到遍访的要求，更谈不上拜访新客户了。但是，当客户遇到以下情况时，我们一定要拜访和联络：客户及其家属生日、重大节日、客户家有喜事和丧事、生病住院、发生保险事故、办理保险索赔、对保险单发生疑问、客户发出拜访请求，我们有重要事情需当面与客户沟通，等等。拜访可以登门，也可以借助电话或互联网对客户进行访问，表达我们没有忘记他们，时刻在关心他们。

四、培植优质的客户。与客户搞好关系是我们工作的总体要求，培育优质的客户是我们营销的重要目标。有的营销人员认为，按我们规定的保险条款和保险费率承保的客户就是优质的客户，这是片面的认识。有的客户是按规范的保险产品和合理的保险费购买保险，但不见得是优质的客户。他在保险索赔时，不按保险单规定索赔，提出不当的赔偿要求，甚至采取欺诈行为，如不答应就采取诉讼方式索赔，或者终止保险关系，要求退回保险费。有的客户购买保险后，不重视风险管理，保险事故经常发生，长期算账，根本没有给保险公司带来利润。有的还侮辱、谩骂保险服务人员，不遵守法律或规则，这样的客户是算不上优质客户的。对于"问题客户"，我们一方面是冷静对待，通过沟通，使他们成为我们所期待的客户；对确实沟通不好而又难以合作，只会给公司带来利益损失和负面影响的客户，我们要终止与他们的保险关系。如果不终止，只会耗费我们服务的经济成本、时间成本和精神成本，还可能给我们和公司带来很大的麻烦。既然视客户为终身财富，我们就要不断提高客户资源质量。这需要从三个方面去做，一是选择风险程度较低、风险管理较好、道德素养较高的企业、单位或个人作为客户，这是培植优质客户的基础。有的恨不得所有的人都是他的客户，并且保持长久合作关系，这是不现实的。这就如同开餐馆，难到全世界的人都到这个餐馆吃饭，这家餐馆才算成功吗？肯定不是。所以，选择性地进行客户关系建立和维系，培植与优质客户的长期关系，是对公司、对营销人员都有好处的一项策略。二是要不断培植客户的保险意识和保险知识。在现实中，尽管我们有的营销人员在承保之后也经常与客户接触，但存在重人情交流，而轻视保险知识交流的现象，如在一起吃饭、喝茶等，聊天聊地，就是不谈保险。其实，我们可以把以上活动当媒介，与客户进行更深层次的交流，主动向客户介绍保险方面的知识，询问客户对保险方面的看法，有针对性地与客户交谈。深层次的交流，使客户的保险意识更强、保险知识更丰富，使我们与客户的感情更深，双方的合作关系更牢固。三是对"问题客户"进行改造。研究"问题客户"，重点要研究怎样识别问题客户、问题客户产生的原因、怎样应对问题客户等内容，最终拿出改造"问题客户"的措施，使"问题客户"转变成为"优质客户"。

案 例

　　我们在三峡工程保险营销中，树立长期与客户合作的理念，解决合作中的矛盾，与客户建立起牢固的合作关系，对销售产生了积极的影响。

三峡工程保险营销模式——关系营销

　　关系营销，就是吸引、维护和增进与客户的关系，以期达到取得或巩固保险营销成果的目的。保险合同是一种射幸性合同，因为承保的是不可知的预期，客户最关注的是我们营销人员的诚信。客户关系的培植就是信赖的培植。客户一旦与我们有了可靠的信赖关系，营销就有了成功的希望。所以我们常常说，做保险就是做的关系。关系营销的目标是争取高度的客户导向、高度的客户满意度，与客户建立长期和稳固的关系，妥善处理客户投诉，促进与客户的合作，减少营销成本，避免客户流失，争取最佳业绩。

1. 树立长期合作的理念

　　我们工作中常有这种倾向，向客户销售保险时，天天缠住客户，一旦成交，就放弃不管，续保的时候，又重复上演第一次的行为。客户对此十分反感。这是单纯的交易，是短期行为。从心理上分析，客户在选择与保险公司建立保险关系时，也是在选择与他人建立友情关系，以满足友爱需要。所以，我们不能忽视客户关系。我们在服务三峡工程的过程中，始终树立长期合作的理念，视客户为长期资产，善待客户，指导客户，关心客户，与客户建立密切的联系，强调对客户的服务，实现了由交易营销向关系营销的转变，实现了由契约关系向合作关系的转变。

三峡工程项目一个一个地进行，我们今天的关系维护正是为了明天新项目的投保。维护客户关系是长期营销的过程，这个过程是通过具体行为来体现的。前面介绍过我们的一些工作，可以说都是建立在长期合作理念之上的。从大一点的方面来讲，《三峡工程保险风险管理与保险》报成为我们经常与客户交流的桥梁。没有长期服务的理念是不会办这张报纸的，也是难以坚持下去的。从小的事情来讲，我们三峡坝区公司每年春节，全体员工在新春贺卡上签名，然后寄给客户与保险有关的人员，表示我们良好的祝愿。虽然是一个细微的小事，但它表现了我们对客户关系的重视。我们还把经常性地拜访客户作一项重要工作，听取客户的意见，与客户保持良好的交流与沟通。这些都是长期合作理念的具体表现。

关系营销产生了良好的效果。三峡工程的客户采用市场机制选择保险公司以来，二期工程土建工程、二期工程机电设备安装工程、三期工程等大项目都是以人保财险为首席承保人，且份额在50%以上。2003年，客户在金沙江开发溪洛渡水电工程，静态投资445亿元，是世界第二大水电站。这个项目由我们人保财险公司独家承保前期准备工程。2004年10月14日，我们又成功承保了客户在金沙江流域开发的向家坝水电工程的核心项目。成功的承保，由三峡跟踪服务到金沙江，除我们工作因素外，更主要的是：从1992年开始，我们与客户在三峡工程保险上进行了卓有成效的合作，十多年艰难探索，使我们保险双方在大型水电工程的保险上，已形成了丰富的运作经验、成熟的保险技术、完善的保险服务、良好的合作机制、深厚的合作友谊、优秀的保险人才。这种关系营销所产生的魅力，是我们在三峡工程保险市场始终占据主承保商地位和成功承保溪洛渡与向家坝水电工程的核心因素之一。当然，关系营销要评估客户关系的价值，应把过去、现在和未来统一起来评价，有针对性地进行客户关系维持的投入。

2. 不断地和及时地解决与客户的矛盾

保险公司与客户之间的合作关系是需要不断维护或修正的，因为，再好的合作关系，有时难免产生矛盾。有时是我们的工作出现差错，有时是客户对保险的理解出现偏差，有时是客户产生了新的需要。这些是我们在保险服务期间必须面对的事情。对于营销来讲，矛盾不解决好，将导致新业务销售困难或保险关系中断。所以，我们在三峡工程保险中，关注客户的抱怨或与客户的矛盾，了解客户不满意的原因，然后去寻求解决的方法。我们认为，不能惧怕与客户的矛盾。这些矛盾往往成为我们提高素质、强化服务的动力，成为我们营销与服务创新的源泉。

三峡工程保险的客户对保险知识的需要十分迫切，聘请国外保险顾问公司为其服务。有一次，我参加这个顾问公司给客户的高层领导举办的保险讲座。在结束时，客户的一位高层领导对我说，你们是中国最大的财产保险公司，也应加强对工程保险的研究。我深感我们研究不够。客户中几位与保险有关的领导曾多次对我提出，你们怎么不给我们弄点工程保险的资料呢？当时保险界还没有工程保险专著。后来，我撰写出版了18万字的《工程保险》和13万字的《三峡工程保险实践》。没有客户的不满意，也就不会有《工程保险》这本书。针对与客户之间产生的矛盾，我们采取三种方式予以解决：一是个别沟通，有针对性地解决；二是小型座谈会，这是解决矛盾的最佳平台；三是书面说明，可以避免面对面的争执，达到透彻交流的效果。如，在溪洛渡工程保险服务中，客户受到保险经纪公司不正确意见的导向，要求我们支付防灾费用。保险公司的赔偿是以灾害事故造成损失为前提，对防灾费是不承担支付义务的。我在座谈会上说明我们的观点，但客户却坚持他们的要求。为了不发生争执，我答应研究后再答复。回到公司后，我起草了答被保险人问的文章，回答了以下问题：保险公司为什么要对承保的财产进行风险管理？保险公司对被保险人的保险财产进行风险管理的法律依据？保险公司对承保财产进行风险管理的具体方法是哪些？保险公司参与风险管理对被保险人有什么好处？被保险人预防事故发生所产生的费用保险公司为什么不予承担？我将这些问答发表在我们办的《三峡工程风险管理与保险》报上。客户看后终于明白了道理。不用去面对面的争论，矛盾在无声中解决，这就是书面沟通的好处。另外,我们在三峡工程建设者中聘请了十多位保险服务义务监督员，建立客户意见反馈渠道，主动地、及时地听取客户的意见，并解决问题。

3. 团结一切应该团结的力量

在大型或团体客户的保险中，随着客户购买保险决策的民主化和市场化，那种在购买保险时一个人说了算的情况将会越来越少，而是决策的民主和参与人员的众多，这就需要我们在关系营销上注重多方位的关系维护，创造良好的人际环境。稍有不慎，可能就会导致营销失败或合作关系中断。

在三峡工程保险营销中，客户的保险运行涉及面复杂。有主管保险的财务部，有合同管理的计划合同部，有工程建设部。工程建设部中又有工程项目部、合同管理部，还有聘请的保险顾问公司，如果招标，还有监察审计部门，有评委。如何处理这些关系，我们方法是：第一，回避请吃送礼，避免客户内部人员的相互猜疑。第二，经常性地拜访客户各有关部门的人员，听取意见，通报工作，送发保险宣传资料；尊重人，记住人。第三，邀请有关人员参加座谈会。第四，树立视客户单位的每个人为保险决策者的理念。今天他不分管保险，说不定明天他就是购买保险的决策者或表决者。

重点客户管理

对待不同的客户，我们应采用不同的关系维系方式，客户关系管理关键要强化重点客户的管理。何为重点客户？80%的销售业绩来自于20%的客户，如果丧失了这20%的客户，将会失去80%的市场，所以，这20%的客户应是客户关系管理的重点。重点客户虽然较少，但保险费数额大。从我们的客户群中列出重点客户，也就是为我们提供80%的保险费的20%的客户，集中精力去为他们服务，满足他们的要求，强化与他们的良好关系，寻求新的发展机会。另外，我们还应加大对未开发但极具潜力的重点客户的关系管理，这些客户可能会给我们带来更多的保险费。一个成功的保险营销人员，必需要有一部分重点客户资源，这不仅能提高我们的营销工作效率，减少我们客户关系维持的工作量，还能为我们起到客户示范和市场号召的作用。我们有时会对某个客户说，你看某公司的保险就是我做的。同时也不能忽视一个问题：重点客户往往是竞争的焦点，竞争的风险更大，重点客户越多，我们的经营风险越大，在开发它的时候付出的成本是很大的，又因为竞争对手总是在重点客户上与我们竞争，如果不慎丢失一个客户，就会给我们的营销业绩带来难以弥补的损失。所以，维系重点客户的保险关系也需要一定的成本，包括经济、时间、人力等成本的付出，从而导致我们客户关系管理投入的增加。

在财产保险中，重点客户往往是公司、组织等团体型客户。随着客户购买保险决策的民主化和市场化，在团体型客户中，那种在购买保险时一个人说了算的情况将会越来越少，而是集体研究讨论决策是否购买，在哪一家保险公司购买；有的客户还采取招标方式购买，形成多人参与的保险购买状况。如何面对这种局面，处理好与这些人的关系，我们可采取以下方法。

一、注意交际方式。主要是尽量少用请客吃饭和送礼的方式，避免客户内部人员的相互猜疑。我们如果给一个参与保险购买决策的普通人员送一份小礼，他可能会怀疑公司保险高层决策领导拿了大礼。

二、全面拜访。针对团体型客户，需要我们在关系营销上注重多方位的关系维护，创造良好的人际环境，稍有不慎，可能就会导致营销失败或合作关系中断。我们要树立视客户单位的每个人为保险决策者的理念，今天他不分管保险，说不定明天他就是购买保险的决策者或表决者。我们与重点客户的关系不要只注重与保险购买决策人的关系，还要用各种方式维持我们与重点客户单位其他人员的关系，充分表现出对一个客户单位的友好与服务。如果只注重与决策人的关系，会让客户的其他人员认为决策人是出于某种私利才和我们交往并购买保险，使决策人购买保险的决策失去团队或群众支持的基础，客户分管保险的人变动，就可能导致保险关系的中断。所以，我们应经常性地拜访客户各有关部门的人员，听取意见，通报工作，送发保险宣传资料，不能让他们有一种被忘却的感觉。

三、召开会议。有时单个沟通难以统一意见，使问题议而不决，加上我们逐个拜访从时间、精力上顾不过来。在这种情况下，我们可以邀请客户的有关人员参加座谈会，由与客户保险购买决策人的单个会谈转换成我们与客户单位的有关人员的公开、正规的座谈，集体讨论购买保险或保险其他问题，形成统一的意见。众人的参与和坦诚的讨论与交流，会使双方合作更紧密、更持久。

四、客户培训。对客户单位的与保险有关的人员进行培训，这种培训不完全是以营销产品为主，而是以客户单位的人员了解保险、提高保险意识为主。这样不仅能使客户的众多人员懂得保险保障这种风险管理工具的运用，而且能为客户的保险购买决策人购买保险奠定群众基础，从而有利于客户关系的巩固和稳定。

五、与客户开展联谊活动。如，策划我们公司与客户的体育比赛、文艺联欢会，密切客户与我们之间的关系。采取有文化内涵、有档次的方式，使保险营销充满人文精神，把联谊活动作为聚人气、增友谊、促合作的聚会。

六、向客户递交服务备忘录。它是我们为客户服务的清单式总结性文本，其目的是总结我们的服务，便于客户了解我们的服务工作，密切与客户的关系。如何让客户了解我们的服务，我们在营销时向客户讲得较多，讲实力强、服务如何优的多，并且有时是用书面的形式去讲，客户只是听说，可并没有体验过。在服务期间，我们反而对我们是如何服务客户的讲得少了。客户只知道交了多少保险费，并不完全了解我们做了什么服务。

我在服务三峡工程的过程中，为了使客户能全面了解我们的服务工作，我采用了"备忘录"的形式。每年结束后，就将一年的服务工作按时间的顺序，以事件清单的形式进行记录，然后把它分成两份，一份是对上级公司的，称为"工作备忘录"，让上级公司了解我们一年的工作详细情况；一份是送给客户的，称为"服务备忘录"。有时编辑完后，我们自己都很惊讶，在一年的时间中，不知不觉地竟做了那么多服务客户的工作。

服务备忘录制作精美，每年编一本，并印刷若干份，送给客户单位与保险有关的所有人员，成为一份沉甸甸的、内涵丰富的礼品。它是对我们服务工作过程的总结，也是向客户的汇报。客户看到一年中我们为他们所做的每一件事，也感到十分满意。

2008年12月3日，中国人保集团董事长、总裁吴焰拜访中国长江三峡集团公司总经理李永安，我将从1992年以来中国人保服务三峡工程的工作清单以备忘录的形式做成一本厚厚的书，红色的精装封面上写着《十五年服务中国三峡总公司备忘录》，在备忘录的扉页上印有两行文字：携手同行十五年，千载永结三峡情。吴焰董事长在下面签上他的名字，这是一份最具文化价值的礼品，十几份吴焰董事长的签名本送给客户，受到客户的称赞。2009年中国人保诞生60周年，当客户得知我们中国人保集团公司在建博物馆，他们又回送一本给我们。《十五年服务中国三峡总公司备忘录》是我们合作的历史，是我们服务的结晶，是中国人保服务三峡工程的最好证明，是中国人保与中国长江三峡集团合作友谊的见证。

服务备忘录在什么条件下使用呢？一是大客户，所有的客户不分大小，一律写服务备忘录，耗费过多的精力和财力不可行，所以只能为大客户提供服务备忘录；二是在客户发生异议或要选择其他保险公司时，我们通过对服务期间清单式的服务工作回顾，让客户了解我们所做的工作，珍惜多年的合作情谊，能起到良好的沟通和挽留效果。

这里需要提醒的是：对重点客户关系的管理，完全仅靠我们营销人员的个人能力是不行的，要争取保险公司和同事们的支持。

案例

本书收录2001年我编写的中国人保三峡工程保险服务备忘录，供读者分享。一方面让读者了解服务备忘录的写作方法和内容，一方面让读者通过一个年度了解我们对三峡工程的服务。

三峡工程保险服务备忘录

1月10日：中国人民保险公司三峡坝区支公司"新世纪保户联谊会"在三峡坝区接待中心举行，来自施工、监理及其它服务三峡工程建设单位的代表70多人出席。

1月19日：中国人保总公司唐运祥总经理率总公司财险部、再保部、客户服务部等部门负责人到三峡了解保险服务情况，提出了服务三峡工程的更高要求。中国人保湖北省分公司总经理韩千里等领导陪同。

1月25日：▽79拌合系统混凝土配比错误，使5号泄洪坝段中块55号仓位浇筑不合格混凝土42m³，中国人保坝区公司进行了查勘，赔付105718.53元。

2月22日：中国三峡总公司与中国人民保险公司、太平洋保险公司、平安保险公司在北京中国大饭店签订三峡工程左岸电站机组安装工程及GIS开关、变压器运输保险合同，李永安、唐运祥等领导出席，刘匡华、丁运洲在合同书上签字，30多家新闻媒体对此次活动进行了报道。

2月28日：三峡工程保险夜校开学，这是中国人保为提高员工素质，更好地服务三峡工程保险的一项重要举措。

3月7日：永久性船闸地下输水系统中隔墩输水洞与五级分洞交汇处发

生塌方事故，中国人保迅速查勘定损，赔偿43107.12元。

3月27日：中国人保三峡坝区支公司在三峡总公司局域网上开辟了三峡工程保险服务网页。

3月28日：中国人保广西壮族自治区分公司财险处工程保险代表团参观三峡工程，学习三峡工程保险经验。

4月2日：《三峡工程风险管理与保险》信息刊首期出版，每期2万字，1000份。发放范围主要是三峡工程参建单位，旨在传播保险及风险管理知识，更好地为三峡工程服务。

4月6日：中国人保总公司派出三峡工程风险管理学习小组前往澳大利亚安裕再保亚太分部学习工程风险管理，中国三峡总公司薛宁，中国人保公司罗勇、孙智参加了学习。

4月9日：▽79系统1号氨压机机头主轴抱死，经查勘及事故分析，造成事故的原因属设计、制造缺陷，中国人保赔付51500.00元。

5月11日：中国人保坝区支公司全体人员在坝区建设部、建行、监理中心等地开展保险咨询活动，发放《三峡工程风险管理与保险》信息刊，"金锁"家财保险宣传单等资料。

5月17日：中国人保参与三峡工程度汛领导小组组织的三峡工程防汛重点部位的防汛检查。随后，向中国三峡总公司安委会呈报了《防汛安全检查建议书》。

5月29日：中国人保会同美国安裕、瑞士等再保险公司对左岸电站安装工程进行风险检验，时间2天。

6月5日：中国人保赔付河南石油勘探局运输处三峡公司机动车碰撞事故赔款50509.13元。

6月15日：中国人保赔付三联总公司永船项目部雇员周咸兵工伤事故雇主责任险赔款72000.00元。

6月19日：中国人保在三峡坝区培训中心报告厅举办风险管理与保险高级学术讲座，到会人员达150多人。天津理工大学尹贻林博士、武汉大学保险系主任、博士生导师魏华林教授、香港平量行董事长梁筱棠先生分别讲授了工程风险管理、财产保险及保险理赔。中国三峡总公司李永安、刘匡华等领导，中国人保总公司财险部总经理谭启俭，湖北省分公司总经理韩千里，中国人保宜昌分公司负责人刘杰出席了讲座。

6月22日：中国人保赔付三联总公司曲靖工程部雇员施绍波工伤事故雇主责任险赔款11736.00元。

6月27日：三峡工程施工用1号摆塔式缆机部分电器遭雷击，提升重量的电脑显示数据不能复位，致使缆机停运，中国人保坝区公司人员前往现场查勘。预计赔款66150.00元。

6月28日：因暴雨，三峡工程永久船闸地下输水洞被淹，中国人保坝区支公司前往查勘。材料在申报之中。预计赔款3万元。

7月2日：因暴风、暴雨，三峡工程上游纵向围堰工棚、食堂等设施，▽79拌合楼及输料线石棉瓦、右岸厂坝二部机修车间、宿舍、仓库、厂坝一部、葛物资公司、机械化公司宿舍、车间、葛金结厂车间、三联总公司仓库及库存设备材料等受损，永久船闸第5级地下输水洞积水淹没，中国人保坝区公司人员前往查勘处理。已赔付476264.90元。

7月2日：▽82平台、三七八联总BDMQ1260/60门机因暴风受损，中国人保赔付355098.68元。

7月6日：三联总公司租赁使用的MQ600/30T高架门机因雷击致使传感器、显示器损坏，中国人保坝区公司人员前往查勘。已赔付17100.00元。

7月23日：在永船施工的三七八联营总公司所属高架门机因暴风沿轨滑行120m后倒塌，造成门机本身、施工工程及三联总公司所属的25T吊车损坏，中国人保坝区公司人员前往查勘。已赔付367623.00元。

7月23日：葛电力公司上围堰迎水滩120mm²高压输电导线被雷击断，高压断路器、高压计量箱、热缩电缆头等被雷击坏，中国人保坝区公司人员前往查勘。并核定赔款8万余元。

7月30日：由中国人保投资的十二个安全生产宣传橱窗、100块安全生产警示牌、沿江峡大道140个圆形灯箱和夜明珠检查站进出口处的巨幅形象宣传牌全部安装到位，表达中国人保服务三峡工程的诚意和对三峡工程的热爱。

8月7日：晚10：20，永船1～5级船闸地下输水洞被洪水淹没受损，中国人保坝区公司人员深夜前往查勘。损失7万余元，材料正在申报。

8月7日：▽98.7系统地中衡因雷击造成传感器损坏，中国人保已赔付17000.00元。

8月9日：三峡工程泄洪坝段施工地因电焊工烧割钢筋头，致使覆盖在启闭机配电柜上的彩条布燃烧，造成配电柜、空调机损坏，中国人保坝区公司人员前往查勘。材料正在申报之中。预计赔款6万多元。

8月9日：因暴雨，致使坝区平湖路边坡多处坍塌，葛七公司综合加工厂仓库塌陷，中国人保坝区公司人员前往查勘。损失5万余元，材料正在申报。

8月11日：台湾工程保险协进会一行10人到三峡考察，中国人保坝区公司负责人与其就工程保险事宜进行了交流。

8月11日：6号顶带机与1号摆塔式缆机碰撞，中国人保坝区支公司前往查勘，预计赔款35884.66元。

8月12日：三峡工程施工用缆机抢修小车与运行小车相撞造成五人受伤、财产损失，中国人保坝区公司人员前往现场查勘，并到医院慰问伤员，并向每个伤员捐赠400元慰问金。预计赔款20389.15元。

8月23日：国家计委领导到三峡考察，中国人保公司有关人员汇报了三峡工程保险的情况。

8月23日：▽79系统5号氨压机机头抱死，经查勘及事故原因分析，属设计、制造缺陷，中国人保已赔付25000.00元。

9月3日：三峡工地KROLL-1800塔机运行中出现故障，经检查电机定子线圈烧损，碳刷及支架损坏，中国人保坝区支公司人员前往查勘。事故原因正在调查中。

9月4日：▽90系统3号氨压机机头主轴受损，中国人保坝区公司前往查勘。经事故分析，事故原因属设计、制造缺陷，已赔付22500.00元。

9月10日：中国人保赔付三七八联总砂石项目部雇员徐新华因工伤事故雇主责任险赔款11859.73元。

9月17日：KMK6200汽车起重机挡风玻璃因吊装物坠落破裂，中国人保预计赔款9688.00元。

9月19日：美国通标公司代表就服务三峡工程保险与中国人保坝区支公司领导进行了座谈。

9月20日：国家电力总公司来电，称赞《三峡工程风险管理与保险》报，要求征订，我们答应免费赠送。

9月22日：▽120平台2#MQ2000门机在作业时与1#缆机相撞，双方均有损失，中国人保坝区公司人员前往查勘。预计赔款243722.00元。

10月11日：由李永安、唐运祥等任顾问，杨亚、刘杰任主编，孙智同志撰写的《三峡工程风险管理与保险丛书》之《工程保险》、《三峡工程保险实践》正式出版，这是中国人保服务三峡工程的举措，也是三峡工程保险所带来的精神文化产品。

10月29日：三峡工地1#缆机在作业中与正在▽185坝顶作业的DEMAC履带吊车顶部相撞，造成碰撞事故，中国人保坝区公司人员前往查勘。预计赔款119306.32元。

11月13日：三峡坝区综治委考核验收中国人保坝区支公司创建最佳安全文明单位的情况，考核组对安全文明创建工作给予了高度评价。

11月20日：中国人保与瑞士再、安裕再、汉诺威再保的代表来三峡检验左岸电站的风险情况。

11月28日：坝区交警大队表彰2001年度优秀汽车驾驶员，中国人保为78名获奖者颁发奖金11700.00元。

11月30日：中国人保赔付黄鑫窑炉建设公司机动车碰撞事故赔款123221.18元。

12月7日：三峡工委领导来坝区支公司检查验收文明单位的创建情况，检查组对中国人保公司对三峡工程卓有成效的创新服务给予了充分肯定。

12月11日：三峡工程施工用ROTEC1#塔带机发生事故，中国人保坝区公司人员查勘了现场。事故正在处理之中。

12月13日：中国人保赔付西北院三峡监理中心机动车碰撞事故赔款100552.04元。

12月20日：中国人保坝区支公司2001年保户联谊会在坝区三峡工程大酒店隆重举行，来自三峡工程施工、设计、监理等单位的150多名保户代表出席了会议。联谊会气氛热烈、祥和，起到了加强了解、增进友谊、促进合作的作用。

12月20日：中国人保坝区支公司在三峡工程参建单位中聘请了胡国宪等11名保险服务监督员。

小客户管理

客户的关系管理不能只局限于大客户，还应包括小客户。小客户是最怕被商家轻视的，他们希望得到一个客户应有的尊重和关注。有的营销人员思想上存在片面的认识，认为客户关系管理只适用于保险费较多的团体客户，对交保险费少的个人客户进行客户关系管理费力，不划算。但是，我们忽略了许多重要的事实：一个人，他在一张保险单上的名字是个人，但他在一个团体的角色可能就是领导者，在一个群体他可能就是一位有力的号召者；他今天只购买了一份家庭财产险保险单，接下来他可能会购买汽车保险、家庭成员意外伤害保险，还可能让朋友们也购买保险；有的客户只买了一份家庭财产保险，但他的儿子可能是某个大企业的董事长，如果与他的父亲关系处理好了，可能会对向他的儿子销售企业财产保险产生好的影响。另外，小客户也还有一个积少成多的效应，一个客户交1000元保险费，如果1000个客户，就是100万元。一个小客户一年交保险费5000元，如果他在我们这里购买10年保险，就是5万元保险费。从以上角度去审视小客户，我们就会认为小客户不小，小客户也很重要。另外，相对团体型客户来讲，开发小客户成本低，客户关系维持成本也低，竞争的风险相对较小。如果我们只有1个大客户，虽然年收保险费可能在300万元以上，但由于竞争、客户关系出现问题而掉保，那就使营销业绩化为零；如果我们有100个小客户，平均每个客户收3万元，就是流失5个客户，我们还有95个客户的支持，还有285万元的续保保险费；如果只有1个客户，当他不满意我们的服务时，客户不满意率为100%，而在100个客户中，5个不满意我们的服务，客户满意率还有95%。所以，我们不能忽视对个人客户的开发和管理，我们的眼光要远大，不能因生意小而不为，不能因为客户小而轻视。我们可以通过小客户的积累，创造出更多的保险费，在许多小生意的机会中，去发现大客户。没有小客户的大量积累，就没有大客户的突破。小客户营销的成功比大客户的营销成功更为坚实，无数个小客户营销的成功会形成营销的重大胜利。

小客户关系维护工作量大，我们可以采用一些省力、省钱和省时的做法去进行客户关系维护。

一、电话联络。通过电话、手机或电脑网络等便捷工具进行联络。如逢年过节给客户打个问候电话，或者发祝福短信、微信，或者通过互联网给客户发邮件，让客户知道我们没有忘记他们，时刻在关注他们。但要注意一点：祝福的短信和邮件最好不要是千篇一律的那种群发文字，要专门针对这个客户进行编写，这样会让客户更亲切、更感动。

二、寄送资料。公司有一些新的、对客户有益的宣传资料，我们可以根据客户的情况邮寄或上门送给客户。也可以建立手机微信群，在群里发一些保险宣传资料。

三、有求必应。对于小客户，我们一般没有精力去主动为客户做一些服务工作，但是，当客户有事找我们帮助时，我们应热情地、毫不吝啬地帮助解决，无法帮助的，要诚恳地讲明原因。

四、择机拜访。我们在方便的时候，或者客户需要的时候，应对客户进行拜访。如，我们在某一个地方办事，可以顺便拜访附近客户。

建立客户档案

建立客户档案是做好客户关系管理的基础，没有这个基础，我们的客户关系管理就会缺乏计划性、针对性和严密性，就可能出现漏洞。在现实中，有不少营销人员缺乏详细的客户资料，弄不清自己有多少个客户，客户的准确名称都不清楚，客户的基本情况也不了解，这对从事保险营销的人来讲，是十分不应该的。没有客户的基本信息资料，客户关系管理就会出现问题，就更谈不上对客户的了解和研究，去实现更多的营销业绩。客户关系档案应从三方面入手：

一、记录客户信息。客户信息主要包括两个方面，一是客户个人基本信息。应详细记录客户的姓名或名称、年龄、地点、联络电话或网址、工作经历、职业、职务、文化水平、生活方式、性格特点、兴趣与爱好、家庭状况、经济条件、财产状况、风险状况、可适用的保险产品等。二是影响客户购买保险的信息。这类信息内容很多，特别是团体型客户，主要记录以下内容：经营或管理什么？谁是公司或单位负责人？负责人的秘书是谁？如果是股份公司，哪些人是董事会成员？谁掌握购买保险的决定权？哪些人能够影响客户购买保险的行动？与保险有关的部门的负责人是谁？内部组织机构？经营或管理怎么样？资产状况？战略发展规划是什么？是否遭遇过灾害事故？是否有购买保险的历史？是否有不良的保险信用记录？它需要什么保险产品？目前与我们竞争的对手是谁？这些内容要视需要而定。

二、分类管理。客户档案应分类管理，可按保险客户、未来客户、流失客户进行分类。一类是保险客户，他们是已购买保险的客户。这是客户关系管理的重点，除上述所说的记录内容外，还要详细记录他们的保险单中所列的保险事项、还有什么保险需求，等等。二类是未来客户，也可以说是将来的新增客户，这是我们增加客户群、扩大营销成果的源泉。三类是流失客户，这类客户原来是我们的保险客户，一般是因为对我们的不满意而中断与我们的保险关系，给我们带来利益上的损失，还可能给我们带来负面影响的客户，除记录他们的一般性内容外，还要记录原来保险的情况、流失的原因等等。这些档案建立之后，我们应不断地去丰富其内容，不断地阅读和分析，进一步认识客户，从中找准客户关系管理的重点，通过客户关系管理增加或扩大营销成果。如，某一个客户上次拜访是什么时候？如果很久没有去拜访了，应去看望；某一个客户保险期限快到了，要通知客户做好续保安排；某一客户有购买某一保险产品的需求，再去做一次营销拜访。

三、识客。作为一名营销人员，不能只是从档案上认识客户，更是要认识形象生动、精神丰富的现实中的客户，记住客户的信息。解决这个问题，识客是最好的方法。什么是识客？简单地说，就是能认识客户、记住客户并能叫得出客户的名字。这是一种最古老的方法，例如，小镇上的一个小铺店的老板，几乎能叫得出所有客户的名字，并知道每个客户的消费偏好，这就是识客。保险营销是需要对客户有深度了解、与客户面对面沟通的一项营销活动。一个商店的售货员可以不必了解客户的姓名和其他情况，但保险营销人员必须知道客户的姓名和相关情况，否则无法向客户销售保险单。另外，如果保险营销人员连自己客户的姓名都记不住，或者在大街上碰见自己的客户却不认识，那就谈不上客户关系管理。假如客户认出你来，与你打招呼，那你就更尴尬了。有的客户是通过朋友介绍过来的，往往只有一面之交，有的甚至没有见面，购买保险也是通过朋友帮助完成的。在这种情况下，识客显得十分必要。识客在客户关系管理上是一件小事，但很重要的工作，是建立与客户的友谊，培养客户忠诚度，有针对性地做好营销的好方法，在当今人与人之间缺乏温情、变得十分冷漠的世界上，认识我们的客户，会让客户感到被人关注的温暖和情谊。

客户激励

为客户提供优质的服务，本身就有一种激励客户的成分。为强化客户购买保险的积极性，我们可选择一些得体的、又是客户所喜欢的方式对购买我们保险的客户予以激励，这样可以使客户购买保险的积极性更高，使我们与客户的友谊更加深厚，保险关系更为牢固。客户激励不能千篇一律，应根据我们的能力，针对客户不同的需要及其特征，采取不同的激励方式、激励内容和激励程度，使激励效果更好。激励从内容上分类，主要分为精神激励和物质激励两种。

一、精神激励。我们在保险成交之后，可以通过回拜、电话、书信、手机短信、微信、互联网等方式致谢。在通讯发达的今天，写信的人已经很少了，如果我们能给客户寄上一封纸质的书信，不但能充分表达我们的感谢之情和对保险的说明，而且会给客户带来意想不到的友情和惊喜。在前面我们介绍的世界级保险营销精英乔·坎多尔弗，他有一个习惯，每次客户购买保险后，他总是要写信或打电话感谢客户。我们以他在客户购买保险之后写给客户的信为例，信是这样写的："亲爱的约翰：恭贺您今天下午做出决策，加入人寿保险。这当然是建立良好的长远理财计划的重要一步。我希望我们的会见是我们长期友好关系的开端，再次对您的订货表示感谢，并祝您万事如意。您的忠诚朋友：乔·坎多尔弗。"信很简单，但能打动人心。我们还可以不断地亲友般地拜访客户，请客户参加公司的一些活动，让客户成为公司或我们自己组织的客户俱乐部成员，让客户感受被尊重的满足感。在一些特殊的日期向客户表示良好的心愿，体现我们对客户的关心和欣赏，这也是对客户的精神激励。如晋升祝贺、生日祝福、节日问好、结婚生子等。

二、经济激励。必要的经济或物质激励对刺激客户购买保险或稳定客户关系是十分有效的。经济奖励一般包括以下内容：一是价格优惠，给长期保持保险关系的客户给予稳定的价格或以低价优惠；二是无偿服务，对重点客户采取"一对一"的服务方法，提供力所能及的服务；三是生活关照，请客户喝酒吃饭，请客户喝茶，给客户送适当的礼品；四是休闲娱乐，请客户钓鱼，陪客户开展文体活动，赠送文艺演出和体育比赛门票。这里要提醒的是，我们在经济奖励上不要吝啬，以免让客户认为我们小气，不够朋友，从而不愿意再与我们合作。经济激励要符合客户的需要，要得体，否则起不到激励的效果，反而产生负面影响。比如说，客户不愿喝酒，你非要强迫他喝；客户是一个年薪30万元的总经理，你却送他300元的购物券。所以，经济激励要注意内容和方法。同时，经济激励也不要过分，特别是团体型客户中与保险有关的人，他们决定购买我们的保险，是对我们工作的支持，我们经济奖励太过，容易构成商业贿赂，给自己和客户带来不必要的麻烦，甚至导致客户成为阶下囚。客户给我们一口饱饭吃，我们却给客户一口牢饭吃，那就是我们的罪过。

对流失客户的管理

加强对流失客户的关系管理，是修补客户关系的一项重要工作。能把中断的客户关系恢复起来，也是我们客户关系管理能力的具体表现。在流失客户的关系管理上，我们要注意以下问题：

一、用良好的心态对待流失客户。有一些营销人员，功利性太强，当客户在他那里购买保险时，他对客户三天两头在联系或拜访，一旦客户与他终止保险关系后，他很快就与客户成为陌路人，完全忘记了客户曾经对他的支持。这种做法让客户很寒心，毕竟客户曾经支持过他。客户如果再有保险需求，我想这位客户决不会再选择这个营销人员。还有一种心胸狭窄的营销人员，当老客户面对市场竞争或其他原因不再选择他，而到另一家保险公司购买保险时，他会认为这是客户对他的不忠或背叛，怀恨于心，有的甚至恼羞成怒，四处说客户的坏话，这种心态是极不应该有的。其实，一个人不可能一生只在一家餐馆里就餐，试问：你今天在这家餐馆吃饭，明天到另一家餐馆吃饭就是一种不忠实的行为吗？你一生难道只在一个商场购物并买一个品牌的商品吗？所以，在市场经济条件下，客户选择在哪家保险公司或营销人员那里购买保险，这是他的权力和自由，我们应充分尊重客户的选择，理解客户的选择，不要恼怒，更不要责难客户。

二、分析原因并采取有效的方法解决问题。客户流失肯定是有原因的，客户流失主要是因为我们的产品保障不合理、价格太高、服务太差、竞争对手与客户的关系密切等问题造成的。也许客户离开我们的选择是错误的，那么，我们应冷静、客观、公正地向客户讲明道理，使客户能转变认识。如果客户坚持自己的主张，我们不要指责客户的选择，也不要诋毁竞争对手，应该感谢客户过去对我们的支持，希望客户以后能再给我们服务的机会。这样，能给客户留下一个难舍的印象。同时，针对流失的客户，我们要主动、友好地向他们询问流失原因，去发现我们在服务上的缺失，改进我们的工作，想办法解决存在的问题，避免现有客户的流失。

三、诚恳地协调与流失客户的关系。我们要树立一个理念，那就是"流失的客户还是客户"。即使是客户不在我们公司购买保险，我们仍要把他当成我们的客户关系加以维系，平时可以通过电话等方式保持联系，也可以抽时间去拜访，毕竟与客户有过合作的友谊。同时，有针对性地与流失客户沟通，争取流失的客户能再次选择我们。这样，客户会被我们的真诚所感动，重新恢复对我们的信心，特别是做出错误选择的客户，他在通过比较之后，会感到我们服务的良好，会再次与我们合作。如果我们对流失的客户不进行合理的关系维持，甚至见到客户像见到仇人一样，那就是在堵截自己发展客户的路，使本来想回到我们身边的客户在内心彻底与我们决裂。

四、不要偏爱不忠诚的客户。我们有的营销人员为了争取流失的客户回来，往往许以比忠诚客户更低的价格或其他利益，这是对忠诚于我们的客户的不尊重。如果忠诚的客户知道此事，他会认为我们对人不诚实，有被欺骗的感觉，很可能导致忠诚客户的流失。而忠诚度低的客户也会产生一种不良的心理，认为，只要我提出购买其他保险公司的产品，你就会着急，就会满足我提出的条件。如果所有的客户都养成这种不良习惯，他们会充分利用我们"求客"的心理去追求过分的利益，形成恶性循环，不但不利于吸引和培养忠实的客户，反而会导致客户的不忠诚和流失。同时，我们的客户质量会大大降低，会严重影响公司利益和我们个人的利益。

营销竞争

在一个市场经济的保险体系中，保险公司的经营管理和营销人员的工作行为，与竞争者的存在及其在市场上的竞争活动有很大的关系，这是市场竞争造成的。现在保险市场竞争激烈，在营销中完全不遇到竞争对手的情况几乎是天方夜谭，我们必须做好对付竞争对手的准备，如果没有思想和能力上的准备，我们在竞争中就会失败。

把握先机

在面对竞争的时候，首先要领先一步发现客户，独具慧眼，发现竞争对手没有发现的客户。其次要有闪电般的应变能力，对发现的客户，通过最有效的办法在最快的时间内实施营销，占据领先的竞争优势。另外，要善于从竞争对手的客户中捕捉发展客户的机遇，竞争对手的客户不可能是永久的。我们应关注竞争者的以下变化：一是当竞争对手的客户单位购买保险的决策人发生变动时，我们应去拜访。新的领导者与竞争对手也没什么密切关系，有的新任领导也想建立起新的保险关系，这是我们与客户进行接触、沟通的最佳时机。二是当竞争对手服务客户的营销人员调离工作岗位后，维护客户关系的能力减弱，或者已不存在，这也是我们发展业务的好机会。三是客户与竞争对手发生矛盾，客户对竞争对手不满，这是我们有针对性地实施营销的机遇。

独树一帜

独树一帜就是要创造与竞争对手的差别，这种差别体现在两个方面，从这两个方面去创造我们与竞争对手不同的综合优势。一是我们作为营销人员本身与竞争对手的差别，就是我们的职业精神和职业能力要超越竞争对手，建立起属于我们自己的核心竞争力。二是我们的保障设计、服务方式与竞争对手的差别。从表面上看，保险营销的产品和方法仿佛都是相同的，在我们的保险产品中，保险条款、保险费率、保险单格式等内容几乎都是标准化的，保险条款的同质率非常高。与竞争对手相比，保险产品保障内容和保险费率，甚至营销手段也差别不大。其实，客户的保险需求、经济状况、购买保险的动机，以及我们的自身条件等因素也是千差万别，竞争者的招式也是五花八门，我们必然会面对不同方式和内容的竞争。所以，我们在市场竞争中，要判断出竞争的威胁，并能认识到自己的优势和弱点，采取灵活的差异营销策略，在同中求异，学会在标准化或同一化的基础上体现创新精神，使用与竞争对手不同的产品组合方式、产品价格、营销手段、服务方式等，创造个性化、差异化优势，设计出独具特色的营销策略和更具竞争性的说服客户的内容。不断求变，把自己的产品和服务与竞争对手区别开来，让竞争对手无法模仿，即使是模仿，也只能步我们的后尘。这样，才更有利于满足客户的需求，创造更多的客户，才能在激烈的竞争中立于不败之地。差异化策略是一个动态过程，差异不是一成不变的，客户的需求，竞争对手的竞争策略，都会引导我们不断去创新差异优势。

案 例

三峡工程是世界级的大工程，所以，三峡工程保险市场的竞争十分激烈，这对每一家保险公司来说，既是机遇，也是挑战，如何在竞争中取得胜利，是每家保险公司必须考虑的首要问题。我们在三峡工程保险营销中，除做好服务以外，通过差异化营销策略，收到了良好效果。

三峡工程保险营销模式——差异营销

差异营销就是针对不同的对象、环境等因素采用不同的营销内容与方式。随着保险技术的发展，以及客户需求多样化、个性化的增强，差异营销在财产保险中越来越重要。现在就是家庭财产保险，也在追求个性化的营销服务，客户可以根据需求来选择附加险种。大型商业保险更是如此。

1. 分析客户差异，采用不同的营销策略

分析客户差异有两个方面的内容。一是客户之间的差异，二是客户内部人员、部门之间的差异。针对差异，采取不同的沟通方式和内容，才能收到好的效果。

在三峡工程保险市场，存在一个庞大的保险客户群体。它主要包括业主、设计单位、监理单位、施工单位。从工程保险来看，业主处于主导地位，在投保上有绝对决策权，这是我们进行工程保险营销的重点。但是，设计、监理、施工单位作为被保险人群体之一，你不能忽视他们的存在，必须让他们明白保险合同，尽量避免发生保险事故后因索赔所带来的磨擦。因为，这种磨擦会影响保险决策者——业主对我们工作的不满意，对下一个营销计划的实施造成负面作用。同时，他们的自有设备、车辆、人员也是我们营销的重点。对作为工程业主的客户，我们采取高标准的方式营销，并以此促进和带动其他客户投保。如，召开保险研讨会、座谈会，尽可能多地邀请其他客户参加。同时，利用工程保险服务的机会向其他客户营销保险。这种以核心客户带动其他客户，以主要险种工程险带动其他险种营销的方法效果良好。

在客户内部人员、部门之间的差异也需要我们采取不同的营销策略。首先要弄清客户内部机构设置及职责，以及它们在保险决策和保险运作中的作用。再就是要从有关人员所承担的责任、环节、个性、工作风格、知识水平等来分析，从而采用不同的营销策略。实质上就是传播不同观念，进行不同内容的说服。不同的部门，会有不同的保险观念。财务部门希望以少量的保险费获得保障，安全部门希望保险给事故处理带来方便，而生产部门可能很自信，认为不可能有大的损失发生。在长江电力股份有限公司财产保险的营销中，财务部门以生产部门不同意为由，拟对机组等设备

不投保机器设备损坏险。在这种情况下，我们针对财务部门在保险上的责任进行说服。我们认为，水电站拥有大量的机器设备,机器设备损坏险是水电站应考虑的核心保障,如果不保险，将来机器设备真正出了事故，得不到赔偿，人们会指责财务部门安排的保险方案有问题。最后，财务部门又主动与生产部门协调，讲明机器设备保险的作用，将机组等设备投保了机损险。客户多了一份保障，我们多了一份保险费。2004年底，客户一台价值1274万元的大型变压器因短路而发生爆炸，我们及时给予赔偿。事实说明我们保险方案的正确性,也增添了客户对我们的信任。

在保险营销中，应针对客户内部不同的人员，采用不同的沟通内容。对客户的保险决策者，沟通的重点应放在公司风险有哪些？为什么要保险？选择什么样的保险方案？在我们公司购买保险的好处？而对安全及生产部门的人员，应侧重于什么是保险责任？什么是除外责任？被保险人的义务？如何处理保险事故？因为他们的主要工作是保险合同的执行。

2. 分析竞争对手，创新差异优势

保险是服务行业，保险产品及其服务极容易被模仿，不像物质产品，甲产品超过乙产品往往需要一个较长的过程。而保险不一样，你制定的保险方案刚到客户手中，竞争对手可以在几分钟之内模仿或制定出超过你的保险方案。这个特点，就使得保险业的竞争更激烈，竞争节奏更快。

三峡工程是世界级的工程，举世关注，许多保险公司及保险中介机构把进入三峡工程保险市场作为赢得市场地位和荣誉的重要途径。他们通过各种渠道，采取各种措施，以期达到最佳效果。面对激烈的竞争，我们对竞争对手进行了分析。这些竞争对手绝大多数来自国内，他们无论从实力、技术上都无法与我们相比，唯一能与我们相比的只有两点：一是在保险费率上以低价竞争，一是在创新上做文章。降低保险费率是不理智的做法，我们不能靠降价取胜。那么，我们应创造与竞争对手不同的差异优势，重点要开发模仿难度大的方案，即使模仿，也达不到我们的水平。

现举例来说明我们在竞争中是如何创新差异优势的。

例一：保险承保中的抢占先机。在以往保险营销中，人们一般习惯口头向客户表达承保的要求。而我们采用承保申请书的方式，向客户说明我们的承保愿望、优势、办法。一份书面申请书，不但能表现我们对承保项目的庄重态度、对客户的尊重和工作的规范，而且也便于客户内部沟通和决策的传阅。

例二：保险招标中的创新。现在保险招标一般由客户制定好保险方案，各保险公司只是在保险费率上做文章。我们在投标时，在客户的保险方案上再增加几个扩展赔偿责任的附加保险条款。如果报价比竞争对手高，客户会因为我们扩大了责任而予以接受或理解；如果报价低，那么优势就更明显。

例三：在服务承诺上的创新。保险公司在向客户递交的保险建议书中，往往为吸引客户而制定一些服务承诺，而最后保险合同签定后就搁置一边。我们却将服务承诺编成服务条款，纳入保险合同，使之具有法律约束力，使客户更能了解我们服务的诚意和可靠。

例四：在保险知识传播上的创新。某家保险公司是第一家在三峡工程进行保险知识培训的公司，得到客户的赞赏。我们就举办高规格的研讨会，请武汉大学魏华林教授、天津理工大学尹贻林博士、香港平量行董事长梁筱棠先生进行讲课。并且在北京与客户联手国家开发银行举办国家重点工程保险研讨会。创办《三峡工程风险管理与保险》报纸，抢占舆论阵地，很受客户欢迎。客户的领导还在我们的报纸上发表有关保险的文章。

例五：在保险研究上创新。其他保险公司对客户承诺，要以三峡工程为平台开展保险研究，产生理论与技术成果。我们成立三峡工程保险研究会，抢占学术阵地，研究并出版《工程保险》（18万字）和《三峡工程保险实践》（13万字）两本专著。著名经济学家于光远为书题词：研究工程风险管理与保险，为祖国工程建设服务。并请客户——中国三峡总公司的总经理李永安为书作序，以"三峡工程风险管理与保险丛书"为题出版。我们将书免费赠送给三峡工程的广大客户，形成知识服务和知识竞争优势，产生了良好的效果。

以上只是几个事例。可以说，在三峡工程这块竞争激烈的土地上，我们时时刻刻在挑战自我，以创新的态度参与竞争，以差异化优势树立人保财险的形象，为营销创造了良好条件。

尽量回避

这种回避不是说逃避竞争，回避包含两层意思：一是避开竞争对手的锋芒和优势。如，某客户与竞争对手的关系非常牢固，在我们没有特别优势的情况下，不要去进攻，弄不好，客户会认为我们在破坏他与合作者的关系，反而讨厌我们。所以，我们要去发展各种成本消耗比较小、有营销可能性的客户，回避高消耗的竞争，不做无谓的牺牲。二是不要在客户面前主动提及竞争对手。有的客户还不知道有这么一家保险公司，可能由于我们的提醒，他反而会到那家保险公司去询问，并进行比较。最好的办法是只介绍自己的公司优势、产品效能和服务，让客户产生浓厚的兴趣。少用与竞争对手比较的方法来突出自己，除非客户需要这种比较。因为，与竞争对手比较实质上是在为竞争对手做广告，会让客户认为竞争对手很厉害，不然你们不会拿它做比较。

客观比较

客户一般会问："在你的公司购买保险与在其他公司购买有什么区别？"对这一问题，我们必须做好充分的准备，并能做出机智而诚实的回答。在无法回避的情况下，我们可以对公司、产品和服务做客观的比较，不见得把所有的比较优点全部讲出来，要谈客户最感兴趣的特点。我们可以事先做一个比较分析，对公司、产品和服务与竞争对手逐条对比，并且能认识到自己公司、产品和服务的竞争优势和弱点，内容要客观、真实。在与客户沟通时，多强调我们的优势，避免我们的弱势。有的客户是竞争对手的老客户、朋友或亲戚，我们讲的不符合事实，客户会认为我们在批评他选择的错误，心里会很不舒服，会认为我们不诚实，甚至会反驳我们。我们可以站在客户立场上说："您买亲戚销售的保险，这说明您很重亲情，但您想过没有，亲戚怕公司人说他徇私情，对应该为您争取的利益不去争取，将来弄不好还会影响亲戚关系。"另外，我们更不能恶意攻击竞争对手，这涉及职业道德问题。即使是客户对我们的竞争对手颇有微词，我们也不要说竞争对手的坏话。在陈述与竞争对手的比较时，只是客观比较，使用平和的语气和声调，不要像开"辩论会"一样与客户沟通。

掌握信息

要想获得竞争的成功，要想消除竞争对手对我们的影响，就应该知道我们的主要竞争对手是谁，了解竞争对手的情况。这些情况应当包括：竞争对手的产品及价格、营销手段、其优势和弱点等。我们在营销拜访中，经常会听到客户关于竞争对手的议论，我们从中可以判定哪些客户是竞争对手的客户，客户对竞争对手的评价如何，也可以收集竞争对手的促销宣传材料，考察他们的营业大厅，还可以把竞争对手攻击我们公司、产品和服务的言论列举出来，准备好应对和反击的内容。这些信息收集工作，对我们的营销将大有帮助，使我们可以有针对性地开展营销工作。在营销中，当客户提出竞争对手的产品和价格是如何时，我们可以说出真实的事实，不至于陷入被动和无可奈何，甚至被引入歧途。

友好相处

总的来说，保险市场的繁荣不是靠一家保险公司和一个营销人员的努力就能够实现的，它需要足够满足市场开发的保险公司和营销人员。一朵鲜花不是春，万紫千红春满园，只有靠我们所有保险公司和营销人员的共同努力，社会的保险意识才会全面增强，我们的保险营销才能更好地开展，行业形象和利益才能得到维护。所以，我们与竞争对手不仅是竞争的关系，而且还是相互依存、共同发展的关系。我们应尽量与他们保持友好的关系，一般情况下不要轻易猛烈攻击竞争对手。这还有另一层原因：我们诋毁或指责竞争对手的话传到他们的耳朵里，会激发他们工作的干劲和积极性，把战胜我们作为奋斗目标，从而会导致报复性的行为，那样会使我们面对更艰难的竞争。

学习对手

竞争对手是我们的老师。在保险营销中，我们销售的产品、提供的服务和销售手段等内容是源于客户的需求，同时，也是针对竞争对手而产生的。竞争的过程也是学习的过程，要想取得竞争的胜利，我们就必须向竞争对手学习，这样我们才会有战胜竞争对手的本领。我们的客户为什么能被竞争对手挖走，肯定是有他比我们强的地方，在比较中找到我们工作中失误或弱点。我们可以学习竞争对手的长处，改进我们的营销方法。相反地，有的客户为什么会远离竞争对手，选择我们，肯定我们的竞争对手一定有疏忽或让客户不满意的地方，我们就可以从竞争对手的失败中吸取教训，不犯竞争对手类似的错误。

附录：本人保险营销主要活动年表

1984年12月　由湖北省当阳县玉泉寺风景区商店，调入中国人民保险公司当阳县支公司，员工。

1985年春　在当阳县慈化镇黄泥岗村销售耕牛保险，吃住在农民家中，时间7天，走乡串户，负责的农户耕牛全部购买保险。

1985年春　编写保险知识广播讲座11讲，在当阳县广播站向全市城乡播讲。后来，在此基础上改编成中国人保宜昌地区公司农村干部保险知识读本，发给全市乡镇、村干部。

1985年3月　撰写《如何做好保险宣传》一文，6月，被中国人保宜昌地区公司发给各支公司经理作为学习材料。

1985年夏季　创办《当阳保险》报，用铅字打字机打字，用滚筒油印机印刷，每期4版，近300份，主要发送给党政部门领导和大客户。写稿、排版、打字、印刷、寄发一人完成。

1985年11月　调到中国人保宜昌地区公司业务科从事业务经营管理工作，员工。

1986年春　建议中国人保宜昌地区公司在《宜昌日报》开辟不定期"保险专栏"，并于4月组织召开了公司第一次宣传工作会议，请《宜昌日报》社的编辑为到会人员培训，培训保险宣传骨干。

1986年　建议公司在乡镇一级设立专职代理机构，解决依靠银行代办形成的"代而不办"的问题。起草了《关于农村专职代办员业务管理的意见》，中国人保宜昌地区公司于8月23日以文件形式下发执行。

1986年11月10日　建议中国人保宜昌地区公司举办第一届农村保险专职代理人员培训班开学,为期11天,培训人员72人。起草教案、审定讲义、组织培训,并主讲《家庭财产保险》和《农村保险员十项自我管理办法》。《农村保险员十项自我管理办法》一文1987年3月发表在中国人保湖北省分公司《保险与风险》杂志上,11月发表在中国人保河南省分公司《当代保险》杂志上。

1986年　为推动简易人身保险发展,设计、绘制简易人身保险招贴画,印刷后发给基层公司广泛张贴宣传。

1987年　为推广家庭财产保险、耕牛保险业务,编写、设计家庭财产保险、耕牛保险宣传单,印刷20万份,发放到全市乡村。

1987年12月18日　起草的中国人保宜昌地区公司烟叶保险、玉米保险条款及实务,公司以文件形式下发执行。

1988年　论文《发展宜昌地区畜牧业保险业务的对策及建议》,作为湖北省保险学会第二届会员代表大会交流材料,发表于中国人保湖北省分公司《保险与风险》杂志。

1989年1月　担任中国人保宜昌地区公司农村保险业务科副科长。

1989年1月　总结柑桔树保险经验的文章《柑桔成果林,承保效益好》发表在中国人保河南省分公司《当代保险》上。

1989年初　被选派参加中共宜昌市委农村工作队,到枝江县问安镇覃家山村驻村工作3个月,走访农户,宣传党政府政策、调查研究。同时,针对农村养老问题,提出开办独生子女父母养老保险的建议,得到中国人保枝江县支公司的采纳,之后,在全宜昌市推广。

1989年5月　《关于耕牛保险问题的评论》论文发表在《宜昌金融》杂志上。

1989年9月18日　起草森林火灾保险条款,在全市推广。

1989年10月 对组织开展的农村拖拉机保险进行研究总结，文章《法定保险也应做好细致思想工作》发表在中国人保河南省分公司《当代保险》杂志上，并被读者评为"我最喜爱的稿件"。

1990年 起草杂交水稻制种保险条款，并与宜昌市种籽站达成协议，联合发文在全市推广。

1990年2月 起草的《农村保险员自我管理诊断提纲》。I0月22日，创办《农村保险员通讯》，下发全市农村乡镇保险站，《农村保险员自我管理诊断提纲》发表在通讯上，对加强农村保险员管理起到良好作用。并于1991年3月发表在中国人保湖北省分公司《保险与风险》杂志上。后来逐步完善、演变成《营销人员自我管理诊断提纲》。

1992年 组织的保险先进县和保险先进乡镇创建工作成效良好，9个县市有6个被评为省级保险先进县市称号，120多个乡镇，有70个获宜昌市政府命名的保险先进乡镇。

1992年 起草几十条适合农村保险市场的保险广告词，以公司文件形式下发，要求在各乡镇墙体、岩体上书写。

1992年 起草果树保险条款，在宜昌市农村推广。

1992年6月2日 论文《农业保险的突破：在于政府和保险公司的联合作用》在宜昌市金融学会年会暨理论研讨会上宣读。

1992年11月 为服务三峡工程，参与中国人保三峡分公司的筹建，任财产保险部副经理，开始为三峡工程的服务。参与三峡工程保险业务初期的设计、公关、业务洽谈等工作。

1993年5月9日 在宜昌市桃花岭饭店参与三峡工程第一份工程保险单的签定仪式，撰写通讯《天字一号工程，天字一号保险》在《中国保险》杂志、《人民保险报》上发为头条，并获湖南省报刊副刊作品三等奖。

1994年5月 调任中国人保宜昌市西陵区支公司任经理。

1994年5月　《保险推销学》(25万字)由内蒙古文化出版社出版，被中国保险干部管理学院等大中专学校和中国平安保险公司作为培训教材。

1994年　撰写公司主要产品宣传单，存放和张贴在公司营业场所，供客户取阅和员工营销使用。

1994年夏天　在三峡工程工地，与中国三峡总公司设备公司签定第一张三峡工程大型施工设备保险合同，中央电视台等新闻媒体予以报道，之后，长期为三峡工程大型施工设备保险提供保险服务。

1994年12月　创办中国人保宜昌市西陵区支公司《保险文化》报，报头由宜昌市委书记、后担任湖北省委书记的罗清泉题写，宜昌市常务副市长高秉琔为报纸题词。由宜昌日报印刷厂印制，报纸如《参考消息》一般大，每期4版，每期1万份。组织销售人员上街散发、送给客户和放在公司营业场所促供客户取阅。

1995年　制定个体工商户财产保险、食品卫生责任保险、广告牌责任保险等保险产品并推行，个体工商户保险得到省公司的肯定和推广。

1996年11月　制定食品卫生责任保险条款，在宜昌市城区推广。

1997年1月6日　调任中国人保宜昌市分公司三峡工程保险管理部经理，开始主持三峡工程的全面现场服务。提出"六个一"的目标，即：一个最大的份额、一个最优的服务、一个最好的形象、一个科学的体系、一批出色的人才、一本三峡工程保险的书。

1997年2月至4月　撰文在《中国三峡工程报》上开辟工程保险知识讲座，共5讲，并开展保险知识竞赛，有40多名三峡工程建设者获奖，收到较好的效果。

1997年3月4日　参加中国人保财险承保三峡工程大江截流及二期围堰的工作，对三峡工程大江截流及二期围堰进行风险评估，并完成三峡截流及二期围堰的承保工作。

1997年10月24日 设计三峡工程机电设备展览会综合保险，承保三峡工程设备展览。

1997年11月5日 提议并创办三峡工程保险研究会，这是全国唯一的专业性学术组织。由中国人保发起，经宜昌市政府社团管理部门同意注册，三峡工程保险研究会成立，其宗旨主要是为三峡工程提供技术服务。曾担任三峡工程保险研究会会长。

1997年11月8日 策划了大江截流第一大广告"中保财产保险祝截流成功"，每个字约100平方米。并在《中国保险报》对中国三峡总公司6位高级管理者进行采访报道，宣传三峡工程。撰写的《三峡工程大江截流未发生保险索赔》的新闻稿在媒体上发表，获中华全国新闻工作者协会好新闻三等奖。

1997年12月2日 三峡工程泄洪大坝及相关工程在中国人保投保，在三峡工程坝区举行签字仪式，中国三峡总公司副总经理李永安、人保总公司副总经理胡忠文等领导出席，中央电视台、新华社、人民日报等20家新闻媒体进行了宣传报道。

1998年3月15日 在中国三峡总公司办公大楼内和三峡工程工地建设部大楼进行"3.15"保险咨询活动，发放《保险法》及保险资料300份。

1998年9月20日 编写的《水利水电站建筑安装工程保险条款解释》，2.5万字，对客户进行保险培训。

1998年 起草《关于三峡工程保险的报告》，送给客户，对推进三峡工程保险的规范化、制度化起到良好作用。

1999年7月9日 担任中国人保财险三峡坝区支公司经理。

1999年10月 为中国三峡总公司撰写《三峡工程保险管理手册》，为客户加强保险管理提出建议。

2000年10月28日 为中国三峡总公司撰写的《三峡工程保险管理手

册》送给客户，为客户进一步规范保险管理奠定了基础。

2001年1月10日　中国人保财险三峡坝区支公司"新世纪保户联谊会"在三峡坝区接待中心举行，来自施工、监理及其它服务三峡工程建设单位的代表74人出席。

2001年2月12日　为中国人保财险起草《三峡工程保险服务管理规程》。

2001年2月22日　参加在北京中国大饭店举行的三峡工程左岸电站机组安装保险单签字仪式。参与了这个项目从承保申请、保险方案制定、客户沟通等全过程，中国人保财险以50%的份额成为首席承保人。

2001年2月28日　创办的三峡工程保险夜校开学，这是中国人保财险为提高员工素质，更好地服务三峡工程保险的一项重要举措。此培训形式后来在中国人保财险宜昌市分公司推广。

2001年3月27日　中国人保财险三峡坝区支公司在中国三峡总公司局域网上开辟了三峡工程保险服务网页。

2001年4月2日　策划、编辑的《三峡工程风险管理与保险》信息刊首期出版，每期2万字，1000份。发放范围主要是三峡工程参建单位，旨在传播保险及风险管理知识，更好地为三峡工程服务。编辑24期。

2001年4月24日　承保宜昌市政府组织的大型国际龙舟拉力赛。

2001年5月29日　参与美国安裕、瑞士等再保险公司对左岸电站安装工程进行风险检验，时间2天。

2001年6月19日　策划、组织，中国人保财险在三峡坝区培训中心报告厅举办风险管理与保险学术讲座，到会人员达150多人。天津理工大学尹贻林博士、武汉大学保险系主任、博士生导师魏华林教授、香港平量行董事长梁筱棠先生分别讲授了工程风险管理、财产保险及保险理赔。中国三峡总公司李永安、刘匡华等领导、人保总公司财险部总经理谭启俭、湖北省分公司总经理韩千里、人保宜昌市分公司负责人刘杰出席了讲座。

2001年7月30日　组织设计的由中国人保财险投资的12个安全生产宣传橱窗、100块安全生产警示牌、沿江峡大道140个圆形灯箱和夜明珠检查站进出口处的巨幅形象宣传牌全部安装到位，体现中国人保财险服务三峡工程的诚意和对三峡工程的热爱。

2001年8月　撰写的《工程保险》、《三峡工程保险实践》正式出版，这是中国人保财险服务三峡工程的举措，也是三峡工程保险所带来的精神文化产品。

2001年11月20日　参与中国人保财险、瑞士再保险公司、德国安裕保险公司、汉诺威保险公司进三峡工程机组安装工程的风险检验。

2001年11月28日　坝区交警大队表彰2001年度优秀汽车驾驶员，人保三峡坝区支公司为78名获奖者颁奖。

2001年12月20日　中国人保财险三峡坝区支公司2001年保户联谊会在坝区三峡工程大酒店隆重举行，来自三峡工程施工、设计、监理等单位的150多名保户代表出席了会议。联谊会起到加强保险双方了解、增进友谊、促进合作的作用。

2002年3月6日　与美国安裕再保险公司、环球通用电气环境保护公司研究三峡左岸电站机组安装风险管理手册编写的前期相关事谊。7日至8日，参与中国人保财险总、省、市三级公司与美国安裕再保险公司、环球通用电气保护公司在三峡进行的左岸电站机组安装第一次风险检验。

2002年3月14日　担任中国人保财险宜昌市分公司副总经理。

2002年4月　中国人保财险宜昌市分公司《宜昌分公司文化》杂志创刊，发给客户和员工。

2002年9月9日　参与德国汉诺威再保险公司对三峡左岸机组安装的风险检验。

2002年9月26日 参与策划中国三峡总公司、国家开发银行、中国人保财险总公司联合举办的"国家重点工程保险研讨会",并起草了长达万字的《重点工程与保险》的主题讲话。此会于9月26日在北京举办。

2002年10月16日 与总公司、省公司一起在北京组织对三峡工程导流明渠及右岸厂房、大坝保险建议书,为中国人保公司得到导流明渠截流独家承保,大坝厂房承保首席奠定了基础。

2002年10月14日 策划中国人保财险宜昌市分公司与全国保险中介机构合作的"PICC三峡保险中介论坛"在宜昌举行,并成立三峡之友俱乐部,之后每年一届,举办过7届。

2002年12月29日 参加在北京举行的三峡工程右岸大坝及电站厂房土建工程保险单签字仪式。中国人保总经理唐运祥、中国三峡总公司副总经理李永安、林初学、财务部主任杨亚等领导出席。

2003年2月20日 随同中国三峡总公司金沙江溪洛渡第一批工作人员前往溪洛渡工地。在工地现场,听取了溪洛渡水电站工程勘测设计单位总工程师对溪洛渡电站的总体介绍,并到电站现场实地考察,为溪洛渡电站的风险分析及保险建议掌握了第一手资料。到金沙江溪洛渡、向家坝进行保险考察,起草《金沙江溪洛渡工程保险服务书》,提出由中国人保财险宜昌市分公司与四川、云南当地人保财险公司联合服务的构想,使中国人保财险宜昌市分公司长期服务三峡工程的优势与当地中国人保财险公司的地域优势很好地结合在一起。起草《溪洛渡工程保险报价书》,溪洛渡工程前期准备工程中国人保财险独家中标,保险费收入2286万元,中国人保财险总公司全国系统通报表扬。

2003年5月1日至6日 起草长江电力《财产保险建议书》,参加保险招标,与客户举办座谈会,主讲《葛洲坝水电站保险》,中标,5月31日在中国人保财险宜昌市分公司签定保险合同,以60%的份额首席承保。并为客户起草、制作使用说明书性质的《保险手册》,这在当时是一项客户服务的创新性举措。

2003年11月10日　策划、组织在金沙江溪洛渡开发公司筹建处举行溪洛渡工程前期保险的签字仪式。参加签字仪式的中国人保财险系统有中国人保财险总公司团险营销部总经理降彩石，湖北、云南、四川三家省公司相关人员；中国三峡总公司有副总会计师赵泽黎，筹建处副主任汪先绪等人员，签字仪式由筹建处财务部龚德宏主任主持。

2003年11月14日　在中国三峡总公司金沙江开发有限责任公司筹建处举行首次保险讲座。筹建处、三峡发展监理相关领导出席了保险讲座。

2003年11月15日　作为中国人保财险溪洛渡工程服务小组组长，带领相关人员对溪洛渡工程前期准备工程已开工项目进行了第一次的工地巡察，并出具了第一份巡察报告。

2004年1月　为金沙江溪洛渡工程起草客户使用的《保险手册》。

2004年2月11日　参与三峡工程左岸电站为主的运营财产承保工作，中国人保财险以55%的份额成为首席承保人。

2004年2月26日　在金沙江溪洛渡建设部会议室，为溪洛渡水电工程的业主、设计、监理及各施工单位举行了一次保险管理讲座，对溪洛渡工程的保险条款作了介绍，并为发放了溪洛渡工程保险手册。向参会人员发放《工程保险》和《三峡工程保险实践》。中国人保财险云南、四川两省分公司的工程所在地市分公司也派人参加了此次活动。

2004年2月27日　中国人保财险宜昌、昭通、凉山州三分公司人员在溪洛渡工程建设部、工程监理陪同下到溪洛渡工程各个施工现场进行了风险查勘，并对工地现场存在的有些问题与监理交换了意见。

2004年4月27日　为配合家庭财产保险销售编写的系列宣传单发各支公司，其中为客户风险管理服务的《家庭财产风险管理提示书》极具创新性，受到客户的好评。

2004年4月30日　代表公司向中国三峡总公司提交我公司承保向家坝水电工程的申请书。

2004年5月29日　在溪洛渡工程所在地金沙江大酒店，主持中国人保财险湖北、云南、四川三家分公司就溪洛渡前期现场服务问题召开协调会。会上通报了中国三峡总公司对溪洛渡前期现场服务的意见，并如何解决前段时间存在的问题进行了研究协商，更好的服务溪洛渡水电工程。会后对溪洛渡工程进行风险检验。5月30日，继续进行风险检验，并到对外交通大路梁子隧洞。5月31日，在溪洛渡建设部驻地，就本次风险检验情况与溪洛渡水电工程建设部领导及相关部门交换了意见，了解整个工程在风险防范的情况。后拜访了建设部汪先绪主任，向他汇报了我公司的现场服务情况。

2004年8月15日　完成向家坝水电工程保险投标书的起草，并报湖北省分公司审阅。

2004年9月8日　创办中国人保财险宜昌市分公司《PICC宜昌客户》杂志，每期两千册，发给党政领导和重要客户。以保险客户为读者的杂志，在全国是首创。

2004年10月14日　在向家坝工程建设部驻地参加向家坝工程保险的签字仪式，独家承保导流工程，保险费537.6万元。参加仪式的有中国三峡总公司副总经理林初学、资产财务部及向家坝建设部有关领导，中国人保财险总公司团险营销管理部副总经理赵勃及湖北、四川、云南分公司领导。中国人保财险湖北省分公司副总经理冯贤国出席签字仪式并代表中国人保财险签字。

2004年12月6日　代表公司向中国三峡总公司递交承保右岸地下电站工程的申请书。

2004年12月19日　在溪洛渡水电工程驻地杏花村大酒店，就溪洛渡水电工程现场服务问题召开了由中国人保财险三家联保方的联系会议。会议主要总结了一年多的对溪洛渡工程的现场服务情况，对存在的问题进行了研究并提出了解决问题的办法。下午，在溪洛渡水电工程建设部会议室，与建设部领导及相关部门领导、监理召开座谈会，一是将中国人保公司一年多来的溪洛渡现场服务的情况作了汇报。二是听取了建设部领导及监理对溪洛渡现场服务的意见。三是就溪洛渡现场服务的问题进行沟通，交换了意见。会后进行了现场风险检验。

2004年12月22日　参加在四川宜宾华荣酒店召开了由中国人保财险湖北省公司组织的湖北、四川、云南三方联系会，会议主要内容：一是将溪洛渡现场服务的情况作了汇报，二是中国三峡总公司溪洛渡建设部对溪洛渡现场所服务的评价及存在的问题作了汇报，三是如何搞好溪洛度特别是向家坝水电工程的保险服务进行了探讨与研究。并落实向家坝工程的现场服务问题。下午，与向家坝工程建设部相关部门及监理、施工单位召开座谈会，一是将向家坝工程的保险条款作了介绍，二是听取了他们对向家坝水电工程现场服务的要求。三是向客户发送《工程保险》及《三责工程保险实践》的书籍。会后进行现场风险检验。

2005年4月21日至27日　对溪洛渡、向家坝工地进行了风险检验并提交风险检验报告；分别在溪洛渡、向家坝工程建设部进行保险暨风险管理讲座并座谈。期间听取了溪洛渡、向家坝水电工程现场服务小组人员的现场服务情况汇报，并对现场服务提出要求；同时，就溪洛渡、向家坝水电工程保险理赔相关问题与中国三峡总公司财务部门及咨询公司进行了沟通与交流。

2005年4月30日　到中国三峡总公司资产财务部商谈三峡工程地下电站土建部份的工程保险事谊，并达成协议，独家承保三峡工程地下电站主体工程等项目，保险金额6.68亿元。

2005年4月9日　为中国人保财险起草《三峡工程服务管理办法》。

2006年3月4日　主持宜昌市公司车险营销骨干培训班，针对当时的情况，以《营销人员如何做好车险营销》为题对营销骨干进行培训。

2006年　提出"两单制"工作法，要求营销人员做好新增客户清单和续保客户清单管理。

2006年4月9日　与宜昌市公安交警合作，开始对中国人保财险宜昌市8个县市支公司的车险客户进行培训，主讲《汽车保险的运用》。每期培训班都有分管县市长、公安局长、交警大队负责人参加并讲话，当地县市电视台进行报道，起到良好的宣传作用。

2006年　撰写《汽车保险索赔指南》手册，与宜昌市公安局交通警察支队共同印制，发放客户，保证每台承保汽车有一本。

2007年6月19日　担任人保财险宜昌市分公司总经理。

2007年　撰写、编印公司宣传册，供员工营销使用。

2007年7月21日　"中国人保三峡技术培训学院"开学典礼，21、22日，8月22、23日，对人保财险宜昌市分公司全体销售人员讲课，培训人员387人。内容《财产保险营销员的智慧》。

2007年7月30日　拜访中共宜昌市委书记李佑才，他为中国人保财险宜昌公司题词。

2007年　撰写、策划制作公司宣传片《前进中的中国人保财险宜昌市分公司》，并在三峡电视台重复播放16次，受到客户的好评，鼓舞了员工的士气。将撰写的《PICC之歌》制作成配乐诗朗诵电视片，对客户宣传公司和鼓舞员工精神起到良好作用。

2007年　在宜昌市农村聘请村级领导担任"农村保险服务顾问"，将营销服务队伍扩大到村。

2007年9月2日　主持召开宜昌市财产保险行业自律大会。宜昌市政府、湖北保监局、公安局交警支队、宜昌市检察院、地税局、消费者协会等单位领导出席讲话，对规范市场起到一定作用。

2007年　开展与政府合作，邀请各县市党政领导到公司作客，汇报工作，加强交流，所有的县市区书记和县市长为公司撰写保险文章、寄语，发表在《三峡日报》和公司创办的杂志上，起到权威性的宣传效果。

2007年11月9日　主持召开宜昌市首届"风险管理与保险论坛"暨"风险管理先进单位"颁奖典礼大会。宜昌市副市长王国斌到会讲话，宜昌市安全生产监督管理局局长黄春、宜昌市安全生产协会会长、宜昌新闻界的领导出席。人保财险湖北省分公司副总经理武强出席。大会开展风险管理经验交流，并为32家风险管理先进单位颁发奖牌。会上，宜昌市副市长王国斌与武强为"PICC宜昌人保财险客户俱乐部"揭牌。

2007年12月　策划、编辑《保险产品目录》手册，它相当于一本"菜单"，供营销人员使用。

2008年2月25日　在中国人保财险宜昌市分公司工作会上，宜昌副市长王国斌为8个乡镇政府领导授"风险管理示范乡镇"奖牌，这是中国人保财险宜昌市分公司为推动农村保险业务发展而进行的一项举措。

2008年3月22日至24日　邀请的工程专家、清华大学教授谷兆琪先生，对溪洛渡水电站进行了汛期有针对性风险检验。听取建设部相关领导对混凝土浇筑的方案及预防措施的介绍，提出预防混凝土浇筑裂缝的咨询报告，并提供有针对性的风险管理建议。然后，对向家坝水电工程进行风险检验。

2008年6月25日至26日　陪同宜昌市政府副市长王国斌到枝江、当阳农村调研、督导三农保险，对农业保险起到推动作用。

2008年10月17日至18日　主持召开三峡工程保险研究会年会暨第七届三峡保险中介论坛。来自全国18家保险经纪公司的代表，中国三峡总公司财务公司副总经理李镇光、中国人保财险总公司重要客户部处长谌文、中国人保财险湖北省分公司副总经理武强出席会议。孙智作了《以三峡工程为舞台、推动工程保险发展》的主题讲话。

2008年10月27日　向宜昌市市长李乐成汇报工作，李乐成市长为公司题词。

2008年12月4日至5日夜　中国人保财险宜昌市分公司在宜昌剧院举办

两场"中国人保财险京剧答谢晚会",以文化的形式答谢宜昌市各级党政领导、中国三峡总公司等广大客户的支持。中国三峡总公司总经理李永安等2000多人观看演出。湖北省京剧院院长朱世慧率百名演职人员献艺。

2008年12月5日　在宜昌桃花岭饭店主持召开宜昌市第二届"风险管理与保险论坛"暨"风险管理先进单位"颁奖典礼大会。宜昌市副市长王国斌、宜昌市安全生产监督管理局、宜昌市安全生产协会、宜昌新闻界的领导出席,并为38家风险管理先进单位颁发奖牌。

2008年12月25日　三峡工程最后两个大的建设项目——右岸地下电站机组安装和左岸升船机土建及设备安装工程,由中国人保财险公司以70%的份额首席承保,总保险金额54亿元,人保财险保险费1151.5万元。

2009年1月22日　驱车一百多公里,冒着严寒,将231.9万元的赔款支票送到三江集团江河化工厂领导手中。

2009年2月20日　调任中国人保财险湖北省分公司党委办公室主任、宣传部长、公司办公室主任。

2009年　主编《PICC湖北客户》杂志,每期印数1万份,48页,大开本,全彩印,送给党政领导、大客户,共编辑11期。

2009年9月　《三峡工程保险探索与实践》出版,这本书是对三峡工程保险服务的总结性著作。

2010年7月　荣获中国长江三峡集团授予"三峡工程保险服务创新奖",表彰在三峡工程保险服务技术、学术、文化上的创新实践和贡献。

2011年8月3日　任中国人保财险湖北省公司专家。

2011年9月9日　到中国人保寿险湖北省分公司挂职,任互动特派专员,时间一年半。

2011年12月　所著《财产保险营销员的智慧》出版。

2014年6月16日　兼任中国人保财险湖北省分公司教育培训部总经理。

2015年7月　重新撰写《保险营销人员自我管理诊断提纲》，通过微信向公司员工传播。

2015年9月　撰写的《保险公司销售管理诊断提纲》通过微信向公司管理人员传播。

后 记

  1994年5月，我撰写的25万字的我国第一本《保险推销学》出版，时任中国人民保险公司副总经理戴凤举为书作序。书出版后，受到全国保险界的广泛关注。当时的中国保险干部管理学院(现为中国保险职业学院)、江苏保险学校等大中专院校连续几年将此书作为教材。平安、太平洋保险公司也找我购买此书，平安保险一次就买了200本作培训教材。1995年，《保险推销学》经湖北省经济学团体联合会评奖委员会评审，获湖北省经济学优秀成果二等奖；1996年，被湖北省宜昌市人民政府评为宜昌市首届社会科学优秀成果二等奖。一个在保险公司基层工作的员工，竟然还有一点学术成就，我因此很受鼓舞。

  《保险推销学》出版后，我计划再写一本实用性更强的适合保险营销人员阅读的书。因为，营销人员的营销是保险公司所有的营销活动的关键环节，没有营销人员的销售，其他手段或措施可能是白费力气，也就没有保险费销售目标的实现。因此可以说，营销人员是保险公司最重要的生产要素，是保险公司经营的核心力量，提高他们的营销能力就是提升公司的销售能力。既然我已经在保险销售的研究上走出第一步，就应该坚定不移地克服困难，朝着更远的目标走下去。

  写书的想法确定后，但迟迟没有动笔。一是因为后来一直在中国人保下属的基层支公司、地市级分公司担任高管职务，整天为保险费任务操劳、奔波，为公司的经营管理忙碌，星期天都很少休息；二是因为找不到突破口，自己的知识积累不够，实践经验的积累也不够。所以，我只能在实践和积累中等待。所幸的是，在这个过程中，我到中国人保宜昌市一家城区支公司担任经理，直接领导、组织并亲自进行销售工作。在这之前，我主要从事农村保险市场的销售和业务管理，有一些实践的积累。更有幸的是，我参与了三峡工程建设保险服务的全过程，这个过程对我来讲是终身的财富。因为三峡工程是世界级的工程，它对保险服务的要求很高，加上竞争激烈，这也使得我们的保险销售和服务必须是高水平，只有这样才能赢得客户的信任，取得营销的成功。三峡工程是一个极富有挑战性的保险市场。从1992年底参与三峡工程服务，参与签定第一份保险单，到2008年12月25日，我代表中国人保财险在三峡工程最后两笔保险费达1151万元的工程保险合同上签下我的名字，我为三峡工程服务16年。16年，三峡工程教会了我很多与销售有关的东西。这一点，在本书中可以得到印证。

2002年，我担任中国人保财险宜昌市分公司副总经理，主要分管财产保险业务管理和营销管理，这样使我在一个更广阔的层面去开展保险营销实践和营销研究问题。2005年，公司的车险业务出现下滑。2006年，我分管机动车辆保险。为了弄清业务下滑原因，我除了采取问卷的方式调查原因外，还到支公司进行广泛的调查研究。通过调查我发现了业务下滑的根本原因，除突如其来的低价格、高手续费等市场恶性竞争和我们的服务原因外，还有一个重要原因，那就是营销人员的素质偏低，我们的营销人员无论是职业精神和职业能力都存在问题，这个问题也是导致服务质量低下、客户不满意的重要原因。为什么？因为我们的营销人员没有接受正规、系统的培训，有的根本没有培训。

公司要想解决销售能力问题，关键是要建立高素质的营销队伍。为了解决营销人员的思想、精神和能力问题，我开展走动式的销售管理，到各支公司召开员工会议，谈营销中存在的问题，讲如何营销，如何提高营销能力。大家反响较好，有的支公司经理说，应该把您的讲话整理一下，发给员工经常学习。有的员工对我说："我们喜欢听您讲，您每次讲话都能激发我们的工作激情和信心。"这时，我为营销人员写一本书的激情终于迸发了，思路也打开了。我想，与其这么零碎地对员工去讲，还不如把自己多年营销实践和营销研究的积累整理一下，写成系统的关于财产保险营销人员如何做好营销的讲义，然后再对大家进行系统地培训，这岂不是更好？于是，我决定以《财产保险营销员的智慧》为题开始写作。工作繁忙，上班是无法写作的，下班之后还有一些工作上的应酬和加班，只能靠有限的业余时间去写作。经过一年半的努力，讲义终于完成。

2007年，我担任中国人保财险宜昌市分公司总经理，上任后最重要的一件事，就是成立"中国人保财险三峡技术培训学院"，我想以这种形式建立起公司对员工的培训平台，加强对员工的培训。培训学院在中国三峡总公司总部大楼的阶梯会议室举行揭牌仪式，并连续举办了两期保险营销人员培训班，参加培训的人员达387人，几乎是公司的全部销售人员。两期培训班由我讲授《财产保险营销员的智慧》，每期连续讲两天。

有的朋友知道我写讲义讲课的事后对我说，一个总经理干嘛把自己搞这么累？花点钱，请几个老师讲，或者安排下面部门的干部去讲就行了。其实我也很累，但是，我是从事一线管理工作的管理者，最了解我们的营销队伍需要什么，也最想告诉他们应该怎么做，我来讲，针对性更强。再说，能给那些可爱的营销人员提供一些精神上的鼓励、技术和方法上的指导，使他们的能力得到增强，能获得更好的业绩，这也是我们当总经理的职责。

这次培训使员工们感触很大，对提高他们的素质起到一定作用。我记得讲了半天之后，有的营销人员对我说："我们想回去。"我问："为什么？"他们说："听了您的课，我们感到坐不住了，恨不得马上回去收保险费去！"现在，我离开宜昌已经多年了，有的员工与我见面或打电话时，还提起我给他们讲课的情景，说我讲的对他们很有用，他们还保留着我讲课的大纲，有时翻阅一下，对工作有帮助。有的问我《财产保险营销员的智慧》什么时候出版？其实，我一直在修改这本讲义。做学问、出书应该有一个严肃的态度，不能草率。在4年多的修改过程中，我广泛学习、借鉴有关营销方面的研究成果，不断总结、提炼我的营销实践积累，不断向营销人员学习并与他们讨论。为了增强实用性，我在书中附加了一些我在营销工作中的文本，加上我在三峡工程保险营销中的事例，共23篇，使书的内容更加完善和丰富，具有更好的参考和指导作用。一本三十万字左右的书，经过历时5年的努力终于完成，我为营销人员写一本书的愿望终于在17年后实现。

此书出版后，得到行业的高度好评，认为此书实用性强，对提升营销人员素质、提升公司销售能力有很大的帮助。许多公司以此书为教材开展对营销人员的培训。最让我感动的是，有一家保险基层支公司经理，利用晨夕会组织全员学习，居然把一本厚厚的书念完了。因为印量有限，许多人希望能看到此书，于是，我决定再版印刷。应专家们的意见，将书名更改为《财产保险营销智慧》，大家认为此书适合所有从事财产保险营销的人员阅读。《财产保险营销员的智慧》容易让人误认为是写给代理性质的营销员看的，其实不然。所以，将书名进行了修正，同时，也对书中内容进行了修改、充实、完善。从2006年开始写作到现在，可谓十年磨一剑，其中辛苦，只有自知。

十分欣慰的是，中国人民保险集团总裁王银成为本书写序，中国人民财产保险股份有限公司副总裁降彩石、我国著名保险学者和博士研究生导师郝演苏为本书写了推荐词。全国保险专业学位研究生教育指导委员会鼎力推荐此书，王稳、王绪瑾、刘冬姣、江生忠、陈滔、郑伟、徐文虎、魏丽、魏华林等全国大学资深教授联名倾情推荐此书。领导和著名保险学者在百忙之中对我的研究给予支持和鼓励，使我深受感动，我向他们致以诚挚的谢意。

　　由于我能力有限，加上本书又是从讲义脱胎而出，难免有错误和欠缺之处，敬请专家和读者给予批评和谅解。做学问的过程本身就是一个不断学习和实践的过程，我会努力学习，不断实践，继续对保险销售进行研究，争取产生更好的研究成果。我也希望有更多的有识之士能开展保险销售研究，为保险业的发展提供更多的理论与技术支持。

　　最后，我要感谢曾经服务过的广大客户，他们是我的朋友，是我的老师，从他们的需求、建议，甚至不满意中，我的销售能力和研究水平在不断提高。我要感谢曾经与我在市场上共同进行销售工作的全体同事，他们丰富的实践经验，他们的成功与失败丰富了我的研究工作。

　　另外，我要感谢我的妻子曹红玲，她承担了全部的家务，给我一个温暖的家，使我能在业余时间潜心研究和学习。《财产保险营销智慧》是我多年的心血，也是她辛勤付出的结晶。

孙　智

2011年冬于武汉

2016年春修改